El Reencuentro del Estado con el Mercado

Hacia una Nueva Economía de Mercado Institucional y Participativa

René Villarreal

A los jóvenes de México y América Latina con quienes y para quienes tenemos que reencontrar el camino del crecimiento sostenido, construir con visión de futuro y proyecto de país y región, la nueva ruta del desarrollo participativo y sustentable y abrir la esperanza de un futuro mejor.

René Villarreal

Contenido

PRIMERA PARTE
EVOLUCIÓN DEL MUNDO REAL DE LA ECONOMÍA AL FIN DEL MILENIO

CAPÍTULO 1
LA TRANSICIÓN DE LA ECONOMÍA MUNDIAL HACIA LA HIPERCOMPETENCIA EN MERCADOS GLOBALES EN LA ERA DEL CONOCIMIENTO Y DEL DINERO ELECTRÓNICO

CAPÍTULO 2
EL MODELO DE TRANSICIÓN TRUNCA EN AMÉRICA LATINA
UNA LARGA MARCHA INCONCLUSA

SEGUNDA PARTE
EVOLUCIÓN DEL MUNDO DE LAS IDEAS ECONÓMICAS AL FIN DEL MILENIO

CAPÍTULO 3
DE LA CRISIS DEL PARADIGMA NEOKEYNESIANO Y ESTRUCTURALISTA A LA OLA NEOLIBERAL
HACIA UN ENFOQUE DE ECONOMÍA POLÍTICA INSTITUCIONAL

TERCERA PARTE
A LA MANO INVISIBLE HAY QUE ECHARLE LA MANO CON LA MANO SOLIDARIA DE LA SOCIEDAD Y LA MANO PROMOTORA DEL ESTADO

CAPÍTULO 6
EL REENCUENTRO DEL MERCADO INSTITUCIONAL CON EL ESTADO REFORMADO Y LA SOCIEDAD PARTICIPATIVA

La sociedad participativa y proactiva.
El ser humano como el centro del desarrollo y la necesidad de la mano solidaria

CAPÍTULO 7
LA TRANSICIÓN HACIA UNA DEMOCRACIA PARTICIPATIVA
LOS CINCO PILARES DEL MODELO DE TRANSICIÓN POLÍTICA

La transición del sistema económico mundial

La transición de los sistemas económicos

La transición de los sistemas políticos

Los cinco pilares del modelo de transición política

La sociedad civil

La sociedad política

Estado de derecho

Burocracia profesional y servicio civil de carrera

Economía institucional

México. Transición y normalidad democrática

Sociedad civil

Sociedad política

Fortalecimiento del régimen de derecho

La necesidad de profesional izar la burocracia

Hacia la reforma del Estado

Vertientes política y económica de la reforma integral del Estado para la equidad social

La vertiente política como garante del desarrollo democrático y de la renovación institucional

La vertiente económica para promover el crecimiento, la competitividad y el desarrollo

La vertiente social como proveedor de servicios públicos para la equidad distributiva

La reforma del Estado en América Latina
Los avances de Brasil y Argentina

Los avances en Brasil
Los avances en Argentina

CAPÍTULO 8
VISIÓN DE FUTURO Y PROYECTO DE NACIÓN
HACIA UNA POLÍTICA ECONÓMICA DE ESTADO

De la crisis de visión al proyecto de nación 2020

¿Qué país queremos? De la crisis de visión al proyecto de nación ¿Cuál es a visión de México, de Latinoamérica y América para el 2020?

¿Cómo lo queremos alcanzar?
Con una política económica de Estado para la democracia:
Sus cinco pilares

1. *Sistema económico nacional.*
   Hacia una economía de mercado institucional y participativa

2. *¿Cuál es la estrategia de crecimiento e industrialización?*
   Un modelo de industrialización tridimensional.
   Patrón de acumulación de capital y ahorro. Sistema nacional de innovación. Política de competitividad. Reforma del sistema bancario y financiero

3. *¿Cuál es el modelo macroeconómico básico? y ¿cuál es el reto del modelo macroeconómico? La ley macroeconómica básica.*
   Política fiscal. Política cambiaria. Política comercial. Política monetaria. Política salarial

4. *¿Cuál es el modelo micro y mesoeconómico de fomento a la oferta productiva?*
   Política de competitividad. Modelo gerencial y laboral

5. *Desarrollo sustentable y equidad distributiva.*
   Política y regulaciones ambientales

¿Con quién queremos alcanzar el desarrollo?
Liderazgo de los sectores nacionales y alianzas estratégicas no subordinadas

¿Para quién queremos el nuevo país, la nueva región en el 2020?
¿Para quién queremos construir el nuevo proyecto?
Equidad de oportunidades, participación y distribución de los beneficios

BIBLIOGRAFÍA

Introducción

El presente libro escrito en el año 2000 se actualiza con un nuevo artículo introductorio titulado ¿Un Nuevo Consenso Post-Keynesiano de Washington?: El Reencuentro del Estado con el Mercado, que actualiza la tesis ante la crisis financiera mundial 2008-2009, así queda de manifiesto la vigencia de la tesis de que ante la crisis global surge la necesidad de un nuevo rol del Estado más activo y un mercado regulado, dentro de un nuevo contexto de la economía global donde *"la única constante es el cambio y lo único cierto es la incertidumbre"*. La crisis financiera y la gran recesión global 2008-2009 y sus consecuencias, lo que han puesto de manifiesto es un nuevo consenso de que el mercado libre y autoregulado ni es eficiente ni funciona y ha requerido, finalmente, la intervención más activa del Estado para salvar al mismo capitalismo de mercado.

Así, lo que requiere es el reencuentro de un nuevo rol del Estado más activo pero también Inteligente, Flexible, Ágil y Transparente (IFAT) que pueda corregir las fallas del mercado, buscando complementarlo no sustituirlo, pero también evitar sus excesos y fallas para no caer en políticas iatrogénicas, es decir la intervención del médico y su prescripción acentúan la enfermedad.

La visión es que este reencuentro de un nuevo Estado y un mercado regulado plantea que tanto el Estado como el mercado deben ser parte integral de la nueva economía global, donde no solamente no compiten sino que se integran en un modelo sistémico, en donde sin duda el mercado global es la cancha del juego que requiere ser regulada en algunas áreas -como en el sector financiero- y que debe ser complementado con un Estado eficaz y eficiente; por eso hablamos del reencuentro del Estado con el mercado en la economía global del Siglo XXI.

Cabe destacar que el libro se desarrolla en la misma perspectiva que Anatole Kaletsky presenta en su reciente libro "Capitalism 4.0: The Birth of a New Economy in the Aftermath of Crisis",donde habla del surgimiento de lo que será una economía mixta adaptativa (*adaptative mix economy*) a la realidad cambiante del mundo global.

Otros autores como Ian Bremmer, en su reciente libro "The End of the Free Market" plantean el resurgimiento del capitalismo de Estado en sustitución del capitalismo de libre mercado. Así otros autores como Stefan Halper plantean el surgimiento del Consenso de Beijing por el éxito alcanzado por China en los últimos veinte años no solamente en el crecimiento y el combate a la pobreza, sino por su posicionamiento como la segunda economía mundial y también por la eficacia y éxito para enfrentar esta crisis global manteniendo altas tasas de crecimiento y fortaleciendo su propio Modelo Chino, llámesele Socialismo de Mercado o Capitalismo de Estado.

Desde la perspectiva latinoamericana hay quienes plantean (Sebastian Edwards) que el dilema de América Latina es populismo o mercados, pero sin duda este es un falso dilema pues la experiencia histórica del Consenso de Washington y la realidad de esta crisis global indican que los mercados abiertos y libres no se autoregulan ni promueven la competencia ni la competitividad de nuestras economías. Se requiere de una estrategia con visión y política de Estado que promueva el crecimiento competitivo con empleos productivos y una inserción eficaz a la economía global, pero donde el Estado debe jugar un rol activo (no populista) como es el caso del Gobierno de Chile que para el 2010 ha promovido el crecimiento competitivo con equidad, pues es la economía más competitiva de América Latina (lugar 30 a nivel mundial) y ha cumplido con las ocho Metas del Milenio.

En otras palabras, en el reencuentro del nuevo rol del Estado con el Mercado debemos evitar la ideologización de este tema, como fue en el Consenso de Washington en donde se satanizó al Estado y se beatificó al mercado; ambos, Estado y mercado tienen fallas pero tienen que convivir en un nuevo modelo de Economía de Mercado Participativa en donde se complementen, eviten sus fallas y potencien sus virtudes.

Es en este contexto, que planteamos como tesis el reencuentro de un nuevo Estado en una nueva economía de mercado que sea participativa de ambos sectores de la sociedad y que reconozca que el mercado es en sí mismo una institución que debe tener reglas del juego claras, jugadores transparentes y un sistema de vigilancia de las reglas del juego y, por otro lado un gobierno que debe desarrollar en su nuevo rol los atributos de una institución IFAT: Inteligente, Flexible, Ágil y Transparente.

¿UN NUEVO CONSENSO POST-KEYNESIANO DE WASHINGTON?
EL REENCUENTRO DEL ESTADO CON EL MERCADO

La crisis financiera y económica que afecta al mundo desde finales del 2008 y las políticas que han instrumentado los Estados para salir de ella han significado la muerte del Consenso de Washington: del paradigma del mercado libre autoregulado y del Estado minimalista. Los gobiernos han reaccionado con políticas que se pueden considerar post keynesianas, pues van más allá de las políticas Keynesianas (monetaria y fiscal) tradicionales de administración de la demanda (*demand management*). Lo cual marca la transición a lo que podría ser la conformación de un nuevo paradigma económico que podríamos llamar Post-Keynesiano.

Paradójicamente es en Washington, con la política económica del gobierno de Obama, en donde se reconocen las fallas y limitaciones del mercado libre autoregulado, además de la necesidad de implementar una nueva política económica para rescatar al capitalismo de la crisis financiera y económica más crítica desde la Gran Depresión. Estas acciones rompen con muchos de los mitos y prácticas de política económica del Consenso de Washington, término que fue acuñado desde hace 20 años (1989) y lucidamente articulado por John Williamson en un paquete de 10 medidas de política, asociadas a las instituciones con sede en Washington (el FMI, el Banco Mundial y el Tesoro de EE.UU.), que fueron ampliamente aplicadas en América Latina durante los años noventa como una política de desarrollo, la cual podemos sintetizar en el modelo ALPES: Apertura a la globalización, Libre mercado, Privatización de la economía y Estabilización macroeconómica.

Si el Viejo Consenso Neoliberal de Washington (VCNW) ha muerto, la pregunta que surge es: ¿Estamos transitando hacia un Nuevo Consenso Post-Keynesiano de Washington (NCPKW)?

El Reencuentro del Estado con el Mercado

El Viejo Consenso Neoliberal de Washington (VCNW) que dominó en América Latina y parte del mundo en desarrollo desde la década de los años noventa ha muerto, tal como lo dijo el Primer Ministro de la Gran Bretaña, Gordon Brown. Este consenso se basó en lo que podemos llamar el modelo económico ALPES:

1. Apertura vía libre comercio y desmantelamiento de la política industrial.
2. Liberalización vía desregulación de los mercados.
3. Privatización de la economía vía un estado minimalista.
4. Estabilización macroeconómica vía una política fiscal de presupuesto balanceado y en la práctica una política monetaria restrictiva y de *inflation targeting.*

El VCNW como estrategia de desarrollo no ha permitido promover en América Latina un crecimiento sostenido y competitivo, esto se demuestra ya que ahora como economías abiertas a la globalización, el crecimiento ha sido la mitad del alcanzado por la región entre las décadas 1950-1970, cuando la región siguió la estrategia y política de sustitución de importaciones. Sin duda la crisis de la deuda externa que vivió América Latina en la década de los años ochenta evidenció los problemas de la estrategia de crecimiento hacia el mercado interno vía sustitución de importaciones; así como los excesos de un Estado patrimonialista y regulador, en el contexto de una macroeconomía inflacionaria, producto en gran medida de los ajustes cambiarios (devaluaciones) que condujeron a las exportaciones netas de capitales para el pago del servicio de la deuda. De aquí la lógica de las líneas centrales del Viejo Consenso de Washington de apertura, desregulación, privatización y estabilización.

En este contexto, el modelo ALPES tuvo, a principios de la década de los años noventa, un efecto positivo en el crecimiento de las economías de América Latina y el Caribe, pero posteriormente generó siete años de estancamiento y recesión. El modelo evidenció sus limitaciones, de manera extrema, con la crisis económica que sufrió Argentina en el 2001 y con el Estancamiento Estabilizador Anticompetitivo en que México se ha visto inmerso en la última década (2001-2009). Lo anterior muestra que ambos países después de haber seguido las reglas básicas del ALPES vivieron graves problemas económicos, por lo que hoy México acumula casi diez años de estancamiento económico, pérdida de empleos y de competitividad, aunque cuenta con estabilidad de precios.

Paradójicamente, ante la crisis financiera-económica global 2008-2009 el Primer Ministro de Gran Bretaña expresó que "el Consenso de Washington ha muerto" recordando también que los países desarrollados entre ellos Estados Unidos con Ronald Reagan y Gran Bretaña con Margaret Thatcher promovieron el capitalismo de libre mercado bajo la consigna de "dejar hacer, dejar pasar" (*laissez faire, laissez passer*).

Durante la crisis financiera global, Alan Greenspan creyente ferviente e impulsor de la doctrina del mercado financiero libre y autoregulado expresó, en un acto de mea culpa, que la única salida a la crisis financiera era la estatización de los bancos. Asimismo, como consecuencia de esta crisis la administración del Presidente Barack Obama creó un programa anti-crisis que en la práctica está rompiendo con mitos del viejo consenso neoliberal y parece transitar a un nuevo consenso que podemos llamar Post-Keynesiano de Washington, ya que su estrategia y paquete de políticas van más allá de una política keynesiana tradicional tanto fiscal, como monetaria (por la FED), y se encaminan hacia una política de regulación del mercado financiero, así como políticas industrial y sectorial activas (energía, ambiente, salud, educación, innovación y desarrollo tecnológico), marcando un nuevo rol del gobierno en la economía.

Como lo ha expresado recientemente Roger Altman: "La era de la economía del laissez faire ha terminado y el estatismo, alguna vez desacreditado, está regresando, incluso en los Estados Unidos. También la globalización está fuera de moda: "Ahora la mayor parte del mundo la ve como algo perjudicial.".

Mitos y Falsos Dilemas que se Derrumban con las Políticas Post-Keynesianas de Washington

El paradigma neoliberal del mercado autoregulado ya entró en crisis porque no funcionó, ni llevó al equilibrio de la economía. La política económica del Presidente Obama está marcando el surgimiento de un nuevo paradigma post-keynesiano con un nuevo balance entre la política gubernamental activa y el mercado regulado; marcando la transición y el surgimiento de un nuevo paradigma teórico-económico post-keynesiano. Así, entre los aspectos de análisis y debate para la conformación del nuevo paradigma post-keynesiano se encuentran los siguientes:

Rompiendo Mitos y Generando Nuevas Políticas:

El Mito del Mercado Financiero Autoregulado: Propuesta de Reforma Regulatoria al Sistema Financiero

La liberalización del mercado financiero se ha reconocido a nivel global como el factor central de la crisis, por lo que actualmente se construye un nuevo sistema de regulación del mercado financiero-bancario que rompe con el mito del mercado financiero libre autoregulado.

En palabras del Presidente Obama: "No elegimos la forma en que comenzaría esta crisis, pero tenemos opciones sobre el legado que esta crisis nos deja. En consecuencia, hoy, mi administración propone una vasta reforma del sistema regulatorio financiero, una transformación a una escala que no se veía desde las reformas que siguieron a la Gran Depresión." Este pronunciamiento del Presidente surge cuando se presentó, por parte del Departamento del Tesoro, la propuesta de reforma a la regulación del sistema financiero bajo el nombre de "Financial Regulatory Reform: A New Foundation. Rebuilding Financial Supervision and Regulation".

El Mito de una Política Monetaria Neutral y las Acciones Cuasi-Fiscales de la FED

Para enfrentar la aguda crisis financiera y recesiva -y debido a la limitación de la baja en las tasas de interés (trampa de liquidez)-, la Reserva Federal (FED) ha utilizado políticas monetarias heterodoxas. El rescate del sistema bancario-financiero contempló acciones de intervención por parte del gobierno y en especial de la FED, que incluyeron préstamos casi directos y participación accionaria (temporal) en los principales bancos e instituciones financieras de EE.UU.; así como, apoyo con préstamos y crédito casi directo a las empresas de mayor riesgo, los consumidores y a la estructura gubernamental (recientemente compró 300 billones de dólares de bonos del tesoro). En este contexto ha llegado a generar por la FED "acciones cuasi-fiscales" como las califica William Buiter , cuyo objetivo es sacar a la economía de la recesión y evitar caer en la segunda gran depresión económica como lo ha expresado el Presidente del Banco Central Bernanke.

Esto resulta paradójico, ya que estas políticas y prácticas monetarias cuasi-fiscales habrían sido censuradas y consideradas inapropiadas y perjudiciales para los países latinoamericanos, según los principios del VCNW. No obstante, la realidad tan crítica impone que lo importante es romper con los mitos que impiden buscar y aplicar nuevas medidas de política monetaria que permitan salir de la crisis financiera más aguda desde la Gran Depresión.

El Mito del Presupuesto Balanceado: una Política Fiscal Activa y el Déficit de Dos Dígitos

El Viejo Consenso de Washington planteó la disciplina fiscal como el eje fundamental de la estabilidad macroeconómica, que en la práctica significa un presupuesto balanceado y aún el superávit fiscal como una política exitosa, pero sin considerar el costo en el crecimiento económico y el desempleo.

La política fiscal de reactivación económica ha llevado a que los países avanzados presenten déficits fiscales sin precedentes, siendo en Estados Unidos y Gran Bretaña por superior a dos dígitos, lo cual contrasta con los déficits de un digito de los países latinoamericanos aún durante esta época de crisis global.

DÉFICIT FISCAL A JUNIO 2009

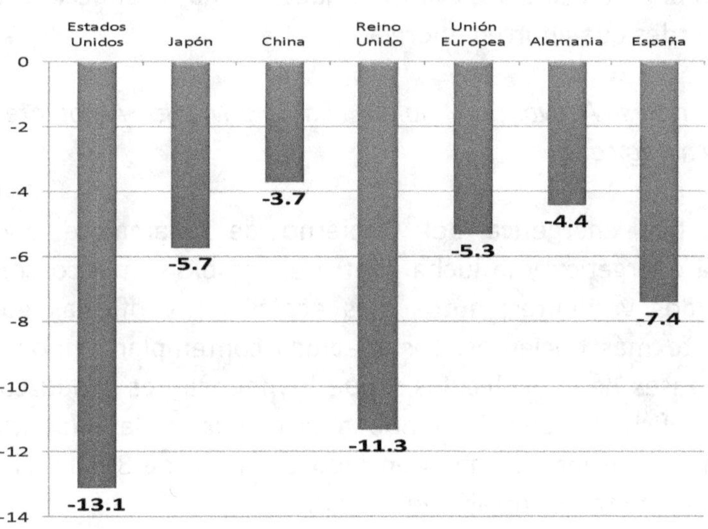

Fuente: "The Economist", junio, 2009.

El Mito de la Política Industrial Pasiva: la Reconversión y Estatización (Temporal) de la Industria Automotriz en EE.UU.

La política industrial activa fue considerada ineficiente e innecesaria la intervención del gobierno según el VCNW y en algunos casos, la apertura vía liberalización comercial fue acompañada por el desmantelamiento de la política industrial. El ejemplo más claro es México, donde después de la apertura vía el TLCAN el lema fue: *"la mejor política industrial es la que no existe."*

En este contexto, John Williamson pone en duda que las decisiones del gobierno entre opciones de inversión sean más sólidas que las de aquellos que arriesgan su propio capital en una empresa. Así que mientras está a favor de que los gobiernos tomen acciones para hacer más atractivos a sus países para la innovación y la inversión privada, piensa que no es muy útil la selección de empresas ganadoras (*"picking winners"*) mediante la política industrial .

Sin embargo, la política de rescate del sector automotriz del gobierno del Presidente Obama ha sido de reconversión industrial y estatización temporal, como ha sucedido en el caso de General Motors (con una inversión de 50 mil millones de dólares que representan más del 60% de las acciones), lo cual rompe de facto el mito de que "la mejor política industrial es la que no existe". Además ha planteado lineamientos de política para la reestructuración de la industria automotriz, sobre la conveniencia de promover cambios tecnológicos encaminados a la producción de autos más compactos y verdes que ahorren energía.

Políticas Sectoriales Activas en Salud, Energía-Medio Ambiente, Educación e Innovación Tecnológica

La nueva política energética del Gobierno de Obama se encaminará a la independencia energética y la lucha contra el cambio climático concentrando sus esfuerzos en dos vertientes; autos más ecológicos y oficinas gubernamentales energéticamente más eficientes. Las medidas contemplan imponer límites a las emisiones de gases de los vehículos y que los fabricantes produzcan vehículos de consumo más eficiente, contribuyendo a disminuir la dependencia del petróleo extranjero. En el transporte se ha anunciado un apoyo de 8 mil millones de dólares para el desarrollo de trenes de alta velocidad.

La reforma del sistema de salud es considerada uno de los principales proyectos de la política interna del gobierno de Obama. El objetivo central de la reforma es que todos los ciudadanos estadounidenses cuenten con un seguro médico, ya que actualmente 47 millones de los 306 millones de habitantes de Estados Unidos no tienen seguro. El proyecto también prevé reducir los grandes costos del sistema de salud y mejorar la calidad del servicio, la propuesta será debatida el próximo agosto.

Otros dos pilares importantes de la política pública de Obama son las reformas en educación pública e innovación y una política de fomento a la innovación y desarrollo tecnológico. En palabras del Presidente de los Estados Unidos, esto se logrará a través "de políticas que inviertan en la investigación básica y aplicada, crear nuevos incentivos para la innovación privada, fomentar las novedades en energía y medicina y mejorar la educación en matemáticas y ciencias. Esto representa el compromiso más grande con la investigación y la innovación científica en la historia de Estados Unidos."

Política de Fomento a las PyMEs

El plan reactivación contempla que para apoyar a las PyMEs se reducirá el interés de los créditos públicos y se ampliarán las garantías de pago del Gobierno hasta en un 90% del valor de los préstamos solicitados por esté tipo de empresas. Este proceso se realizará a través de la Agencia de la Pequeña Empresa (SBA por su sigla en inglés), institución que actualmente cubre el 85% del crédito por montos menores a $150,000 dólares y el 75% para préstamos mayores. El objetivo de esta medida es ampliar la cobertura financiera para las PyMEs, buscando reducir el riesgo para los bancos de una suspensión de pagos por parte de empresarios, impulsándolos a brindar más créditos en el sector de manera segura.

El Mito del Estado Minimalista: El Reencuentro del Estado con el Mercado

La aplicación de las políticas monetaria, fiscal e industrial heterodoxas en EE.UU. y otros países avanzados implican un nuevo rol del Estado como agente económico y están dejando atrás el mito del Estado minimalista.

La ideología del Viejo Consenso "satanizó" el rol del Estado y "beatificó" el del mercado libre autoregulado, enfrentando al Estado con el mercado, por lo que el Nuevo Consenso debe evitar caer en el falso dilema de Estado Vs mercado. Hoy, en la globalización el rol del mercado es incuestionable, los mercados están globalizados en la producción-inversión con la fábrica mundial; en el comercio con los TLC´s; en el mercado financiero con el dinero electrónico y en el mercado de la información con el Internet y las tecnologías de la información y comunicaciones (TICs). La cancha de juego de la hipercompetencia se da en los mercados globalizados, independientemente de las ideologías.

Es importante reconocer que el mercado es el mejor método para la asignación de recursos en una economía, pero no para distribuirlos y también presenta fallas (mercados imperfectos e incompletos, prácticas anticompetitivas, monopolios, entre otras) y limitaciones, ya que hay cosas que el mercado no hace por sí solo como promover el crecimiento sostenido con desarrollo humano. Es por ello necesario una intervención inteligente del gobierno con políticas públicas, pero no para sustituir al mercado, sino para complementarlo y corregir sus fallas.

Hoy inclusive países como China y Vietnam practican lo que ellos mismos han llamado "el socialismo de mercado". Estos países juegan en el mercado internacional, aunque mantienen en sus estructuras la propiedad pública e intervención del Estado, que son características del socialismo, no obstante cada vez se incrementa más la participación de la empresa privada y se consolida el rol del mercado.

Los ideólogos neoliberales han sido los verdaderos enemigos del mercado, porque han sobrevendido el rol del mercado en la economía. En efecto, el mercado es el mecanismo más eficiente para asignar los recursos, pero no garantiza su distribución equitativa, ni la competencia perfecta. La ideología neoliberal del libre mercado autoregulado planteó que el mercado por sí solo genera competencia; eleva la competitividad de los países a través del libre comercio y que además promueve el crecimiento económico y el desarrollo. Aquí, podemos ejemplificar con el Mercedes Benz que es el mejor vehículo de transporte terrestre, pero los ideólogos lo sobrevendieron diciendo que además es un vehículo anfibio y aéreo; su evidente fracaso en estas funciones llevarían a cuestionar su función básica como vehículo de transporte terrestre.

El gobierno del Presidente Obama ha sido criticado por algunos sectores que argumentan que está aplicando políticas de un “gobierno socialista”, por lo cual recientemente tanto él como su principal asesor económico Lawrence Summers han aclarado que la intervención del gobierno no tiene por objeto cancelar el mercado; la experiencia moderna indica que un rol activo del Estado es para corregir las fallas del mercado y complementarlo, no sustituirlo.

El Estado tiene como funciones ser regulador de los mercados, promotor del desarrollo, proveedor de servicios públicos y administrador. Por ello hay que distinguir entre un sistema económico socialista y una economía de mercado institucional y participativa. El tipo de sistema económico se define por la propiedad de los medios de producción y el mecanismo para responder las incógnitas de qué, cómo y para quién producir. En el comunismo, es a través de la propiedad pública y la planificación central; mientras que en el capitalismo se hace mediante la propiedad privada y el mercado.

Sin duda en Estados Unidos el debate de las tendencias “socialistas” del gobierno de Obama es un falso debate, pues es evidente que las medidas de corte “patrimonialista” que han implicado la intervención para rescatar a los bancos, las instituciones financieras y la industria automotriz, son de carácter temporal, ya que el libre mercado por sí solo no los llevaría a recuperar el equilibrio y la estabilidad, por lo que se requiere de la intervención del Estado. Afortunadamente este gobierno ha eliminado los mitos tanto del Estado intervencionista como del libre mercado de *laissez faire, laissez passer*. Así, el Presidente Obama afirma que el tema no es el tamaño del gobierno (más grande o más pequeño), sino un gobierno eficaz que responda a los desafíos que impone la crisis global. El gobierno de Obama lejos de ser socialista intenta salvar al capitalismo de su crisis más aguda desde la Gran Depresión.

Hacia un Nuevo Paradigma de Crecimiento Sostenido y Desarrollo Incluyente

Con la muerte del Viejo Consenso Neoliberal de Washington y el surgimiento de políticas de corte post-keynesiano en Washington se rompen algunos mitos y falsos dilemas del desarrollo que abren para los países de América Latina el camino para construir un nuevo paradigma de crecimiento sostenido y desarrollo incluyente. Es en esta perspectiva que hay que considerar y partir de otros planteamientos y trabajos que se han venido desarrollando en esta dirección. Entre los argumentos que se deben tomar en cuenta se encuentran los siguientes:

- El Viejo Consenso Neoliberal de Washington fracasó en América Latina, porque se constituyó en la práctica como un modelo de apertura macroestabilizador, de libre mercado y Estado minimalista y su listado de diez políticas no tuvo como objetivo desarrollar un modelo de crecimiento, desarrollo y competitividad, como lo ha expresado Williamson. Sin embargo, el gran reto que enfrenta hoy América Latina es diseñar su propio modelo de crecimiento sostenido y desarrollo incluyente. Este consenso se convirtió, en un enfoque dogmático, no pragmático y el entorno actual nos exige un enfoque pragmático y abierto al cambio para enfrentar los desafíos que impone la globalización en donde la única constante es el cambio y lo único cierto es la incertidumbre.

- "El mayor síntoma del subdesarrollo se da en aquellos países que tienen que importar modelos, ya sean éstos apologéticos del estatus quo o promotores del cambio", como lo expresara Albert O. Hirschman. Ésta es una de las grandes diferencias que explican el éxito de los países asiáticos como Corea, Taiwán y hoy día China que han desarrollado su modelo propio, así como el fracaso de muchos países Latinoamericanos. Por ello, desarrollar un nuevo paradigma para América Latina implica cambiar el modelo mental.

- El mercado libre autoregulado no existe, lo que hay en la realidad son mercados institucionales que deben contar con: reglas del juego claras, jugadores transparentes y un sistema de vigilancia, como los que existen en el mercado farmacéutico y aún en los tratados de libre comercio, donde en la práctica existen estos tres elementos. Por eso decimos que no existen mercados auto regulados, sino mercados institucionales.

- La política monetaria debe mantener ambos objetivos; estabilidad de precios y crecimiento y empleo; así mismo con las reformas al sistema financiero de los Estados Unidos la FED jugará un papel más activo en la regulación del sistema y de los agentes e instituciones financieras.

- Es necesario contar con política fiscal flexible que permita la acción del gobierno, que al mismo tiempo elimine la trampa del presupuesto balanceado o déficit cero.

- Política industrial activa que promueva el desarrollo competitivo de la industria y de las empresas. El sistema financiero debe orientarse a financiar a la industria y a los empresarios emprendedores no a los especuladores, como mencionó el Presidente Sarkozy.

- La Política del crecimiento y desarrollo debe considerar políticas activas no sólo en la industria, sino en energía, medio ambiente, educación, logística, desarrollo tecnológico e innovación, así como promover un gobierno efectivo.

Por otra parte la agenda de desarrollo de Barcelona surge de la iniciativa para el dialogo de políticas (*Iniciative for Policy Dialogue*, IPD) sobre el tema "Reconsiderando el Consenso de Washington" plantea que, "en contraste con las viejas doctrinas, los principios de Barcelona enfatizan un rol balanceado entre el Estado y los mercados, la experimentación como herramienta para el desarrollo y el uso de intervenciones macroeconómicas para subsanar las fallas de mercado y promover la productividad (combinada con incentivos para mejorar el desempeño)."

El excelente trabajo, bajo una perspectiva histórica, de la Comisión sobre Crecimiento y Desarrollo del Banco Mundial, dirigido por Michael Spence deriva las características más relevantes de la experiencia histórica de crecimiento basado en el análisis de trece países que crecieron durante 25 años a una tasa mínima del 7% del PIB (promedio anual), entre las cuales destacan las siguientes :

1. Explotaron completamente las oportunidades de la economía mundial.
2. Mantuvieron estabilidad macroeconómica.
3. Sostuvieron altas tasa de ahorro y de inversión.
4. Dejaron que los mercados asignaran los recursos.
5. Tuvieron gobiernos confiables, creíbles y capaces

Respecto a la política macroecónomica de estabilización uno de los problemas centrales ha sido, en la práctica, el enfoque unidimensional que proviene de postular la estabilidad de precios como único objetivo macroeconómico. El caso de México ejemplifica claramente las limitaciones de este enfoque, porque ha caído en un modelo de Estancamiento Estabilizador: la economía está estable (inflación de 4%) pero no crece. Así, es la economía de América Latina con más bajo crecimiento en esta década (2001-2009), y la de mayor recesión en esta crisis -8% en el PIB estimado para el 2009. Como argumenta Stiglitz "muchos Bancos Centrales han cometido el error de actuar como si una baja inflación de los precios al consumidor fuera necesario y casi suficiente para la estabilidad económica", tal es el caso del Banco de México.

En esta perspectiva, el enfoque macro unidimensional debe ser reemplazado por un enfoque tridimensional: El objetivo es crecer con capacidad plena (PIB potencial), equilibrio interno, (estabilidad de precios) y equilibrio externo (que evite déficits externo insostenible y maxi devaluaciones). Los trabajos de José Antonio Ocampo en esta área son especialmente útiles para el desarrollo de este enfoque más amplio e integral de la política macro de estabilización, teniendo en cuenta, como lo ha expresado Paul Krugman las propias limitaciones en los avances en la macroeconomía en los últimos 30 años que ha sido "espectacularmente inútiles en el mejor de los casos y positivamente dañino como el peor".

Respecto al tema de un gobierno efectivo hay que considerar que sin duda el Viejo Consenso Neoliberal de Washington ha muerto y el libre mercado autoregulado no garantiza una globalización eficiente de los mercados, ya que la crisis fue producto de los excesos del mercado libre no regulado, pero también es cierto que hay que evitar los excesos del Estado. Por ello, debemos encaminarnos hacia un equilibrio entre el mercado autoregulado e institucional y el Estado moderno. Así, el Nuevo Consenso debe llevarnos a consolidar el mercado institucional con un gobierno Inteligente, Flexible, Ágil y Transparente (IFAT). Por lo tanto es necesario ir construyendo el nuevo paradigma del Estado moderno, diferenciado entre sus cuatro funciones como regulador, promotor del desarrollo, proveedor de servicios públicos y administrador público. Finalmente, la clave estará en evitar los falsos dilemas del Estado Vs el mercado y no caer en los extremos del Capitalismo de Estado (estatismo) o el Capitalismo del Mercado de *laissez faire, laissez passer*.

Así cómo tenemos las teorías del mercado hay que contar con teorías del Estado que contemplen sus funciones y acciones, buscando alcanzar el equilibrio óptimo. Por eso hablamos del reencuentro de un Nuevo Estado Moderno con el Mercado, pero de un mercado institucional que tenga los tres elementos antes mencionados (reglas del juego claras, jugadores transparentes y sistema de vigilancia) el cual no intenta sustituir al sistema de mercado, sino apoyarlo para que funcione con eficacia y eficiencia.

Una Visión Global

LA CRISIS DE TRANSICIÓN EN AMÉRICA LATINA Y LA CRISIS SISTÉMICA DE LA GLOBALIZACIÓN FINANCIERA

"La confianza en la Mano Invisible entre los economistas, políticos y el público en general, se presenta en un momento en el que surgen cada vez más razones de duda. No es fácil discernir en qué forma el laissez faire sin ayuda, sin guía y sin control pueda manejar los grandes y nuevos desafíos del siglo XXI".

James Tobin Premio Nobel de Economía

"Abandonemos la ilusión de que el mercado por sí solo va a traer igualdad, lo que queremos es más que igualdad, no con la perpetuación de un Estado de 'malestar social' y privatizado, sino a través de una reforma del aparato estatal que permita transformarlo en un instrumento de progreso social".

Fernando Henrique Cardoso
Ex Presidente de la República Federativa del Brasil

"El Consenso de Washington consiste en hacer que los gobiernos adopten un paquete de políticas que incluye balancear la macroeconomía, eliminar distorsiones comerciales y privatización de industrias competitivas que pueden funcionar mejor en manos privadas. Han sido lecciones importantes. Sin embargo, muchos de los países que han seguido estas recetas siguen aun sin crecer. Algunos países han privatizado monopolios estatales, pero los han vuelto monopolios privados y lo que hace que funcione una economía de mercados son ambos: propiedad privada e incentivos... En este magno empeño de reformas, el papel del Estado es esencial".

*Joseph Stiglitz****

"Los mercados financieros son inestables por naturaleza, y más ... los internacionales ...El capital fluye del centro a la periferia; cuando la confianza se tambalea, tiende a volver a su origen ... Los riesgos de colapso aumentan porque nuestra comprensión teórica de cómo funcionan los mercados financieros es básicamente defectuosa. La teoría económica se apoya en el engañoso concepto del equilibrio ... porque quienes participan en el mercado tratan de descontar un futuro que está dictado por las expectativas del mercado. ...La idea del laissez faire, de que los mercados deberían abandonarse a sus propios mecanismos, ...me parece peligrosa... "

George Soros[&]

* Tobin, James, "Uno o dos brindis a la salud de la Mano Invisible", *Nueva Economía. Revista de Economía y Política,* año 1, noviembre 1992-enero 1993, Cambio XXI Fundación Mexicana, A.C.

** Cardoso, F. H., "Estado, Comunidad y Sociedad en el Desarrollo Social", *Revista de la CEP AL,* agosto, 1997, p.9.

*** Stiglitz, Joseph, Economista en Jefe del Banco Mundial, en "Consenso Político para Mantener el Modelo Económico. Sugiere el BM", entrevista de Dolia Estévez, *El Financiero,* martes 23 de septiembre de 1997, p. 26.

& George Soros, Presidente de *Open Society Institute* y de *Soros Fund Management, El País,* diciembre, 1997.

*La Crisis de Transición en América Latina

y

La crisis sistémica de la globalización financiera

"La crisis se da cuando lo viejo muere
y lo nuevo no puede nacer"

Gramsci

En el cierre del milenio y después de casi dos décadas de profundas reformas estructurales y de apertura democrática en México y en América Latina, todavía continúa **la larga marcha de una transición inconclusa hacia un sistema de economía de mercado abierta** y **competitiva** que permita **reencontrar el crecimiento sostenido,** alcanzar el desarrollo y **consolidar las democracias** de nuestros países.

Las **crisis recurrentes de México** (1976, 82, 87 y 94) y **las consecutivas crisis financieras asiáticas** en Tailandia, Malasia, Hong Kong, Corea del Sur, Indonesia, y otros países durante 1997 y 1998, obligan a **repensar** el *Programa de Reformas Económicas de Cambio Estructural y Estabilización* (**Prece**) sintetizado en el Decálogo del Consenso de Washington (DCW) como el modelo de transición aplicado en los últimos 20 años en América Latina. Durante ese tiempo las crisis de los *jaguares* latinoamericanos se explicaban con el argumento de que eran economías estatistas. semicerradas y de industrialización ineficiente orientadas al mercado interno, pero después del profundo proceso de reformas estructurales hacia economías de mercado, privatizadas y abiertas a la competencia internacional se esperaba el nacimiento de economías eficientes, con crecimiento e industrialización competitiva.

Sin embargo, la **recurrencia e internacionalización de las crisis** a la dinámica región asiática, basada en economías de industrialización exportadora y altas tasas de ahorro, obligan a reconsiderar bajo una perspectiva de análisis más amplia, la influencia de la **globalización de los mercados financieros como otro de los factores causales de las crisis externas.**

La urgencia de salir de esta crisis de transición y estancamiento prolongado radica en que si la situación económica y social continúa, el riesgo de caer en la oscilación peligrosa del péndulo se encuentra presente: pasar de economías estatistas a economías de mercado de *laissez faire,* y viceversa. No debemos desechar los avances, que ya han tenido elevados costos en el camino hacia economías de mercado, simplemente retornando a regímenes estatistas, pero es urgente reencontrar el camino del crecimiento sostenido. En este contexto son varios los factores a considerar:

- No podemos retornar de nuevo a esquemas donde el Estado omnipresente sea el protagonista en el ámbito económico, socavando la iniciativa de emprender y participar de la sociedad. Hay que aprovechar lo avanzado hacia las economías de mercado, reconociendo sus límites y alcances, puesto que lo impone, no la ideología neoliberal que lo ha sobrevendido y beatificado sus virtudes, sino la propia realidad internacional de la globalización de los mercados del siglo XXI.

- Partiendo de la década perdida en los 80's, nos encontramos al final de los 90's **en el umbral** de una generación perdida que no podemos aceptar. El panorama que se presenta a nuestros jóvenes, que en los últimos 20 años han vivido las crisis y un estancamiento prolongado, no es promisorio. La perspectiva representa la posibilidad real de pasar **de una década perdida a una generación pérdida** marginada del mercado y orillada a actividades fuera de éste (subempleo) o que dañan su integridad física y moral (drogadicción, prostitución, alcoholismo, etc.), con un retorno difícil a la integración social.

- **Se agotó el modelo de transición (PRECE)** y no ha sido capaz de retomar una nueva ruta del crecimiento sostenido con generación de empleos productivos y una distribución del ingreso más equitativa. Sin embargo, debemos continuar la **búsqueda de modelos alternativos de transición** que, aprovechando lo avanzado y reconociendo las fallas del pasado, nos permitan hallar de nueva cuenta, la ruta del crecimiento sostenido y abrir el camino al desarrollo sustentable, a través de una **nueva economía de mercado: institucional y participativa.**

- Debemos precisar que **no se plantea aquí un modelo alternativo de transición como una tercera vía,** porque en el umbral del siglo XXI **existe sólo una vía,** la del mercado, **determinada por** el nuevo juego de **la hipercompetencia** en los mercados y aldeas económicas globalizadas, la cual es una realidad histórica independiente de la ideología neoliberal (ver capítulo 1), por ello planteamos la *nueva economía de mercado institucional y participativa.* Actualmente, aún en China con visión pragmática e independiente de su ideología socialista, se habla del **neosocialismo de mercado.** Así, en el siglo XXI **no hay una tercera vía, sólo la senda de las economías de mercado,** pero debemos reconocer no **sólo sus fallas** tradicionales (monopolios, externalidades, deseconomías, etc.) **sino sus límites y alcances,** y los problemas de la globalización de los mercados para generar el desarrollo integral de la sociedad.

- La única vía que existe en el nuevo capitalismo globalizado es la economía de mercado, pero con adjetivos; que reconozca que la *mano invisible del libre mercado,* siendo el mejor método para promover la eficiencia en la asignación de recursos, presenta límites y debe ir acompañada de la *mano solidaria de la sociedad* para la equidad distributiva y de la *mano promotora del Estado* para el crecimiento y el desarrollo sustentable, lo que da lugar a una **Nueva Economía de Mercado: Institucional y Participativa,** tesis central que se plantea en el presente libro.

Las Preguntas Fundamentales

Estos factores nos llevan al planteamiento de varias preguntas fundamentales:

- El sistema económico de libre mercado, a pesar de haber superado a su adversario histórico, la planificación centralizada, ¿funciona? ¿O no hemos encontrado la modalidad de capitalismo de mercado adecuada a nuestra realidad y momento histórico?

- El modelo de crecimiento e industrialización orientado al mercado externo, que condujo a las economías del Sudeste Asiático a tasas de crecimiento superiores al 8% en tan sólo dos décadas, ¿no es viable en el contexto latinoamericano? ¿O tendríamos que hablar de un modelo de industrialización tridimensional, desechando el dilema de crecer hacia adentro o hacia afuera?

- ¿Es el **Prece** un paquete de políticas incorrectas, o **necesarias pero no suficientes,** para transitar hacia economías de mercado abiertas y competitivas? ¿O simplemente el conjunto de medidas que implica el programa, no se han aplicado de manera correcta (problemas de instrumentación) y por eso ha desembocó en la crisis de 1994?

- ¿Se requiere pasar a una segunda generación de reformas que profundicen (más de lo mismo) sobre la misma orientación y sentido del PRECE? O aprovechando los progresos logrados en la dirección hacia economías de mercado y la realidad del capitalismo global ¿deberíamos avanzar en la misma dirección, pero reconociendo sus límites y alcances y con un nuevo enfoque integral de eficiencia y modelo sistémico de transición?

- ¿No implican acaso las crisis recurrentes de México (1976-94) y las consecutivas asiáticas de 1997-98. que hay un fenómeno externo propio de la globalización financiera vía el dinero electrónico independiente de una industrialización sustitutiva o exportadora que los países han llevado a cabo o si han alcanzado una macroeconomía sana?

- ¿Puede existir un camino propio para México y América Latina para reencontrar el modelo de crecimiento sostenido y de desarrollo de largo plazo?¿ Y esto requiere una **política económica de Estado,** basada en un consenso en lo básico y en una visión y proyecto de país de largo plazo?

Estos son los temas que se analizan en el presente libro.

LA CRISIS BIDIMENSIONAL EN AMÉRICA LATINA: DE TRANSICIÓN Y SISTÉMICA

México y América Latina, a pesar del Programa de Reformas Económicas aplicadas para superar **el** profundo estancamiento de la década de los 80's, enfrentan un proceso de **transición trunca** en **la larga marcha inconclusa** hacia economías de mercado abiertas y competitivas. El doloroso **proceso** es producto de una **crisis de transición** en sus economías nacionales, agudizada por una crisis sistémica en los mercados financieros globalizados a través del dinero electrónico caliente, dinero que se renta sólo por dinero y presenta el virus especulativo.

El PRECE, sintetizado en el Decálogo del Consenso de Washington, que se estableció en América Latina como el programa de transición hacia las economías privatizadas de mercado libre y abierto a la competencia internacional, ha mostrado sus logros pero también sus límites, manifestando signos claros de agotamiento como modelo de transición y de fatiga de la sociedad, y ha desembocado en un proceso de transición trunca. En América Latina nos encontramos inmersos en una crisis bidimensional de transición y sistémica porque en esta larga marcha inconclusa, el cambio hacia economías de mercado dentro de la globalización económica y financiera, no ha podido converger a un nuevo patrón de acumulación de capital e innovación productiva: esto es, a un nuevo modelo de crecimiento sostenido que recupere las tasas históricas de crecimiento del 6%, condición indispensable para el desarrollo y consolidación democrática.

La crisis de transición en las economías latinoamericanas es producto de que el viejo sistema de economía estatista y el modelo proteccionista de crecimiento hacia adentro vía la Industrialización Sustitutiva de Importaciones (ISI) ha muerto, pero no acaba de nacer el nuevo sistema de economía privatizada y de libre mercado que permita, no sólo mercados más eficientes y una mejor asignación de recursos, sino que genere un nuevo modelo de industrialización abierta y competitiva y un nuevo modelo de acumulación del capital que retome el crecimiento sostenido con empleos remunerativos y equidad distributiva para responder a las necesidades crecientes de la población y resolver los rezagos estructurales.

El Banco Interamericano de Desarrollo (BID), expresa de manera clara el resultado de las reformas: *"El desempeño de América Latina durante los 90's no ha sido satisfactorio. Aunque el crecimiento económico se ha recuperado no ha regresado a los ritmos cercanos al 5% que eran comunes en la región en los 60 's y 70 's y es muy inferior a las tasas sostenidas superiores al 7% que han sido típicas de los países del Sudeste Asiático. En 1996, ocho de cada cien latinoamericanos dispuestos a trabajar se encontraban sin empleo. A fines de los 80 's esa tasa estaba entre 5 y 6%. América Latina es la región del mundo donde los ingresos se encuentran peor distribuidos y esta situación no ha mejorado en los 90 's, el número de pobres tampoco ha descendido del nivel sin Precedente cercano a los 150 millones de personas que alcanzó al comenzar la década actual El insuficiente progreso económico y social de los países latinoamericanos contrasta con la magnitud de los cambios que han tenido en sus políticas económicas"*[1].

La crisis de transición en la región latinoamericana se ha agudizado por una crisis sistémica de las finanzas globalizadas del dinero electrónico caliente con "virus especulativo" (dinero que se renta y busca sólo dinero), la cual condujo a la crisis en las economías de mercados emergentes desde México en 1994 hasta Hong Kong, Corea del Sur, Indonesia, Tailandia, Malasia, etc. en 1997 y 1998.

La crisis económico-financiera de México en **1994,** considerada por el propio director del FMI como la **primera crisis financiera internacional de los mercados emergentes (efecto tequila)** del siglo XXI, evidenció los límites y alcances del

[1] "América Latina Tras una Década de Reformas. Progreso Económico y Social en América Latina", *Informe 1997,* Banco Interamericano de Desarrollo, p.33.

entonces considerado **modelo paradigmático de transición a la economía de mercado**. Además, también sacó a la luz los problemas de la globalización de los mercados financieros, los cuales no se autocorrigen (como argumentaba la teoría económica), incluso se tuvo que rescatar la economía con la intervención del gobierno de los E.U.A. (dada la insuficiente capacidad de respuesta del FMI) con un paquete financiero de 50 mil millones de dólares (mmd) y del gobierno mexicano para rescatar al sistema bancario **(**FOBAPROA**)** que se estima en un monto similar. Esta crisis ha provocado un gran desencanto, no sólo en el país, sino en la comunidad internacional sobre la efectividad del programa de reformas económicas, sintetizado en el DCW para superar las crisis externas recurrentes y los rezagos estructurales y sociales de las economías latinoamericanas.

La crisis asiática de 1997-98 se muestra como la continuación de las crisis financieras internacionales en los mercados emergentes (**efecto dragón**) al mostrar los mismos síntomas: déficit externos, entradas excesivas de **"dinero electrónico caliente"**, sobrevaluación cambiaría, maxidevaluación, elevación de las tasas de interés, crisis bancaria y finalmente rescate a los sistemas bancarios nacionales (FOBAPROA en México) y rescates financieros de los países y Wall Street por parte del FMI, de los Estados Unidos y de la banca internacional.

El FMI planteó, desde la crisis mexicana de 1994, el establecimiento de un sistema de vigilancia para detectar las crisis financieras; sin embargo, las crisis asiáticas en cadena desde Hong Kong a Corea del Sur y Tailandia (con un rescate de más de 110 mmd), han rebasado la capacidad de respuesta de la institución, evidenciando la necesidad de un nuevo FMI, no sólo con más capital financiero para apoyar los rescates, sino con un nuevo enfoque preventivo y no correctivo para enfrentar el nuevo sistema financiero globalizado, basado en el dinero electrónico con virus especulativo.

En este contexto, la crisis sistémica de la globalización financiera es producto de que el **viejo sistema de Bretton Woods**, basado en un régimen de tipo de cambio fijo, control de capitales y tasas de interés relativamente estables, ha muerto, pero el nuevo sistema financiero globalizado del dinero electrónico con régimen de tipo de cambio flexible, elevada movilidad de capitales y flexibilidad en las tasas de interés no ha podido nacer como un régimen estable que tienda al equilibrio de los mercados financieros globalizados y canalice eficientemente los excedentes de ahorro de los países superavitarios a inversiones productivas en las economías emergentes.

De aquí que la globalización financiera se presente como un punto ciego del proceso de globalización económica, pues mientras que la producción global a través de la fábrica mundial, la integración comercial a través de los acuerdos regionales (TLC, UE, MERCOSUR, etc.) y la globalización de la información vía *internet* abre grandes oportunidades a los países, la globalización financiera (a pesar de que la inversión extranjera directa y en cartera de largo plazo permite asignar los recursos eficientemente a nivel global) requiere vigilar los flujos de dinero electrónico volátil y de corto plazo, que cuando vienen acompañado del virus especulativo, desestabilizan los sistemas nacionales y generan crisis recurrentes en las economías emergentes, así como inestabilidad en el sistema monetario y financiero internacional.

Los **beneficios de la integración financiera pueden ser sustanciales,** "*pero un* ***revertimiento repentino en los flujos de capital privado puede reducir*** *significativamente la liquidez y el crédito, e imponer altos costos a la economía, llevando a los bancos, en el extremo, a problemas sistemáticos de costos asociados con el crecimiento económico bajo (usualmente negativo), como ha ocurrido recientemente en México y Venezuela. Las consecuencias de pérdidas asignativas entre accionistas bancarios, otorgantes de crédito, depositantes, y causantes de impuestos son significativas. El costo promedio de reestructuración de los sistemas bancarios en los países en desarrollo después de una crisis, es de aproximadamente el 13% del PIB y 41% del total de los préstamos, mientras que en países desarrollados el costo es de 4.8% del PIB y 6.1% de los préstamos*".[2]

HACIA UNA NUEVA ECONOMÍA DE MERCADO:

INSTITUCIONAL Y PARTICIPATIVA

Esta crisis y la larga marcha, todavía inconclusa en América Latina, hacia una nueva economía, se explican porque el PRECE aunque va en la dirección correcta, presenta fallas y limitaciones importantes, que es imprescindible corregir. La principal limitación de la economía de mercado de *laissez faire,* o del neoliberalismo extremo, en la que no tienen lugar ni el Estado ni la sociedad civil (corresponsables del cambio y del desarrollo), es que carece de los dos factores fundamentales de las sociedades democráticas modernas, el carácter institucional y participativo. Es por eso que en la

[2] World Bank, *Global Economic Prospect and the Developing Countries 1997,* Washington, D.C., pp. 14-15.

coyuntura actual surge la imperante necesidad de una Nueva Economía de Mercado Institucional y Participativa, la cual implica el reencuentro del mercado institucional con un nuevo Estado reformado y una Sociedad civil participativa (tema central del presente libro). En otras palabras, es la necesidad de echarle la mano a la mano invisible del libre mercado (que es el mejor método para la asignación de recursos) con la mano solidaria de la sociedad para la equidad distributiva y la mano promotora del Estado reformado para el crecimiento sostenido y el desarrollo sustentable.

En esta nueva era del *post-neoliberalismo,* es urgente encontrar nuevas rutas de crecimiento y nuevos senderos de desarrollo, descartando las críticas infundadas al hecho histórico de la globalización, a pesar de sus deficiencias en las finanzas. En esta perspectiva, surge la necesidad del reencuentro de un nuevo mercado libre y abierto pero institucional, con un Estado reformado y desideologizado y de éstos con una sociedad que participe en la construcción del nuevo sistema económico-político y modelo integral de desarrollo.

El carácter institucional de la economía de mercado proviene de entender que el mercado no es un simple mecanismo de interacción entre oferta y demanda, sino una **institución** a la que acuden oferentes y demandantes que requieren un marco de **reglas del juego** claras **(instituciones)** y **jugadores** transparentes **(organizaciones) y,** a su vez, de un sistema que supervise a los jugadores y haga cumplir las reglas. Aunque finalmente, el camino sólido está basado, como dice Francis Fukuyama. en el **capital social: la confianza** en el sistema económico. Por otro lado no sólo se buscan reglas claras, **sino reglas que promuevan e incentiven la productividad,** la inversión e innovación productivas para generar empresarios innovadores (schumpeterianos) **y** no reglas del juego que promuevan la especulación y generen, por ende, especuladores. **La economía de mercado debe ser institucional.** Como dice Douglass North, premio Nobel de Economía:

> *"La historia económica del siglo XIX en los Estados Unidos es de crecimiento económico debido a que el marco institucional subyacente reforzó incentivos de manera persistente para que las organizaciones participaran en actividades productivas".*[3]

Por otro lado, el **mercado no es democrático,** ya que en el mercado no votan todos los ciudadanos, sólo votan los que tienen demanda efectiva; esto es, quienes tienen

[3] North Douglass, *Instituciones, Cambio Institucional y Desempeño Económico.* Fondo de Cultura Económica. México, 1995. p. 20.

ingresos, y sólo reciben ingresos quienes tienen un empleo remunerado. En los países en desarrollo, y aún en los desarrollados hay grupos de la sociedad **marginados del mercado,** porque existe desempleo estructural (que no sólo depende de la demanda efectiva) y el subempleo (trabajadores que reciben un ingreso menor al que son capaces de generar). Estos grupos de la población no tienen ingresos suficientes o mínimos para votar en el mercado y así estar "representados" en la producción y distribución de bienes y servicios del sistema económico. En América Latina hay 200 millones de pobres que prácticamente no votan ni participan en el mercado. La diferencia del mercado económico con el "mercado político", es que el individuo por el único hecho de ser ciudadano de un país tiene derecho a votar y participar en el destino de la nación, mientras que el derecho a participar votar en el "mercado económico" lo otorga la demanda efectiva, la cual implica ingreso efectivo y por lo tanto empleo productivo y remunerativo.

Debemos destacar que el hecho de que las economías nacionales y los **mercados globalizados** en la economía mundial **no sean democráticos no es una falla del mercado, sino un límite,** que es necesario reconocer. Por analogía: el auto es un medio muy eficiente de transporte terrestre, pero no puede volar, y no es que sea ineficiente como transporte aéreo, sino que tiene límites y no está construido para volar, por lo tanto, no hay que pedirle más de lo que puede dar. En el caso del mercado hay que complementarlo en el corto plazo con programas asistenciales que atiendan las necesidades sociales, y con un modelo de crecimiento incluyente con empleos productivos y remunerativos que resuelvan el problema a través del mercado a mediano y largo plazos.

Por lo tanto, **la economía de mercado debe ser participativa e incluyente.** Debemos atender los grandes rezagos en materia de equidad, tanto en la distribución del ingreso como en las oportunidades de progreso; y para esto la sociedad debe dejar atrás su papel pasivo y participar activamente en el cambio, el desarrollo y el progreso; asimismo, el Estado debe promover un nuevo enfoque de **"políticas amistosas" del mercado** *(que no sustituyan sino que complementen y apoyen al mercado y al desarrollo empresarial con visión y responsabilidad social)* que promuevan deliberadamente el crecimiento sostenido y sustentable con base en la generación de empleos remunerativos.

LA TESIS FUNDAMENTAL

La tesis fundamental establece que la **larga marcha inconclusa** y **la transición trunca** a las economías de mercado abiertas y competitivas en América Latina tiene dos dimensiones, una interna y otra internacional.

1. Una **crisis de transición** porque el viejo sistema económico estatista y el modelo de crecimiento proteccionista orientado al mercado interno murió, pero no acaba de nacer el nuevo sistema económico de mercado y el nuevo modelo de crecimiento sostenido competitivo y abierto a la competencia internacional. El problema radica en que el programa de transición o PRECE presenta **problemas no de dirección** (hacia las economías de mercado), sino de **orientación del sistema económico,** de **estrategia de industrialización** y de **falta de tres pilares de transición,** el de fomento por el lado de la oferta productiva, el del crecimiento sostenido y el del desarrollo sustentable.

2. Una **crisis sistémica** en el campo monetario y financiero internacional, porque el viejo sistema de Bretton Woods murió y actualmente el sistema y el FMI han sido rebasados como instituciones en el mundo de la globalización. Las economías emergentes de la región atraviesan por una **crisis sistémica** de las finanzas internacionales, producto de la globalización financiera a través de los flujos de capital privado de dinero electrónico con virus especulativo que desestabiliza las economías nacionales. A pesar de que las economías hayan logrado una macroeconomía sana y mercados libres y abiertos, la globalización financiera las desestabiliza y provoca parte del fenómeno de las crisis externas que hemos experimentado en México y los países asiáticos. Vivimos actualmente en un *non system* "en una economía globalizada, unida por tecnologías capaces de mover fondos inimaginables instantáneamente alrededor del globo al mejor postor, e inmune a cualquier capacidad de regulación o control sobre estos movimientos, nos encontramos ante la posibilidad latente de catástrofes frecuentes."[4]

Frente a la **ausencia de un nuevo orden en el sistema monetario internacional** y de un nuevo FMI, la apertura y liberalización financiera de las economías de la región y su surgimiento como mercados emergentes posterior al Plan Brady (1989) ha significado una integración a los mercados financieros globales. Sin embargo, esta integración ha aumentado la vulnerabilidad externa como consecuencia del dinero electrónico caliente (efecto tequila, efecto dragón, etc.), y los shocks externos y, por

---

[4] Barnet, Richard y John Cavanagh, "Electronic Money and the Casino Economy", en *The Case Against the Global Economy"* editado por Jerry Mander y Edward Goldsmith, 1996, p. 373.

lo tanto, explican el factor internacional de las crisis externas de las economías regionales.

El programa de reformas (PRECE) aplicado en las últimas dos décadas (desde 1982) en América Latina para transitar de un sistema de economía estatista a uno de economía de mercado, y de un modelo de industrialización semicerrado orientado al mercado interno a otro de industrialización abierta orientado a la exportación ha mostrado sus alcances y límites ante un proceso de **crisis de transacción prolongada** y de **industrialización trunca** por varias razones (ver capítulo 2):

- El PRECE va en la **dirección correcta,** hacia economías de mercado dada la nueva era de la **globalización** de los mercados y de las **"aldeas globales";** empero presenta problemas de orientación en el sistema económico, de **estrategia** en el modelo de crecimiento e industrialización, de **"sintonía fina"** y de **omisión** de los pilares o programas de cambio, producto de **un enfoque parcial de la eficiencia** y **del modelo de transición.**

- Aunque el PRECE va en la dirección correcta, la naturaleza misma del modelo de transición implica un cambio profundo del sistema económico y del modelo de industrialización, sin embargo está apoyado en sólo **dos pilares** de política económica (el macroeconómico de estabilización y el de reformas de cambio estructural), que siendo **necesarios, resultan insuficientes** para garantizar una transición efectiva.

Los Tres Niveles de Transición
Económico Mundial, Económico Nacional y Político

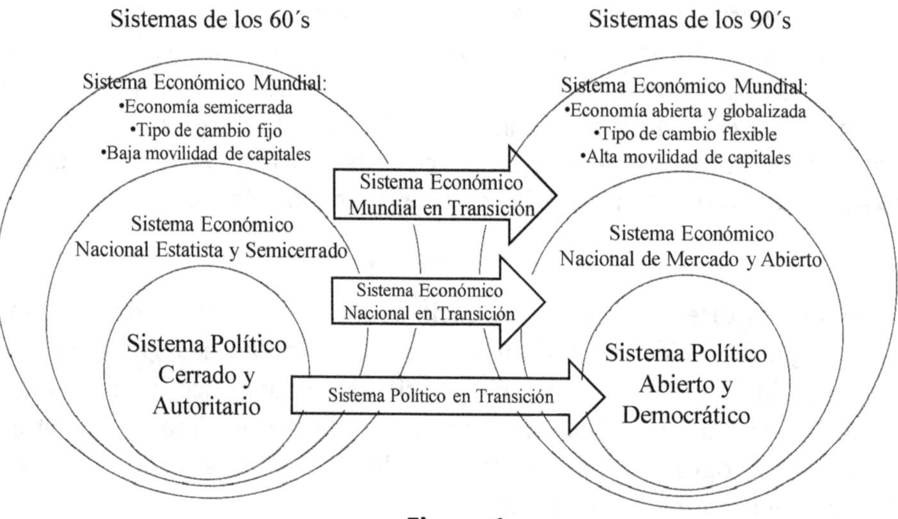

Figura 1

La transición económica en América Latina va acompañada también de un proceso de **transición política** hacia la consolidación democrática, lo cual no sólo hace más complejo el proceso, sino el propio análisis, diagnóstico y comprensión del fenómeno por el mayor número de variables involucradas y por la ausencia de un nuevo paradigma de economía política institucional.

- El **sistema económico mundial** también experimenta un proceso de transición hacia un capitalismo de mercados globalizados que tiene un punto ciego: la globalización financiera vía el dinero electrónico.

  — El sistema económico mundial atraviesa paralelamente por un proceso de transición hacia un capitalismo globalizado en el nuevo juego de la hipercompetencia en mercados globalizados en la producción, el comercio, la información y las finanzas.

  — No obstante, en el proceso de globalización existe, como dice Ludolfo Paramio, **un punto ciego:** la globalización de los mercados financieros, que genera un problema fundamental. Cuando el **dinero electrónico** viene acompañado del **virus especulativo** contamina y desestabiliza al sistema, conduciéndolo como el caso asiático y mexicano a una crisis externa, resultado de la elevada movilidad del capital y la falta de mecanismos adecuados para "filtrar" el capital volátil con virus especulativo, convirtiéndose, entonces, en capital yatrogénico;[5] la medicina acentúa la enfermedad.

La tesis fundamental que se plantea en el presente libro establece que se necesita ir más allá del **enfoque asignativo (smithiano)** de la eficiencia. Se debe tener un **enfoque integral** y **sistémico** que permita visualizar el proceso de transición hacia un sistema económico y un modelo de crecimiento, no sólo para buscar mercados eficientes, sino para lograr un crecimiento y desarrollo sustentables.

En la perspectiva del sistema económico, se plantea que el camino no es pasar de una economía estatista a una economía de mercado de *laissez faire* o neoliberal, de dejar hacer o dejar pasar, sino a una nueva **economía de mercado institucional** y **participativa.** De aquí, que la orientación del sistema económico sea imprecisa debe ser hacia una economía de mercado, pero con nuevos adjetivos, no es la economía de *laissez faire* (donde todo se vale), sino una economía **institucional** y **participativa.**

En la perspectiva del modelo de crecimiento, la estrategia de industrialización no debe buscar pasar del crecimiento hacia adentro mediante la industrialización sustitutiva (ISI) a un nuevo modelo de crecimiento orientado hacia afuera, vía la industrialización exportadora (IE). El camino es una nueva estrategia de crecimiento con apertura a la competencia internacional, vía la **industrialización abierta tridimensional** (IAT); esto es, tanto el mercado externo como el mercado son fundamentales. Hablamos entonces de un nuevo *pivote exportador,* un nuevo *pivote de sustitución competitiva de importaciones* y el *pivote endógeno* que permita dar dinámica y productiva al mercado interno.

El PRECE como programa de transición sólo se apoya en dos de cinco pilares de política económica que siendo necesarios, son insuficientes y no garantizan un proceso efectivo de transición (Figura 1).

---

[5] En medicina, cuando la intervención del cirujano con su tratamiento (medicación y/o cirugía) para curar una enfermedad, agrava o causa la muerte del paciente, se califica como una intervención *yatrogénica.* Por analogía, cuando el Estado interviene para corregir una de las fallas del mercado, cuando lo hace con eficacia y con conocimiento y efectividad, la corrige, pero cuando por sus excesos o incapacidad funcional la acentúa, estaríamos hablando de una intervención yatrogénica: la medicina para curar la enfermedad la acentúa (ver Villarreal, René, *Industrialización, Deuda y Desequilibrio Externo en México,* FCE, 1998).

Los dos pilares del PRECE, el Programa macroeconómico, y el Programa de reformas de cambio tienen por objeto abrir la economía a la competencia internacional, liberar el mecanismo-de precios relativos para la asignación eficiente de recursos y generar una estructura de precios estables, pero carece de tres pilares básicos, necesarios para generar un proceso de transición efectiva:

- Un Programa micro y mesoeconómico de fomento a la oferta productiva y una nueva política de competitividad.
- Un Programa de crecimiento y empleo sostenido.
- Un Programa de desarrollo sustentable y equidad distributiva.

Adicionalmente, se plantea que los dos pilares del PRECE, siendo imprescindibles para el modelo de transición, también requieren ajustes de "sintonía fina". El modelo macroeconómico, no es sólo de estabilización, sino el **arte del** *"management"* **macroeconómico es tridimensional:** cómo **crecer con pleno empleo** (tasa histórica del 6% del PIB), con **equilibrio interno** (estabilidad de precios sin caer en procesos hiperinflacionarios y de ajuste recesivo), y **externo** (evitar grandes déficit externos y ajustes maxidevaluatorios) observando el Principio de Tinbergen-Mundell (*n* número de instrumentos independientes de política económica para *n* número de objetivos, así como la asignación eficiente de los instrumentos para los objetivos planteados) para asignar el conjunto de instrumentos de política económica (política cambiaría, monetaria, fiscal, etc.) a los tres objetivos (crecimiento de pleno empleo, equilibrio interno y externo) de manera eficaz y eficiente.

El reto en el manejo del dinero electrónico en la globalización financiera, no es prohibir los movimientos de capital, porque estamos inmersos en un sistema global, sino fomentar el capital extranjero tanto de inversión directa como de cartera de largo plazo, teniendo capacidad para filtrar el dinero electrónico caliente que viene con virus especulativo, para evitar las desestabilización del sistema. Ello requiere:

- En las economías nacionales, a través de regímenes de tipo de cambio flexible para disminuir el riesgo que el capital de corto plazo implica. Aunado a esto, un mecanismo de encaje legal, que desincentive las entradas de capital de corto plazo, en relación inversa al plazo de salida; capitales.[6]

---

[6] French-Davis Ricardo, y Helmut Reisen, *Flujos de Capital e Inversión Productiva. Lecciones para América Latina*, Mc Graw-Hill, Chile, 1997, p. 19

- En el sistema monetario internacional, de un nuevo orden con reglas del juego claras y efectivas que permitan al sistema financiero internacional cumplir su función, lo que requiere de FMI con un enfoque preventivo (no correctivo) y con mecanismos de ajuste para distribuir eficientemente la carga del ajuste entre acreedores y deudores.

La Transición Trunca del Sistema Económico y Modelo de Industrialización

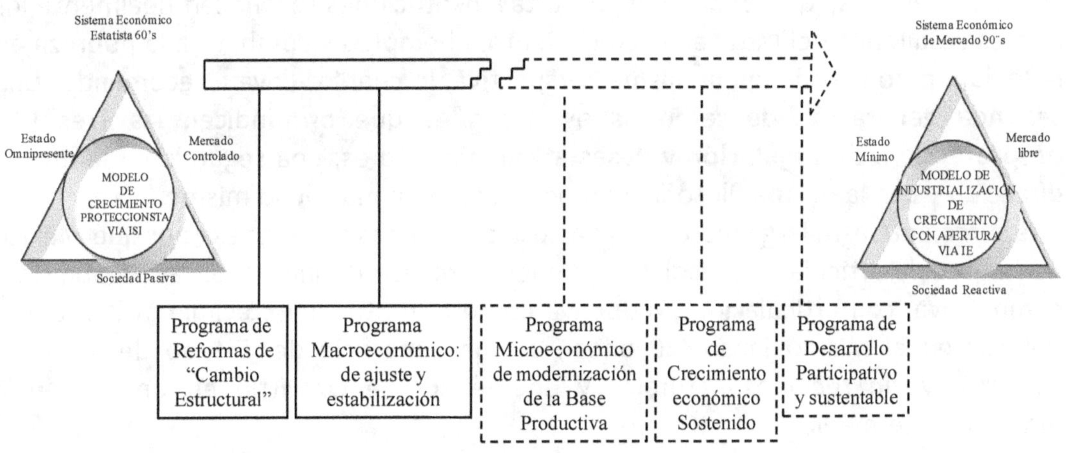

ISI: Industrialización Sustitutiva de Importaciones.
IAT: Industrialización Abierta Tridimensional.

Figura 2

LOS LÍMITES Y ALCANCES DEL DECÁLOGO DEL CONSENSO DE WASHINGTON O PRECE : ¿HACIA UN PRECE II?

La frustración ante los resultados del PRECE en América Latina, en el umbral del siguiente milenio, proviene no sólo de la crisis de 1994 en México, paradigma de la región latinoamericana, y de las crisis consecutivas en 1997 y 1998 del considerado milagro asiático, con sus modelos de industrialización exportadora y abierta. Surge también de los magros resultados en el crecimiento de la región, del desempleo, así como de la continuación de la pobreza, del agotamiento del modelo y de la fatiga de la sociedad, pero principalmente, de la **carencia de una visión de futuro y proyecto de país y de región de largo plazo** que brinde una esperanza y dé aliento a la participación e inclusión de las nuevas generaciones. Es urgente, ante este panorama, encontrar las causas de esta transición trunca y la larga marcha inconclusa, para retomar lo avanzado y los puntos positivos, y asimismo reconocer las fallas, errores y limitaciones, para reorientar el modelo de transición, lo que requiere de un nuevo Programa de Eficiencia y Transición Integral (PETIT).

El diagnóstico actual emitido por las instituciones internacionales como el Banco Mundial y el FMI, sigue siendo limitado. Estas instituciones reconocen finalmente los pobres resultados del PRECE en el crecimiento, el empleo y combate a la pobreza en la región, pero mantienen la misma perspectiva, lo cual los lleva a recomendar **una segunda generación de reformas estructurales** que profundicen las Tres D's: **desprotección, desregulación** y **desestatización;** esto es, una segunda en la misma dirección y con la misma filosofía y enfoque del PRECE: más de lo mismo.[7] La pregunta que surge ante esta larga marcha inconclusa de casi dos décadas es ¿por qué México no ha podido articular y consolidar un nuevo proceso de industrialización abierta y competitiva, con articulación productiva como el motor del crecimiento? Si Corea del Sur en el mismo lapso (20 años), con la superficie del Estado de Veracruz (México) y sin recursos naturales y energéticos se convirtió en una potencia industrial intermedia.

A pesar de que el Banco Mundial, en especial la división de estudios latinoamericanos y del Caribe, reconoce la necesidad de revertir la tendencia tanto en el crecimiento y la generación de pobreza; el camino que plantean es la segunda generación de reformas de las tres D's, pero con una política deliberada **para acelerar el ritmo de crecimiento** y **disminuir la pobreza.** Sin embargo, el reto no es acelerar el crecimiento y reducir la pobreza como se plantea[8], sino engendrar una estrategia que permita producir el crecimiento sostenido y difundir los beneficios de manera equitativa, principalmente a través de la creación de empleos remunerativos. De esta manera, la solución no se encuentra en la profundización de las reformas estructurales, sino en un nuevo modelo de transición y estrategia de desarrollo que vaya más allá de las tres D's, enmarcado en un enfoque sistémico e integral que retome la naturaleza de la globalización de los mercados.

---

[7] Javed Burki, Shahid y Guillermo Perry, *The Long March. A Reform Agenda for Latín America and the Caribbean in the Next Decade.* Latin American and Caribbean Studies, World Bank, 1997.
[8] Ibid.

El problema, no es sólo el gran costo de una transición trunca con bajo nivel de crecimiento, sino que se ponen en peligro los frágiles regímenes democráticos recién formados en la región. Así, es necesario evaluar los alcances y límites de estos Programas de Reformas Económicas Estructurales y de Estabilización, sintetizados en el DCW, que se han aplicado en México y América Latina y el Caribe en las últimas dos décadas (Figura 3).

Existen varios problemas del PRECE con relación a la alternativa de avanzar en la nueva etapa de reformas, pero para poder evaluarlo, primero lo debemos delimitar. El PRECE es un programa de reformas basado en dos vertientes, la del cambio estructural y la de estabilización económica. La reforma estructural está basada en la política de las tres **D's,** la **desprotección,** vía liberalización comercial y financiera; la **desestatización,** vía privatización y reducción del tamaño del Estado; y la **desregulación** de los mercados internos. El objetivo de la vertiente del cambio estructural es pasar a un sistema económico privatizado y de mercados libres y abiertos. Y por otra parte, la política macroeconómica de estabilización basada en un presupuesto balanceado, política monetaria prudente y cambiaría de tipo de cambio real competitivo, con la meta de alcanzar la estabilidad de precios.

El PRECE tiene como **objetivo alcanzar la eficiencia en la asignación de recursos en la economía,** eficiencia asignativa o smithiana; y **supone que una economía privatizada con mercados libres y abiertos a la competencia internacional, en un ambiente de estabilidad de precios es condición necesaria y suficiente,** no sólo para alcanzar la eficiencia en la asignación de recursos, sino para generar un crecimiento económico sostenido y desarrollo con la mejor distribución del ingreso. El **supuesto implícito,** es que **la mano invisible del libre mercado, bajo** la **guía de los precios internacionales hará el resto.**

Sin embargo, debemos subrayar que el PRECE implica cambiar, por un lado, el sistema económico estatista, donde el Estado era omnipresente, el mercado controlado y la sociedad pasiva, a otro sistema económico de mercado, donde el Estado es mínimo, el mercado surge como el rector de la economía y la sociedad se toma reactiva ante las injusticias del sistema. Por otro lado, el **PRECE** también implica un cambio en el modelo de crecimiento, al intentar pasar de un modelo proteccionista orientado al mercado interno a un modelo de crecimiento vía las exportaciones.

Este es un cambio radical, ya que el patrón de crecimiento y acumulación se transforma, al ceder el Estado su papel de promoción por medio de la inversión y el gasto públicos; incluso en el sector privado, la inversión extranjera puede adquirir el rol protagónico, por encima de la inversión nacional, de motor del crecimiento. Todo esto bajo el supuesto fundamental de que al abrirse las economías nacionales de América Latina para integrarse a un mundo global, la libre competencia traerá consigo la eficiencia que la mano invisible de los precios internacionales acarrea. Incluso la reducción del papel del Estado, al racionalizar su política de gasto e inversión, suponiendo que la menor intervención posible dentro de la economía, conducirá al óptimo.

No ha nacido un mecanismo que contribuya a la reducción de las injusticias sociales. **No ha surgido la muerte del Estado de bienestar, un mercado de bienestar** contra la profundización de los problemas sociales de la región. Como dice Octavio Paz: *"el sistema de libre mercado produce injusticia. Es un mecanismo, y como todos los mecanismos, con eficiencia produce bienes y también 'con eficiencia' produce pobreza, desempleo y desigualdad social. Éste ha sido el gran problema del siglo XX. Debemos encontrar otra manera de resolver esa contradicción entre el mercado mercantil y la justicia social".*[9]

Además se supone que la globalización económica es positiva. Sin duda, que la globalización de la producción induce a la eficiencia, la globalización de la información permite la comunicación y el aprendizaje y la globalización comercial especializa la división internacional del trabajo; la inversión extranjera y la de cartera de largo plazo complementan el ahorro e inversión nacionales, empero la **globalización financiera presenta un punto ciego.** La globalización de las finanzas vía el dinero electrónico, acarrea consigo la posibilidad de una desestabilización económica ante una salida drástica de capitales, como los casos de México y el Sudeste Asiático.

Finalmente, el Prece **tiene un problema de enfoque**, al fijar el objetivo de la economía en la asignación de los recursos, esto es, en definitiva, un enfoque parcial que no toma en cuenta diversos factores para evaluar el desarrollo humano. El desarrollo económico y social, como veremos adelante, debe tomar en cuenta factores como la capacidad de la economía de crecer sostenidamente y generar empleos, la reducción de la brecha de la inequidad, el incremento de la productividad, etc.

Es fundamental entender la trascendencia del Prece , pues lo que intenta cambiar, es el sistema económico y el modelo de crecimiento e industrialización; esto es, cambiar las reglas del juego y los jugadores (ganadores y perdedores). El viejo sistema de economía estatista y de industrialización orientada al mercado interno intenta transformarse hacia un nuevo sistema de economía privatizada y basado en

---

[9] Entrevista con Octavio Paz, *La Jornada*, 12 de mayo de 1995.

mercados libres y abiertos a la competencia internacional vía la industrialización exportadora, pero es un programa de transición incompleto y requiere, no sólo de políticas complementarias, sino de reorientación en las características del sistema económico, en la estrategia del modelo de industrialización y de ajustes de *fine tuning* en los pilares de las reformas estructurales de los programas de estabilización. Hay que reconocer que el PRECE va en la dirección correcta, pero tiene un problema de enfoque y no es suficiente para el ambicioso objetivo que se plantea.

La Transición hacia el Sistema Económico de Mercado y el Modelo de Industrialización Abierta

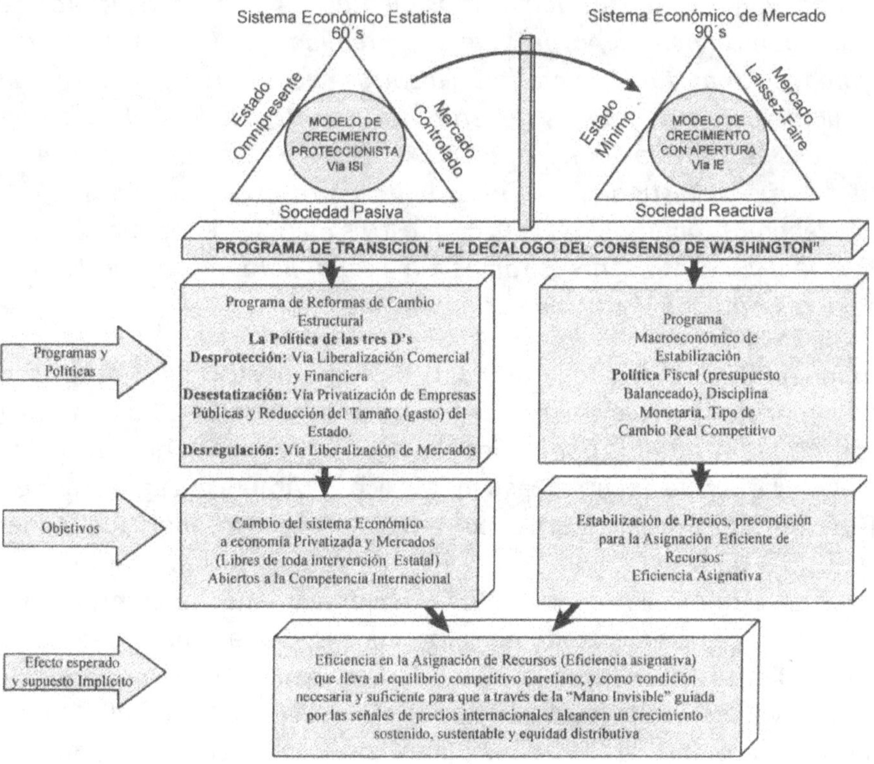

La transición que se llevó a cabo en las economías nacionales pretendía pasar de un sistema económico mixto con predominancia del Estado, que imperaba en los 60's a un sistema de economía de mercado libre, privatizado y abierto a la competencia, y de un modelo de crecimiento hacia adentro vía la industrialización sustitutiva a un modelo de crecimiento hacia afuera vía la industrialización exportadora. Para alcanzar este objetivo, se emplea el Programa de Reformas de Cambio Estructural (PRECE).

El PRECE o el decálogo del Consenso de Washington se sintetiza en los dos pilares o programas de la gráfica. El primer pilar son las reformas de cambio estructural, las cuales tienden a cambiar el sistema económico a uno privatizado, de mercado libre y abierto. El segundo pilar es el Programa Macroeconómico de Estabilidad con el objeto de evitar las distorsiones que la volatilidad de los precios acarrea a la economía. El supuesto implícito detrás de cada modelo de transición es que la eficiencia en la asignación de recursos nos conducirá a la mejor situación posible en la economía, el óptimo de Pareto.

Figura 3

LA CRISIS DEL PARADIGMA: DEL PRECE AL PETI

La evaluación del PRECE o DCW debe ser enmarcada en el rol que ha jugado en los últimos 15 años como paradigma o modelo de transición para América Latina y su extensión ahora para las economías en transición de Europa Oriental

En este contexto, el planteamiento de Samuel Huntington en la misma perspectiva de Kuhn con respecto al papel de los paradigmas en la ciencia, establece que los *"Paradigmas o modelos son simplificaciones indispensables para el pensamiento y acción humanas* [...] *pero detrás de nuestras mentes hay supuestos ocultos, sesgos y prejuicios que determinan como percibimos la realidad, que hechos observamos y como juzgamos su importancia y méritos. Nosotros necesitamos modelos explícitos o implícitos que permitan:* 1. *Orden y generalización acerca de la realidad;* 2.*Entender relaciones causales entre los fenómenos;* 3. *Anticipar y, si tenemos suerte, predecir desarrollos futuros;* 4. *Distinguir que es lo importante de lo secundario;* 5. *Mostrar que camino debemos tomar para alcanzar nuestras metas ... Cada modelo o mapa es una abstracción y nosotros necesitamos un mapa para enmarcar la realidad y simplificar de manera que sirva a nuestro propósito."*[10]

El problema del PRECE o decálogo de Políticas del Consenso de Washington como paradigma o modelo dominante en la región latinoamericana, es que no ha podido alcanzar las metas propuestas por el modelo, explicar las relaciones entre diferentes fenómenos de las crisis recurrentes en México y América Latina, así como su extensión a los países asiáticos y su relación con los mercados financieros globalizados. Su nueva propuesta se ha quedado en un planteamiento de profundización de reformas o de un PRECE II, presentándose como un modelo o paradigma agotado, que ha entrado en su propia crisis. La evaluación de autores tan diversos como James Tobin (premio nobel de Economía), George Soros (financiero internacional), Joseph Stiglitz (economista en jefe del Banco Mundial), Octavio Paz e instituciones como el BID, la CEPAL y algunas corrientes del propio Banco Mundial han planteado, no sólo los grandes costos de la transición, sino la necesidad de buscar un reencuentro del mercado con un nuevo Estado reformado, y a nuestro juicio, con una sociedad participativa.

---

[10] Huntington, Samuel, *The Clash of Civilizations and the Remaking of World Order*, Simon and Schuster, 1996, p. 30

El PRECE o DCW es un paradigma o modelo de transición agotado pero no obsoleto, dado que la dirección del cambio a economías de mercado abiertas y competitivas es una realidad que persiste y está determinada por el capitalismo global, por lo que sus fallas fundamentales tiene dos fuentes:

a) provienen más de un enfoque parcial que del rumbo que llevan. El enfoque es parcial (no sistémico e integral) porque implica apoyarse en dos pilares de políticas de transición que son necesarios pero no suficientes, pues se requieren tres nuevos pilares tan importantes como los primeros para garantizar su efectividad como programa de transición.

b) el otro problema substancial en el decálogo del Consenso de Washington se encuentra en los **supuestos,** sesgo s o prejuicios detrás del modelo. **El supuesto oculto fundamental** es que una economía privatizada con mercados libres y abiertos en una macroeconomía con estabilidad de precios permitirá de manera automática guiada por la mano invisible de los precios internacionales (aún en un país en desarrollo como los latinoamericanos) capacidad de respuesta del lado de la oferta productiva (no hay cuellos de botella por el lado de la oferta productiva) y formar el nuevo modelo de acumulación de capital y crecimiento, generar empleo, reducir la pobreza, y aún la sustentabilidad del desarrollo. Además supone implícitamente que existen empresarios schumpeterianos, que el sistema bancario y financiero responden de manera automática ala apertura a la competencia internacional, que los agentes tienen suficiente capacidad de respuesta para enfrentar cualquier cambio en el entorno.

Desde la perspectiva de la teoría económica, *"las reformas orientadas al mercado no generan condiciones que conducen al crecimiento. La teoría económica neoclásica tiene muy poco que decir acerca del crecimiento ''' En el estado actual de la teoría económica no se sustenta la conclusión de que los mercados competitivos sean suficientes para asignar eficiente mente los recursos y generar crecimiento. Si se toma la teoría de mercados incompletos con asimetrías en la información, o la teoría de crecimiento endógeno con rendimientos constantes a un solo factor o externalidades, o la teoría de intercambio no walrasiano, se encontrarán argumentos neoclásicos que sugieren que es necesaria alguna intervención del Estado para el crecimiento. La noción de que el mercado por sí solo puede asignar eficiente mente los recursos escasos es retórica pura".*[11]

---

[11] Przeworski, Adam, "The Neoliberal Fallacy", en Diamond, Larry and Marc Plattner (editores), *Capitalism, Socialis, and Democracy Revisited*, The John Hopkins University Press, 1993.

Desde la perspectiva de la experiencia histórica, dichos supuestos son anacrónicos. En la globalización, los mercados no solamente no son de competencia perfecta, sino que se mueven de estructuras de competencia oligopolística a competencia monopólica vía alianzas estratégicas entre grandes competidores (Abitibi-Stone Consolidated en la industria del papel, Ford- Toyota en la industria automotriz, etc.) Por otra parte, por la propia experiencia de crisis recurrentes en América Latina y su extensión a las crisis asiáticas (ver capítulo 1) (efecto tequila, efecto tango, efecto samba, efecto dragón, etc.), se muestra que los mercados financieros no tienden al equilibrio y no tienen capacidad de autocorrección, requiriendo, como ya ha sido evidente, de los programas de rescates de los gobiernos, del FMI y en especial, del gobierno de Estados Unidos y la banca comercial.

De aquí que la evaluación del PRECE realizada en el presente libro, considera a este, no como un paradigma obsoleto, ya que la única vía es el mercado, sino como un modelo que lleva la dirección correcta hacía economías de mercado, pero considera que estas requieren ser institucionales y reencontrarse con un Estado reformado y una sociedad participativa. De aquí surge la necesidad de un **enfoque sistémico integral como modelo de transición** que amplíe los pilares o programas de política, el cual ha dado lugar a un nuevo programa ampliado que hemos denominado el PETI.

EL PROGRAMA DE EFICIENCIA Y TRANSICIÓN INTEGRAL: EL PETI

Ante la problemática planteada en el umbral del siglo XXI, son necesarias nuevas propuestas integrales que tomen en cuenta la dinámica del mundo de la economía y los negocios y su interacción con la sociedad y el Estado. Debemos reconocer que el pensamiento económico aún no ha planteado una solución o paradigma para resolver las graves carencias sociales que han caracterizado los últimos años. En el presente libro hablamos del reencuentro del mercado con el Estado; un nuevo mercado participativo e institucional (jugadores transparentes con reglas de juego efectivas, claras e iguales para todos), y un nuevo Estado reformado y reinventado (no satanizado ni minimizado), que desarrolle nuevas capacidades organizacionales para enfrentar los problemas sociales de una economía global; asimismo hablamos del re encuentro de ambos con una sociedad civil más pro activa que pasiva y reactiva, donde las empresas productivas con visión y responsabilidad social tengan un nuevo rol en el bienestar y el desarrollo sustentable de su comunidad. Esto implica una *nueva economía de mercado institucional y participativa,* porque requiere de un marco normativo que dé validez y garantías en las transacciones económicas en el mercado y de una sociedad donde sus agentes participen más activamente en los aspectos del desarrollo social y sustentable (ver capítulo 6).

El reto se da en una compleja realidad histórica, donde urge encontrar una estrategia óptima y viable para insertar a México y América Latina en la economía global del siglo XXI y en el camino del crecimiento económico sostenido con viabilidad política y democrática. Para eso, es fundamental pensar en un nuevo sistema de economía, donde el *mercado tenga una nueva función frente a las reformas económicas, sociales y políticas.*

En primer lugar, el PRECE **tiene un enfoque parcial de eficiencia**, el de la eficiencia asignativa de recursos. Tenemos que considerar un **enfoque integral de la eficiencia** (Figura 4) que tome en cuenta varios factores adicionales (ver capítulo 5). La eficiencia de pleno empleo, esto es, de crecimiento con pleno empleo y equilibrio interno y externo, que es la *eficiencia keynesiana;* la *eficiencia innovativa* o *schumpeteriana* que pretende recuperar la capacidad de crecimiento mediante la innovación productiva en la economía, aprovechar el mismo capital y trabajo, e incrementar la producción desarrollando lo que ahora llamamos el capital intelectual; la *eficiencia operacional* o de *transacción,* que implica la reducción de los costos de operación del mercado. El caso más significativo en nuestras economías sucede en las finanzas, donde los altos costos de intermediación para contratar un crédito son inconcebibles. También en las economías desarrolladas los costos de operación llegan a ser altos, por ejemplo en los Estados Unidos, la población gasta el doble en gastos médicos que en Europa, y no viven más u obtienen una mejor calidad de vida, y esto debido, entre otras cosas, a que los costos de operación de los servicios de salud, de los seguros médicos, etc., son muy elevados.

La eficiencia: un enfoque integral

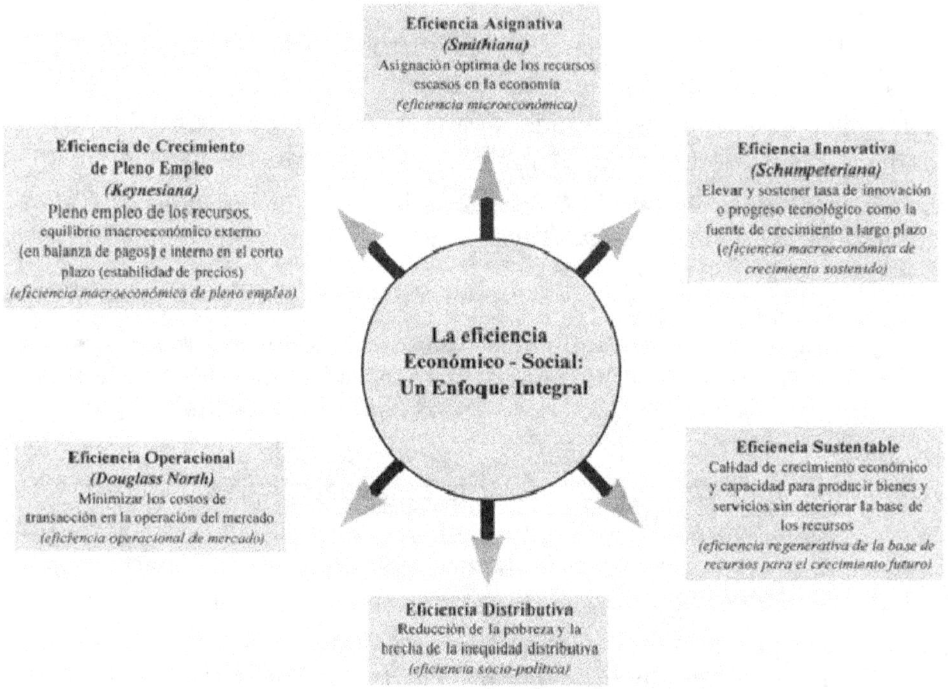

Eficiencia Asignativa
(Smithiana)
Asignación óptima de los recursos escasos en la economía
(eficiencia microeconómica)

Eficiencia de Crecimiento de Pleno Empleo
(Keynesiana)
Pleno empleo de los recursos, equilibrio macroeconómico externo (en balanza de pagos) e interno en el corto plazo (estabilidad de precios)
(eficiencia macroeconómica de pleno empleo)

Eficiencia Innovativa
(Schumpeteriana)
Elevar y sostener tasa de innovación o progreso tecnológico como la fuente de crecimiento a largo plazo
(eficiencia macroeconómica de crecimiento sostenido)

La eficiencia Económico - Social: Un Enfoque Integral

Eficiencia Operacional
(Douglass North)
Minimizar los costos de transacción en la operación del mercado
(eficiencia operacional de mercado)

Eficiencia Sustentable
Calidad de crecimiento económico y capacidad para producir bienes y servicios sin deteriorar la base de los recursos
(eficiencia regenerativa de la base de recursos para el crecimiento futuro)

Eficiencia Distributiva
Reducción de la pobreza y la brecha de la inequidad distributiva
(eficiencia socio-política)

Figura 4

Hacia un nuevo sistema económico de mercado:

Institucional y Participativo

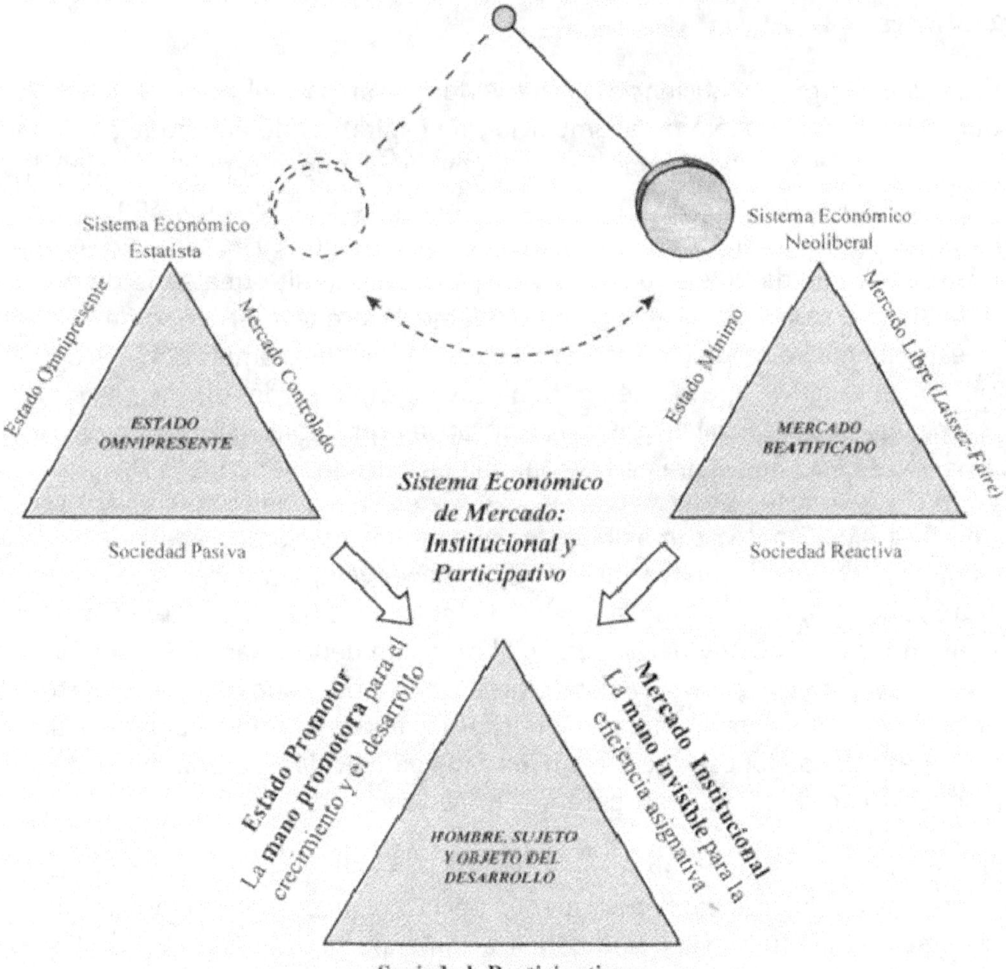

El siglo XXI es la era del mercado, pero del mercado globalizado y de la hipercompetencia global, por ello no existe una tercera vía, sólo la economía de mercado, pero con nuevos adjetivos: Institucional y Participativa.

El reto no es pasar de un Sistema Económico Estatista, donde el Estado es omnipresente, a otro de Economía de *laissez faire* (de dejar hacer y dejar pasar), donde el mercado es beatificado (todo lo que toca lo hace eficiente y equitativo), sino a un Sistema Económico donde el hombre es el sujeto y objeto del desarrollo, en donde se reconozca al mercado institucional y la mano invisible como el mejor método para la asignación eficiente de los recursos en la economía; a la mano promotora del Estado para el crecimiento y el desarrollo; y a la mano solidaria de la Sociedad para la equidad distributiva.

Figura 5

Además, debemos tomar en cuenta la *eficiencia distributiva* que mide la brecha de la inequidad distributiva y los niveles de pobreza de la población marginada del mercado; y la *eficiencia sustentable* que busca racionalizar la forma de explotación de los recursos para no comprometer la base disponible para las futuras generaciones.

El error es creer que la eficiencia asignativa de recursos y el mercado por sí solo producen un nuevo modelo de acumulación de capital viable en el que se fomenta el ahorro, la inversión y la innovación productiva en el nuevo capitalismo global. Los mercados, siendo eficientes en la asignación de recursos, no son eficientes dinámicamente para garantizar un ritmo de crecimiento sostenido, el desarrollo sustentable, la equidad distributiva y el empleo. Se necesita una serie de políticas adicionales que hagan viable y sustentable (bajo este nuevo enfoque de eficiencia propuesto) un nuevo modelo de crecimiento basado en la acumulación de capital, la innovación productiva, apoyado en sistemas de incentivos y de regulación ecológica, al tiempo que se desarrollen políticas educativas que utilicen la tecnología de la información en esta nueva era de la economía digital.

Segundo, el PRECE busca cambiar de un sistema de economía estatista a uno de economía privatizada de *laissez faire,* de dejar hacer y dejar pasar. Esto es impreciso (Figura 5) porque hay que cambiar el viejo sistema, pero hacia **una nueva economía de mercado institucional y** participativa. El mercado debe dejar de ser un mercado controlado y sobrerregulado, y convertirse en un mercado libre y abierto a la competencia internacional, empero sujeto a un marco institucional con reglas del juego claras (instituciones) que incentiven la productividad y no la especulación e ineficiencia y con jugadores transparentes (organizaciones).

En tercer lugar, la discusión en torno a utilizar una estrategia de crecimiento vía la industrialización sustitutiva o crecimiento hacia adentro o utilizar un modelo de crecimiento hacia afuera vía la industrialización exportadora es un falso dilema. El camino es un nuevo modelo de crecimiento e industrialización tridimensional con apertura a la competencia internacional (IAT). Esto es, el dilema no es crecer hacia afuera o hacia adentro, es crecer con apertura a la competencia internacional vía la IAT (Figura 6) con el pivote exportador, con el nuevo pivote de sustitución competitiva de importaciones y el pivote del sector endógeno. En esta nueva etapa, el sector de sustitución competitiva de importaciones junto al pivote endógeno y el exportador llevan las riendas del crecimiento basados en la articulación de cadenas productivas. La economía mexicana ha logrado aumentar las exportaciones a más de 100 mmd, de los cuales, 40 mmd son de maquila, sin embargo, 30 mmd son importaciones temporales, y solamente el 2% de los insumos del total de la industria maquiladora son de origen nacional. Esto muestra el largo camino que falta recorrer para generar una industria exportadora que articule y se sustente en el proceso de industrialización interna.

El proceso de apertura y liberalización con sobrevaluación del tipo de cambio y política industrial pasiva ha desembocado en la desarticulación de las cadenas productivas, lo que implica que los programas y procesos de ajuste macroeconómico coyuntural a las crisis externas funcionan de manera muy efectiva en el corto plazo. Sin embargo, cuando las economías se recuperan y llegan al pleno empleo, todo incremento en la demanda se vuelca a las importaciones ante la elevada desarticulación de las cadenas productivas internas, frenando de esta manera, la capacidad exportadora, y provocando los déficits externos crecientes y la aparición de las crisis recurrentes, Los fenómenos externos en México y América Latina tienen hoy día un carácter tridimensional macroeconómico, industrial e internacional.[12]

Cuarto, el PRECE tiene dos grandes pilares para transitar del viejo sistema económico estatista y de industrialización sustitutiva con crecimiento hacia adentro, hacia el nuevo sistema de economía de mercado con crecimiento e industrialización hacia fuera vía el modelo industrial exportador. El problema es que siendo necesarios estos dos pilares (que sin embargo requieren ajustes de sintonía fina) carecen de tres más, que conformarían lo que hemos llamado aquí el *programa de eficiencia y transición integral* (PETI).

---

[12] Ver Villarreal, René, *Industrialización, Deuda y Desequilibrio Externo*, FCE, México, 1997.

Cuadro 1

		Políticas	**Objetivo**
PETI	PRECE	(1) Programa de reformas económicas estructurales	Economías privatizadas y mercados libres y abiertos a la competencia internacional *(economía de precios relativos).*
		(2) Programa de estabilización macroeconómica	Para la elasticidad de precios *(economía de regulación de la demanda).*
		(3) Programa micro y mesoeconómico de fomento a la oferta productiva	Para generar elasticidad de respuesta a la oferta productiva *(economía de la oferta o supply economics).*
		(4) Programa de crecimiento sostenido e innovación	Para crear un nuevo patrón de acumulación de capital (y generación de ahorro) e innovación productiva como las fuentes del crecimiento *(economía del crecimiento e innovación productiva).*
		(5) Programa de desarrollo sustentable y equidad distributiva	Para el combate a la pobreza y la regeneración de recursos para las generaciones futuras *(economía distributiva y sustentable).*

El problema es que siendo necesarios estos dos pilares, carece de tres más:

El programa de fomento a la oferta productiva, y política de competitividad a nivel microeconómico y mesoeconómico. El PRECE supone que economías privatizadas y mercados libres y abiertos, generarán automáticamente empresas eficientes y competitivas que sobrevivirán a la competencia. Sin embargo, esto es falso cuando existen grandes cuellos de botella a nivel mesoeconómico (infraestructura productiva: capital humano, capital físico, capital financiero, capital tecnológico) y a nivel microeconómico, principalmente de las pequeñas y medianas empresas.

Debemos tomar en cuenta que la competitividad se da en tres niveles: micro, meso y macroeconómico (Figura 7).

El nivel microeconómico implica que las empresas deben tener un nuevo enfoque empresarial de eficiencia y competitividad basado en el capital intelectual, con un enfoque de cooperación, una nueva cultura empresarial, de inversión de largo plazo y de innovación productiva y una nueva relación laboral en la que la competitividad no esté basada en la mano de obra barata, sino en la mano de obra productiva. Por primera vez en la historia del capitalismo moderno la ventaja competitiva no se sustenta en explotar la mano de obra barata, sino en desarrollar la mano de obra productiva. Esto implica invertir en capital humano y transformarlo en capital intelectual, posible solamente si se articula el capital humano del conocimiento con el capital sistémico, convirtiendo la planta en aula y la empresa en una organización de continuo aprendizaje, desarrollando nuevas tecnologías que incentiven la eficiencia.

Aquí, se requiere flexibilidad productiva y no sólo flexibilidad laboral, para manejar los contratos colectivos e individuales y restar garantías a los trabajadores en favor de los empleadores. Este enfoque mal entendido del neo laborismo confunde la flexibilidad productiva con la flexibilidad laboral que ha frenado la propia reforma laboral en la región latinoamericana.

A nivel mesoeconómico, el país debe contar con una infraestructura, tanto básica como tecnológica y educativa de clase mundial. Se necesita a este nivel **un sistema nacional de innovación** y una infraestructura tecnológica de telecomunicaciones, transportes, informática, etc., para brindar a las empresas las condiciones competitivas que les permitan hacer frente a la competencia internacional.

El nivel macroeconómico exige un crecimiento sostenido de la demanda, un tipo de cambio real y un sistema de financiamiento competitivo y eficiente. Estos tres elementos son fundamentales para hacer viable la capacidad de respuesta por el lado de la oferta ante cambios eventuales en la demanda.

Para que la empresa sea competitiva no sólo depende de que los mercados sean libres y abiertos a la competencia internacional, sino que se den ciertos factores microeconómicos, mesoeconómicos, macroeconómicos y externos.

Hacia un nuevo modelo de Industrialización Abierta Tridimensional y una Política de Competitividad

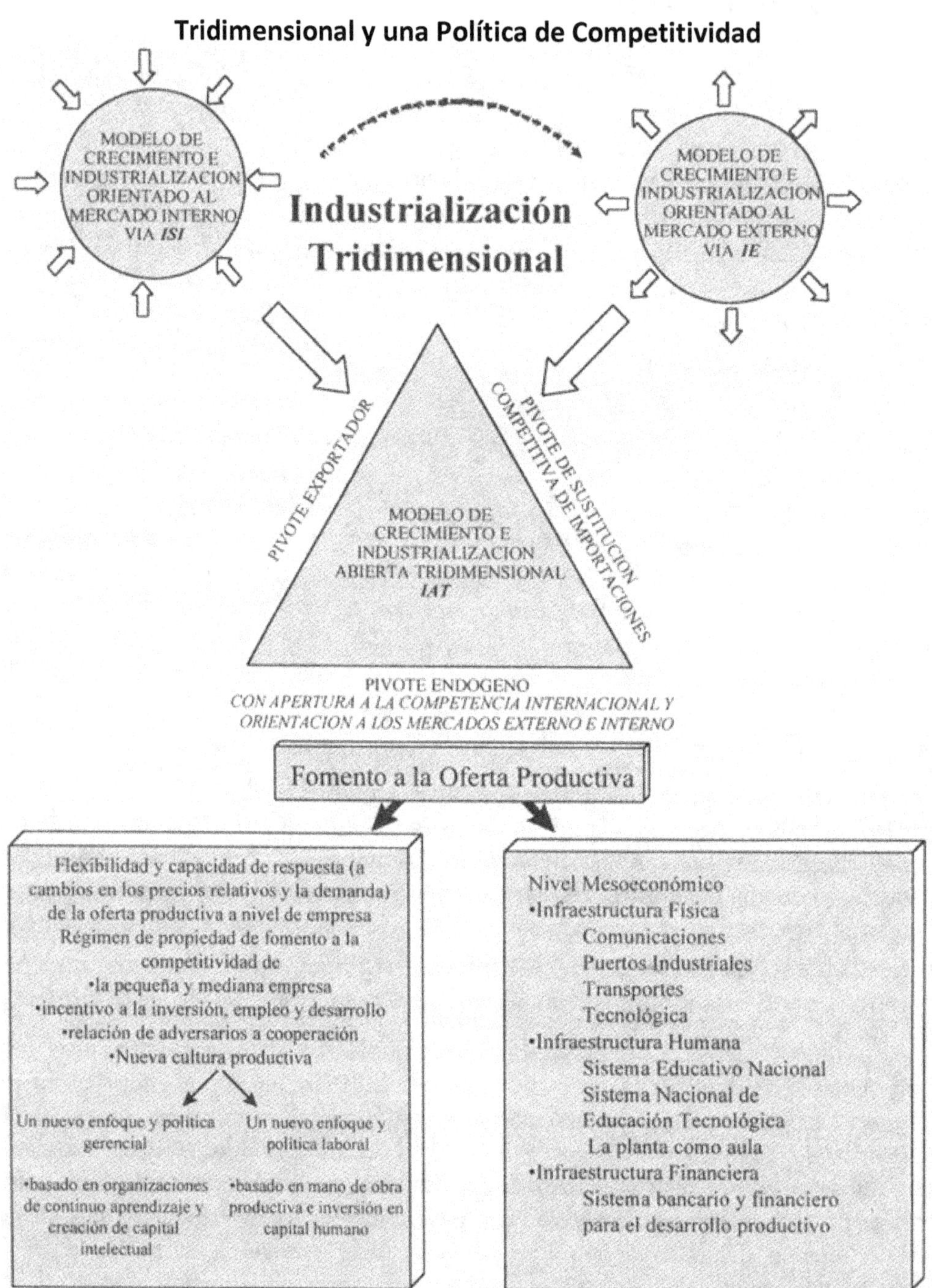

ISI: Industrialización Sustitutiva de Inportaciones
IE: Industrialización Exportadora
IAT: Industrialización Abierta Tridimensional

Figura 6

Los cuatro niveles de competitividad

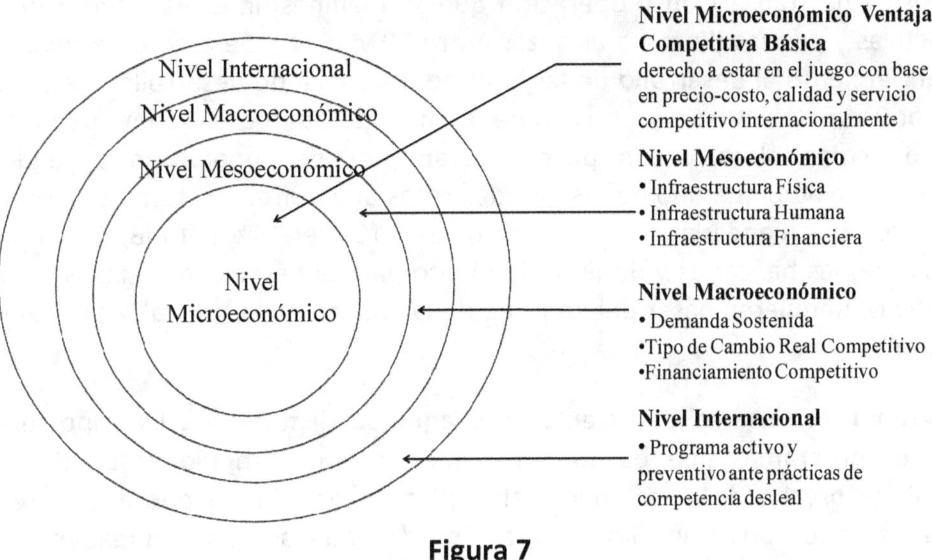

Figura 7

El programa de crecimiento económico sostenido e innovación productiva. El cambiar del viejo modelo estatista y de economía cerrada al nuevo modelo de economía privatizada y merca libres y abiertos, implica cambiar el patrón de acumulación de capital, las reglas del juego y los jugadores, lo que obliga a organizar la economía de manera diferente: para acumular capital, para generar ahorro, para invertirlo de manera productiva y generar un nuevo sistema de innovación productiva, que son las fuentes permanentes del crecimiento sostenido.

Las economías sólo crecen de dos maneras: acumulando capital físico (o intelectual actualmente) y con innovación productiva. En el periodo 1988-94, en México la aplicación del PRECE incentivó una amplia entrada de capitales (más de 100 mmd, 8% del PIB); empero el ahorro externo vino a sustituir y no a complementar el ahorro interno, el cual disminuyó prácticamente en 7%. La tasa de ahorro interno bajó de 22% a 15% del PIB, frenando el proceso de acumulación de capital. Es necesario un nuevo patrón de acumulación de capital y de innovación tecnológica, que sea la base de la eficiencia y el crecimiento sostenido con pleno empleo. Aquí se requiere, por un lado, de políticas de fomento al ahorro público y privado y de una reestructuración profunda del sistema bancario y financiero que ayude a captar el ahorro y canalizarlo a la inversión productiva.

En México y América Latina prevalecen sistemas de ahorro que carecen de reglas claras y transparentes, es decir, de mercados institucionales. Los sistemas poseen altos costos de transacción y operación que se manifiestan en la diferencia entre tasas activas y pasivas (llegan a alcanzar entre 50 y 100%). Se carece de un sistema de financiamiento al desarrollo de largo plazo. La banca de desarrollo y la reducida banca privada de inversión prácticamente han desaparecido, convirtiéndose en banca de corto plazo y con pocos mecanismos de supervisión y regulación preventiva. De aquí que uno de los grandes retos que enfrentan estas economías es superar las crisis nanearías, con costos entre el 10 y el 15% del PIB, y estructurar nuevos sistemas bancarios y de financiamiento para el desarrollo de las actividades productivas. Requieren pasar del enfoque de la **"banca prestamista"** a la **"banca de inversión".**

El programa de desarrollo sustentable y **equidad distributiva.** Es impostergable establecer programas que busquen la generación de empleo productivo, para disminuir la brecha de la equidad distributiva y combatir la pobreza extrema y programas que busquen la generación de nuevas oportunidades en el aprovechamiento de los recursos de manera racional para sustentar el desarrollo. Se requieren políticas de fomento y regulación para explotar los recursos de manera sustentable y combatir paralelamente la pobreza. Esto es, de políticas que permitan aumentar el bienestar de la población y que ayuden a incrementar la calidad de vida de la sociedad. El desempeño económico medido en términos del PIB no refleja de manera clara el desarrollo, lo sobrestima al ignorar los costos del deterioro de la base de recursos y lo subestima al ignorar las transacciones de la economía informal. Pero más que buscar otro indicador del desempeño económico y social, requerimos de un programa de políticas que coadyuven al logro y alcance de las necesidades sociales, sin deteriorar el potencial de cobertura de las necesidades de las siguientes generaciones.

Enfrentar **el problema social, no** es **solamente combatir la pobreza, sino también generar oportunidades para el desarrollo;** esto implica, en el corto plazo, políticas sociales compensatorias. Pero el combate a la pobreza no solamente requiere de dichas políticas sociales, sino también de un modelo de crecimiento sostenido e incluyente del empleo productivo y remunerativo. La única manera de solucionar la pobreza en las nuevas economías de mercado es incorporando la población al mercado, pero incorporándola de manera productiva, ofreciendo un empleo con un ingreso remunerativo que les otorgue el derecho a votar en el mercado, y así permitirles satisfacer sus necesidades básicas y brindarles oportunidades de participar en el progreso del país.

EL ROL DE LOS ACTORES Y LOS CINCO PILARES DE LA TRANSICIÓN ECONÓMICA

Por estos argumentos es necesario incorporar una cuarta D al programa de *cambio estructural:* la D de la **desideologización de las posturas económicas** y evitar los falsos dilemas de pasar de *un sistema de economía estatista,* donde el centro es el Estado omnipresente, a un nuevo *sistema de economía de mercado* donde el centro sea el mercado beatificado. Hay que aceptar la necesidad de reformar al Estado, eliminar sus excesos (bajo el enfoque patrimonialista de tener empresas públicas o en su papel de sobrerregulador y/o sobreprotector), sino reformándolo, desprivatizándolo (de los intereses privados para atender los públicos) y revitalizándolo para que funcione en una economía y sociedad en cambio constante. Este punto es relevante para aquellas economías y democracias emergentes ante el reto de la globalización, ya que deben tener claro que *corregir los excesos del Estado no exime al mercado de sus fallas y limitaciones* e implica, no sólo reducir sino también reorientar la participación del Estado en el sistema económico.

El mercado debe tener un rol central en la economía. Se debe reconocer que por sí solo no puede resolver las necesidades y demandas de la sociedad. Se requiere un cambio para institucionalizar al mercado, que las reglas del juego sean transparentes para todos los jugadores en un sistema de economía institucional que genere confianza, eficiencia y reduzca los costos de transacción. Los dos elementos fundamentales para hablar de una economía institucional de mercado son: *confianza y eficiencia.* La economía de libre mercado no existe como tal. Lo que debe existir es una *economía institucional de mercado,* porque los mercados no son simples mecanismos de precios para equilibrar la demanda y la oferta, sino que, como sostiene Douglass North, son *instituciones* que tienen una infraestructura de normas, leyes, y reglamentos que validan y hacen confiable el proceso de relaciones y transacciones económicas, comerciales y financieras, sobre las que interactúan los diferentes agentes económicos *(organizaciones).* En otras palabras, *las reglas del juego (instituciones) son las normas, reglamentos y leyes, es decir, el marco jurídico, y los jugadores son las organizaciones.* Estos dos elementos son estratégicos para construir una economía institucional, porque no se puede tener una nueva economía de mercado que sea eficiente en su funcionamiento simplemente por decreto (el caso de la nueva Rusia es un ejemplo). La operación eficiente de la economía requiere de reglas claras que favorezcan e incentiven la productividad, que generen costos de transacción mínimos que permitan una competencia igualitaria y transparente de todos los jugadores.

En este contexto, Douglass North es muy claro: *"Tomemos un ejemplo ridículo, aunque realmente no es tan ridículo: si las instituciones son de las que recompensan a la piratería, el resultado será unos piratas más eficientes y, sin duda alguna, la competencia entre piratas los llevará a aprender a ser cada vez mejores piratas, pero no habrá crecimiento económico sino mejor piratería".*[13] Por lo tanto, si las reglas son de incentivos a la productividad y no a la especulación financiera se generan empresarios innovadores y no especuladores, esto es, se generarán agentes económicos institucionales, competitivos y eficientes de acuerdo a las reglas e incentivos a la productividad, y una economía institucional de mercado.

El caso de Rusia ejemplifica de manera muy clara que no se puede pasar, *por decreto,* de un sistema económico de planificación centralizada, burocrática, autoritaria y totalitaria, que promovió *mercados negros* y controlados, a un *mercado blanco,* donde todas las transacciones económicas, comerciales y financieras se lleven a cabo a través del libre mercado. Lo que sucede actualmente en Rusia es que no se pasó de mercados *negros* a mercados *blancos,* sino a mercados controlados por mafias. Abiertamente existe hoy en Rusia un capitalismo de mafias, donde no existen reglas, leyes ni instituciones que validen las operaciones económicas; no sólo con elevados costos de transacción sino que no permiten la operación de los mercados porque no existe un marco institucional mínimo validado para hacer cumplir los compromisos económicos. En otras palabras, existe un capitalismo salvaje manejado por las mafias, sin instituciones sólidas que respalden las transacciones en el mercado, no se sabe con quién se realizan las transacciones económicas y no existe garantía sobre los derechos de propiedad ni garantías jurídicas. Por lo tanto, los costos de transacción no sólo son muy altos, sino en este caso inhiben el proceso de operación y desarrollo de los negocios y del propio crecimiento económico.

En los países en desarrollo que están dejando atrás una economía estatista y burocratizada, las transacciones siguen aún imbuidas en una gran cantidad de normas, el mercado carece de transparencia y los costos de transacción son muy altos por una serie de reglamentos, indicaciones y disposiciones anacrónicas que los incrementan. Por tanto, es necesario un nuevo mercado institucional que responda a las necesidades del siglo XXI. Sin duda, el mercado funciona y puede establecer un precio de equilibrio para una asignación eficiente de los recursos escasos; **lo importante es que en una sociedad tienen que coexistir la libertad de elegir** (comprar y vender lo que se quiera), con la aspiración de alcanzar condiciones de

---

[13] North, Douglass, "Estructurando Instituciones para el Desarrollo Económico", Conferencia, Banco Central de Venezuela, 3 de agosto de 1995.

vida que favorezcan la *integridad humana de las personas* en un marco de responsabilidad.

Además de que el mercado es una institución con reglas del juego claras y jugadores transparentes, se busca que las reglas del juego incentiven la productividad y no la especulación y se apliquen a todos por igual.

Por otra parte, quizá el problema más importante en México y América Latina es que se puede obtener más ganancias con menor riesgo, especulando financieramente en la bolsa de valores que invirtiendo productivamente a largo plazo. Esto indica que los precios y señales de mercado están distorsionadas y otorgan los incentivos incorrectos para la productividad y el crecimiento. En México, los empresarios bancarios y las empresas privadas que invirtieron en las carreteras, fueron finalmente rescatados de la quiebra por programas de gobierno. La gente se pregunta ¿se privatizó la propiedad, pero se socializaron las pérdidas? Esto es como un cristianismo sin infierno para un grupo de cristianos. De aquí la necesidad de las reglas del juego sean aplicables de manera homogénea para todos los actores, con la finalidad de generar credibilidad en el propio sistema.

El Estado, por su parte debe ser reformado y **desprivatizado** de los intereses de los grupos privados para atender los intereses públicos de la sociedad. Como menciona el actual presidente de la República de Brasil, Fernando H. Cardoso: *"Abandonemos la ilusión de que el mercado por sí solo va a traer igualdad, lo que queremos es más que igualdad, no con la perpetuación de un Estado de 'malestar social' y privatizado, sino a través de una reforma del aparato estatal que permita transformarlo en un instrumento de progreso social... Hay que insistir en este tema, a fin de que el Estado recupere la fuerza necesaria para canalizar los deseos de la sociedad y responder a los anhelos de bienestar social. En otras palabras, hay que 'desprivatizar' el Estado".*[14]

El Estado debe cumplir una nueva función, como **garante de la democracia,** como **promotor del desarrollo económico** y como **proveedor de bienes** y **servicios públicos.** Debe partir de la aplicación de *políticas públicas amigas del mercado (marketfriendly policies),* que sustituyan las políticas *enemigas del mercado (market enemy policies)* del pasado, aplicadas en América Latina. En la burocracia, debe brindar un servicio profesional y eficiente que permita transparentar y reducir al mínimo los costos de operación del mercado. Y dentro de la política, el Estado debe

[14] Cardoso. Fernando Henrique, "Estado, comunidad y sociedad en el desarrollo social" en Revista de la CEPAL, agosto de 1997, pp. 8-9.

garantizar las condiciones democráticas a través de la independencia y autonomía entre instituciones políticas y Estado.

Se requiere además, la mano solidaria de la sociedad para promover la equidad distributiva y del bienestar social, principalmente a través de las empresas como entes sociales que apoyen el desarrollo de sus trabajadores. En las nuevas democracias, ni el gobierno ni el mercado, garantizan *per se* el equilibrio. Se requiere de un tercer elemento que los guíe y equilibre con pesos y contrapesos *(checks and balance)* dentro del propio sistema institucional. Esos balances tienen que venir de una **sociedad civil cada vez más participativa** y **consciente,** con mayor conocimiento y preparación para integrarse en el cambiante mundo moderno.

En otras palabras *es necesario diseñar una alternativa basada en una nueva economía de mercado, que sea incluyente de los marginados del mercado y que funcione en el marco de la globalización a través de la mano invisible, pero apoyado en la mano solidaria de la sociedad para la equidad distributiva y en la mano promotora del Estado* para el crecimiento y desarrollo sustentables.

Finalmente, *ni el Estado ni el mercado deben ser el centro de la sociedad, sino que el hombre debe aparecer como objeto y sujeto del desarrollo.*

No debemos caer en *el juego del péndulo,* de un extremo en el que se ubica *la economía estatista, donde el Estado omnipresente es el centro de la sociedad, al otro extremo de una economía de mercado, donde la beatificación del mismo es el centro de la sociedad.* Debemos evitar pasar de una economía estatista, del Estado omnipresente, del llamado *ogro filantrópico* de Octavio Paz, a una economía como religión, donde el mercado es un santo, que todo lo que toca lo santifica, y en la que el Estado es un *demonio* que todo lo que toca lo sataniza. Como el editorial de *The Economist* mencionó el 20 de septiembre del año pasador *"El Banco Mundial llama a finalizar el debate estéril con respecto al tamaño del Estado: ya está consensado que nadie quiere un gobierno grande. En vez de esto, pretende buscar ideas sobre cómo hacer más efectivo al gobierno. En esta era post-neoliberal, no es el tamaño del Estado lo que cuenta sino cómo lo hace. Inclusive, Soros refleja este ánimo dando tiempo dentro de su complicado horario de trabajo para reconocer qué dirección se le debe dar a los mercados ciegos y a dónde deben dirigirse".*[15]

[15] *The Economist,* "The Visible Hand", en el número de septiembre 20, 1997, p. 17.

El modelo de transición hacia una economía de mercado privatizada, basada en mercados libres y abiertos, es un proceso irreversible producto del nuevo juego de la economía mundial: la globalización de los mercados y la hipercompetencia a través de alianzas estratégicas entre países (bloques regionales) *y* entre grandes empresas (conglomerados, fusiones y adquisiciones, etc.). Sin embargo, también hay que reconocer los límites del mercado y que aún nos encontramos a la mitad de esta larga marcha inconclusa hacia los nuevos sistemas de economía de mercado, que urge reorientarlos en aspectos básicos y fundamentales. La salida no es una segunda generación de reformas estructurales, como lo han planteado el FMI y el Banco Mundial, sino de reorientación de estas reformas estructurales.

En el mundo del siglo XXI, dominado por la globalización de los mercados, hay que orientar la economía hacia un *nuevo sistema de mercado,* reconocer sus alcances como el mecanismo idóneo para la asignación de los recursos y conocer sus límites en la distribución del ingreso, la generación de pleno empleo, crecimiento sostenido y desarrollo sustentable. Se debe ampliar el enfoque estrecho de la eficiencia asignativa a diferentes niveles de eficiencia en la utilización del sistema de mercado y el desarrollo de un nuevo *enfoque integral:* la eficiencia *smithiana* en la *asignación* de los recursos escasos, la eficiencia *keynesiana* en el crecimiento de pleno empleo y equilibrio macroeconómico, la *schumpeteriana* en el crecimiento económico innovador la eficiencia operacional *en las transacciones* de mercado, la eficiencia *social y sustentable* (ver capítulo 5).

Programa Integral de Transición Bajo un enfoque sistémico

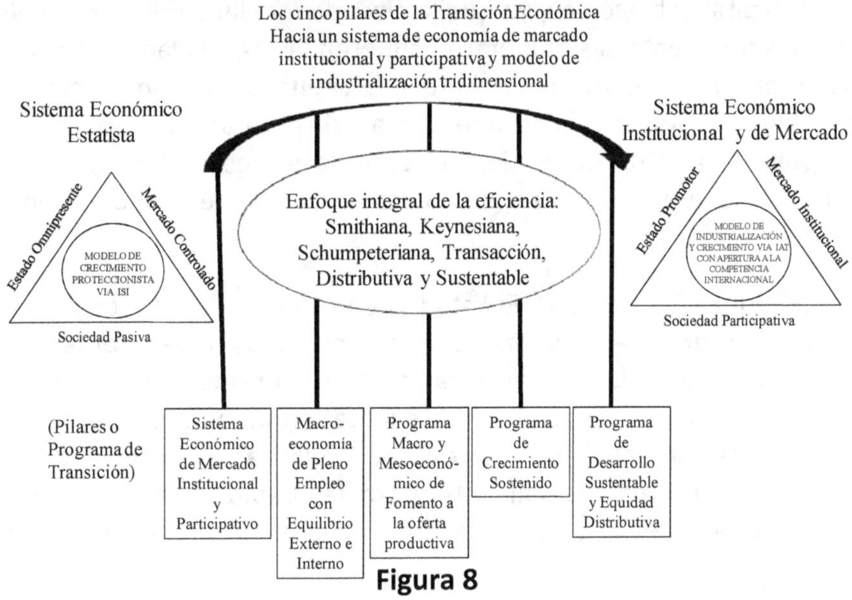

Los cinco pilares de la Transición Económica
Hacia un sistema de economía de marcado
institucional y participativa y modelo de
industrialización tridimensional

Sistema Económico
Estatista

Estado Omnipresente
Mercado Controlado
MODELO DE CRECIMIENTO PROTECCIONISTA VIA ISI
Sociedad Pasiva

Enfoque integral de la eficiencia:
Smithiana, Keynesiana,
Schumpeteriana, Transacción,
Distributiva y Sustentable

Sistema Económico
Institucional y de Mercado

Estado Promotor
Mercado Institucional
MODELO DE INDUSTRIALIZACIÓN Y CRECIMIENTO VIA IAT CON APERTURA A LA COMPETENCIA INTERNACIONAL
Sociedad Participativa

(Pilares o Programa de Transición)

Sistema Económico de Mercado Institucional y Participativo

Macroeconomía de Pleno Empleo con Equilibrio Externo e Interno

Programa Macro y Mesoeconómico de Fomento a la oferta productiva

Programa de Crecimiento Sostenido

Programa de Desarrollo Sustentable y Equidad Distributiva

Figura 8

EL NECESARIO AJUSTE DE SINTONÍA FINA EN LAS POLÍTICAS DE LAS TRES D'S

América Latina ha hecho avances significativos en el PRECE . En particular, México ha privatizado más de mil empresas, ha liberalizado el comercio con aranceles del 10% y decreciente en el marco del TLC, ha liberalizado las cuentas de capitales con el exterior y ha avanzado en la desregulación de los mercados internos. Sin embargo, es importante, no sólo consolidar lo avanzado, sino realizar ajustes de sintonía fina y aprender las lecciones de la experiencia del pasado.[16]

Política de desprotección, vía liberalización comercial. Cuando la liberalización comercial es acompañada por sobrevaluación del tipo de cambio y una política industrial pasiva, genera desarticulación industrial y un grave problema de déficit externo, mayor dependencia del capital externo y crisis recurrentes, como en México. En otras palabras, es importante observar la ecuación de la expresión de la historia económica reciente:

Liberalización comercial- + tipo de cambio real + política industrial = desarticulación industrial

sobrevaluado activa y déficits externos

Liberalización financiera. La globalización financiera sin un marco regulatorio para filtrar el capital financiero con virus especulativo, es propensa a generar un problema del capital yatrogénico, ya que la elevada movilidad del dinero electrónico permite que las transferencias monetarias superen las necesidades de la economía y el comercio real. Los excesivos movimientos de capital se tornan especulativos y los préstamos tienden a forzar a las economías a sobrevaluar sus tipos de cambio y a llevar una política de altas tasas de interés para ingresar al país, y cuando esta política artificial se vuelve insostenible, la salida masiva de capitales conduce a las crisis.

Desestatización de las economías. El Estado debe retirarse de todos los sectores no estratégicos y avanzar en las privatizaciones con procesos transparentes y eficientes. El rescate de la banca y de las carreteras en México representó un elevado costo financiero. Esto conduce a la siguiente pregunta, ¿dónde se encuentran las reglas del juego del libre mercado? (capítulo 4). Al privatizar la propiedad a través de procesos no transparentes y socializar las pérdidas debido al los malos manejos de las empresas, se evidencia la carencia de un marco institucional que busque el

[16] Para una explicación más amplia, ver Villarreal, René, "Industrialización...", op. cit.

beneficio público y brinde igualdad de oportunidades a todos los actores.

Figura 9

Además, las empresas públicas estratégicas están sobrerreguladas en el esquema del PRECE. Aquí se requiere un programa de reforma del Estado que privatice el *management* de las empresas públicas sobrerreguladas, a las que se obliga a competir en economías abiertas e integradas a la economía mundial, pero no se les da libertad ni armas para hacerlo. El caso típico en México es PEMEX, que sigue siendo más un instrumento de política fiscal y macroeconómica (los ingresos petroleros representan 40% de los ingresos fiscales), que un instrumento de desarrollo de la industria petrolera y energética del país.

Se ha avanzado en la desregulación de los mercados por lo que es importante establecer la economía institucional, no sólo con reglas del juego claras y transparentes, sino además con un marco jurídico que fomente los incentivos a la productividad, dejando a un lado la ideología del *dejar hacer o dejar pasar.*

Macroeconomía de estabilización. El reto no es cómo estabilizar los precios, sino que el arte del *management* macroeconómico tridimensional: es cómo generar un crecimiento económico sostenido de pleno empleo con equilibrio interno (estabilidad de precios) y equilibrio externo en balanza de pagos. Ese es el verdadero arte del *management* macroeconómico que requiere de la asignación eficiente de instrumentos a objetivos, bajo el principio Tinbergen-Mundell.

Eliminando el Riesgo de la Oscilación del Péndulo

El riesgo latente ante la presente crisis de confianza en el paradigma de reformas económicas, es de dos tipos:

- La tendencia de la oscilación del péndulo: de economías estatistas a economías de *laissez faire* y nuevamente el retorno a economías de Estado (Figura 10).
- En el segundo: querer salir de este proceso de transición trunca sólo avanzando en una segunda generación de reformas estructurales de las tres D's; esto es, profundizar más de lo mismo, cuando en realidad se requiere, retornando lo avanzado y fortaleciendo la dirección del cambio (que es correcta), **de un nuevo enfoque sistémico de eficiencia y de políticas integrales de transición.**

Se necesita un enfoque sistémico de análisis en el modelo de transición y un enfoque de eficiencia integral, haberlos omitido ha sido la falla fundamental. No se trata de repetir los programas de reforma estructural, tampoco de desviamos de las economías de mercado donde las empresas privadas sean el motor del crecimiento. Estos elementos son correctos y deben ser irreversibles en el proceso.

No estamos hablando de una tercera vía, porque al final del milenio, solamente podemos seguir la senda del mercado, la vía determinada por la dinámica de la globalización y enfrentada a través del juego de la hipercompetencia. La realidad histórica nos determina al mercado como la única vía, independiente de las ideologías que lo ponen en boga o satanizan. La caída del bloque socialista como el oponente histórico del capitalismo, no implica la victoria indiscutible del mercado, pero analizándolo bajo una visión pragmática, demuestra que el mercado como medio de asignación de recursos es el medio más eficiente que conocemos (ver capítulo 1). Hoy en día incluso la vigorosa China comunista, independiente de su ideología, **habla del neosocialismo de mercado, para poder jugar en la economía global**. En el siglo XXI **no hay una tercera vía, sólo la senda de las economías de mercado**, pero debemos reconocer sus límites y alcances para generar el desarrollo integral de la sociedad, para de esta manera complementarlo y satisfacer las demandas sociales que lo ponen en peligro al confundir la eficiencia en la asignación de recursos con la eficiencia integral.

Por consiguiente, la única ruta que existe en el nuevo capitalismo globalizado es la economía de mercado, pero con adjetivos; que reconozca que la **"mano invisible" del libre mercado**, siendo el mejor método para promover la eficiencia en la asignación de recursos, pero dados sus alcances y límites, debe ir acompañada de la **mano solidaria de la sociedad** para la equidad distributiva y de la **mano promotora**

del Estado para el crecimiento y el desarrollo sustentables.

Hablamos explícitamente del capitalismo porque la nueva economía está basada en sus dos pilares fundamentales: la **propiedad privada** y el **mecanismo de precios para la asignación eficiente de recursos**. Sin embargo, la **interacción del Estado y la sociedad con el mercado**, esto es, empresarios, trabajadores, gobierno y consumidores, determina, no sólo los costos de operación del mercado (costos de transacción), sino el **modo o estilo de operación del sistema económico**. El capitalismo japonés es diferente al capitalismo alemán, francés, brasileño o mexicano. Como indica Joseph Stiglitz, economista en jefe del Banco Mundial, *"el último consejo que se puede dar es: no entender la cuestión sobre el mercado contraria al gobierno sino como el balance apropiado entre mercado y gobierno, con la posibilidad de algunas formas intermedias de organización económica (incluyendo las basadas en gobiernos locales, cooperativas, etc.). Ahora, nosotros reconocemos que existe más de una sola forma de capitalismo"*[17]

HACIA LA CONSOLIDACIÓN DEMOCRÁTICA: LOS CINCO PILARES DE LA TRANSICIÓN POLÍTICA

El enfoque integral implica que el modelo de transición económica debe complementarse con un modelo político de transición que en la realidad histórica de América Latina, presenta cinco pilares, que se interrelacionan para alcanzar una economía institucional y participativa (ver capítulo 7). Dada la relación entre **desempeño económico y estabilidad democrática**, si el país puede retomar el crecimiento económico sostenido con desarrollo participativo, se permitirá consolidar la democracia en los próximos años.

[17] Stiglitz, Joseph, *Whither Socialism*, MIT Press, Londres, 1994, pp. 267-275

Figura 10

De continuar el proceso de crisis recurrentes y el bajo desempeño económico, aumentarán el desempleo y la marginación social, lo que originará conflicto social y, nuevamente, escenarios de presión en nuestras sociedades. De aquí que estemos hablando de la necesidad de conjuntar el modelo de transición económica con uno de política en los países para integrarse de manera eficiente al nuevo capitalismo global de fin de siglo (Figura 8).

En este sentido, los países de América Latina deben transitar de Sistemas Políticos autoritarios, que se consolidaron en los sesentas y setentas, hacia Sistemas Políticos democráticos. Las características fundamentales de los sistemas democráticos son que se encuentran presididos por gobiernos electos por voto libre popular, que poseen autoridad de facto para desarrollar nuevas políticas y en donde los poderes del Estado, ejecutivo, legislativo y judicial, son independientes de jure:

Aquí surge la cuestión fundamental de *cómo* transitar con éxito, de manera pronta y eficiente, a la consolidación democrática. En la perspectiva de Juan Linz y Alfred Stepan, podemos caracterizar el modelo de transición democrática compuesto por cinco pilares, los cuales nos permitirán pasar hacia nuevas estructuras de gobierno garantizadas a través de un gobierno electo por el voto popular. La verdadera consolidación democrática se dará, en nuestra opinión, sólo mediante el fortalecimiento integral de cada uno de estos pilares. La fragilidad democrática de la que adolecen diversos Estados latinoamericanos se basa, justamente, en la carencia de integración de cada uno de estos "cimientos" de la construcción de los sistemas políticos enfocados a la democracia (Figura 11).

El primer pilar, dada la interrelación existente entre el sistema económico y el político, se compone por el conjunto de normas, instituciones y regulaciones sociopolíticamente aceptadas y facultadas que median entre el mercado y el Estado. De esta manera, las organizaciones e instituciones permiten la operación de la economía y el desempeño económico permite las libertades políticas individuales.

El estado de derecho funge como el segundo pilar, e implica la implementación de *reglas del juego* transparentes, equitativas y generales, estos es: que el grado de autonomía e independencia entre la sociedad política y la civil se sustente en la ley. El estado de derecho debe brindar un marco normativo aceptado por la mayoría y debe establecer claramente la jerarquía de las leyes y las atribuciones a cada órgano de gobierno. Este pilar es condición *sine qua non* para la existencia de la democracia.

El tercer pilar para poder alcanzar un régimen democrático, es contar con una sociedad civil activa a través de las organizaciones y grupos independientes del gobierno que persiguen un fin común. Los movimientos y agrupaciones a través de una forma de organización eficiente pueden transmitir los intereses de toda la comunidad. Sin embargo debe evitarse caer en problemas de ingobernabilidad por un exceso de asociaciones que atomicen las posturas y necesidades sociales.

El cuarto pilar es una sociedad política para seleccionar y monitorear a los gobiernos democráticos a través del uso de instituciones democráticas como partidos políticos, elecciones, regias electorales, legislaturas, etc. Esta vía por medio del derecho lícito de ejercer el control sobre el aparato gubernamental y el poder público es la única ruta de acceso legítimo al poder.

Por último, debe existir una burocracia profesional de servicio civil, compuesta por administradores del aparato estatal que den continuidad a la administración pública y sus proyectos. Asimismo, debe institucionalizar la actividad económica por medio del cumplimiento expedito y honesto de sus funciones y atribuciones.

Hacia la consolidación del sistema político democrático:

Los Cinco Pilares de la Transición Política

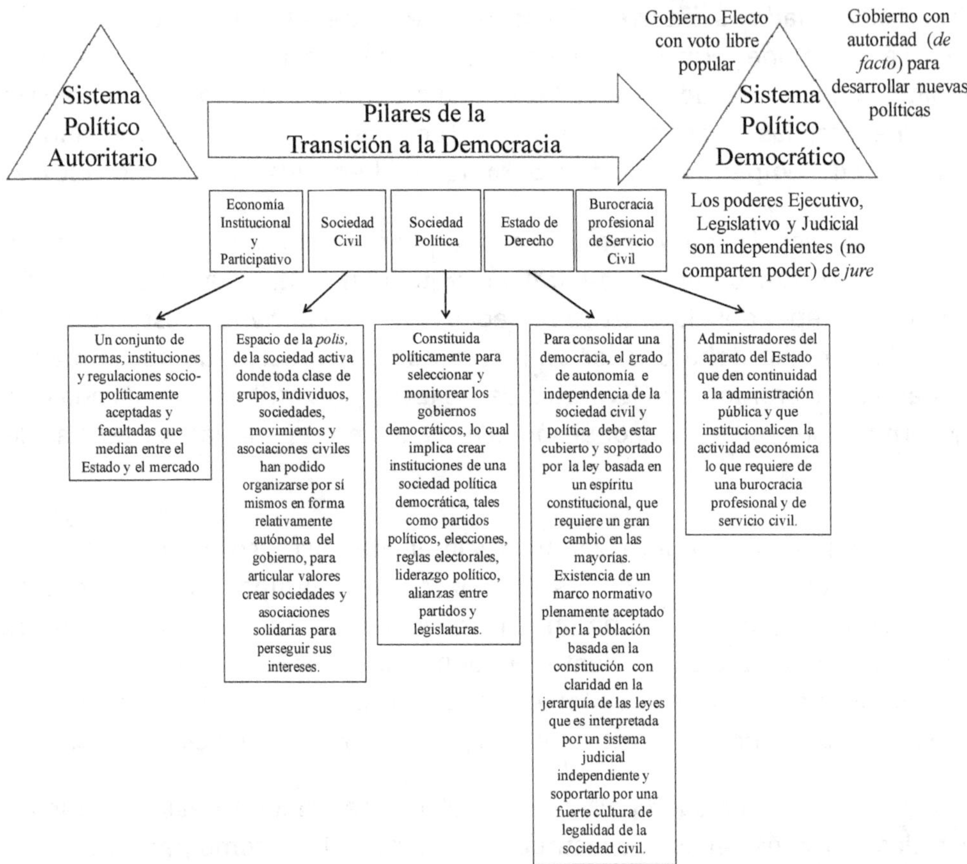

"Una transición democrática se completa:

- Cuando se ha alcanzado el suficiente acuerdo sobre los procedimientos políticos para generar un gobierno electo.
- Cuando el gobierno que entra al poder sea resultado directo del voto libre y popular.
- Cuando este gobierno *de facto* tenga la autoridad para generar nuevas políticas.
- Cuando los poderes Ejecutivo, Legislativo y Judicial generados por la nueva democracia no compartan el poder con otro órgano *de jure*.
- Desarrollo y presentación gráfica del Modelo de Linz-Stepan.

(Linz, Juan y Stepam, Alfred, *Problems of Democratic Transition and Consolidation: Southern Europe, South America and Post- Communist Europe*, 1996, The Johns Hopkins University Press, p.3

Figura 11

Hacia un modelo de transición sistémico y de eficiencia integral

Asignativa
Innovativa
Sustentable
Enfoque Integral de Eficiencia
Crecimiento de pleno empleo
Operacional
Distributiva

Sistema Económico Estatista
Estado Omnipresente
Mercado Controlado
Modelo de Crecimiento Vía ISI
Sociedad Pasiva

Pilares de la Transición a los Sistemas de Economía Institucional de Mercado

Sistema Económico de Mercado Institucional y Participativo	Macro-economía de Pleno Empleo	Programa Macro y Mesoeconómico de Fomento a la oferta productiva	Programa de Crecimiento Sostenido y Sustentable	Programa de Combate a la pobreza y Equidad Distributiva

Sistema de Economía de Mercado Institucional y Participativo
Estado Promotor
Mercado Institucional
MODELO DE CRECIMIENTO VIA IAT
Sociedad Participativa

Sistema Político Autoritario

Pilares de la Transición a la Democracia

Economía Institucional y Participativo	Sociedad Civil	Sociedad Política	Estado de Derecho	Burocracia profesional de Servicio Civil

Gobierno Electo con voto libre popular
Gobierno con autoridad (*de facto*) para desarrollar nuevas políticas
Sistema Político Democrático
Los poderes Ejecutivo, Legislativo y Judicial son independientes (no comparten poder) de *jure*

Figura 12

Finalmente el modelo de transición integral replanteado se apoyaría en los cinco pilares de la transición económica y en los cinco pilares de la transición política, los cuales convergen en el pilar de la economía institucional. Todo esto bajo el nuevo enfoque de eficiencia integral propuesto y en base a una nueva propuesta de formación de capital social (Figura 12).

¿Cómo formar el nuevo capital social en nuestras sociedades con economías en transición a economías de mercado y sistemas políticos en transición a la democracia?

En el tránsito de la era industrial a la hueva era del conocimiento y la información, la ventaja competitiva de los países está siendo determinada por la capacidad y velocidad para adquirir la información y transformarla en conocimiento productivo de las empresas y en la economía más rápido que la competencia. Esto implica nuevos enfoques basados en la formación y desarrollo del *capital humano del conocimiento,* esto es: la ventaja competitiva no está en la dotación tradicional de factores de capital o trabajo, sino en lo que podemos llamar capital intelectual, lo que significa invertir en los trabajadores del conocimiento, en organizaciones aprendientes y de creación de conocimiento productivo.

Bajo este enfoque, se requiere convertir las empresas en aulas de aprendizaje y desarrollo de conocimiento productivo. La globalización permite contar con nuevos mecanismos tecnológicos de enseñanza, tales como la educación satelital, conferencias vía internet, etc. La propuesta implica transformar el viejo concepto de capacitación y adiestramiento, útil para la era de producción en masa, por el de centros de aprendizaje y conocimiento productivo, que se encargan de desarrollar las habilidades intelectuales, mas que manuales, de la fuerza laboral.

La ventaja competitiva de las naciones en la era del conocimiento, no está en la mano de obra barata, sino en la mano de obra *productiva* que sólo se desarrolla mediante la inversión en el capital humano con el objeto de crear *capital intelectual* (Figura 13). Por primera vez en la historia económica, **la ventaja competitiva sustentable de la empresa** ya no está en la explotación de la mano de obra barata, sino en la mano de obra productiva que implica inversión en el capital humano del conocimiento y desarrollo de empresas como organizaciones de continuo aprendizaje.

Por ello, la relación laboral debe modificarse en dos sentidos fundamentales: pasar de una relación de adversarios a una *relación cooperativa* y bajo un enfoque de suma cero a otro de *suma positiva.*

Por otra parte, aquí se plantea conjugar una **reforma del Estado integral,** de largo alcance, que supere la concepción que se agota en la redefinición de las reglas del juego del Estado para pasar a una redefinición del *juego* que debe desarrollar el Estado en el siglo XXI. La función del gobierno en el nuevo esquema es trascender de la concepción reguladora, otorgante de subsidios a *promotor de la productividad* mediante la implementación de políticas amistosas del mercado, apoyando al desarrollo de la inversión y el desarrollo empresarial.

HACIA UN NUEVO FMI Y UN SISTEMA MONETARIO INTERNACIONAL

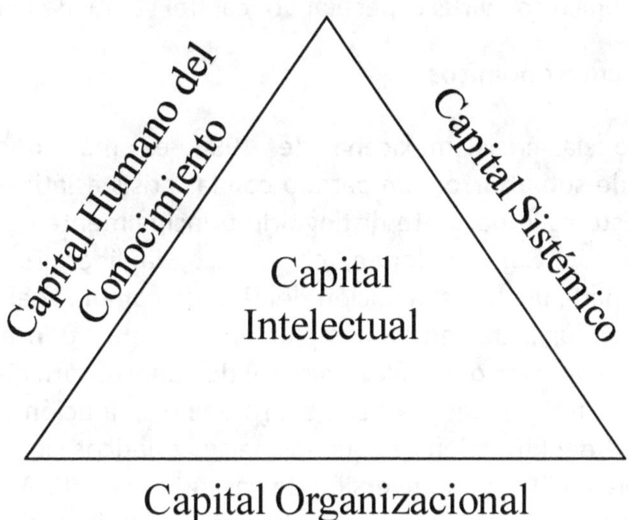

Fuente. René Villarreal en *Proyección Humana,* Año 10, Num. 112, marzo 1998, p.14-22.

Figura 13

Dentro del marco de transformaciones a nivel global, cabe destacar el hecho de que la globalización financiera se presenta actualmente como el punto ciego de la globalización.

Las recientes crisis asiáticas y la de México en 1994, muestran un punto en común, además de la sintomatología.

Los síntomas de las crisis económico-financieras de México en 1994 y de los países Asiáticos en 1997-1998 son similares: culminaron con crisis externas, maxidevaluaciones, ajustes recesivos- inflacionario s y rescates financieros del FMI para "salvar" a los países y a Wall Street de un impacto financiero negativo.

Sin embargo, es importante distinguir entre las causas de las crisis recurrentes en México y las crisis secuenciales asiáticas. Podemos generalizar las causas de la crisis como consecuencia de tres factores:

- Factores macroeconómicos: sobre-inversión, sub-ahorro, sobrevaluación, apreciación cambiaria, o cualquier combinación de los anteriores.

- Factores estructurales-industriales: desarticulación industrial y rezago de la planta productiva.
- Internacional-financiero: elevada afluencia de capitales a mercados emergentes de dinero electrónico con virus especulativo (capital volátil de corto plazo).

A. Los factores macroeconómicos

En este contexto, la crisis mexicana de 1994 es más que un fenómeno macroeconómico de **sub-ahorro,** comparado con las crisis asiáticas propiciadas por **sobre-inversión.** Esto es importante distinguirlo principalmente cuando se compara México con Corea del Sur en donde, en México, la liberalización comercial y financiera acompañada de sobrevaluación del tipo de cambio real llevaron a que el capital extranjero en lugar de venir a complementar el ahorro interno, generara un esquema de *crowding out* o desplazamiento del ahorro privado (producto del aumento en el consumo privado); así se generó una disminución del coeficiente de ahorro de 22 a 15% del PIB, mientras que los países asiáticos siguen teniendo tasas de ahorro superiores a 30% y de inversión de casi 40% del PIB. Así, en México y en general en América Latina con el bajo crecimiento en la inversión y el PIB en las últimas dos décadas, se presentó un fenómeno de sub-ahorro contra un fenómeno de sobre-inversión en los países del Sudeste Asiático.

En segundo lugar, los fenómenos de sobrevaluación del tipo de cambio real en México jugaron un papel determinante en el déficit comercial, fenómeno similar en el caso de Tailandia pero no en el de Corea del Sur.

B. Factores estructurales-industriales

En México y América Latina se ha transitado en los últimos 15 años por un proceso de **industrialización trunca,** pues se ha querido pasar de un modelo de industrialización sustitutiva de importaciones a un proceso de industrialización exportadora con una política que ha llevado a una industrialización trunca y desarticulación industrial producto de la siguiente fórmula:

Liberalización comercial + sobrevaluación del tipo de cambio real - política industrial activa = desarticulación industrial = déficit comercial.

El caso de nuestro país fue evidente. México ha sido un país con una liberalización comercial unilateral amplia (l0% de arancel promedio), acompañada de una sobrevaluación cambiaria de 40% (1990-1994) Y un proceso de una política industrial pasiva que llevó a una gran desarticulación industrial y elevado déficit comercial. Esto es, desaparición de la planta de bienes de capital y buena parte de bienes intermedios, debilitando la articulación de las cadenas productivas y regresando a la primera etapa de industrialización.

Este fenómeno es radicalmente diferente en el Sudeste Asiático y más evidente en el caso coreano. En Corea del Sur se han desarrollado conglomerados y *chaebols* industriales altamente articulados y competitivos (Hyundai, Samsung, Gold Star, etc.), donde la fortaleza es alta, pero se produjo un fenómeno similar al que pudimos observar en México con la empresa Alfa en la crisis de 1982: elevado endeudamiento en dólares respecto a sus activos La relación de pasivos-activos es prácticamente de 4 al, hay un sobreendeudamiento en la que los *chaebols* no toman en cuenta la restricción financiera sino crecen e invierten, son grandes monstruos industriales pero las empresas están sobreendeudadas, y no el Gobierno. Esto es, en México la crisis estructural proviene de una desarticulación industrial e industrialización trunca; en Corea del Sur no hay un fenómeno de desarticulación industrial sino de crecimiento acelerado de los conglomerados industriales y de sobreendudamiento de las empresas.

C. **Factores internacionales financieros**

El fenómeno de la globalización financiera sin duda tiene parte en este fenómeno. Desde 1989 a 1991 cuando empezaron a surgir las llamadas economías de mercados emergentes, los diferentes fondos financieros en los Estados Unidos, Europa y Japón descubrieron cómo invertir en los mercados emergentes: mientras podían tener tasas de interés de 5% de rendimiento en sus economías, podían obtener hasta 50% de rendimiento anual en dólares en los países emergentes, esto es, márgenes de 1 a 10. Lo importante es minimizar el riesgo y, en su caso, buscar mecanismos que minimicen los costos del ajuste para ellos.

La crisis mexicana fue evidente, México tuvo un déficit acumulado de 107 mmd (de 1988 a 1994), 100 mmd financiados con capital extranjero, de los cuales 72.5 mmd era capital financiero de corto plazo, principalmente.

Pero cuando el déficit ya fue insostenible, México (1994) no aumentó las tasas de interés para atraer el flujo de financiamiento externo (porque aumentó el riesgo cambiario), sino inventó los Tesobonos, que era deuda interna nominada en dólares sin riesgo cambiario; esto produjo final- mente la crisis y el consecuente plan de rescate del FMI y Estados Unidos que más que a México, se dirigió a rescatar Wall Street, al garantizar con un crédito puente de 50 mmd todos los pagos de corto plazo.

Pero los banqueros internacionales, como en el caso de México con el FOBAPROA, aprendieron que en casos críticos hay quien rescate a los inversionistas financieros: *"los inversionistas extranjeros aprendieron en* 1995 *que serían rescatados si sus préstamos resultaban contraproducentes, y por tanto prestaron más de lo que debían a Asia. Eso podrá estar en la superficie, pero el punto no tiene sentido ... los prestamistas internacionales han aprendido algo más, para una nación considerada demasiado grande para fallar, el FMI asegurará los pasivos tanto privados como públicos."*[18].

La transición de la economía mundial hacia los mercados globalizados en la producción, en el comercio y en la información, son factores generalmente positivos que abren una serie de ventajas y retos a los países en desarrollo. La globalización en las finanzas, sin embargo, presenta dos vertientes:

a) una claramente positiva que son los flujos de capital a través de inversión extranjera directa y de inversión de cartera de largo plazo, y

b) una segunda vertiente que representa el punto ciego de la misma, la globalización de las finanzas internacionales. La trampa del dinero electrónico caliente: dinero que sólo busca dinero, provoca que el flujo de capitales entre países se convierta en una amenaza para la estabilidad de los sistemas nacionales y mundiales.

La pregunta que surge a todo esto es. ¿Cómo pueden los países en desarrollo obtener todos los beneficios de las entradas de capital extranjero sin caer en crisis recurrentes?

En este contexto, es necesario diferenciar entre la inversión extranjera directa y la de cartera de largo plazo, de la inversión de cartera de corto plazo que es la que presenta la trampa del dinero electrónico.

En términos generales, es muy claro que debemos diferenciar el fin último al que se va a destinar las entradas de capital.

1. El que se invierte en proyectos productivos, que generan un flujo de entrada financiero para pagar su amortización y rendimiento.

2. El que es generador de exportaciones netas, esto es, en el sector de exportaciones y/o sustitución competitiva de importaciones que generan un flujo en dólares para pagar el capital extranjero.

---

[18] "Kill or cure?", *The Economist,* enero 10, 1998, p. 14

3. El capital de cartera de corto plazo que solamente busca el mayor rendimiento en el menor tiempo posible.

Para entender el fenómeno de la globalización financiera, podemos hacer una analogía con la globalización de la información. Esta es un fenómeno positivo para todos los países porque permite el acceso como materia prima al desarrollo del conocimiento. Sin embargo, cuando en la información transmitida a través de *internet* viene incorporado algún virus, puede no solamente desestabilizar todo el sistema de información, sino destruirlo. Por tanto, en la práctica se han desarrollado filtros y mecanismos de inmunización y corrección (programas anti-virus) que permiten primero filtrar la información para detectar si la información viene con virus, en segundo lugar rechazarlo y no permitir la entrada para evitar la desestabilización, y en el caso de haberlo adquirido, corregir los problemas antes que llegue al núcleo del sistema. Por lo tanto, el reto en la globalización de la información no es prohibir el acceso a la información internacional, sino filtrar y reconocer bajo un sistema cuando ésta viene con virus.

De la misma manera en el caso del dinero electrónico con virus especulativo, el arte del manejo será no evitar la entrada de capitales del exterior, no prohibirla ni frenarla, sino buscar el mecanismo para filtrar y evitar que venga con virus especulativo de corto plazo. En otras palabras cuando el dinero electrónico viene con "virus especulativo" la estructura actual de supervisión y regulación de los organismos internacionales y nacionales no tienen la capacidad de detectarlo. Es por eso que no debe existir un proceso de apertura indiscriminada en los sistemas financieros y se requieren candados a las entradas de capitales con vencimiento menor a un año.

En este contexto: *"hay dos políticas que se potencian entre sí, que contribuyen a lograrlo. Primero, mantener los tipos de cambio nominales suficientemente flexibles, e incluso introducir ruido mediante la intervención del Banco Central si muestran una tendencia a la apreciación demasiado estable. La flexibilidad dirigida aumenta el riesgo cambiaría para los inversionistas de corto plazo que buscan las altas rentabilidades locales. Segundo, desalentar las entradas excesivas mediante un impuesto implícito que varíe inversamente con el plazo de vencimiento. Hay pruebas concluyentes de que las políticas económicas activas pueden influir en la composición fuertemente y también en la magnitud global de los flujos. Esto es importante, porque la reducción de la magnitud de los flujos va a contener la apreciación real y la declinación relativa de la rentabilidad de los bienes comerciables. El hecho de sesgar la composición de los flujos hacia la IED y contra los flujos puramente financieros, tiende a estimular la respuesta de los inversionistas y reducir la volatilidad".*[19]

El gran cuello de botella que se nos presenta para lograr el desarrollo, es el sistema monetario y financiero. Solamente existe una banca prestamista que no fomenta la inversión productiva, pero además esta banca de préstamo atraviesa por una crisis debido a la ineficiencia para manejar los fondos. El sistema supone que con la apertura financiera, las instituciones automáticamente generarían banqueros eficientes, sin embargo se requiere una reforma a todo el sistema ante la vulnerabilidad a los movimientos internacionales.

Se requieren reglas del juego claras y jugadores especializados en el movimiento del sistema. Las organizaciones actuales no están especializadas, no tienen conocimiento preciso sobre el funcionamiento del sistema. Tampoco requerimos a los viejos banqueros que con conocimiento del sistema no eran tomadores de riesgo por las características propias de estabilidad financiera. Por tanto, debemos reformar los sistemas bancarios y financieros nacionales y no esperar que el libre juego de mercado traiga banqueros y financieros eficientes bajo las condiciones actuales.

Estas son las acciones que corresponden a nivel país, pero sin duda el sistema financiero internacional requiere más que nunca un nuevo FMI y una nueva organización que como mercado financiero, sea institucional, es decir, tenga reglas del juego claras y transparentes y jugadores también claros y transparentes.

En este contexto se requiere de un nuevo sistema financiero internacional que establezca reglas y supervisión, de aquí que requerimos más que nunca un FMI, no solamente para cumplir su función de prestamista contingente para financiar a los países en momentos de crisis. Es necesario un nuevo enfoque a través del cual genere nuevas recetas para los nuevos problemas financieros internacionales. Hoy día, los problemas de balanza de pagos no se deben a déficit en cuenta corriente no financiables, sino a la propia autonomía de la cuenta de capitales, la cual genera sobrevaluación cambiaria y fomenta el flujo de capitales de corto plazo, que tienden a convertirse en yatrogénicos.

Además, *"en un mundo en que trillones de dólares fluyen por los mercados internacionales cada día, simplemente no va a haber suficiente financiamiento oficial para las crisis que pudieran darse en los años por venir".*[20]

---

[19] Ffrench-Davis Ricardo, Reisen Helmut, *Flujos de capital e inversión productiva. Lecciones para América,* McGraw Hill, Chile, 1997, p. 19

[20] Palabras del Secretario del Tesoro estadounidense, Robert Rubin en la Brookings Institution sobre la reunión del Grupo de los Siete y de la reunión de primavera del Banco Mundial y el Fondo Monetario Internacional.

El problema proviene de que en los 60's bajo el sistema de Bretton Woods, la cuenta de capitales en balanza de pagos era **compensatoria,** esto es; sólo se movían para financiar los déficits en las balanzas en cuenta corriente (exportaciones menos importaciones de bienes y servicios). Sin embargo en los 90's la cuenta de capitales es autónoma, se mueve por sí misma e independientemente de las necesidades de financiamiento del comercio de bienes y servicios y de la inversión productiva; el dinero electrónico se ha convertido en una mercancía, que se renta por minutos, horas o días sin compromiso de permanencia y se comercia en altos volúmenes (respecto a las reservas de los países de economías de mercado emergentes) y se mueve a la velocidad de la luz, esto es el dinero electrónico caliente. Así de 1990 al 96 el flujo de capital privado a los países de economía de mercado emergentes aumenta más de 6 veces y alcanza una cifra récord de 256,000 millones de dólares en 1997. Para fin de año el capital financiero de cartera se redujo a la mitad ocurriendo un efecto desestabilizador.

Por otra parte, el capital financiero de corto plazo generó en las economías emergentes sobreoferta en los mercados de divisas y sobrevaluación del tipo de cambio real con un consecuente efecto en el aumento del déficit en cuenta corriente, lo que a su vez hace demandar más capital financiero que requiere de aumentar las tasas de interés (para atraerlo dada la competencia internacional) y minimizar el riesgo cambiario, lo que provoca el efecto yatrogénico del capital externo (la medicina acentúa la enfermedad) y abre la vulnerabilidad externa de las economías de mercados emergentes.

La razón fundamental es que el mercado financiero globalizado, a través del dinero electrónico caliente, no tiende al equilibrio. El mecanismo de precios en un mercado es la variable de ajuste al equilibrio entre la demanda y la oferta. Sin embargo, en este caso estamos hablando de un mercado imperfecto, no sólo porque los costos y beneficios de los inversionistas privados difieren de los sociales en el mercado de capitales de corto plazo, sino que la naturaleza del mercado y del mecanismo de precios funciona radicalmente diferente.

El dinero hoy día es una mercancía que se renta por minutos, horas y días por una promesa futura de pago sin compromiso de permanencia, esto es, con una alta liquidez y se caracteriza por ser dinero que busca sólo dinero, por lo que es altamente volátil y está impregnado de un virus especulativo que al trasminarse al sistema no solamente lo hace inestable, sino provoca las crisis recurrentes en las economías de los mercados emergentes, generando las intervenciones de las instituciones, como el FMI y de los gobiernos para generar rescates financieros y

---

Washington, 14 de Abril de 1998.

bancarios a los países, a Wall Street y a los sistemas bancarios nacionales.

Además, el mecanismo de mercado con el dinero electrónico caliente es imperfecto y no tiende al equilibrio porque el precio del dinero, la tasa de interés, cuando es alta puede reflejar gran rentabilidad de los proyectos de inversión de las empresas, pero también puede significar un alto riesgo. No obstante, ni el mercado ni el inversionista, por mejor sistema de información que exista, lo pueden distinguir.

"Esto ilustra, como dice Joseph Stiglitz, que los países en vías de desarrollo son más vulnerables que nunca a las vacilaciones del capital internacional ... las economías pequeñas son como botes de remo en mar abierto. Por mejor que se manejen las posibilidad de que una gran ola se los lleve siguen siendo importantes. [Así, observamos cómo] *el flujo de capital privado a* [los países en desarrollo] *se incrementó seis veces desde 1990 hasta alcanzar un récord de 256,000'millones de dólares en* 1997. *Pero la emisión de bonos y los préstamos a Asia y Latinoamérica se redujo más de la mitad a fines de* 1997 ... *Sin ello, la crisis asiática del* 97 *no hubiera sido peor que la crisis de Corea del Sur en 1980 o la de Tailandia en* 1983".[21]

En esta perspectiva, Stiglitz considera que la inestabilidad e imperfección del mercado financiero global se puede mejorar:

1. Con más información y transparencia. Por ejemplo, la crisis mexicana arrancó, en parte, cuando los inversores descubrieron que las reservas eran menores de lo pensado y la deuda de corto plazo era mayor. Sin embargo, esto sólo produce una mejora parcial, pues por mejor información que se tenga, éstos son simples mapas de navegación, que te pueden orientar en el rumbo, pero nunca te podrán salvar de una tormenta o de un huracán.

2. *"Las reformas domésticas pueden crear un mercado financiero más robusto, más transparente, sistemas de gobernabilidad corporativa más transparentes y una política macroeconómica menos propensa a errores."*[22]

3. Pero finalmente, como lo plantea Stiglitz, todos inversores, mercados emergentes y comunidad financiera internacional en general, necesitamos considerar una tercera respuesta: regular los flujos de capital internacional.

En este contexto, menciona el autor, es necesario eliminar los prejuicios de la no intervención, dado que de facto los rescates a las economías y a los sistemas bancarios de los países son evidentes.

---

[21] Joseph Stiglitz, *El Economista*, Jueves 26 de marzo de 1998.

[22] Joseph Stiglitz, "The Financial Times Limited", *El Economista*, miércoles 25 de marzo de 1998,

En el caso de México el rescate del FMI y de lo Estados Unidos por 50 mil millones de dólares, y el rescate al sistema bancario de FOBAPROA por más del 13% del PIB, y en el caso asiático por 110 mil millones de dólares. "*Ahora es el tiempo, antes de la próxima crisis, para diseñar ordenadamente procedimientos para ejercitar* [a la economía] *lo que proveerá de mejores incentivos y una absorción más equitativa de los costos.*"[23]

En otras palabras, esto permite visualizar que requerimos un nuevo sistema monetario y financiero internacional y hoy más que nunca FMI, pero un nuevo FMI que como institución internacional establezca y vigile las nuevas reglas del juego que permitan diferenciar el capital de inversión extranjera directa del capital electrónico caliente con virus especulativo.

LA CRISIS DEL PENSAMIENTO ECONÓMICO EN LA ERA DEL POST-NEOLIBERALISMO HACIA UN NUEVO ENFOQUE DE ECONOMÍA POLÌTICA INSTITUCIONAL

Actualmente nos encontramos en la era del post-neoliberalismo, debido a que la receta del libre mercado bajo el esquema de laissez faire, laissez passé impulsada por la doctrina neoliberal, ha dejado de ser la receta mágica, que en términos de política económica, todo lo resuelve. Si observamos los resultados y las críticas al respecto, nos indican no solamente el funcionamiento errático de un sistema en donde las crisis financieras en países como México y los países del Sudeste Asiático se están tornando recurrentes, sino la necesidad de propuestas alternativas que se adecuen a nuestra realidad y problemática actual. Hay quien incluso plantea, que las crisis son inherentes al sistema y que debemos acostumbrarnos a vivir con ellas, pero ésta es una posición falsa, cómoda, y no científica.

Sin duda, el sistema capitalista funciona a través de procesos cíclicos, sin embargo el papel de la ideología debe ser el de brindar mecanismos que ayuden a disminuir las fluctuaciones que involucran altos costos para los países y la comunidad internacional. Lo que hemos visto en los últimos años es que los auges temporales de las economías mexicana y asiáticas como consecuencia de las entradas de capital

[23] Ibid

de corto plazo y dinero electrónico especulativo generan "booms" artificiales de crecimiento, seguidos de crisis externas con maxidevaluaciones y maxiajustes inflacionarios y en las tasas de interés, con las consecuentes crisis bancarias, independientemente de la solidez o fragilidad de los sistemas bancarios.

Diversas personalidades de variados campos se manifiestan a favor de un replanteamiento de las bondades del mercado y una reconsideración del rol del Estado en la actividad económica. James Tobin (Premio Nobel), George Soros (financiero), Joseph Stiglitz, (economista en jefe del Banco Mundial) y Michel Camdessus (director del FMI), entre otras personalidades, coinciden en la necesidad de reconocer las fallas y límites del mercado para resolver los problemas económicos y sociales del mundo de hoy (cuadro 2). Al mismo tiempo, establecen la urgencia de buscar un reencuentro con el Estado para darle un nuevo papel a este y a las instituciones. El mercado se empieza a dejar de ver como la panacea de todos los males económico y se plantea inclusive la necesidad de instituciones reforzadas para regular los mercados, como el FMI, en el mercado de capitales, porque el mercado no ordena el sistema ni mucho menos lo conduce a una distribución equitativa en los beneficios y/o en la carga del ajuste cuando se presentan las crisis.

En el mundo de las ideas, la crisis de la deuda de 1982 marcó el final *de Jacto* del predominio del neokeynesianismo y el resurgimiento del neoliberalismo como ideología dominante en los círculos de los *policy-makers.* La crisis macroeconómica de estanflación en los países avanzados y el derrumbe de Bretton Woods, ante la declaración de inconvertibilidad de Nixon, y la crisis energética, establecieron el espacio para que los ideólogos neoliberales recuperaran los conceptos clásicos del libre mercado. La revolución keynesiana había planteado cómo salir de un ambiente de recesión con deflación, pero el nuevo fenómeno del estancamiento con inflación mostró la ineficiencia del modelo para afrontado. La receta tradicional de incentivos a la demanda agregada, por medio del gasto público y emisión monetaria no resultó adecuada y marcó el derrumbe del neokeynesianismo como paradigma predominante. Después de la caída del bloque socialista de Europa del Este, y las crisis de los regímenes estatistas de América Latina, los ideólogos del libre mercado cantaron victoria para el final del milenio.

La crisis de las economías latinoamericanas de principios de los 80's es producto de los resultados erráticos del sistema de economía estatista, proteccionista y de orientación al mercado interno, que generó una organización económica incapaz de cambiar y adaptarse a los nuevos tiempos y que, con la muerte del socialismo real de mediados de los 80's, mostraron los efectos y límites de una intervención *yatrogénica* del Estado en la economía. La necesidad de reorientar estas economías -

las centralmente planificadas y las estatistas- hacia una economía de mercado era imperiosa. Sin embargo, este fenómeno histórico dio el espacio que los ideólogos del neo liberalismo aprovecharon para *sobrevender* la ideología del liberalismo clásico, vestida con un nuevo ropaje, beatificando y satanizando al Estado achacándole todos los males económicos a la presencia de éste, convertido en Leviatán, por lo que plantean minimizar su papel en la economía. La ideología neo liberal se basa en los mismos cinco principios o políticas que el liberalismo clásico del siglo XIX, mercados libres y abiertos, libre comercio internacional, presupuesto balanceado, patrón monetario fijo (caja de convertibilidad igual a patrón oro) y Estado mínimo, simplemente ataviados, como declara Paul Krugman, con un nuevo desarrollo matemático más elegante.

Cuadro 2

El Papel del Estado en el Mercado	
James Tobin (Premio Nobel)	La confianza en la Mano Invisible entre los economistas, políticos y el público en general, se presenta en un momento en el que surgen cada vez más razones de duda. No es fácil discernir en qué forma *el laissez faire* sin ayuda, sin guía y sin control pueda manejar los grandes y nuevos desafíos del siglo XXI.
George Soros (Financiero in temacional y - filántropo)	Tenemos una economía global que tiene algunos fallos, entre los cuales los más notables son la inestabilidad de los mercados financieros, la asimetría entre centro y periferia y la dificultad de gravar el capital. Afortunadamente tenemos algunas instituciones internacionales para enfrentamos a esos problemas, pero hay que reforzarlas y quizás crear algunas nuevas. El comité de supervisión bancaria ha establecido unas condiciones de adecuación del capital para el sistema bancario internacional, pero no han evitado la actual crisis bancaria en el Sudeste de Asia. No existe una autoridad internacional de control para los mercados financieros y no existe suficiente cooperación internacional para gravar el capital. [En este contexto,] el capitalismo global no está exento de problemas, problemas que es necesario comprender mejor si - queremos que el sistema sobreviva. En mi opinión esto sólo se puede mantener a través de los esfuerzos conscientes y deliberados para corregir y limitar las deficiencias del sistema. En esto no coincido con la ideología de *laissez faire* que sostiene que los mercados libres se mantienen por sí solos y que los excesos del mercado se corrigen por sí mismos, siempre que los gobiernos o los legisladores no interfieran en el mecanismo de autocorrección.
Joseph Stiglitz (Economista en Jefe del Banco Mundial)	La aparente falla del socialismo ha llevado a muchos a concluir que no hay 'tercer camino entre los extremos de los mercados y las empresas estatales. El hecho es que el gobierno juega un papel prominente en todas las sociedades. La pregunta no es si habrá intervención del gobierno en la actividad económica, sino qué rol debería tener. Un ejemplo de 'camino intermedio' entre los mercados y las empresas estatales es ofrecido por los países del Este de Asia.

	Ellos crearon instituciones' *marketlike'*, tales como bancos. En algunos países como Corea, se controla la asignación de gran parte del capital. Información imperfecta y costosa, mercados de capital imperfectos, competencia imperfecta: son la realidad de las economías de mercado, aspectos que deben ser tomados en cuenta por aquellos países que se vean en la situación de elegir un sistema económico. El que la competencia sea imperfecta o los mercados de capital sean imperfectos, no significa que el sistema de mercado no deba ser adoptado ... lo que significa es que en decidir qué forma de economía de mercado deben adoptar, incluyendo el papel que va a jugar el gobierno, necesitan tener en mente cómo funcionan las economías de mercado en el presente, no el irrelevante paradigma de la competencia perfecta. En el centro del éxito de las economías de mercado está la competencia, los mercados y la descentralización. Es posible tener éstos [elementos] y aun así el gobierno seguiría jugando un gran papel en la economía; incluso, podría ser necesario que el gobierno jugara un papel importante si es que la competencia va a seguir. El último consejo que se puede dar es: no entender la cuestión sobre el mercado contraria al gobierno sino como el balance apropiado entre mercado y gobierno, con la posibilidad de algunas formas intermedias de organización económica (incluyendo las basadas en gobiernos locales, cooperativas, etc.).
Michel Camdessus (Director del FMI)	Estos son momentos de crisis y nos toca una tarea no muy sencilla: evitar que esta crisis se haga catastrófica y de dimensión mundial. La crisis ya ha traído bastante desaceleración del crecimiento mundial y sufrimiento para muchos [...] los organismos internacionales nunca previeron la combinación desestabilizadora que llegaría a constituir el fenómeno asiático [porque] aún no se tienen todos los elementos para ofrecer un diagnóstico definitivo.

La doctrina neo liberal no hizo más que retomar las bases filosóficas del liberalismo económico del siglo XIX, basada en la figura del individuo como el ser racional capaz de elegir la mejor decisión posible, en base a su interés egoísta y así alcanzar el beneficio de la sociedad como un todo (ya que se encuentra compuesta de individuos racionales). El neoliberalismo es en diagnóstico, recomendaciones de política económica y acciones. Básicamente es el mismo que el paradigma que reinó durante el siglo pasado. La filosofía y políticas que promueven ambos enfoques son esencialmente las mismas:

Filosofía:

- El ser humano es un **ser utilitarista que al buscar su propio beneficio,** automáticamente **promueve el beneficio social.**
- La competencia es el sistema más racional, debido a que el comportamiento competitivo de las empresas conduce a una eficiente asignación de los recursos.

Cuadro 3

Las Cinco Políticas del Neoliberalismo

Liberalismo Clásico Siglo XIX		Neoliberalismo *Prescripción de políticas*
1. Libre mercado (*laissez faire)*	→	Liberación de mercados (desregulación)
2. Libre comercio internacional	→	Liberación comerciales (OMC) acuerdos regionales (TLC) (desprotección)
3. Presupuesto balanceado	→	Equilibrio presupuestal/superávit fiscal
4. Sistema de patrón oro	→	Sistema de la caja de convertibilidad; patrón oro con base en el dólar. La expansión monetaria (política monetaria) está determinada por la entrada de recursos internacionales del Banco Central
5. Estado policía o gendarme	→	Estado mínimo (desestatización)

El problema no radica en el retorno a los conceptos y políticas del siglo XIX, sino en el empecinamiento de los ideólogos del neoliberalismo de tomar una actitud dogmática y no observar la realidad cambiante. En el umbral del siglo XXI, la velocidad y complejidad del cambio de la realidad superó la dinámica del mundo de las ideas. Los paradigmas de la ciencia económica y social .quedaron detrás del mundo real y no existe un paradigma progresista, como lo fueron el liberal o el keynesiano, en el siglo XIX y principios del XX respectivamente, que permitieron el desarrollo del capitalismo de mercado con los beneficios del progreso, como la tecnología y la misma globalización e integración.

Esta ideología sataniza al Estado y beatifica al mercado y llega al extremo con Francis Fukuyama, quien declara ante la muerte del socialismo real, el triunfo del capitalismo y de la economía de mercado *como el fin de la historia: el fin de las ideologías.* Éste es un caso extremo, ya que ***la muerte del socialismo real no significa la salud del capitalismo de*** *hoy,* dados los profundos y complejos problemas que enfrenta, tanto para generar un crecimiento económico sano y sostenido, como para resolver los problemas de la inequidad y la desigualdad social. Como evoca George Soros: *"El capitalismo global no está exento de problemas, problemas que es necesario comprender mejor si queremos que el sistema sobreviva. Al centrarme en los problemas no pretendo quitar importancia a los beneficios de la globalización. En mi opinión, éstos sólo se pueden mantener a través de esfuerzos conscientes y deliberados para corregir y limitar las deficiencias del sistema. En esto no coincido con la ideología del laissez faire, que sostiene que los mercados libres se mantienen por sí solos y que los excesos del mercado se corrigen por sí mismos siempre que los Gobiernos o los legisladores no interfieran en el mecanismo de autocorrección".*[24]

El mundo del pensamiento económico ha transitado por una **contrarrevolución científica,** en el sentido de Kuhn, dando lugar a la contrarrevolución neoliberal, ya que no ha surgido un nuevo paradigma que responda a las necesidades actuales del mundo real. Simplemente se ha intentado regresar al uso del paradigma liberal del siglo XIX para intentar resolver los problemas del capitalismo global del siglo XXI (ver Capítulo 3).

Y en este sentido, es fundamental agregar al PRECE o el programa de las tres D's una **cuarta D: la desideologización del debate en torno al papel del Estado y el Mercado.** Para que el nuevo sistema propuesto funcione, debemos dejar de lado los debates estériles sobre quien debe llevar las riendas de la economía. Se debe, en cambio, pensar de que manera necesitamos complementar los agentes económicos (Estado, Mercado y Sociedad) para alcanzar un objetivo común: el desarrollo humano. Sólo desideologizando el falso debate entre el Estado y el Mercado, podremos entender y reconocer que no es el Estado Omnipresente ni el Mercado Beatificado la panacea que haga girar la economía. En el nuevo sistema de economía de mercado institucional y participativa, a la mano invisible del libre mercado hay que echarle la mano. Ahora debemos desechar las ideologías que se convierten en fanatismos y religión. Felipe González define claramente la diferencia:

---

[24] Soros, George, "Hacia una Sociedad Abierta Global", *El País*, 23 de diciembre de 1997.

"Se suele contraponer pragmatismo e ideología. Incluso se suele confundir ideologías con ideas ... Las ideologías, como sistemas cerrados que tratan de explicar el mundo de principio a fin y que tienen un retrato del paraíso que no ofrecen, me producen una profunda repugnancia ...La acumulación ideológica nace a veces de luchar contra la muralla de una dictadura".[25]

Hay que recordar las palabras de Keynes: "las ideas son un obstáculo mayor que los intereses creados", por lo tanto, es indispensable desechar todos los dogmas ideológicos, los mitos y falsos dilemas del desarrollo. "El verdadero enemigo de la verdad no es la mentira, sino el mito" y el dogma, agregamos nosotros (J. F. Kennedy).

La ideología neo liberal se presenta como una barrera para el cambio porque se ha convertido en una "camisa de fuerza mental" para diversos sectores de la sociedad y la comunidad internacional, que obstaculiza la reorientación hacia un nuevo modelo de economía de mercado y capitalismo global que permita el crecimiento estable y evite las crisis recurrentes en las economías de los países y en el sistema financiero internacional. De aquí que la participación del Estado con su mano promotora y de la sociedad con la mano solidaria no implica ir en contra del mercado sino por el contrario, permite darle viabilidad en el actual contexto histórico latinoamericano a través de su carácter institucional y participativo.

Se requiere construir un nuevo paradigma de la ciencia económica que reconozca la realidad de la globalización de los mercados, en donde la economía necoclásica seguirá teniendo utilidad en tanto reoriente su enfoque de análisis del mercado, a la nueva naturaleza de los mercados global izados (en la producción, el comercio, las finanzas y la información) reconociendo no sólo sus fallas sino sus límites y alcances y el papel de los actores no sólo como entes económicos, sino también en su carácter político y social. La comprensión del capitalismo globalizado del siglo XXI requiere un nuevo paradigma bajo un enfoque integral.

[25] Felipe González, *Reforma*, 11 de marzo de 1998.

VISIÓN DE FUTURO Y PROYECTO DE NACIÓN:

HACIA UNA POLÍTICA ECONÓMICA DEL ESTADO

América Latina enfrenta dos grandes retos al cierre del milenio; por un lado, culminar la larga marcha aún inconclusa hacia economías de mercado con crecimiento sostenido, y por otro, consolidar nuestros regímenes democráticos a través de los pilares para la transición política planteados. En esta perspectiva, para superarlos debemos tener una visión clara del país que buscamos, y una política económica de Estado que nos permita lograrlo.

En los últimos 20 años México y América Latina han transitado por un largo proceso de ajuste y estabilización macroeconómica y experimentando un estancamiento prolongado que no ha dejado lugar a una perspectiva de largo plazo, sacrificando la construcción de un proyecto de nación con visión de futuro. Así podríamos hablar de una tercera crisis: La crisis de visión. La recurrencia y profundidad de ellas y lo costoso de los programas de ajuste han implicado que el foco de atención y el esfuerzo se hayan concentrado en la sobreviviencia del corto plazo, lo que no ha permitido ampliar el horizonte de visión para imaginar el nuevo país al que queremos llegar en el 2020, con un modelo de transición y proyecto de nación propios y viables en la economía global del siglo XXI. Carecer de este proyecto de nación deja abiertos los riesgos del juego pendular y decaer en continuos cambios sin dirección ni rumbo que frenan el avance del propio proceso de transición y la consolidación del nuevo modelo económico y político.

Visión de Futuro y Proyecto de País

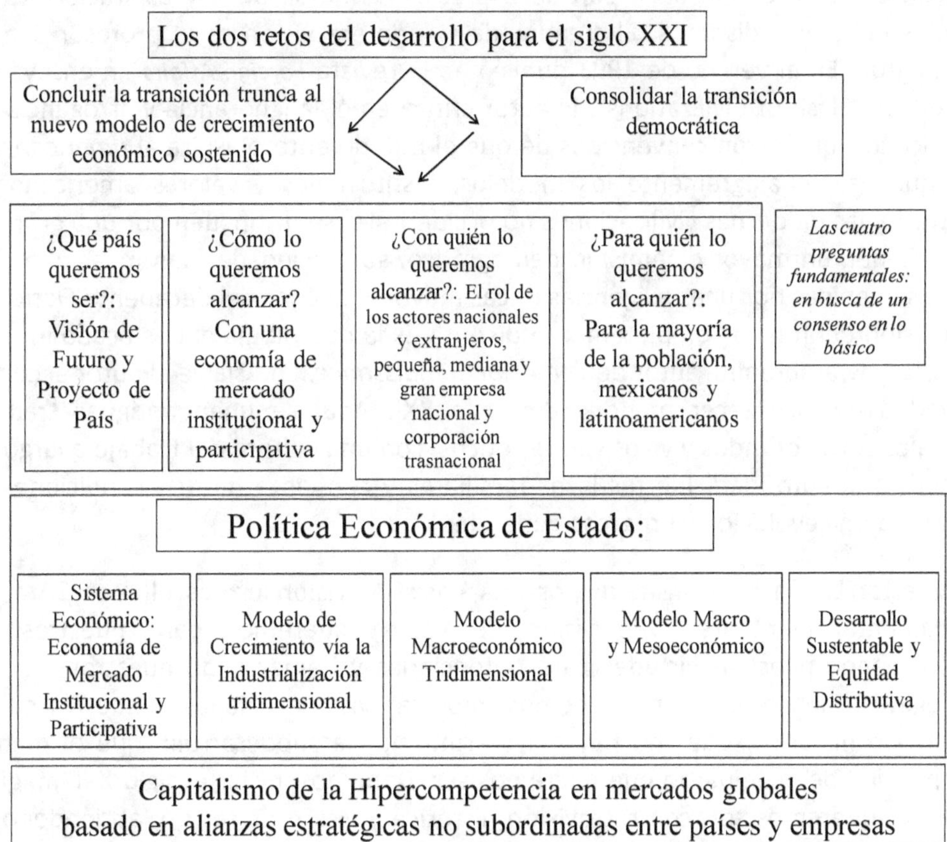

Figura 14

El debate se ha centrado en la viabilidad del modelo actual y en la discusión de si el estatismo populista o las reformas del mercado neoliberal son los causantes de los males que acosan a nuestros países. Es necesario avanzar en el debate de las causas a las soluciones de las crisis. Los excesos del Estado causaron la crisis de los 80's, pero las reformas del mercado no han sido, aún en los 90's, suficientes para resolver los problemas sociales y garantizar un crecimiento económico sostenido. De aquí que hablemos de una crisis tridimensional en México y América Latina, una crisis de transición, sistémica y de visión.

En esta perspectiva es urgente, más que nunca, desarrollar una visión de futuro y proyecto de país y consensar una política de Estado que en lo fundamental nos permita construir nuestro modelo de transición propio y el proyecto de nación para el siglo XXI.

"En los últimos años han surgido dos grandes visiones del futuro. Son muy diferentes, incluso opuestas, porque expresan las ambiciones y aspiraciones de dos círculos culturales distintos. El creador de la primera visión es el profesor Samuel P. Huntington. En el verano de 1993 publicó en la revista *Foreign Affairs* un ensayo con el título "The Clash of Civilizations". El autor critica en él la ignorancia y arrogancia de los americanos, que están convencidos de que el mundo entero aspira al *american way of life,* que asume alegremente los modelos, instituciones y valores americanos ... al contrario: las modernas civilizaciones no occidentales se distinguen por una gran fuerza vital. Tienen un mayor dinamismo demográfico, sus sociedades son más coherentes y están sostenidas por unas exigencias éticas mayores que las del decadente Occidente ... Una visión del futuro completamente distinta es la que dibuja el destacado intelectual malasio Anwar Ibrahim, autor de *The Asian Renaissance.* En Asia ve el autor el centro de gravedad del acontecer mundial del siglo XXI. Aquí se unen antiguas tradiciones estatales con profundos y vivos valores éticos, con una cultura del trabajo a largo plazo, respeto a la autoridad, fuertes lazos familiares y confianza mutua, condiciones todas ellas para una evolución y progreso generales".[26]

Si América Latina ha transitado por una crisis de visión en los últimos 20 años, es fundamental plantearse qué visión de futuro queremos para nuestros países reconociendo nuestras virtudes para potenciarlas y demarcando nuestros vicios para corregirlos. Sin embargo, no debemos importar visiones ajenas a nuestra cultura y desarrollo histórico, pues no hay mayor síntoma de subdesarrollo que el mental, la incapacidad de imaginar lo que queremos ser. Debemos iniciar el siglo XXI imaginando qué país queremos ser, con retrovisión histórica y visión de futuro, abriéndonos a las oportunidades y desafíos del nuevo mundo de la globalización y respondiendo a las aspiraciones de las generaciones futuras.

En este contexto, el presidente Ernesto Zedillo, convocó a los mexicanos a un acuerdo nacional e Política Económica de Estado para el crecimiento: *"Si hemos logrado acuerdos para avanzar a una plena democracia, podemos y debemos llegar a un acuerdo sobre los fundamentos de una política económica para el crecimiento".*[27]

El avance en la consolidación democrática, implica la alternancia de los partidos en el poder, la presencia de nuevas fuerzas políticas con posibilidades de gestión y una mayor competencia no sólo por el ejecutivo, sino por posiciones en el congreso, que se ha convertido en una auténtica fuerza política, características propias del desarrollo político. Sin embargo, para evitar los posibles vaivenes pendulares sin rumbo ni proyecto de nación, es necesaria una **política de Estado** en la que todos los actores

---

[26] Kapuscinski, Ryszard, "Como veo el mundo", en *Nexos,* abril de 1998.
[27] Zedillo Ponce de León, Ernesto, *Tercer Informe de Gobierno,* 1ª de Septiembre de 1997.

logremos un consenso en lo fundamental, en el país que deseamos construir, y la estrategia y pilares básicos de política que deben respetarse para lograrlo.

Así una **Política de Estado para el crecimiento económico,** que va más allá de una política macroeconómica debe responder a cuatro preguntas básicas, considerando el contexto del capitalismo global del siglo XXI que presenta oportunidades y desafíos:

¿Qué país queremos ser?	La visión 2020
¿Cómo lo queremos alcanzar?	El camino, la estrategia y políticas
¿Con quién lo queremos alcanzar?	El rol de los actores
¿Para quién lo queremos alcanzar?	La participación en el proceso y distribución de los costos y beneficios del crecimiento

En esta perspectiva, deberá surgir un **Acuerdo Nacional** en lo fundamental; el país que queremos, el camino que requerimos recorrer, la participación en el proceso y distribución de los costos y beneficios del crecimiento entre los actores, lo cual nos permitirá ejercer regímenes políticos abiertos y democráticos, evitando caer en el peligroso juego del péndulo. De aquí la necesidad de consensar una política de Estado para el crecimiento, tema que se desarrolla en el último capítulo del presente libro (Capítulo 8).

En el umbral del siglo XXI, el compromiso con la nueva generación de mexicanos y latinoamericanos de **concluir** esta larga marcha inconclusa y modelo de transición hacia una economía de mercado institucional y participativa con crecimiento sostenido y **consolidar** el modelo de transición política hacia un sistema democrático, hacen más urgente que nunca la necesidad de un consenso y **Acuerdo Nacional en lo fundamental,** que permita continuidad y efectividad en los programas de gobierno manteniendo la pluralidad política, pero con una **visión común del futuro** y **del proyecto de nación.**

Primera Parte

Evolución del Mundo Real de la Economía al Fin del Milenio

CAPÍTULO 1

LA TRANSICIÓN DE LA ECONOMÍA MUNDIAL

HACIA LA HIPERCOMPETENCIA EN MERCADOS GLOBALES EN LA ERA DEL CONOCIMIENTO Y DEL DINERO ELECTRÓNICO

"Las crisis financieras que amenazan con destrozar a puñados de países se están convirtiendo en una característica de la economía global, y, *a medida que se presentan, los gobiernos de los grandes países industrializados se ven obligados a asumir el papel de rescatar a un sistema de mercados que, en teoría, debería curarse a sí mismo. Lo que la respuesta internacional a la crisis asiática ha dejado en claro es hasta qué punto los gobiernos se han alejado del punto de vista dominante durante los años de Reagan y Thatcher: que la intervención entorpece en vez de ayudar a los mercados... "*

*The New York Times**

"Las decisiones económicas básicas las toma la economía global en su interior en vez del Estado-nación ... pero el comercio y la producción mundiales han tenido un auge inaudito, y la mayor parte del crecimiento ha tenido lugar en los países recientes. La explicación de lo anterior es que el conocimiento ha sustituido a la 'tierra, trabajo, capital' de los economistas como principal recurso económico. El conocimiento, sobre todo en los métodos y filosofías de capacitación desarrollados en los Estados Unidos durante la segunda guerra mundial, refutaba el axioma de que los salarios bajos significaban productividad baja. Ahora la capacitación permite que la fuerza de trabajo de un país alcance una productividad de rango mundial sin dejar de pagar los salarios de un país nuevo por lo menos ocho o diez años".

*Peter F. Drucker***

"El capitalismo global no está exento de problemas, problemas que es necesario comprender mejor si queremos que el sistema sobreviva. Al centrarme en los problemas no pretendo quitar importancia a los beneficios de la globalización. En mi opinión, éstos sólo se pueden mantener a través de esfuerzos conscientes y deliberados para corregir y limitar las deficiencias del sistema. En esto no coincido con la ideología del laissez faire, que sostiene que los mercados libres se mantienen por sí solos y que los excesos del mercado se corrigen por sí mismos siempre que los Gobiernos o los legisladores no interfieran en el mecanismo de autocorrección".[&]..."Mala distribución de la riqueza, inestabilidad en los sistemas financieros, riesgo de monopolios y oligopolios, y dudas sobre el papel del Estado y su compromiso con el sector social, son las cinco principales deficiencias del capitalismo y la globalización".&&

*George Soros ****

* "La óptica de no Intervención en los Mercados, no Aplicable a la Crisis de Asia", *The New York Times,* enero 1, 1998.

**"La Economía Global y el Estado-nación", *Foreign Affairs,* septiembre-octubre, 1997.

& Soros, George, Presidente de Open Society Institute, de Soros Fund Management, y principal consejero del Quantum Group of Funds, "Hacia una Sociedad Abierta Global", *El País,* 23 de diciembre de 1997.

&& Soros, G., "Genera Indiferencia el Capitalismo", entrevista, *El Economista,* 22 de septiembre, 1997, p. II

Para entender las transiciones hacia las economías de mercado por las que atraviesan las economías sobreestatizadas de América Latina y las centralmente planificadas de Europa Oriental, que se iniciaron desde los 80's, y la crisis asiática de finales de los 90's (1997-98), hay que analizar el cambio que está experimentando el sistema económico mundial a través de sus impulsores que están originando el **capitalismo global del dinero electrónico en la era del conocimiento.** Este nuevo capitalismo muestra una nueva forma de organización y funcionamiento que lo diferencia substancialmente del **capitalismo industrial** de los tiempos de **Bretton Woods.** Sus principales características son la *globalización,* la *interdependencia* y la *incertidumbre,* que rigen a todas las actividades económicas y que son, al mismo tiempo, causa y consecuencia de los cambios estructurales y de las transformaciones en la organización y operación del mismo capitalismo global.

Los IMPULSORES DEL CAMBIO
LA TRANSICIÓN DEL SISTEMA ECONÓMICO MUNDIAL

Si el sistema económico es la manera como se organizan y operan las transacciones económicas y financieras a partir de reglas del juego y jugadores, podemos decir que el sistema económico mundial está en un proceso de transformación y transición hacia un nuevo sistema, dominado por la globalización de los mercados y determinado por cinco impulsores fundamentales (Figura 1.1):

- *La globalización de los mercados* en la **producción** vía la fábrica mundial; en las **finanzas** internacionales vía el dinero electrónico; en el **comercio** vía los acuerdos de liberación comercial e integración regionales; y en las **comunicaciones** vía la globalización de los flujos de información y del conocimiento.

- *El cambio es continuo, rápido y simultáneo,* al pasar del mundo de *ceteris paribus* (todo permanece constante) al de *mutatis mutandis* (todo cambia al mismo tiempo), que genera mayor incertidumbre y menor predecibilidad en la economía y los negocios. *La única constante es el cambio y lo único cierto es la incertidumbre.*

- *El sistema financiero internacional con el dinero electrónico genera su propia dinámica.* El sistema económico mundial ha sido superado por la dinámica del sistema financiero en el que el dinero electrónico rebasa su función de medio de intercambio, unidad de cuenta y depósito de valor, y se convierte en una **mercancía que se renta** *al mejor postor,* por segundos, minutos, horas, y días, con una "promesa de pago a futuro". Los flujos de inversión financiera son autónomos de los flujos comerciales y de inversión productiva, pero afectan al tipo de cambio real, a la competitividad de las empresas y países y, por lo tanto, al sector productivo. El mecanismo de precios en el mercado del dinero electrónico (tasas de interés) no cumple con su función de equilibrar la oferta y la demanda, es un "equilibrio" inestable: una mayor tasa de interés puede significar mayor rentabilidad del capital, pero también mayor riesgo. En ambos casos se incrementa la oferta, pues el mercado no puede diferenciar sólo a través de las señales de precios, el premio por rentabilidad o por riesgo.

- *La nueva era del conocimiento avanza sobre la era industrial.* El **capital intelectual** surge como el factor estratégico de la competitividad internacional que mueve al mundo de la economía y los negocios en la nueva era del conocimiento y la información. La elevada movilidad de los factores de producción, el crecimiento del comercio intrafirma y la era del conocimiento dejan atrás el paradigma neoclásico de la ventaja competitiva basada en la dotación de factores, es decir, en la mano de obra barata de los países en desarrollo.

- *La revolución tecnológica en la información, telecomunicaciones y manufactura asistida por computadora.* La marcha acelerada de la Tercera Revolución Tecnológica --con sus grandes transformaciones en la informática, la microelectrónica, los nuevos materiales, la biotecnología y las telecomunicaciones- promueve y posibilita los procesos de globalización en la industria, el comercio, los servicios y las finanzas, componentes característicos del capitalismo global. Los adelantos en las telecomunicaciones y transportes hacen que la variable *tiempo* sea parte substancial de la competitividad, y que las barreras o determinantes geográficos hayan dejado de serio.

El mejor ejemplo de cómo la revolución tecnológica en la información y en las telecomunicaciones permite integrar los mercados financieros es la invención del **dinero electrónico,** que permite movilizar grandes volúmenes de capitales financieros prácticamente a la velocidad de la luz y a nivel mundial; las ventajas son claras, pero los efectos y los riesgos también, como se observa en la crisis de 1994, que produjo el "efecto tequila", y la de 1997 que resultó en el "efecto dragón".

Los cinco impulsores del cambio han originado un nuevo juego: la **hipercompetencia en mercados globales.** Para las empresas este nuevo juego implica una competencia permanente con los mejores del mundo en sus propios mercados locales. La liberalización y apertura de la economía a la competencia internacional junto con la revolución tecnológica en las telecomunicaciones y la informática han dado lugar a la **aldea económica global**, donde las fronteras nacionales y los mercados domésticos han desaparecido para dejar un mercado sin barreras de entrada.[28]

LA GLOBALIZACIÓN DE LOS MERCADOS y EL NUEVO JUEGO DE LA HIPERCOMPETENCIA GLOBAL

El proceso de globalización de los mercados se presenta con cuatro dimensiones en la economía mundial. Cada una de ellas ha adquirido su propia dinámica que en conjunto configuran un nuevo escenario del mundo de la economía y los negocios. Nos encontramos ante una creciente interdependencia y una restricción al comercio cada vez menor; la producción, las comunicaciones y las finanzas entre países representan los componentes de las relaciones de comercio internacional en el umbral del siglo XXI. Sin embargo, la transformación a nivel global no se limita a la globalización en sus cuatro dimensiones (producción, comercio, finanzas e información), sino que la **naturaleza** del mercado y las **estructuras del mercado internacional** también han cambiado (Figura 1.2).

- Así tenemos que el mercado global en su nueva naturaleza ha dejado de ser el mercado físico o localizado (por ejemplo, el mercado de Rotterdam, Londres, etc.) y se ha transformado en redes de intercambio, producto de la interconexión de los mercados y de los avances en las telecomunicaciones, la

[28] Un ejemplo en el mundo cotidiano es el de la empresa de helados Virginia en Cuernavaca, Méx. (helados y nieves de frutas tropicales), que aunque no le interesa exportar y competir en los mercados internacionales, con la liberalización nacional y la apertura, tiene que competir con empresas extranjeras como Baskin & Robbins en el mismo mercado local, porque ahora esta última también elabora productos tropicales: el pequeño mundo de Virginia se globalizó.

informática y la microelectrónica. Esto marca el paso del **mercado físico al mercado virtual.**

- Han cambiado las **estructuras de mercado** en las industrias internacionales, las cuales pasaron de la *competencia oligopolística* a las *alianzas estratégicas oligopolísticas* entre grandes competidores dando lugar a la competencia monopolística.[29] Actualmente las alianzas entre grandes corporaciones rebasan los anteriores "acuerdos de precios" (carteles), para establecer alianzas de conversiones (asociaciones y fusiones), proyectos tecnológicos, etc. Con esto se transita hacia un tipo de comercio de **alianzas competitivas,** de tal manera que la estructura de mercado, caracterizada como de competencia oligopolística en los años 60's, es cada vez más de competencia monopolística. Como ejemplo podemos mencionar los casos de la industria automotriz, con la alianza entre Ford y Toyota; en el caso de la industria del papel, entre los dos gigantes Abitibi y Stone Consolidated, y en el caso de los microcomputadores, la producción de procesadores Power PC entre las compañías Apple, IBM y Motorola. El comercio intrafirma de empresas de Estados Unidos representó más de 40% del comercio total de ese país en 1989 Y 1992; Y las exportaciones más de 35%. En Japón el comercio intrafirmas por el lado de las importaciones representaron cerca de 15% de su comercio total en 1992 y las exportaciones más de 25%. Es interesante ver que las empresas estadounidenses integran su propio contexto de importación y exportación.[30]

Avalados por el vertiginoso desarrollo de la informática y las telecomunicaciones, se han globalizado los mercados financieros con la aparición del dinero electrónico. Prácticamente no hay fronteras en el mercado único del dinero, lo que permite a éste movilizarse hacia los espacios donde se obtienen los máximos rendimientos y oportunidades. Esta situación presenta importantes y significativos claroscuros. Por

---

[29] Por competencia monopolística se entiende la capacidad que tiene una empresa, a través de su política de diferenciación de producto, para aumentar el precio temporalmente, obtener una renta pura y no tener seguidores. Cuando hablamos de competencia oligopolística es la competencia entre grandes empresas en el mercado que les permite vía diferenciación de producto, servicio, etc., tener precios diferenciados y mantener su posición en el mercado, sin ser desplazados; y los acuerdos de precios entre empresas penados por la legislación anti-trust han quedado atrás a través de las alianzas estratégicas entre grandes empresas competidoras pasando de una competencia oligopolística a una competencia monopolística. Como dice Paul Krugman: " ... *existe un caso especial de oligopolio conocido como competencia monopolística ... Primero, cada firma puede diferenciar su producto ... La diferenciación de producto asegura que cada firma tenga un monopolio en su producto particular dentro de una industria y está en cierta medida aislado de la competencia ... Segundo, cada firma toma los precios fijados por la competencia como dados -esto es, ignora el impacto de su propio precio en los precios de otras firmas ... el modelo de competencia monopolística supone que aunque cada firma en realidad está enfrentando competencia de otras firmas, ésta actúa como si fuera monopolista ...* " (Krugman Paul y Obstfeld Maurice, *International Economics, Theory and Policy,* Addison Wesley, 1997, pp. 128 y 129).

[30] *Global Economic Prospects and the Developing Countries,* The World Bank, Washington, D.C. 1997, p. 48.

un lado, facilita la realización de las transacciones comerciales y financieras, ahorrando o disminuyendo en tiempo real lo que llamamos los costos de transacción, que impactan la productividad y eficiencia de las operaciones económicas. Asimismo, la infraestructura que existe alrededor del dinero electrónico también coadyuva a una más rápida movilidad de la inversión extranjera directa de mediano y largo plazo. Pero por otro lado, el dinero electrónico es portador del virus especulativo altamente peligroso para la estabilidad financiera mundial porque ataca con fiereza a las economías de los países que presentan desequilibrio s en su sector externo y son altamente dependientes del ahorro externo.

Estamos viviendo un **mundo neoschumpeteriano,** en el que los mercados imperfectos (oligopolísticos) generan el incentivo de la renta monopólica temporal hasta que la brecha de la imitación se alcanza (Posner[31]). Este proceso genera el incentivo económico que mueve al mundo capitalista. La competencia perfecta, como tal, no brinda la oportunidad de obtener ganancias extraordinarias, por lo que la estructura de mercado ha evolucionado de tal manera que permite aprovechar la rentabilidad de las innovaciones antes de ser imitadas. En este contexto, la nueva estructura del mercado, paradójicamente genera **eficiencia innovativa** (schumpeteriana), pero no eficiencia asignativa (smithiana); sin embargo esta supuesta imperfección del mercado responde (con eficiencia dinámica) a las necesidades de innovación y proceso tecnológico de empresas y países en la nueva era del conocimiento y de la hipercompetencia global.

[31] Selección de Villarreal René, *Economía Internacional. 1. Teorías Clásica, Neoclásicas y su Evidencia Histórica,* Fondo de Cultura Económica, 1989: La teoría de la corriente de nuevos productos y la brecha en la limitación tecnológica (M.V.Posner), pág. 25.

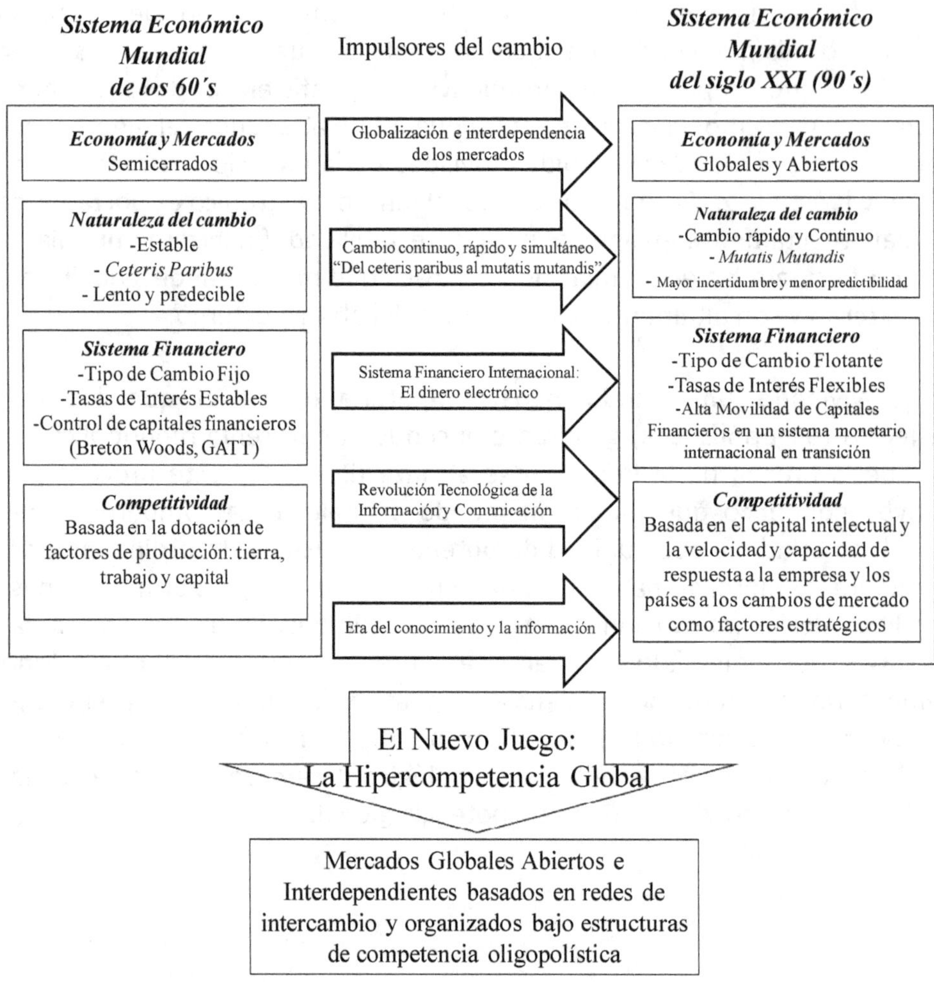

Figura 1.1
La Transición del Sistema Económico Mundial

En el umbral del siglo XXI, el mercado global ha cambiado de naturaleza, de mercados físicos a redes de intercambio y de estructura de mercado de competencia oligopolística a alianzas estratégicas oligopolísticas, que dan lugar cada vez más a un sistema de competencia monopolística. Pero ahora es importante visualizar cómo la nueva naturaleza y estructura se dan en la globalización de los mercados en cuatro dimensiones: en la producción-inversión, en el comercio, en las finanzas y en la información.

La globalización en la producción: vía la fábrica mundial.

- Las transformaciones de las formas de organización de la producción con las nuevas tecnologías de proceso y de producto, llevan de la fábrica transnacional a la *fábrica mundial,* como un nuevo modo de organización industrial y comercial, descentralizado y *virtual,* mediante la subcontratación, el comercio intrafirma y la informatización del proceso global de producción. Para la construcción de un automóvil en Detroit, participan 16 países que fabrican diversas partes mediante un *sistemajust in time* vía subsidiarias y subcontrataciones. El caso de la empresa de artículos deportivos Nike, demuestra que la fabricación, vía la subcontratación y la comercialización no tienen fronteras, Nike *se encuentra virtualmente presente en cualquier parte del mundo.*

- La globalización de los mercados en la producción y el comercio es uno de los nuevos impulsores de la economía mundial que abre grandes oportunidades y retos para los países en desarrollo. La producción de las empresas multinacionales (doméstica y extranjera) significa 20% del producto interno bruto mundial. Por otro lado, el comercio intrafirma de las empresas multinacionales representa una tercera parte del comercio mundial; además, estas empresas y sus asociadas contabilizan la mayor parte de la investigación y desarrollo, " ... *así, de China hasta Hungría y de la India hasta México, las redes de producción mundial ayudan a integrar países en desarrollo a los mercados mundiales y actúan como conductos de información y conocimiento*"[32]

- A nivel microeconómico, la obsolescencia de los sistemas fordistas de producción en masa *(mass production)* son sustituidos por los sistemas de producción flexibles, multiproducto y de producción masiva personalizada *(mass customizing)* para atender las *necesidades específicas* del cliente, hasta las de los mercados globalizados altamente competitivos, dando lugar a la hipercompetencia global.

---

[32] *Global Economic Prospects and The Developing Countries,* The World Bank, Washington, D.C. 1997, p. 35.

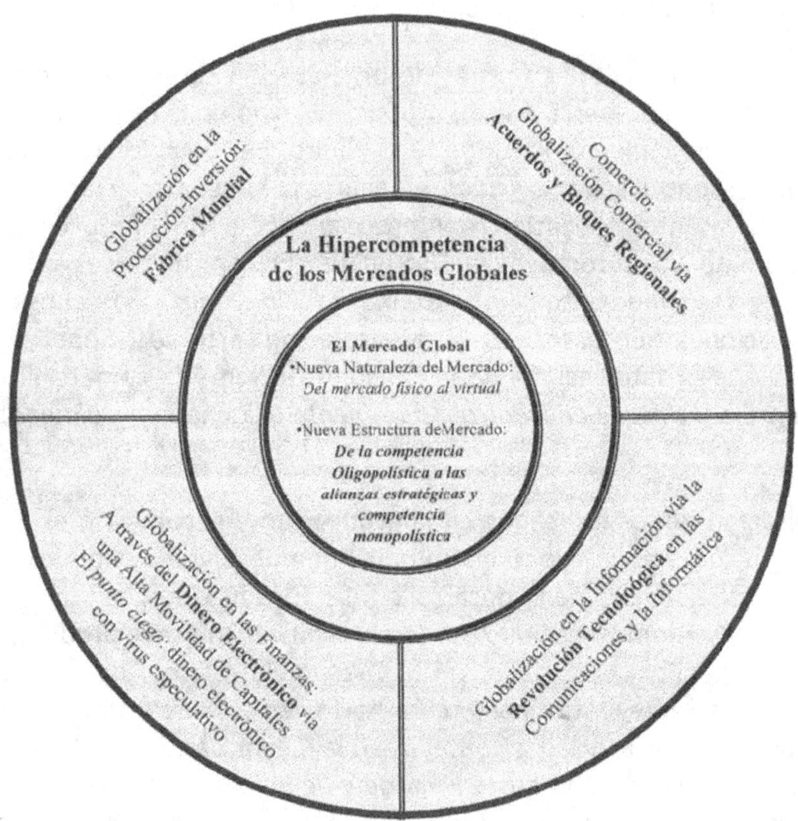

Figura 1.2
La Globalización de los Mercados

La globalización en el comercio: vía acuerdos y bloques regionales

El nuevo sistema de comercio internacional se caracteriza por el paso del comercio complementario de competencia darwinista al de competencia estratégica basada en alianzas productivas y tecnológicas que busca controlar el mercado a través de una mayor participación, y ha evolucionado del comercio *entre naciones* al comercio *intrafirma* y entre *bloques económicos regionales.* La globalización del comercio se conforma en los diferentes bloques regionales como el TLC, el Mercosur, la Unión Europea, ASEAN, etc. (Figuras 1.3 y 1.4). En la hipercompetencia, como consecuencia de la globalización de la producción, de los mercados y de la integración de las empresas multinacionales con su red de empresas afiliadas y subsidiarias, subcontratistas y socios es importante para los países de industrialización tardía como México y el resto de América Latina, integrarse a la fabrica mundial mediante alianzas estratégicas, vía la fábrica regional si no se quiere volver a llegar tarde a una nueva revolución productiva: la revolución del conocimiento.

En este contexto, hoy el 20% de la producción mundial es generado por las empresas multinacionales, del cual sólo el 7.5% se realiza a través de sus filiales y subsidiarias, el restante 12.5% es a través de empresas de subcontratación y asociación *(partnership).* Esto, a su vez ha dado lugar a que el comercio intrafirma represente el 33% del comercio mundial. [33] En este contexto, se requiere pasar de la visión limitada del Acuerdo de Libre Comercio para las Américas (ALCA) a una nueva visión estratégica de la integración productiva, vía la fábrica regional, aprovechando la fortaleza de las grandes corporaciones como motor de la integración productiva.[34]

La globalización en la información: vía la economía digital

A principios de los años 60's, Joseph Stiglitz iniciaba su curso de microeconomía avanzada en la Universidad de Yale con la siguiente pregunta: ¿Cuál es el bien más escaso en la economía? Los alumnos de países en desarrollo contestaron que era el capital, y los de los países avanzados que la innovación tecnológica. La respuesta que dio Stiglitz era la información. Casi 20 años después, no enfrentamos escasez de información. Hoy pasamos a una era de **abundancia de información** en volumen, velocidad de acceso y calidad de la misma, gracias a la revolución tecnológica en las comunicaciones y la informática. Sin embargo, aceptando que la información es ahora un recurso abundante en la nueva era, el **gran reto** desde el punto de vista **productivo** y de **competitividad** es cómo utilizar esta información como materia prima para desarrollar el conocimiento y convertirlo en **conocimiento productivo.** Existe la necesidad de enfocar el paso de la era industrial a la era del conocimiento como un gran reto para los países y las empresas, en el que ahora las empresas necesitan desarrollar organizaciones de continuo aprendizaje y creación de conocimiento productivo a nivel microeconómico, y los países necesitan desarrollar sistemas nacionales de aprendizaje e innovación tecnológica que desarrollen la creatividad y la innovación colectiva de sus sociedades. Así, surge la globalización del mercado de la información como la base potencial para el desarrollo del capital intelectual: el factor estratégico de la competitividad en la nueva era del conocimiento.[35]

[33] Villarreal René, *Nueva Visión Estratégica para el TCL,* El Universal, 15 de abril de 1998, pág. 10.

[34] Villarreal René, *The Dynamics of Regional Integration: NAFTA,* Conference Board, Senior Executive Weekend Forum on Challenges to Economic Integration in the Americas: Business and Investment Strategies, 21 de marzo de 1998.

[35] Ver *Hacia una Empresa Competitiva Sustentable en la Era del Conocimiento,* de René Villarreal.

La *internet* ha transformado e influido en cada uno de los aspectos de la vida económica, de negocios y social. El problema a finales de siglo XX ya no es la escasez de información, sino su utilización eficiente para crear conocimiento productivo.

El capitalismo está enmarcado en un nuevo ambiente, opera bajo cambios rápidos y continuos donde todo se transforma al mismo tiempo, afectando la toma de decisiones de empresas y países, a diferencia del mundo estable y predecible de los años 60's, se ha pasado **del mundo de *ceteris paribus* al de *mutatis mutandis.***

La información tiene un papel bidimensional:

- En la operación de los mercados permite un ajuste más rápido y eficiente entre los desequilibrios de demanda y oferta.

- En el desarrollo y creación del conocimiento productivo e innovación, la información es la materia prima básica. La información deja de ser un bien escaso, el arte sigue siendo cómo transformarla en conocimiento productivo e innovación.

En la nueva estructura del capitalismo, el mercado domina la escena económica. La velocidad de la información y el volumen de transacciones ha variado de manera tal, que las reglas, los jugadores y las instituciones se han transformado radicalmente.

La globalización en las finanzas internacionales: vía el dinero electrónico

- El paso de un sistema financiero internacional, basado en tipos de cambio fijos, a tipos de cambio y tasas de interés flexibles o flotantes, con el *dinero electrónico y la alta movilidad de capitales en la integración e interdependencia de los mercados financieros,* ha dado lugar a un nuevo fenómeno: el **comercio del dinero** (comercio de invisibles). Lo anterior ha cambiado la función primordial del propio sistema y ha generado un nuevo comportamiento de los mercados.

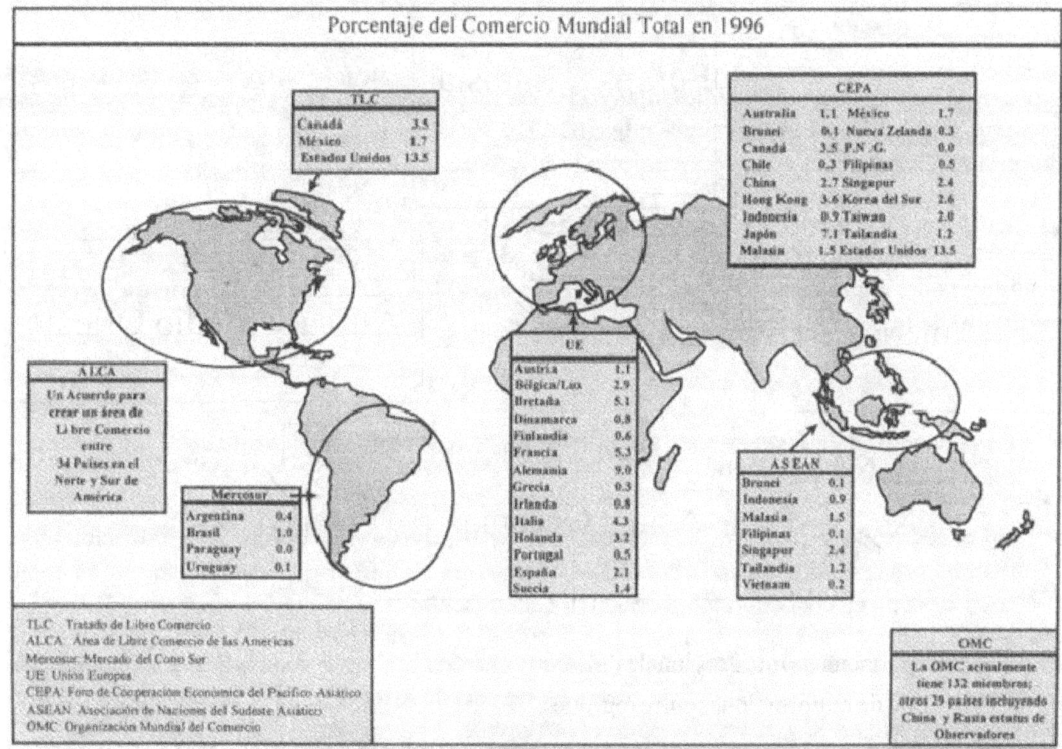

Fuente: *The Economist* septiembre 27, 1997, p. 23.

Figura 1.3
La Globalización Comercial a través de Bloques Regionales

En términos generales, la globalización de los mercados en la producción-inversión comercio e informática abre un gran potencial de crecimiento y desarrollo a los países porque se generan nuevas oportunidades económicas. Pasamos de las economías de escala a las **economías de la globalización;** esto es, la complementariedad productiva entre países, regiones y empresas en el mundo. Sin embargo, la globalización de los mercados financieros en el mundo de la alta movilidad del capital, genera un efecto bidimensional: por un lado abre las oportunidades para que el capital financiero pueda moverse a las economías emergentes, y para que los países avanzados con elevado ahorro financiero puedan obtener rendimientos hasta diez veces mayores a las tasas de interés domésticas, de 5% a 50% en dólares (como fue la situación en algunos países emergentes en 1997); pero también se abre una **elevada vulnerabilidad con el dinero electrónico** y la falta de orden del sistema financiero internacional y la obsolescencia del propio FMI para anticipase a las crisis financieras internacionales. De aquí la importancia de profundizar en la globalización financiera.

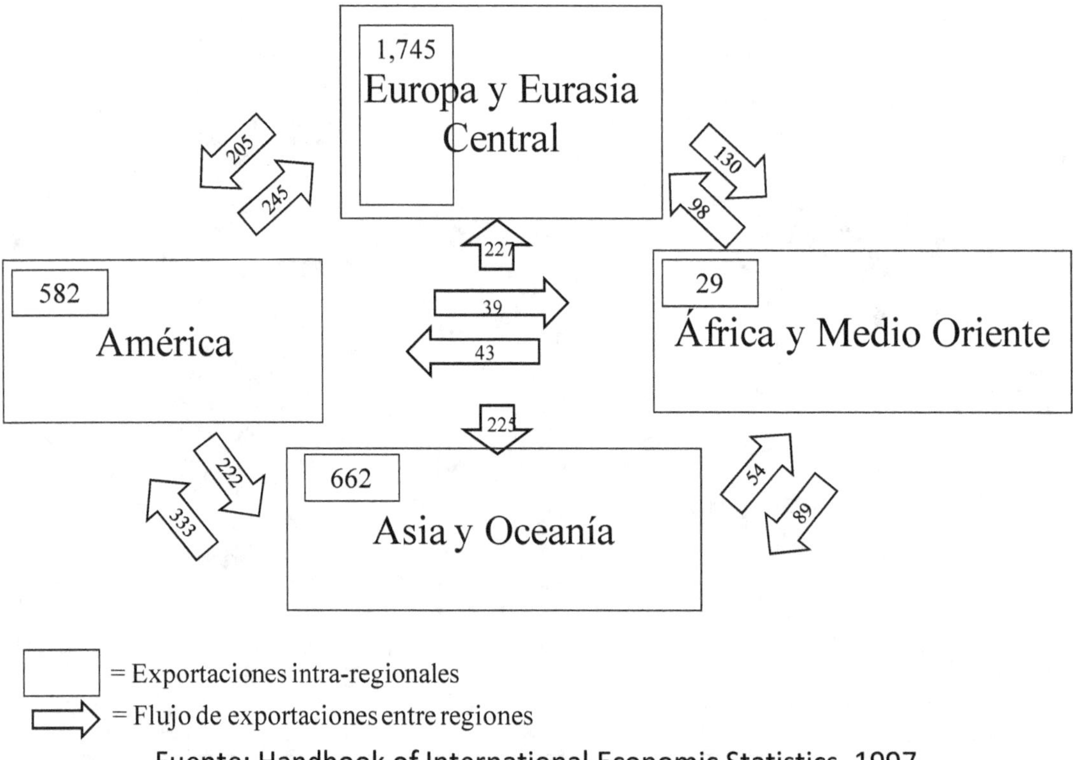

Fuente: Handbook of International Economic Statistics, 1997.

Figura 1.4

El Reto de la Competencia es Inter-regional, no Intra-regional

George Soros[36] afirma que la característica principal de la economía global no es sólo el libre tránsito de mercancías y servicios, sino principalmente el libre tránsito del capital, siendo precisamente esta globalización de los mercados financieros la que genera una de las deficiencias del sistema capitalista global: la inestabilidad del sistema financiero.

Globalización financiera y vulnerabilidad externa

Entre los impulsores del cambio, en la conformación de las transformaciones hacia el sistema global, existe uno que ha tomado una dinámica acelerada e impredecible, que está rebasando ampliamente los marcos regulatorios existentes y está generando perturbaciones peligrosas en todo el sistema económico mundial. Hablamos del sistema monetario y financiero internacional que ha visto erosionadas

[36] "Hacia una sociedad Global Abierta", *Nexos*, Universidad de Guadalajara, Marzo de 1998, p. 47

y casi desaparecidas las reglas que validaron y dieron certidumbre a su funcionamiento desde mediados de la década de los 40's hasta principios de los 70's.

- En el nuevo sistema financiero, los tipos de cambio no reflejan necesariamente la competitividad del sector real de la economía de cada país, ya que el dinero ha dejado de ser sólo un medio de intercambio, unidad de cuenta y depósito de valor para constituirse en una mercancía que se comercia internacionalmente. Este fenómeno adquiere una lógica propia en los 90's con los llamados mercados emergentes; como se comentó, inversionistas institucionales en Estados Unidos y países avanzados que podían invertir con una tasa de interés de alrededor de 5%, podían obtener hasta 50% en dólares. Así, se crea una economía y comercio del dinero, que hace a los procesos económicos más volátiles e impredecibles *(efecto dragón, efecto samba, efecto tequila),* además del *divorcio* que en ocasiones se presenta con el sector real de la economía. La interdependencia dentro de estos mercados ha generado una enorme vulnerabilidad financiera de las economías mundiales, como lo evidencia recientemente la crisis de Hong Kong, Corea del Sur e Indonesia (1997-98), que llegó en minutos a Latinoamérica vía el "dinero electrónico" a través de los mercados financieros y produjo devaluaciones de más de 10% y caídas económicas superiores a 20% en las bolsas. Al respecto Peter F. Drucker argumenta que:

> *"Las tasas de cambio en flotación han creado una extrema inestabilidad de la moneda, que a su vez ha creado una enorme masa de 'dinero mundial '. Este dinero no tiene existencia fuera de la economía global y sus principales mercados de dinero. No está generado por actividad económica como inversión, producción, consumo o comercio. Lo genera sobre todo el comercio de la moneda. No encaja en ninguna de las definiciones tradicionales de dinero, se trate de patrón de medida, acopio de valor o medio de intercambio. Es totalmente anónimo. Es dinero virtual y no real... En un sólo día se puede traficar tanto dinero virtual como el que necesita el mundo entero para financiar el comercio y la inversión durante un año. Este dinero virtual tiene movilidad total porque no cumple ninguna función económica... y como no cumple ninguna función económica y no financia nada, este dinero tampoco sigue ninguna lógica ni racionalidad económica. Es volátil Y de pánico fácil con sólo un rumor o un suceso inesperado ... Lo único que puede funcionar son políticas fiscales y monetarias que liberan a un país de la dependencia de préstamos de dinero mundial volátil a corto plazo para cubrir sus déficit."*[37]

[37] Drucker, Peter F., "La Economía Global y el Estado-nación", *Foreign Affairs,* septiembre-octubre,

A la luz de los diversos y recientes acontecimientos que se han presentado en los mercados financieros internacionales, desde la crisis mexicana de 1994 amenazó con extenderse peligrosarnente hacia todos los mercados emergentes, hasta las recientes crisis financieras de Hong Kong, Corea, Indonesia, Tailandia, Malasia, etc., así corno la crisis bancaria en Japón, evidencian que, después de la quiebra del sistema de Bretton Woods en 1973, vivimos prácticamente en un *non monetary and jinancial system.*

La importancia de este fenómeno es fundamental para entender la evolución de las crisis recurrentes de México hasta las crisis financieras del Sudeste asiático y que el FMI no ha podido sortear, concluyendo con paquetes financieros de rescate (100 mmd en Asia). El FMI caracteriza cuatro tipos de crisis: cambiaria, bancaria, sistémica y de deuda externa.[38] Empero, el sistema financiero mundial tienen algo que autogenera estas crisis y las contagia. Se siguen prescribiendo las mismas viejas recetas para nuevas enfermedades. De aquí la recurrencia de estos padecimientos como el efecto tequila o el efecto dragón.

> *"Las crisis financieras que amenazan con destrozar a puñados de países se están convirtiendo en una característica de la economía global.* y, *a medida que se presentan, los gobiernos de los grandes países industrializados se ven obligados a asumir el papel de rescatar a un sistema de mercados que, en teoría, debería curarse a sí mismo. Lo que la respuesta internacional a la crisis asiática ha dejado en claro es hasta qué punto los gobiernos se han alejado del punto de vista dominante durante los años de Reagan y Thatcher: que la intervención entorpece en vez de ayudar a los mercados ..."*[39]

> *"La crisis en Asia no muestra signos de abatimiento. A pesar de los esfuerzos y las grandes sumas de dinero que el Fondo Monetario Internacional está destinando al problema, éste ha fracasado en restaurar la estabilidad. En Indonesia esta semana, a pesar de un plan de rescate con valor de* $43 *mil millones de dólares* [$57 *mmd a Corea del Sur J la situación se tornó decididamente peor. Las voces de los críticos del Fondo se han levantado fuertes otra vez".*[40]

1997.

[38] FMI, World Economic Outlook, 1998, Cap. IV

[39] "La Óptica de No Intervención ... ", op. cit.

[40] Kill or Cure?", *The Economist,* enero 10, 1998.

La pregunta que surge es si la crisis de México en 1994 es producto de un proceso de transición trunca de una economía estatista y cerrada con crecimiento hacia el mercado interno, a otra privatizada y de mercados libres y abiertos al exterior ya la globalización de los mercados financieros. A esto se debe la necesidad de observar la evolución del sistema financiero internacional en la retrovisión histórica.

En la era del sistema de Bretton Woods (1948-71), las disposiciones que regulaban el sistema monetario y financiero internacional eran claras, sancionadas y avaladas por el Fondo Monetario Internacional, con atribuciones específicas para intervenir y corregir eventuales desajustes en las balanzas de pagos de las naciones miembros. Durante la vigencia del sistema la certidumbre y estabilidad del sistema monetario y financiero se convirtieron en un ingrediente clave para el acelerado crecimiento económico y del comercio internacional.

En la época de Bretton Woods, el sistema era muy estable debido a que:

- Se establecieron tipos de cambio fijos bajo el patrón oro-dólar.
- No existía libre movilidad de capitales; la cuenta de capitales era compensatoria de los déficit o superávit en la balanza de cuenta corriente.
- Los países no podían devaluar libremente sus tipos de cambio, excepto cuando existía un desequilibrio fundamental en su sector externo, situación que debía contar con el aval del FMI.
- Ante desequilibrios en la balanza de pagos, el FMI apoyaba financieramente solucionando los problemas de ajuste y liquidez.

Actualmente, el capital financiero se mueve de forma vertiginosa como consecuencia del papel fundamental del dinero electrónico, ya que debido a los avances de la microelectrónica y las telecomunicaciones en casi todos los países, no enfrenta barreras físicas ni barreras legales para ordenar su desplazamiento; además, el dinero electrónico tiene un nuevo papel como mercancía en el comercio internacional.

En el mundo de hoy los capitales se mueven en la búsqueda de mercados que les ofrezcan las mayores utilidades. Así, el valor total de las transacciones financieras de un día pueden equivaler al financiamiento para las transacciones de mercancías y servicios de un año.

Felipe González afirma que lo nuevo del fenómeno de la mundialización es el crecimiento de los movimientos de capital, "de dinero que busca dinero y sobre todo, de dinero caliente", lo que tiene para el mundo significativas implicaciones. Por ejemplo, en el caso español Felipe González señala que *"circulan entre* 1.3 *y* 1.4 *billones (millones de millones) de dólares cada día por los mercados de cambio. Un país como España tiene 60 mil millones de dólares de reservas de divisas para defender su moneda frente a algún movimiento especulativo. Si la cola de ese potente huracán que circula cada día, veinticuatro horas al día, por los mercados de cambio pasara un día por mi país, sólo rozarlo significaría la liquidación de nuestras reservas de divisas en media hora de entretenimiento".*[41]

El movimiento del capital financiero ha adquirido su propia dinámica, es una variable autónoma, ya que estos movimientos dejaron de ser compensatorios para los déficit en balanza de pagos.

Esta libre movilidad, sin intervención regulatoria de las autoridades monetarias, economías nacionales receptoras, originan perturbaciones macroeconómicas, propiciadas principalmente por sobrevaluaciones (bajo un régimen de tipo de cambio fijo) o apreciaciones del tipo de cambio (bajo un régimen de tipo de cambio flexible), que impactan la balanza comercial y, en general, la balanza de pagos.

George Soros afirma que los mercados financieros internacionales son inestables por naturaleza, y que siguen un patrón de expansión-recesión. Señala que durante la fase de expansión, los capitales fluyen del centro a la periferia; cuando la confianza se tambalea tienden a volver a su origen. Si se analiza la primera gran crisis de los mercados emergentes de 1994 en México, encontramos una disfuncionalidad en el sistema monetario y financiero. El *efecto tequila* amenazó severamente la .estabilidad del sistema, por el riesgo de propagarse hacia los mercados emergentes, principalmente a Argentina y Brasil.

Ante la sorpresa de la crisis mexicana, que tomó desprevenido al sistema financiero, y ante la incapacidad del FMI para integrar el paquete de ayuda que requería la economía mexicana, se tomaron medidas extraordinarias, como la aprobación del préstamo del gobierno de los Estados Unidos: *"Recuerden el rescate a México en J* 995. *Nadie temía una catástrofe global en ese caso, aunque había preocupación por un contagio a América Latina... Los Estados Unidos y el FMI arreglaron un respaldo de $40 mil millones de dólares. Funcionó. La confianza se restauró. El crecimiento en las exportaciones permitió que los préstamos se dieran a tasas de mercado y fueran pagados. Los inversionistas estadounidenses no perdieron la camisa y, al final, los*

[41] González, Felipe, "Siete Asedios al Mundo Actual", *Nexos,* marzo 1998.

contribuyentes estadounidenses no pagaron ni un centavo".[42]

La crisis mexicana derivó varias lecciones que los países no aprendieron y que el FMI no instrumentó como un sistema preventivo de "alarma" anticrisis. El FMI no aprendió. No obstante la experiencia de 1997 (que se extendió hasta 1998), se presentaron las grandes crisis del Sudeste Asiático. Primero fue la insostenibilidad del déficit de Malasia y la profunda caída de la rupia. Siguió Tailandia y se generó un efecto dominó, llamado *efecto dragón.* Todo el Sudeste Asiático fue presa de la ola especulativa, incluyendo a Hong Kong, recién incorporado a la República Popular de China.

Mientras que el FMI se "esmeraba" en aplicar sus viejas y reiteradas recetas anticrisis que se reducen a los programas de ajuste, recorte del gasto público y devaluación del tipo de cambio, Tailandia y Malasia negociaban los términos de sus respectivos acuerdos con esa institución, el *efecto dragón* golpeaba al Japón, se extendía a Corea del Sur y a Indonesia con quiebras bancarias, caídas de los índices bursátiles, y generalización de un sentimiento de alarma sobre los impactos de esta crisis en el resto del mundo.

Esta situación de incertidumbre y de crisis financieras latentes, que eventualmente han arrastrado a la economía real de los *jaguares* de América Latina y a la de los *tigres* de Asia por un **tobogán de crisis financieras recurrentes entre los diversos países de la región,** que indican que el FMI ha sido rebasado como institución monetaria internacional para ordenar y prever las crisis de los países. Aquí el problema no es sólo de capitalización (liquidez) sino de enfoque de "diagnóstico y política de prescripción". Sin duda se requiere de un nuevo FMI en la mesa de discusiones, con viabilidad e idoneidad para responder a los complejos retos de la globalización financiera. En este sentido podríamos señalar los siguientes elementos:

- "El FMI se fundó en 1944 con el firme propósito de mantener un sistema de tasas de cambio fijas entre el dólar y otras divisas. El FMI se ha quedado corto al respecto, mientras la debilidad en el Sudeste Asiático es prueba de la falta de confianza en los remedios que propone la Constitución. A pesar de los esfuerzos de las apologistas por atribuir la crisis asiática a un exceso de inversión extranjera o a la corrupción interna, el problema fundamental desde el inicio ha sido el desplome de la confianza monetaria".[43]

---

[42] "Kill or Cure?", *The Economist,* enero 10, 1998.

[43] Shelton, Judy, "No hay duda, el FMI Juega Rudo", *El Economista,* 9 de marzo de 1998, p. 10

- El **enfoque** del FMI es fundamentalmente **correctivo, no preventivo.** Aunque después de la crisis mexicana se enfatizó sobre la necesidad de ejecutar un monitoreo macroeconómico de los principales indicadores que pudieran tener un comportamiento riesgoso, la crisis asiática demostró lo contrario. El FMI fue tomado por sorpresa, sin capacidad de prevención y con un margen de respuesta limitado, reducido al tradicional programa de ajuste y estabilización.

- El FMI carece de capital financiero o de fondos de liquidez para financiar los persistentes y cada vez más cuantiosos déficit externos de cuenta corriente en los que inciden cada vez mas economías en todo el mundo. México fue también el caso inicial, ya que ante sus requerimientos de recursos para solventar sus compromisos externos, tuvo que intervenir el gobierno norteamericano. La magnitud de los recursos que requiere el rescate de los países asiáticos en la crisis de 1997-98, se estima en 100 mmd. Esta cantidad rebasa la capacidad del FMI para rescatar por sí solo a esas economías.

- Las respuestas del FMI nos llevan a un callejón sin salida, ya que sus recetas **orientadas** ex**clusivamente al ajuste,** para acceder a recursos, no solucionan los problemas de fondo, se aplican "viejas recetas para nuevas enfermedades". Esto nos lleva a la presencia latente de nuevas crisis financieras, en las que todo el peso del ajuste y del pago por los movimientos especulativos recaen sobre la población de los países afectados, como lo expresa M. Kantor: *"México puso en marcha las reformas del Fondo Monetario Internacional y logró obtener el apoyo financiero de Estados Unidos ... México pagó cada centavo y con ello Estados Unidos ganó 500 millones de dólares, es uno de los mejores préstamos que hemos hecho ...* [44]

- El FMI ha sido rebasado por la evolución y perturbaciones del sistema monetario y financiero. En el *boom* de la euforia sobre el mercado, se pasó por alto la necesidad de establecer nuevas regulaciones sobre su funcionamiento, que corrigieran sus fallas o limitaciones. *"La reciente conmoción en los mercados asiáticos plantea una serie de preguntas complicadas -sobre fijación del tipo de cambio, sobrevaloración artificial de activos, supervisión bancaria inadecuada y falta de información financiera- que no pueden ser ignoradas. No se puede dejar que los mercados corrijan sus propios errores, porque lo más probable es que su reacción sea excesiva y se comporten de forma indiscriminada".* [45]

El problema de los **mercados financieros** global izados basados en el dinero

[44] Kantor, M., *El Financiero,* viernes 6 de febrero de 1998.

[45] Soros, G., "Hacia una sociedad abierta global", *El País,* martes 23 de diciembre de 1997; p. 15

electrónico es que no tienen mecanismos de autocorrección y no tienden al equilibrio. *"La teoría de las expectativas racionales se basa en la suposición heroica de que los participantes en el mercado, como grupo, pueden descontar el futuro con exactitud. Esta suposición puede dar como resultado un equilibrio hipotético, pero tiene poca relevancia en el comportamiento real del mercado, y como los operadores del mercado y sus reguladores son gente racional, no aceptan del todo esta teoría".*[46] La interdependencia e incertidumbre financiera de los movimientos de capital reducen la capacidad de predicción, como lo demuestran las crisis financieras, desde la mexicana a la asiática. Junto a este problema, las altas tasas de interés pueden reflejar adecuadamente una alta productividad en la inversión, es decir, un alto rendimiento de la inversión productiva, o bien, un alto riesgo.[47] Normalmente, los inversionistas institucionales desconocen y depositan su confianza en los agentes financieros, pero hoy día éstos ignoran el funcionamiento del sistema monetario internacional (y el impacto sobre el funcionamiento de las economías emergentes), ya que no existe un marco teórico que lo explique, y difícilmente pueden predecir la situación de los mercados; simplemente especulan y se arriesgan de acuerdo a la "ola" o tendencia global.

> *"El riesgo de una quiebra se incrementa bastante por el hecho de que nuestra comprensión teórica de cómo operan los mercados financieros es fundamentalmente defectuosa. La teoría económica se ha construido sobre el concepto de equilibrio y, desde mi punto de vista, ese concepto está fuera de lugar. No existe tal cosa como un equilibrio en los mercados financieros porque los participantes en el mercado tratan de dar por descontado un futuro formado en sí mismo por expectativas de mercado. Esto arroja un resultado indeterminado y sólo es producto del azar que el actual curso de los eventos corresponda a las expectativas prevalecientes"*.[48]

En esta nueva era del dinero electrónico, de tipos de cambio flexibles y elevada movilidad de capitales, los desequilibrios en la balanza de pagos de la cuenta corriente no se dan sólo por movimientos de los precios relativos y de la demanda agregada, sino también son promovidos por los movimientos en la balanza de capitales que tiene capacidad autónoma de movimiento en la balanza de pagos y **genera sobrevaluación** o apreciación cambiaria y, por lo tanto, aumento del déficit comercial.

---

[46] Soros, G., idem.

[47] Ramos, Joseph., "Un balance de las Reformas Estructurales Neoliberales en América Latina", *Revista de la CEPAL,* núm. 62, agosto 1997.

[48] Soros, George, "Hacia una Sociedad Global Abierta", op. cit.

Hay dos problemas fundamentales en el mercado financiero internacional; sigue siendo altamente inestable e incierto, y los sistemas de tipo de cambio flexible no resuelven la incertidumbre ni la distribución de los ajustes equitativamente entre las diferentes regiones.

Se está llegando a la conclusión de que se requiere **un mercado financiero institucionalizado,** que establezca nuevas reglas del juego (nuevo marco institucional), que permitan mayor estabilidad y nuevas formas de funcionamiento; esto requiere, más que nunca, fortalecer al FMI, pero a un **nuevo FMI,** que actúe y ponga orden en el sistema financiero internacional, basado en la globalización de los mercados financieros vía el dinero electrónico.

En esta dirección apuntan las declaraciones de Soros quien afirma que *"tenemos una economía global que tiene algunos fallos, entre los cuales los más notables son la inestabilidad de los mercados financieros, la asimetría entre centro y periferia y la dificultad de gravar el capital. Afortunadamente tenemos algunas instituciones internacionales para enfrentarnos a esos problemas, pero hay que reforzarlas y quizás crear algunas nuevas. El comité de supervisión bancaria ha establecido unas condiciones de adecuación del capital para el sistema bancario internacional, pero no han evitado la actual crisis bancaria en el Sureste de Asia. No existe una autoridad internacional de control para los mercados financieros y no existe suficiente cooperación internacional para gravar el capital":*[49] En este contexto, *"el capitalismo global no está exento de problemas, problemas que es necesario comprender mejor si queremos que el sistema sobreviva. En mi opinión esto sólo se puede mantener a través de los esfuerzos conscientes y deliberados para corregir y limitar las deficiencias del sistema. En esto no coincido con la ideología de laissez faire que sostiene que los mercados libres se mantienen por sí solos y que los excesos del mercado se corrigen por sí mismos, siempre que los gobiernos o los legisladores no interfieran en el mecanismo de autocorrección".*[50]

En este contexto, se requiere un nuevo orden monetario internacional, y por lo tanto un nuevo FMI con reglas del juego claras y los mecanismos de ajuste y de regulación efectivos y transparentes, en el que los propios países en los mercados emergentes puedan tener políticas que permitan detectar cuando el dinero electrónico venga con "virus", y evitar que pueda ser transmitido a todo el sistema monetario y financiero interno, y genere inestabilidad, sobrevaluación cambiaria, déficit en la balanza de cuenta corriente y finalmente desemboque en crisis externa. Enrique Iglesias, Presidente del BID, mencionaba recientemente que *"necesitamos*

[49] Ramos, op. cit.
[50] Soros, G. op. cit.

reglas claras para el ingreso y la salida de estos capitales [financieros] *para cerrar la puerta cuando hay que hacerlo.* "[51] Así se puede establecer normatividad a la entrada de los recursos (como hizo Chile) donde hay cajas especiales con plazos definidos para recibirlos, o dentro del sistema bancario para que las inversiones cumplan con cierta normatividad cuando pretendan salir.

LAS CRISIS RECURRENTES EN EL SISTEMA FINANCIERO INTERNACIONAL

Del *Efecto Tequila* al *Efecto Dragón:* Hacia un Nuevo Sistema Financiero Internacional y FMI

La globalización de todos los intercambios sumada a la apertura, ha impuesto una gran vulnerabilidad económica, política y cultural a los Estados-nación, afectando sus patrones de comportamiento y sistemas de valores y creencias. En tanto que los actores del plano internacional se multiplican, ya no son sólo los gobiernos quienes intervienen y determinan la toma de decisiones, sino que aparecen las llamadas "relaciones transgubernamentales". Hoy, el escenario económico internacional no se configura sólo por el sistema de Estados nacionales relativamente aislados, autónomos o autosuficientes, sino que por efecto de la globalización, la interdependencia, la permeabilidad y la diversificación de actores en el plano internacional, participan activamente además de los Estados, empresas globalizadas y organizaciones no gubernamentales en los flujos e intercambios, en la fijación de tendencias y en las regulaciones. En la actualidad, los efectos políticos y económicos se transmiten aceleradamente de un país a otro y a todo el sistema a través de un esquema de relaciones supragubernamentales, donde los actores individuales (empresas e inversionistas) desplazan en importancia y trascendencia a las estructuras de los gobiernos nacionales.

Con estas transformaciones se está generando un nuevo capitalismo y un nuevo sistema económico mundial. De ser un capitalismo con centro económico identificado (primero Inglaterra y después Estados Unidos), se pasa a un esquema policéntrico —en realidad tripolar: en Estados Unidos, Japón y Alemania— pero con una gran descentralización productiva, industrial y comercial. Como consecuencia se rompe la antigua separación entre centro y periferia industrial.

---

[51] Iglesias Enrique, "'Candados' a la Inversión Externa, Recomienda el BID", *El Financiero,* 7 de febrero de 1998

Con el arribo de países como Japón y los llamados tigres de Asia (Corea del Sur, Taiwán, Hong Kong y Singapur) a la competencia internacional, convertidos en poderosos centros financieros, se rompe igualmente la homología etnia-capital, que por más de trescientos años se sostuvo entre la historia del desarrollo capitalista y la propia historia de Occidente, según la cual, el capitalismo originado históricamente en Occidente, sólo podía funcionar en el esquema de la cultura occidental liberal y democrática.

El flujo de comercio internacional se sustenta en el desarrollo de *ventajas competitivas dinámicas* -basadas ya no en la simple dotación de recursos por parte de los actores económicos-. La inversión en conocimiento para el desarrollo de tecnologías de producto y proceso, los 'nuevos enfoques de productividad y *management,* así como las alianzas estratégicas entre empresas (fusiones, compras, asociaciones, etc.) y entre países formando bloques regionales, son hoy determinantes fundamentales del comercio internacional. Se abre paso a una reestructuración y reconversión industrial, con su secuela de ajustes, cierres y un cercenamiento de ramas y divisiones industriales maduras y no competitivas en las economías nacionales.

En síntesis, con los cambios y las tendencias del sistema económico mundial en el capitalismo posmoderno, *las concepciones de desarrollo y crecimiento se ven replanteadas por el funcionamiento de los mercados globales.* Se desarrollan nuevas relaciones entre actores que *exigen nuevos enfoques de teoría y política económica* tanto en la macroeconomía como en la microeconomía. La creciente interdependencia y la creación de zonas económicas, con sus respectivos mecanismos de regulación, órganos de decisión, etc., están conduciendo a una revisión teórica e histórico-crítica en torno al Estado-nación y, por ende, al propio concepto de soberanía económica, así como a los mecanismos, instrumentos y políticas estatales.

Frente a la euforia casi irracional sobre las bondades y virtudes de la globalización, que la llevan aparecer casi como la receta infalible para todos los males de las sociedades de fin de siglo, existen también voces que piden ser cautos y prudentes en el estudio de la globalización y sus consecuencias. En especial se discute sobre la viabilidad del Estado-nación y la capacidad relativa de autonomía de los gobiernos nacionales para implantar, principalmente, las políticas económicas. *"Así, el Estado-nación está bastante lejos de haber desaparecido de la escena internacional. No solamente su número ha crecido de 50 en* 1945 *a casi 200 en* 1996, *sino aún las características nacionales están lejos de haber sido erosionadas debido a la nueva fase de internacionalización. Las economías nacionales se han transformado, no han desaparecido, aunque su margen de autonomía se ha reducido y sus instrumentos de intervención ya no están necesariamente adaptados a las necesidades actuales".*[52]

De la misma manera que hemos hablado de que no existe un capitalismo único, sino que existen diferentes tipos de capitalismo (Michael Albert[53]), podemos afirmar que los grados de autonomía de los Estados-nación en el mundo de la globalización son relativas y dependen de diferentes circunstancias y coyunturas de índole interna o externa que van desde los márgenes de legitimidad democrática de los sistemas políticos hasta los grados de dependencia del aparato productivo y de la vulnerabilidad de su entorno macroeconómico. Dependiendo del marco institucional de cada nación. y de cómo regula y ordena el funcionamiento de los diferentes mercados (laboral, financiero, bancario. etc.) se determinan los márgenes de maniobra de las economías nacionales en el escenario de la globalización. Esto nos lleva a considerar el rechazo a cualquier esquema de una inserción ingenua, en la que queden borrados los espacios de decisión de las instancias nacionales y los proyectos de país queden subordinados a los vaivenes de fenómenos externos.

En este marco, existen también nuevas reglas determinadas por el mercado para participar en el juego de la hipercompetencia de mercados globales. A pesar de la dificultad que plantea la generalización en su cumplimiento, la globalización tiende a homogeneizar los criterios para participar en la aldea económica global. Las nuevas reglas incluyen criterios no sólo de calidad, sino también normas ecológicas para la fabricación de productos, criterios laborales, de inversión, etc. Las reglas del juego son las de la libre competencia, pero en estructuras diferentes (Figura 1.5).

Los jugadores que participan en la hipercompetencia son las grandes empresas transnacionales, bajo fusiones o alianzas estratégicas, pero la nueva estructura brinda la oportunidad no sólo a estas empresas, sino a las que sepan utilizar la información disponible y convertirla en innovación productiva. La clave de la competitividad ya no está en la dotación de factores o en el tamaño de escala, la clave se encuentra en la forma en que se aprovechan los recursos y, en especial, la información *(materia prima del conocimiento).*

---

[52] Gutiérrez Garza, Estela y J. M. Infante (coordinadores), "México en el Siglo XXI", vol. 1, *El Debate Nacional,* Diana, México, 1997.

[53] Villarreal René, *Liberalismo Social y Reforma del Estado. México en la Era del Capitalismo Posmoderno,* Fondo de Cultura Económica, 1993.

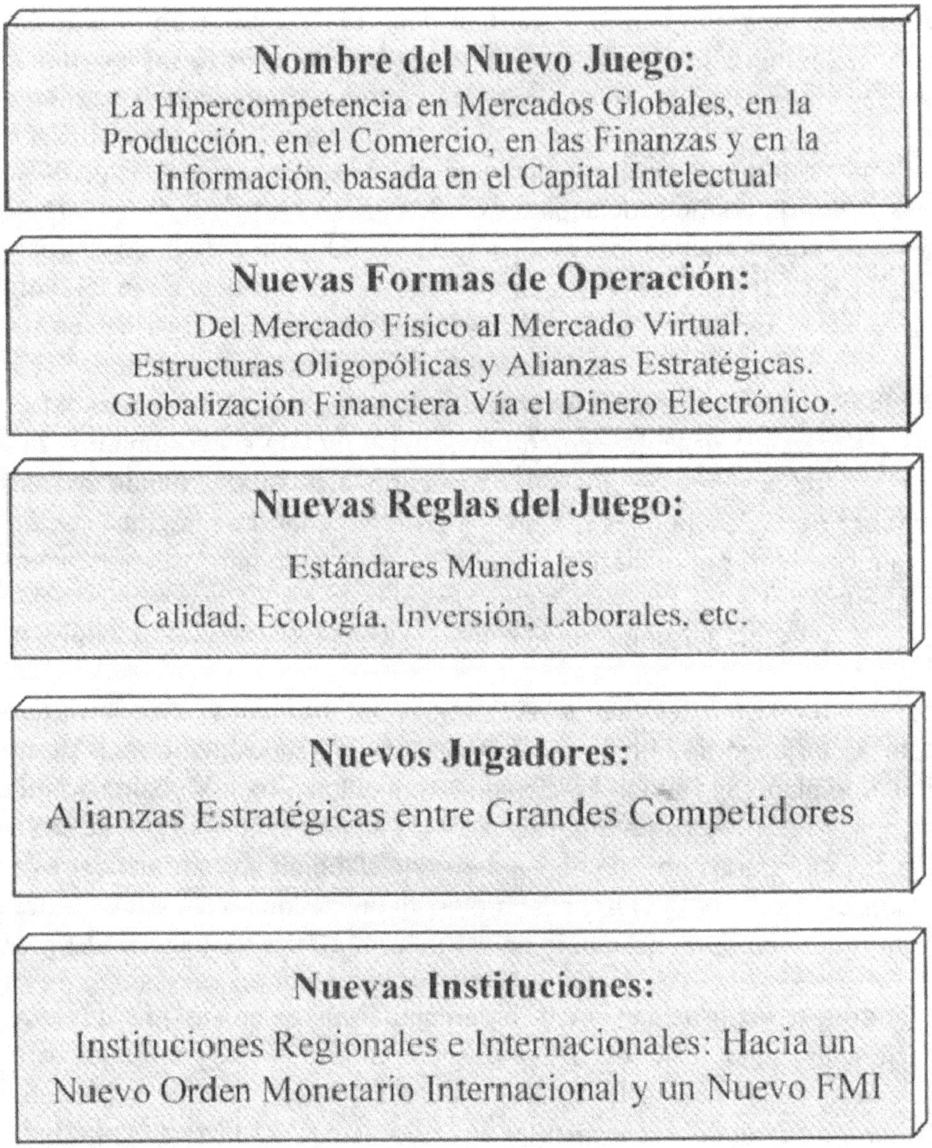

Nombre del Nuevo Juego:
La Hipercompetencia en Mercados Globales, en la Producción, en el Comercio, en las Finanzas y en la Información, basada en el Capital Intelectual

Nuevas Formas de Operación:
Del Mercado Físico al Mercado Virtual.
Estructuras Oligopólicas y Alianzas Estratégicas.
Globalización Financiera Vía el Dinero Electrónico.

Nuevas Reglas del Juego:
Estándares Mundiales
Calidad, Ecología, Inversión, Laborales, etc.

Nuevos Jugadores:
Alianzas Estratégicas entre Grandes Competidores

Nuevas Instituciones:
Instituciones Regionales e Internacionales: Hacia un Nuevo Orden Monetario Internacional y un Nuevo FMI

Figura 1.5

El Nuevo Sistema Económico Mundial del siglo XXI

El marco institucional del régimen de Bretton Woods y el FMI en el plano financiero, se colapsó con la caída del patrón cambiario oro en 1971. Las nuevas instituciones, ante la complejidad de la hipercompetencia, no se pueden regular con la misma eficacia que las instituciones de los 60's. Al GATT lo sustituye la Organización Mundial del Comercio (OMC) y a pesar de que aún existe el FMI, éste no tiene la visión, los recursos financieros ni la capacidad de respuesta para supervisar al sistema financiero internacional de manera preventiva (no correctiva), como lo evidenciaron las crisis de Hong Kong con el efecto dragón, la tailandesa y la mexicana con el efecto tequila. De aquí la necesidad de un nuevo FMI.

Hoy, el mercado se globaliza en cuatro dimensiones: producción, comercio, finanzas e información. Necesitamos eliminar mitos, dogmas y paradigmas obsoletos y enfrentar con objetividad y pragmatismo el nuevo mundo de la economía en nuestra propia **"aldea económica"** que, ante la apertura, se ha convertido en parte de los mercados globales. En esta perspectiva es ilustrativa la visión y pragmatismo del pueblo chino. El caso de China muestra el **neosocialismo de mercado,** que evidencia que el mercado es el nombre del nuevo juego y es necesario jugarlo para el propio desarrollo de la economía nacional. Se debe entender cómo se insertan las economías nacionales en el mercado, la forma en que operan, las nuevas reglas, los jugadores e instituciones para jugarlo con eficacia y eficiencia.

En la actualidad, no **se** puede tener un enfoque ingenuo del *laissez faire.* El capitalismo globalizado de los 90's es más complejo que el de los 60's, y sin duda que del siglo XIX. La dirección de la integración es clara; la autarquía no es viable en el siglo XXI; los países deben participar en el nuevo juego de la hipercompetencia, pero no a partir de una simple apertura indiscriminada y dejar el resto a la espontaneidad del mercado y la guía de la mano invisible de los mecanismos y precios internacionales.

El caso de México ejemplifica una apertura del sistema financiero nacional que permitió la libre entrada de capitales especulativos de corto plazo. Como ha dicho recientemente Jacques Chirac: "la especulación **es el** SIDA de las finanzas". La especulación está generando factores desestabilizadores e impactos graves sobre la actividad económica y el patrimonio de empresas y familias que demandan con urgencia, medidas de regulación y supervisión financiera y bancaria para favorecer la inversión productiva por encima de la especulativa. Como lo expresa James Tobin, premio Nobel de Economía: *"Los países en desarrollo no deberían tener prisa en liberar de todo control y supervisión del banco central a los movimientos de divisas hacia dentro y fuera. Se debe recordar que gran parte del rápido crecimiento de los países europeos y Japón en la posguerra, se llevó a cabo antes del desmantelamiento de los controles a las divisas y el capital. Aún para los países pequeños, es importante mantener algún grado de autonomía en la política monetaria, de manera que las tasas de interés locales no estén completamente determinadas en los mercados externos".*[54]

---

[54] Tobin, James, "Uno o Dos Brindis a la Salud de la Mano Invisible", *Nueva Escuela*, Noviembre de 1992-enero de 1993, p. 47

De aquí también la importancia de la recomendación del Banco Interamericano de Desarrollo a países como México y América Latina, para establecer regulaciones a la inversión financiera especulativa y evitar crisis recurrentes por la fuga de capitales especulativos.

El sistema económico mundial está en un proceso de transición inconclusa a un **capitalismo global y del dinero electrónico,** y el reto que se presenta a los países en desarrollo es cómo integrarse a este nuevo sistema que está en continuo cambio con una nueva dinámica global, en la que no existen todavía reglas del juego claras, donde no hay modelos conceptuales ni paradigmas con recetas para enfrentar estas condiciones cambiantes. Aunado a esto, el problema se agudiza porque las **propias economías nacionales están inmersas en procesos de transición y de profunda transformación:** de economías mixtas estatistas a economías de libre mercado, de merca**dos** semicerrados y altamente protegidos a mercados globales e interdependientes y de gobiernos autoritarios a gobiernos democráticos.

La globalización de la información a través de la *internet* es no sólo positiva» sino hoy día estratégica y fundamental porque es la "materia prima" del conocimiento. Sin embargo, cuando viene infectada de un virus, todo el sistema de información se contamina, se desestabiliza y entra en crisis y aun en destrucción. Hay que avanzar en la globalización de la información, pero ello no debe implicar que **no se requieran programas para filtrar y aislar la entrada de virus que contaminan y destruyen el sistema. Este fenómeno es análogo al de la globalización financiera vía el dinero electrónico** con virus especulativo y cómo puede contaminar al sistema económico.

Sin duda, hoy día nadie detiene su integración al mercado mundial de la información debido a que hay virus. La medida es protegerse, existen programas básicos para evitar su entrada y contaminación del sistema. La analogía sería con el mercado financiero. Todo mundo se integraría al mercado de capitales vía inversión extranjera directa y de cartera de largo plazo; empero, para el capital de cartera de corto plazo y volátil con virus especulativo, es necesario encontrar un programa similar para aislarlo del resto y/o transformarlo en capital de más largo plazo y evitar que destruya el sistema. En este sentido trabaja un tipo de cambio flexible y el programa de reservas legales en relación al tiempo de permanencia en el país de los flujos de capitales.

El sistema monetario y financiero de los 90's es de alta movilidad de capitales y en especial en los países emergentes con base en el dinero electrónico. Cuando éste está sobrevaluado o apreciado, genera un déficit comercial que cuando es insostenible desemboca necesariamente en un éxodo masivo del dinero electrónico, maxidevaluaciones y ajustes recesivos para pagar el servicio de los capitales del exterior.

En otras palabras cuando el dinero electrónico viene con el "virus especulativo", el sistema no lo detecta por la falta de una regulación y supervisión efectivas, y ante la carencia de supervisión, el peligro de un colapso por la salida de capitales estará siempre latente.

En un sistema de capitalismo de mercado todo proceso de inversión tiene riesgos y existe la quiebra, ése es el castigo del mercado por la miopía o ineficiencia de operación de las empresas o bancos. En este caso, los prestamistas internacionales han aprendido que no existe penalización ni para las instituciones internacionales (rescate de FMI del gobierno de los Estados Unidos) ni para los bancos privados nacionales (rescate del FOBAPROA).

Las economías de mercado deben estar basadas en mercados institucionales que requieren reglas del juego claras, transparentes e iguales para todos los jugadores (las organizaciones). Un capitalismo de mercado sin quiebras para los banqueros nacionales o internacionales es como un cristianismo sin infierno para un determinado grupo de cristianos. Si no existe infierno no hay restricciones y se pueden tomar todos los riesgos, ya que siempre existe quien pague los costos de sus malas acciones.

El FMI más que rescatar a países como Corea, Tailandia y el Sudeste Asiático ha otorgado créditos para poder pagar los financiamientos de corto plazo y no poner en riesgo a los inversionistas financieros de Wall Street. Es entendible la lógica financiera, pero lo que es evidente, es que no tenemos reglas del juego claras ni organizaciones transparentes. El mercado debe funcionar hacia el *boom* y hacia el ajuste para reestructurarse y, lo más importante, es reformar las instituciones necesarias para evitar a caer en las crisis recurrentes.

No es solamente pagar el costo de la crisis y del ajuste, sino que en este accidentado proceso, los financieros no pierden. El sector más afectado es el sector real o productivo. Lo importante no es pagar, sino **evitar las crisis recurrentes financieras.** De aquí que hablemos en el presente libro de las reformas al sistema financiero internacional y la necesidad de un nuevo FMI, que hoy más que nunca es fundamental.

En el informe más reciente del Fondo Monetario Internacional, *Global Economic Outlook 1998,* el FMI dedica especial interés, ante la evidencia de las crisis asiáticas, a las crisis bancarias y de divisas. Concede un capítulo al análisis de las crisis financieras en el periodo posterior a Bretton Woods, sus causas, sus características y los signos de alarma para predecirlas. En primer lugar, considera **cuatro tipos de crisis financieras:**

1) **Crisis Cambiarías,** ante los ataques especulativos;

2) **Crisis Bancarias,** ante la incapacidad de pago de los bancos domésticos;

3) **Crisis Financieras Sistémicas.** ante la incapacidad del mercado financiero de funcionar efectivamente, poniendo en riesgo la economía real; y

4) **Crisis de Deuda Externa,** cuando no se puede pagar el servicio de la deuda externa, sea privada o pública.

En segundo lugar, considera el origen de todos los tipos de crisis, a la acumulación de desequilibrios económicos insostenibles y desalineación en los precios de los activos o los tipos de cambio, comúnmente en un contexto de distorsiones en el sector financiero y rigideces estructurales. Y a su vez, el origen de estos en políticas macroeconómicas insostenibles, estructuras financieras débiles, condiciones financieras globales, e inestabilidad política.

El efecto dominó o de contagio entre países, repara el Fondo, radica en tres factores, una causa fundamental común (alza de tasa de interés de E.U. y crisis de la deuda latinoamericana), condiciones y políticas económicas internas (sobreendeudamiento, sobreinversión) o el efecto manada (herding). Respecto a los factores que permitan predecir las crisis, incluso considera avances limitados, "De hecho, es muy poco probable que un conjunto de indicadores puedan ser identificados para detectar crisis futuras, lo suficientemente anticipadamente y con alto grado de certidumbre...".[55]

A pesar del profundo análisis, el FMI declara **abiertamente que no posee mecanismos certeros para predecir las crisis,** sin embargo en la práctica sigue ofreciendo las "**mismas recetas para las nuevas enfermedades del sistema financiero internacional.** En esta perspectiva, Martin Feldstein, incluso critica al FMI por haber **sobrepasado sus funciones** y presionar para la imposición de reformas estructurales en los países asiáticos. El haber utilizado su posición como prestamista de última instancia, condicionando sus préstamos a la aplicación de las reformas estructurales, ha provocado que intervenga en asuntos que son del dominio de los gobiernos soberanos.

[55] FMI, *Global Economic Outlook* /998, Abril de 1998. p. 126.

"El error más grande del FMI ha sido el haber sobrepasado sus funciones tradicionales y haber usado la crisis asiática como una oportunidad para imponer reformas estructurales fundamentales, condicionando sus préstamos a dichos cambios en su búsqueda por lograrlo, el FMI ha intervenido inapropiadamente en temas que son totalmente del dominio de los gobiernos soberanos, tales como exigir que Indonesia elimine un sistema de subsidios del gobierno a ciertos productos de consumo básico y demandar que Corea cambie su legislación laboral y reglas para las empresas. Lo que debe evitar el FMI es inducir una sobrerreación que puede hacer que las crisis sean mucho más dolorosas". [56]

Y ante una serie de críticas del profesor Feldstein ("Refocusing the IMF", en *Foreign Affairs,* marzo-abril 1998, "Trying to do too much" en el *Financial Times,* 5 de marzo de 1998, "Lo que debería hacer el FMI", *El Economista,* 27 de abril de 1998, entre otros), el Fondo a través de Stanley Fischer respondió "En primer lugar, la dedicación del FMI a la reforma estructural no es nueva ni inapropiada. Ya en 1974, el FMI inició el apoyo a programas de reformas estructurales a fondo a través del Fondo de Crédito Adicional."[57]

El fondo, por un lado no tiene mecanismos oportunos de detección de las crisis, tampoco posee un enfoque preventivo de las crisis financieras, ni nuevas prescripciones de política ("recetas") para las nuevas crisis (enfermedades) de la globalización financiera de los 90's. Por otro lado justifica su intervención en los países asiáticos con el argumento de que ya ha intervenido en ocasiones anteriores en Latinoamérica, pero existen varias voces que demandan una verdadera y profunda reestructuración del FMI y del sistema financiero internacional, como lo fueron los acuerdos de Bretton Woods y la creación de las instituciones en su época.

El proceso de transición nos plantea un nuevo reto y la respuesta está en cómo cambiar hacia el interior de las propias economías nacionales para integrarse a la economía global que está transitando hacia un nuevo orden económico-financiero internacional que no está totalmente definido, estable y donde todavía no se establece el marco institucional internacional, como en los 50's. Lo único que sabemos con absoluta certeza es que la **economía del siglo XXI no se puede equiparar a la del siglo XIX y que la ola neoliberal** solamente tiene un punto de correspondencia con la realidad cambiante, que es resaltar el papel del mercado y los límites del Estado, pero ello no permite entender el profundo proceso de transición por el que atraviesan las economías nacionales y en el que está inmerso el sistema económico global. De aquí la necesidad de analizar la transición de las

[56] Feldstein, Martin y Kathleen, "Lo que Debería Hacer el FMI", *El Economista,* 27 de Abril de 1998

[57] Anjaria, Shalendra, "Las Razones del FMI", *El Economista,* 27 de Abril de 1998.

economías bajo un enfoque integral.

En síntesis, la inserción a la globalización de la inversión, el comercio, las finanzas y la información es inevitable. La autarquía generaría mayores daños y cancelaría las posibilidades de crecimiento y desarrollo que ofrece la economía mundial que, en términos generales, abre retos y oportunidades. Empero, no debemos olvidar que la globalización financiera tiene puntos ciegos del sistema financiero, por la alta volatilidad del capital de corto plazo y el dinero electrónico. Bajo esta realidad tenemos que operar la inserción de nuestras economías, el tránsito hacia economías abiertas no puede ser ingenua, sino que requiere ser eficaz y eficiente, dependiendo de las modalidades de cada país, de acuerdo a una visión y proyecto del mismo.

Capítulo 2

El Modelo de Transición Trunca en América Latina

Una Larga Marcha Inconclusa

"Incapaz de satisfacer a sus constituyentes, el Estado latinoamericano sucumbió a las dictaduras militares primero, a las reformas neoliberales después. El sofoco del alto proteccionismo, el consumo y la producción subsidiados, los mercados cautivos y la ausencia de competitividad, debían ser y fueron revisados. Pero en su lugar, se procedió a la satanización de los estados nacionales, a la quimera de esperarlo todo del libre juego de fuerzas del mercado, a la cruel complacencia del darwinismo social en tierras de hambre y necesidad extremas.

*Carlos Fuentes**

"La década de los 80 's ha sido generalmente inolvidable para el mundo en desarrollo. Comenzó con la crisis de la deuda y finalizó con una crisis de confianza en componentes importantes del paquete denominado ***Consenso de Washington...*** *incluso América Latina se encontró a sí misma con un ingreso per cápita inferior en 7% a los niveles de 1980 [México -16% en 1995 comparado con 1981]".*

*Gustav Ranis***

*"El desempeño de América Latina durante los 90 's no ha sido satisfactorio. Aunque el crecimiento económico se ha recuperado no ha regresado a los ritmos cercanos al 5% que eran comunes en la región de los sesentas y setentas y es muy inferior a las tasas sostenidas superiores al 7% que han sido típicas de los países del Sudeste Asiático. En 1996, ocho de cada cien latinoamericanos dispuestos a trabajar se encontraban sin empleo; a fines de los ochentas esa tasa estaba entre 5 y 6%. América Latina es la región del mundo donde los ingresos se encuentran peor distribuidos y esta situación no ha mejorado en los 90's, el número de pobres tampoco ha descendido del nivel sin Precedente cercano a los-150 millones de personas que alcanzó al comenzar la década actual. El insuficiente progreso económico y social de los países latinoamericanos contrasta con la magnitud de los cambios que han tenido en sus políticas económicas.****

Banco Interamericano de Desarrollo

* Fuentes, Carlos, *Feliz Año Nuevo,* Iª ed., Editorial Nuevo Siglo, Aguilar, 1995, p. 13.

** Ranis, Gustav, conferencia, Yale University, agosto de 1996.

*** "América Latina Tras una Década de Reformas. Progreso Económico y Social en América Latina". *Informe 1997,* Banco Interamericano de Desarrollo, Washington D.C., septiembre 1997, p. 33.

La transición del sistema económico mundial a un sistema de hipercompetencia con una red de mercados virtual es y globales ha transformado la estructura de las economías nacionales. Dicha transición de los sistemas económicos nacionales comenzó a fines de los años 70's y se hizo evidente en 1982 con el agotamiento del modelo sustitutivo de importaciones y la conversión de los países de la región latinoamericana de importadores a exportadores netos de capitales.

El cambio en la orientación de las economías nacionales de América Latina ha sido más profundo desde la crisis de la deuda externa de 1982. Este fue el síntoma externo y evidente del agotamiento de un sistema económico estatista y del modelo de crecimiento vía la industrialización sustitutiva de importaciones (ISI), que obligó a la región a un profundo proceso de transformación a través del llamado Programa de Reformas Económicas de Cambio Estructural y Estabilización (PRECE), sintetizado en el llamado Decálogo del Consenso de Washington. Sin embargo, estos cambios no fueron exclusivos o localizados en determinados países latinoamericanos, sino que también se observaron globalmente con las reformas económicas de los países de Europa Oriental en el tránsito de economías centralmente planificadas hacia economías de mercado.

Después de más de una década de continua aplicación de las medidas económicas de cambio estructural, el panorama presenta claroscuros con evidentes avances, pero también con costos que llaman a la reflexión. Con la desregulación, apertura y privatización de la economía se avanzó en lograr mercados más eficientes, pero no se ha podido generar un nuevo modelo de acumulación de capital e innovación productiva que permita recuperar los niveles históricos de crecimiento económico que había registrado la región en los últimos 40 años, evitar la aparición de las crisis económicas recurrentes en México (1986, 82, 86, 94) Y las subsecuentes crisis de los países asiáticos en 1997-98.

La larga marcha inconclusa hacia una economía de mercado por la que han transitado México y América Latina después de casi 20 años parece no tener fin. Los saldos pendientes, en términos de desarrollo y crecimiento económico sustentable, inequidad social y pérdida de oportunidades, no pueden esperar. La década perdida, que sirvió para ajustar y crear las condiciones para el nuevo modelo, no debe alargarse indefinidamente y esperar otros diez o veinte años; esto implicaría que tendríamos que hablar no de una década perdida, sino de una generación perdida:

> *"El desempeño de América Latina durante los 90 's no ha sido satisfactorio. Aunque el crecimiento económico se ha recuperado no ha regresado a los ritmos cercanos al 5%, que eran comunes en la región de los sesentas y setentas y es muy inferior a las tasas sostenidas superiores al 7%, que han sido típicas de los países del Sudeste Asiático. En 1996, ocho de cada cien latinoamericanos dispuestos a trabajar se encontraban sin empleo: afines de los ochentas esa tasa estaba entre 5 y 6%. América Latina es la región del mundo donde los ingresos se encuentran peor distribuidos y esta situación no ha mejorado en los 90 's, el número de pobres tampoco ha descendido de nivel sin precedente cercano a los 150 millones de personas que alcanzó al comenzar la década actual. El insuficiente progreso económico y social de los países latinoamericanos contrasta con la magnitud de los cambios que han tenido en sus políticas económicas".*[58]

Ante todos estos acontecimientos, surgen preguntas fundamentales. ¿Es acaso el sistema económico de mercado una alternativa falsa para los países en desarrollo? ¿Es el modelo de crecimiento aplicado (industrialización orientada a la exportación) el que no responde a las necesidades de las economías latinoamericanas? ¿Será el paquete de políticas empleadas para la transición (PRECE), el conjunto de medidas erróneas para desarrollar nuestras economías? ¿O simplemente estas mismas políticas no se han aplicado de manera correcta y la profundización que plantea actualmente El Banco Mundial es la vía ideal para alcanzar el desarrollo? ¿Será el camino el retorno al viejo modelo estatista y de economías cerradas?

Frente a estas interrogantes es indispensable precisar que en esta época de profundas transformaciones, el modelo del PRECE ha estado en la dirección correcta; pero es parcial en su concepción y articulación, enfrentando además problemas de instrumentación. En algunos casos, se ha confundido el propósito y la orientación, ya que se ha conducido a las economías al otro extremo del péndulo al atribuir al mercado la solución mágica de los graves problemas de América Latina.

---

[58] "América Latina Tras una Década de Reformas ... ", op. cit., p. 33.

En este contexto de una larga marcha inconclusa, es necesario evaluar el PRECE de manera objetiva para entender cuáles han sido las fallas del proceso de transición que, como veremos adelante, se.dan en varios niveles.

EL MODELO ECONÓMICO DE TRANSICIÓN

EL PRECE COMO PARADIGMA DE TRANSICIÓN HACIA LAS ECONOMÍAS PRIVATIZADAS y DE MERCADOS LIBRES y ABIERTOS

El agotamiento del modelo de industrialización sustitutiva de importaciones, sus secuelas de estancamiento económico e inestabilidad monetaria y financiera, la irrupción de nuevos problemas y la configuración de un nuevo escenario global, evidenciaron la *necesidad de un nuevo paradigma en América Latina que permitiera encontrar nuevas bases para la construcción de una nueva economía capaz de competir y desarrollarse en un mundo global izado y abierto a la competencia internacional.

La política económica seguida en América Latina, en especial el papel del Estado en la economía, mostró sus límites y excesos, que fueron los elementos para el diagnóstico, el discurso y la propuesta programática de la ola neoliberal, cuyos teóricos conceptualizaron mejor que nadie en el Consenso de Washington a mediados de los años 80's.

En efecto, la presencia de nuevos problemas, como la "estanflación", crecimiento con inflación, evidenciaron la necesidad de un nuevo paradigma que guiara las políticas de crecimiento y desarrollo. La política económica seguida hasta inicios de los 80's por América Latina y el Estado sobreproteccionista, sobrerregulador y sobredimensionado, mostró sus límites, excesos y costos, que la ola neo liberal acotó y marcó en sus críticas para reorientar el modelo económico de la región.

Desde la década de los 40's se promovió un proceso de industrialización efectivo (no eficiente), con el que la región latinoamericana creció de manera sostenida a un ritmo de 6% promedio anual de 1945 a 1980; pero los excesos del intervencionismo estatal ocasionaron un efecto *yatrogénico* que era necesario corregir. Bajo el supuesto de proteger a las industrias nacientes *(infant industry),* de promover su crecimiento y consolidación, el proteccionismo comercial se volvió excesivo, permanente e indiscriminado y derivó en una planta industrial con un sesgo antiexportador. La sobrerregulación generó complejas y amplias redes de intereses y espacios para la acción discrecional de la burocracia, que muchas veces imponía su "lógica" sobre la del mercado y desestimulaba y ahogaba el deseo para emprender nuevas inversiones. El Estado creció excesivamente, aumentó fuertemente su presencia, con cierta irracionalidad, en los más diversos sectores de la actividad económica. El modelo se convirtió en un freno al desarrollo de la economía y el Estado jugaba un papel cuasi-omnipresente, controlando la actividad del mercado, que generaba pasividad y subordinación de la sociedad.

> *"Los reformistas de la posguerra, preocupados por acelerar el desarrollo o por atacar los privilegios, hallaron natural el buscar una solución expandiendo el papel económico del Estado. Durante un tiempo esto funcionó razonablemente bien, pero se ha hecho cada vez más evidente que hay límites inherentes a la capacidad del Estado, respecto a compensar la debilidad del sector privado asumiendo funciones empresariales que en los países desarrollados se dejan en manos de la iniciativa privada [pero] la capacidad de control del Estado se sobrecargó y desvió la atención ... peor aún, el sector privado se debilitó más, lo que justificó una mayor intervención estatal".*[59]

Con este diagnóstico, se requería transformar el sistema económico estatista, que por sus excesos había conducido de la *edad de oro* del capitalismo de los 60's a la *década perdida* de los 80's. La ola neo liberal aprovechó esta coyuntura para retomar al manejo de las políticas económicas, principalmente de América Latina, guiándolas a un sistema económico de libre mercado *(laissez faire).* El sistema transformó el rol de los agentes económicos, el Estado omnipresente se redujo al Estado mínimo, el mercado controlado se convirtió en el mercado libre de 'dejar hacer y dejar pasar' y la sociedad pasiva, en una sociedad reactiva. El modelo de industrialización y crecimiento proteccionista, orientado al mercado interno (ISI), no era viable para incursionar en la dinámica del mercado global, por lo que se propuso un modelo de industrialización hacia afuera en la que el crecimiento estuviera basado en las exportaciones.

Empero, no podía ser un cambio simple, implicaba transformaciones profundas que trascendían el ámbito económico; se pretendía cambiar su funcionamiento con este nuevo sistema, que implicaba revisar los puntos nodales del viejo sistema económico. El Estado debía disminuir el control de manera significativa liberando al mercado. La gestión *(management)* de las empresas no podía ser la misma de antes,

---

[59] Williamson, John, *The Progress 01 Policy Reform in Latin America,* 1990, pp. 95-96.

en la que eran favorecidas por el proteccionismo y los subsidios gubernamentales y no tenían que competir con empresas más eficientes y productivas en una competencia globalizada.

Era necesario *abrir la economía* en el campo comercial y a la inversión extranjera para lograr la integración a los mercados globalizados y a la *fábrica mundial.*[60] y optar por un sistema de protección arancelaria más eficiente para promover la competitividad industrial -sujetándola a los parámetros internacionales- y basar el pivote del crecimiento en las exportaciones del sector industrial.

Para cumplir ambos propósitos, era necesario cambiar las condiciones inestables de la macroeconomía a un modelo con estabilidad de precios. La estrategia y programa para sustentar esta transición estaban fundamentados en lo que Williamson denominó el Consenso de Washington.[61] Las políticas de este programa de transición sustentan el proceso de transformación del sistema económico estatista a otro de economía de *laissez-faire* y del modelo de industrialización proteccionista y orientado al mercado interno a otro abierto y orientado al mercado externo (Figura 2.1).

Orientaciones básicas del PRECE

El PRECE plantea dos paquetes de políticas o pilares para la transición económica: el de reformas estructurales que denominamos las políticas de las 3 D's (desprotección, desestatización y desregulación) y la política de estabilización macroeconómica (Cuadro 2.1).

---

[60] Villarreal, René, *México 2010: de la Industrialización Tardía a la Reestructuración Industrial,* Diana, México, 1988.

[61] "Identifica 10 áreas en la que los *policymakers* y académicos en Washington pueden conseguir un amplio Consenso como característica de las políticas de reforma que los países deudores deban seguir. Washington fue definido para estos propósitos como enmarcando el Washington político del Congreso y los miembros de la administración, y el Washington tecnocrático de las instituciones financieras internacionales, las agencias económicas del gobierno americano, el comité de la reserva federal. .. ", Williamson. John, op. cit., p. 9.

Cuadro 2.1

El Programa de Reformas de Cambio Estructural y Estabilización Económica: El Decálogo del Consenso de Washington:

Programas de Estabilización Macroeconómica

1. Reforma Tributaria
2. Disciplina Fiscal
3. Disciplina Monetaria
4. Política Cambiaria de Tipo de Cambio Real Competitivo

Desprotección vía

5. Liberalización Comercial
6. Liberalización Financiera
7. Liberalización de la Inversión Extranjera Directa

Desestatización vía:

8. Liberalización de los Mercados Internos y Derechos de Propiedad
9. Privatización de Empresas Públicas
10. Reducción del Tamaño del Estado

Los programas de estabilización intentan corregir las distorsiones producidas por la inestabilidad de las principales variables macroeconómicas. Se plantea que la política fiscal, la disciplina monetaria y el tipo de cambio son los tres instrumentos para regular la estabilización de precios, y esta es necesaria para una función asignadora adecuada de las señales de precios.

> *"La estabilización macroeconomica* es *un elemento esencial de la reforma económica, un ambiente macroeconámico inestable no sólo distorsiona las señales de precios en los que se desenvuelve la economía de mercado (como la experiencia latinoamericana ha mostrado), sino que puede llevar a crisis periódicas (México), que debilitan todo el proceso de reforma. Por lo tanto el control del presupuesto público, las condiciones monetarias y la inflación deben ser establecidas desde el principio* "[62]

[62] OECD, *The Transition fa a Market Economy*, p. 108.

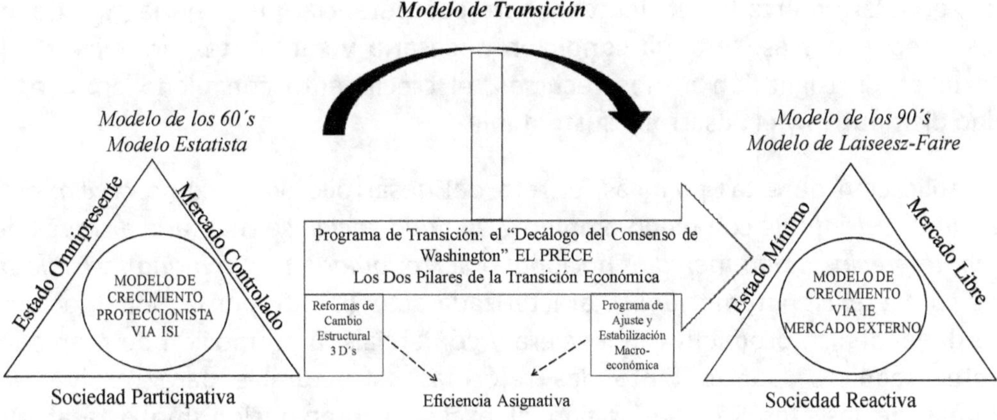

•El Modelo de Transición Aplicado CONSISTE EN PASAR DE LA ECONOMÍA Estatista y la Industrialización Sustitutiva (ISI) a la Economía de Mercado Privatizada. Libre y Abierta y con Industrialización Exportadora (IE)

Figura 2.1
El Modelo de Transición Aplicado:
El Decálogo del Consenso de Washington*

Las políticas de reforma estructural planteaban privatizar la economía, liberalizar los mercados internos y externos y minimizar el papel del Estado para evitar las distorsiones que éste provocaba utilizando el mecanismo de los precios internacionales como la mano invisible que guiara la economía a la eficiencia y el desarrollo. Estas políticas de las 3 D's consisten en:

- La *desprotección* de la economía vía la *apertura* comercial y financiera a la competencia internacional.
- La *desestatización* de la economía vía la *privatización* de las empresas públicas y la disminución del gasto público; y
- La *desregulación* de la economía vía la *liberalización* de los mercados internos.

Los dos componentes del PRECE tenían un objetivo claro, transformar el sistema económico a un capitalismo de propiedad privada, donde la mano invisible fuera el mecanismo clave para la asignación de recursos, es decir, disminuir el tamaño del Estado hasta obtener un capitalismo libre de la intervención estatal y abierto a la competencia internacional. El **supuesto implícito adicional** de este modelo de transición aplicado, es que una economía privatizada con mercados libres y abiertos a la competencia internacional, en un ambiente macroeconómico de estabilidad de precios, generará mercados eficientes y libre competencia que, bajo la guía de los precios internacionales, serán la **condición necesaria y suficiente** para alcanzar la eficiencia en la asignación de los recursos, el crecimiento con pleno empleo, la equidad distributiva y el desarrollo sustentable.

Con la aplicación de estas políticas, el reto del desarrollo, visto como *crecimiento sostenido y sustentable* con pleno empleo y *equidad social,* se realizaría a través del *sistema de precios de un mercado nacional abierto, guiado por la mano invisible de la libre competencia internacional,* caracterizada actualmente por la globalización y la interdependencia productiva, financiera y comercial. La promoción de mercados eficientes requiere, por lo tanto, las reformas estructurales para resolver los problemas de las tres S's que originó el excesivo intervencionismo estatal que convirtió al Estado en un ente yatrogénico.

Cuadro 2.2
Políticas Para Promover Mercados Eficientes

Los Problemas de las 3 S's, Sistema Estatista y Modelo ISI	Políticas de las 3 D's de Cambio Estructural
Sobreprotección	Desprotección
Sobrerregulación	Desregulación
Sobreestatización	Desestatización

La política económica de las Tres D 's ha sido prácticamente aceptada e instrumentada en toda América Latina y en buena parte del mundo, incluso podríamos afirmar que la *orientación y dirección* de este tipo de políticas *son correctas y necesarias* (no suficientes) ante el mundo de la globalización de los mercados, pero requieren de un enfoque y paquete integral de políticas, además de una evaluación y *ajustes* en su *manejo y sincronizacion (fine tuning).*

El PRECE intentó ser el pilar que permitiera la transición del sistema económico y del modelo de crecimiento e industrialización de América Latina que reinó en los 60's, a un nuevo modelo que pudiera responder a las condiciones cambiantes de los 90's.

EVALUACIÓN DEL MODELO DE TRANSICIÓN APLICADO: PRECE

Ante la evidente necesidad de un modelo de transición que nos permitiera transformar nuestra planta productiva y nuestra dinámica económica, dado el crecimiento nulo de los 80's, ¿por qué surge entonces la necesidad de evaluar el modelo aplicado?

Era clara la necesidad de la aplicación de las políticas que componían el PRECE. Las políticas de cambio estructural de las Tres D's pretendían corregir y eliminar las distorsiones, desequilibrios y limitaciones de las políticas económicas implícitas en el modelo ISI aplicado y vigente en América Latina a partir de los 40's, hasta mediados de los 70's. El modelo había derivado en las políticas de las Tres S's, ocasionando finalmente el agotamiento del modelo; esto es, al surgir las políticas de las Tres S's el modelo ISI murió, y surgió el PRECE, como un conjunto de medidas necesarias que son acertadas en su definición, correctas en los objetivos que se plantean y en la aplicación de sus políticas, pero insuficientes para la transformación y modernización de las economías. Las Tres D's están en la dirección correcta; estas políticas enfrentan problemas reales en nuestras economías provenientes de los excesos del Estado y del agotamiento del modelo ISI y son ajenas a posiciones ideológicas prejuiciadas *a priori,* bajo definiciones maniqueas que plantean falsos dilemas (Estado *versus* mercado).

En este sentido, ¿quién podría negar la revisión del modelo? ¿Quién negará que era necesario redefinir los nuevos motores del crecimiento económico? El modelo de crecimiento hacia adentro y de *sobreproteccionismo* al mercado interno limitó la competitividad de la economía y distorsionó el sistema de precios; no fue capaz de conformar una planta productiva competitiva que llevara a cabo una eficiente sustitución de importaciones y una base exportadora dinámica. Economías como la mexicana (1976-94) entraban constantemente en ciclos de *arranque-pare,* debido a que cuando éstas crecían, se disparaban las importaciones por encima de la capacidad de financiamiento, obligando a los *procesos traumáticos* de ajuste y estabilización, y postergando el crecimiento sostenido.

Tampoco se puede negar la validez de *racionalizar la participación económica excesiva del Estado* donde existía un aparato administrativo sobredimensionado poco eficiente, que presionaba las finanzas públicas y originaba el déficit fiscal al consumir buena parte del ahorro nacional en detrimento de la inversión productiva. El Estado desplazaba y/o sustituía al mercado en sectores donde el sistema de precios estaba en condiciones de asignar los recursos de manera óptima. Era necesario concentrar la participación del Estado en lo verdaderamente estratégico, incentivando al sector privado nacional e internacional a participar en áreas tradicionalmente reservadas al sector público.

Era incuestionable *desregular la economía* y hacer más racional, simple y expedita la normatividad gubernamental para que los agentes económicos tuvieran la transparencia y certidumbre necesaria en la toma de decisiones. Las señales de precios inadecuadas desincentivan la inversión y generan costos adicionales que impactan la competitividad global. En el marco de la globalización y la competencia económica internacional, es imprescindible una reducción de los esquemas regulatorios del Estado que, al corregir externalidades en los costos, afectan la competitividad y viabilidad de las empresas.

Pero ante la necesidad latente de dichas políticas, y la posterior aplicación de ellas al pie de la letra, el modelo cayó nuevamente en una crisis de dimensiones desmesuradas. Al principio del decenio de los 90's, México se constituyó en el ejemplo "exitoso" internacional del modelo de privatización, apertura y liberalización económica, pues había avanzado de manera importante en las políticas de "cambio estructural" de las **Tres** D's: Desprotección vía liberalización comercial, (10% promedio arancelario) financiera y de inversión extranjera; Desregulación vía la liberalización de los mercados internos; y Desestatización vía privatización de las empresas públicas (de 1,155 a 240 entre 1982 y 1995) y reducción del gasto público (de 37% a 23% del PIB en el mismo periodo). Por el lado macroeconómico se había instrumentado una política de estabilización basada en el tipo de cambio (TC) como ancla antiinflacionaria y una política de saneamiento de las finanzas públicas, las cuales permitieron obtener superávit fiscales y reducir la inflación de 160% en 1987 a 12% en 1992 y 7% en 1994. A pesar de lo anterior, a finales de ese mismo año se presentó el colapso del modelo con la devaluación de 100% y los consecuentes efectos del año siguiente.

La crisis económico financiera de México en 1944 dejó de ser una simple crisis externa, significó, como dijo Camdessus, **la primera crisis financiera de un país en mercados emergentes,** pero más que eso también significó el "desencanto" de las políticas de reforma de cambio estructural y de estabilización establecidas en el Decálogo del Consenso de Washington; la pregunta que surge es si México había avanzado en las reformas de cambio estructural de manera exitosa, privatizando la economía, liberalizado el comercio y las finanzas, desregulado los mercados internos y aún había logrado estabilizar la economía de una inflación de casi 160% en 1987 a 7% en 1994, ¿por qué cayó nuevamente en una crisis que fue la mas aguda para el país, desde la gran depresión?

Además, el problema de la actual crisis en el pacífico asiático evidencia que todo el sistema es víctima de la inestabilidad del sistema financiero internacional. El dinamismo de las economías del Sudeste Asiático en los 80's y 90's hacía pensar que solamente las economías latinoamericanas, por el modelo de crecimiento e industrialización seguido, eran objeto de las crisis externas y sus efectos de propagación. Pero ante las consecutivas crisis asiáticas, como ya habíamos mencionado, es evidente que la globalización del sistema financiero es el punto ciego y plantea la necesidad de mayor cautela para tratar los programas y políticas de transición.

UNA LARGA MARCHA INCONCLUSA HACIA LAS ECONOMÍAS PRIVATIZADAS Y DE MERCADOS LIBRES Y ABIERTOS

Después de más de una década de haberse iniciado la aplicación del programa de reformas inspiradas en el Consenso de Washington, existe una vigorosa discusión sobre la evaluación de sus resultados, principalmente en términos comparativos, tanto históricos como en relación a otras regiones del mundo para proyectar y concluir sobre la viabilidad futura del modelo, en especial el Sudeste Asiático.

La discusión es intensa, la Comisión Económica para América Latina (CEPAL) desde hace tiempo viene manifestando su preocupación sobre los costos productivos y sociales del período de ajuste, bautizándolo como la *"década perdida"*. Desde otra perspectiva, el proceso de transición se ha prolongado a casi dos décadas (de 1982 a 1998) y nos puede llevar a hablar de una *"generación perdida"*.

Es importante entender las causas fundamentales del proceso de ajuste y transformación económica, porque el paquete de reformas ha resultado en una larga marcha, necesaria pero todavía inconclusa en América Latina, que a su paso ha dejado costos sociales y expectativas no satisfechas. La preocupación aumenta cuando observamos que después de una década de ajuste y reformas no hemos logrado recuperar los índices históricos de crecimiento económico y desarrollo humano.

Desde diferentes perspectivas se puede percibir la inquietud sobre los resultados evaluatorios del proceso de reformas. Llama la atención que inclusive un organismo internacional como el BID, decidido impulsor de las reformas económicas, se pregunte si las reformas de la última década han valido la pena; la pregunta es lícita, ya que "el desempeño económico de la región ha mejorado durante la década actual, pero dista de ser satisfactorio. El crecimiento se ha recuperado, pero no ha regresado a los niveles del pasado ni resulta equiparable al de las dinámicas economías asiáticas. El desempleo ha aumentado y los salarios reales se han recuperado apenas parcialmente del deterioro de los ochentas. La estabilidad del ambiente macroeconómico ha mejorado en diversos aspectos, debido tanto al escenario externo como a las políticas domésticas, pero la discontinuidad del crecimiento continúa siendo mayor que la de otras regiones del mundo. Las tendencias de deterioro distributivo y de aumento de la pobreza que se dispararon con la crisis de la deuda se han detenido en los 90's, pero no se han logrado nuevos progresos".[63]

El BID no niega la validez del modelo; plantea que gracias al mismo, los desequilibrios macroeconómicos se han corregido y que las reformas estructurales han cambiado la orientación de las políticas económicas; sin embargo, los resultados son insatisfactorios. El crecimiento promedio en los 90's ha sido mediocre (2.6%; Cuadro 2.3), las tasas de desempleo han aumentado y el número de personas pobres no se ha reducido apreciablemente de los 150 millones que alcanzó a comienzos de la década. La distribución del ingreso, por su parte, continúa siendo la peor de todas las regiones del mundo.

La CEPAL señala que desde mediados de los 80's en América Latina se ha experimentado un viraje estratégico hacia un nuevo modelo de desarrollo; pero *"hoy, cerca de 10 años después de iniciadas las reformas, estamos viviendo aún la promesa más que la realidad de buenos resultados* [...] *el poco progreso que acompañó a las reformas tendió a concentrarse, sin beneficiar al grueso de la población. En efecto, en la mayoría de los países los salarios reales crecieron menos que el PIB per cápita, o inclusive cayeron, mientras que la pobreza absoluta aumento".*[64]

Joseph Stiglitz, economista en Jefe del Banco Mundial señala cómo muchos de los países que han seguido las recetas del PRECE siguen aún sin crecer. Y es en este contexto, que el caso de México como paradigma dominante en la aplicación de las reformas estructurales y la crisis de 1994, permite evaluar los alcances, límites y fallas del modelo de transición hacia una nueva economía de mercado.

En retrospectiva, la crisis de la deuda externa que se inició en México en 1982 y se extendió a la región latinoamericana, marcó el agotamiento del sistema económico estatista y del modelo proteccionista orientado al mercado interno (ISI). El cierre de los mercados de capitales para los países de la región los obligó a convertirse en

---

[63] "América Latina Tras una Década de Reformas ... ", op. cit., p. 45.

[64] Ramos, Joseph. "Un Balance de las Reformas Estructurales Neoliberales en América Latina", *Revista de la CEPAL,* núm. 62, agosto 1997. pp.17-18.

exportadores netos de capitales y, por tanto, a generar superávit comerciales con políticas recesivas y devaluaciones para cubrir los costos. Así, México tuvo que generar un superávit comercial (62 mmd) para pagar el servicio al capital extranjero (55 mmd, por intereses y dividendos). Posteriormente con el Plan Brady, en 1989 se renegoció la deuda externa mexicana (casi 100 mmd), compartiendo parte del costo con la comunidad financiera internacional; esto obligó a aplicar y "cumplir" *políticas macroeconómicas de ajuste y estabilización y de "cambio estructural"*, expresadas en el PRECE.

El retorno de los flujos de capitales a los mercados emergentes en los 90's permitió a México captar 100 mmd y financiar (en el periodo 1988-94) un déficit acumulado en la balanza de cuenta corriente de 107 mmd. Sin embargo, un insostenible déficit en esta balanza de casi 30 mmd (8% del PIB) en 1994, condujo en 1995 a una maxidevaluación de más de 100%, a la más profunda recesión económica desde la Gran Depresión (-7%), a la pérdida de casi un millón de empleos, al retorno de la inflación (52%) y a un incremento de la deuda externa (162 mmd, de los cuales 50 mmd eran de corto plazo; 30 mmd en Tesobonos). Esto condujo, ante las limitaciones del propio FMI, al programa de apoyo de E.U. y a considerar la crisis mexicana, como la primera crisis de los mercados emergentes del siglo XXI. Así, *"la década de los 80 's ha sido generalmente inolvidable para el mundo en desarrollo,' comenzó con la crisis de la deuda* [mexicana en 1982] *y finalizó con una crisis de confianza* [México 1994] *en componentes importantes del paquete denominado Consenso de Washington"*[65]

La crisis económico-financiera de México que se presentó en diciembre de 1994 y el consecuente programa de ajuste y rescate del FMI y de los Estados Unidos en 1995, han tenido fuertes repercusiones en el terreno económico, social y político, los cuales se reflejaron no sólo en el país, sino también en la región latinoamericana ("efecto tequila") y en el Consenso de Washington. Incluso

> *"algunos argumentan que el verdadero costo del rescate mexicano es la crisis actual en Asia - porque los prestamistas extranjeros aprendieron en 1995 que ellos serían rescatados si sus préstamos resultaban contraproducentes, por lo tanto prestaron más de lo que debían a Asia. Eso podría parecer en la superficie, pero el punto no tiene sentido. Los prestamistas internacionales han aprendido algo más-o Para un país considerado muy grande para fallar, el FMI garantizará tanto las deudas privadas como las públicas ...* [sin embargo, a pesar de la incapacidad del Fondo para supervisar el sistema y prevenir las crisis financieras, existe un avance]. *Después de México, los*

[65] Ranis, Gustav. conferencia, Yale University, agosto de 1996.

gobiernos han encontrado medios de castigar a los prestamistas rescatados más atinada y severamente. Después de Asia ignorar esto será imperdonable".[66]

El énfasis del nuevo modelo se hizo en la apertura de la economía y la eliminación del proteccionismo. Debían generarse economías competitivas para eliminar el sesgo antiexportador del viejo modelo proteccionista y crear la nueva base del pivote exportador como el motor del crecimiento nacional; se busca un modelo orientado hacia el mercado externo para incrementar la competitividad de las plantas productivas. Esta es la base del modelo de transición aplicado en América Latina, sintetizado en el PRECE (Figura 2.2).

Sin embargo, el modelo conceptual explícito e implícito en el modelo de transición de América Latina se reduce a las políticas de las Tres D's. Pero este es un sistema mucho más complejo, porque las políticas que hemos aplicado no son simples políticas para eficientar las economías, **son políticas para cambiar el sistema económico en su conjunto,** y pasar de un sistema económico estatista y de un modelo de industrialización proteccionista orientado al mercado interno a otro basado en una economía privatizada con mercados libres y abiertos orientados al exterior, dentro del marco global de la transición del sistema económico mundial.

Concluyendo, dado que un sistema económico se define por el tipo de propiedad y por el mecanismo a través del cual se asigna la producción y la distribución, las reformas del cambio estructural han llevado, por un lado, a la privatización de la economía, y por otro, han establecido al mecanismo de precios de mercado para responder a las tres preguntas básicas de todo sistema económico el qué, cómo y para qué producir. Así, el resultado que estamos viendo, a partir de esta reforma estructural, ha sido el cambio de un sistema económico estatista a un sistema de economía de mercado todavía en transición como consecuencia de la reasignación del papel de los actores en la economía. Experimentamos el cambio de un capitalismo de economía mixta estatista a un capitalismo de *laissez faire,* en el que la propiedad privada es la base del sistema, y el mecanismo de precios es el mejor medio para la asignación de recursos.

[66] "Kill or Cure", *The Economist,* 10 de enero de 1998, p. 14

	Producto Interno Bruto*			Volumen de las Exportaciones*		
	1945-80	1980-90	1990-95	1950-80	1980-90	1990-95
América Latina	**5.6**	**1.2**	**2.6**	**4.3**	**5.3**	**7.7**
Argentina	3.1	-1.5	5.3	3.1	7.1	6.3
Brasil	6.9	1.9	2.3	6.2	6.5	7
Colombia	5.2	3.5	3.6	3.7	6.4	7.4
Costa Rica	6.7	2.1	4	6.2	4.3	11.5
Chile	3.6	2.7	-7.2	4.4	6.3	11.4
Ecuador	6.8	2.1	3.5	6.9	6.2	9.5
México	6.7	1.2	0.9	5.8	8.8	9.2
Perú	5.1	-1	5.5	4.9	-2.3	7.1
Uruguay	2.6	-0.4	3.4	1.7	5	3.7
Venezuela	6.7	-0.2	2.8	1.5	1.6	5.8

*Tasas de crecimiento promedio anual.

Fuente: Ramos, Joseph. Un balance de las Reformas Estructurales Neoliberales en América Latina, Revista de la CEPAL, num.62, agosto, 1997.

Cuadro 2.3

El Desempleo Económico en la Región: Una visión Comparativa

Se dejó al mercado la solución de todos los problemas inherentes al desarrollo; en otras palabras, la solución de los problemas del crecimiento, del empleo y del ámbito social, al aceptar, como dice Silva Michelena,[67] que *la mejor política social es una buena política económica.* Sin embargo, los mecanismos automáticos del mercado nunca han funcionado de acuerdo a la teoría neoclásica. El paso de una economía estatista y cerrada a una economía abierta y libre, no garantiza que el mercado funcione de *manera eficiente* y promueva una economía *competitiva en lo productivo y equitativa en la distribución.*

Es indispensable evaluar las premisas bajo las cuales se guía el PRECE, que ha dirigido las principales acciones de política económica, tanto desde la perspectiva latinoamericana como de nuestra propia realidad para poder determinar la insuficiencia del modelo para responder a los problemas concretos de la región.

[67] Silva Michelena, H. "Políticas Sociales y Económicas Integradas. Esbozo para una Socioeconomía Política", *De sarrollo con Equidad. Hacia una Nueva Articulación de Políticas Económicas y Sociales en América Latina y el Caribe,* Helena González (editora), CEPALlCLAD/SELA, Venezuela, 1996, pp. 75-105.

LAS CRISIS RECURRENTES EN MÉXICO Y EL AGOTAMIENTO DEL PRECE COMO PARADIGMA DOMINANTE PARA AMÉRICA LATINA

La crisis de México en 1994, marcó el parteaguas del PRECE como paradigma de transición para América Latina. Por un lado, se perdió la confianza en el programa por la problemática evidente, mientras que por otro, las instituciones financieras internacionales insisten en una profundización de las mismas reformas, empleando el caso mexicano como un claro ejemplo de las bondades del programa de transición.

Ante la falta de modelos teóricos alternativos, el modelo empírico del caso mexicano "anticrisis" ha sido tomado por diversos organismos internacionales como el modelo por otros países a seguir en diferentes etapas:

- De 1989 a 1993, fue el modelo de renegociación de la deuda externa con el Plan Brady y de la aplicación de las políticas del Consenso de Washington. Así, México se proyectaba en el camino hacia una economía privatizada, de mercados libres y abiertos que llevarían a mercados eficientes y finalmente al desarrollo. México es el alumno avanzado y ejemplo a nivel mundial.

- Sin embargo, ante la crisis de 1994 fue también el modelo de lo que los países deberían evitar en política económica, es decir, aceptar un déficit en cuenta corriente elevado e insostenible (8% del PIB), un elevado financiamiento externo de capital especulativo y una sobrevaluación del tipo de cambio real.

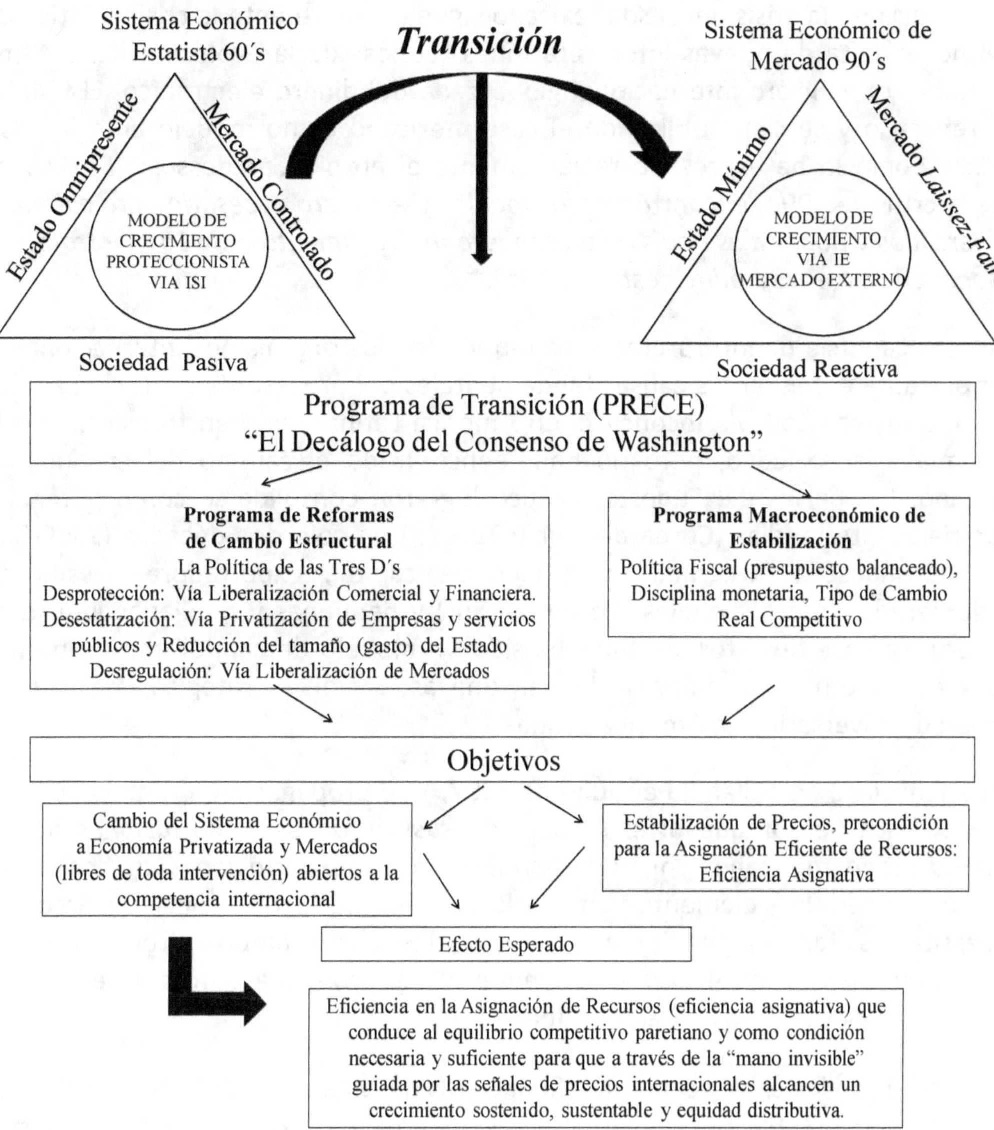

Figura 2.2

La transición hacia el sistema Económico de Mercado y el Modelo de Industrialización Abierta

Finalmente, de 1995 a la fecha, ante la pronta recuperación económica del país, México volvió a las marquesinas como el modelo anti-crisis. Incluso a principios de 1998, el presidente Ernesto Zedillo asistió al Foro Económico Mundial en Davos, Suiza para hablar sobre el caso mexicano y' cómo salir de la crisis.

La relevancia de la crisis del caso mexicano sigue presente ante la crisis asiática de 1998 por la falta de nuevas interpretaciones teóricas de la evolución del sistema monetario y financiero internacional globalizado del dinero electrónico. El FMI ha sido rebasado y se sigue utilizando el caso mexicano como modelo ante la crisis asiática. Como lo ha expresado recientemente el propio Camdessus: *"En México* [ante la crisis de 1994] *encontramos los medios y el dinero necesario para calmar a los mercados y poner a ese país en un sendero de crecimiento* (...) *Lo que tratamos de hacer en Asia es reproducir este modelo".*[68]

Ante esta carencia de interpretaciones teóricas de los organismos internacionales, es importante entender las causas fundamentales del proceso de transición trunca y la larga marcha todavía inconclusa en América Latina, que han transformado la economía y la sociedad, pero no han reencontrado el camino del crecimiento sostenido. Los países del Sudeste Asiático lograron consolidarse como potencias industriales intermedias (Corea del Sur y Taiwán) en sólo dos décadas (1960-80), con una industria integrada de bienes de capital, exportadora basada en conglomerados internacionales (Corea del Sur) y pequeñas y medianas industrias (Taiwán). La base de estos sistemas ha sido un modelo de capitalismo promotor, donde el gobierno y la empresa juegan una asociación estratégica, más que la relación de adversarios de América Latina.

La crisis .iniciada en Tailandia en Julio de 1997, Y su propagación a todo el Sudeste Asiático, hace pensar que ni el modelo de *sustitución de importaciones* de los jaguares latinoamericanos, ni el de *promoción de exportaciones* de los tigres asiáticos tienen los elementos para alcanzar el desarrollo. Sin embargo, es necesario resaltar las similitudes y diferencias entre ambos procesos (crisis mexicana y crisis asiática) para poder entender el problema detrás de esta larga marcha inconclusa, el cual veremos adelante.

Los síntomas de las crisis económico-financieras de México en 1994 y de los países asiáticos en 1997-98 son similares: crisis externas, maxidevaluaciones, ajustes recesivos inflacionarios y finalmente el rescate financiero por parte del FMI para salvar a los países y a los inversionistas institucionales de *Wall Street.* Pero a pesar de las similitudes entre ambos procesos de ajuste, debe tenerse en cuenta que las condiciones presentes en ambos fenómenos tuvieron causas fundamentales diferentes. Existen tres factores de causalidad:

---

[68] El Economista, "Saldrán reforzados de la crisis los países de Asia: Carndessus". 23 de Enero de 1998, p. 2

a) Factores macroeconómicos

La crisis mexicana de 1994 es más un fenómeno macroeconómico de subahorro, comparado con las crisis asiáticas que son el resultado de un proceso de **sobreinversión.** Esto es importante distinguirlo principalmente al comparar México con Corea del Sur. En México, la liberalización comercial y financiera acompañada de sobrevaluación del tipo de cambio real, llevaron a que el capital extranjero en lugar de complementar el ahorro interno, generara un esquema de *crowding out* o desplazamiento del ahorro interno privado (producto del aumento del consumo privado); así se generó una baja en el coeficiente de ahorro de 22 a 15% del PIB, mientras que estos países asiáticos siguen teniendo coeficientes superiores al 30% y de inversión cercanos al 40% del PIB

Como recientemente declarara Goh Chok Tong, "la crisis financiera que vive Asia es el resultado de un exceso del gasto del sector privado. Las empresas contrataron en dólares estadounidenses préstamos de corto plazo en el sector financiero, para apoyar proyectos de largo plazo en países donde las tasas de interés internas son altas. Así que el problema en la balanza de pagos de los países fue causado por el sector privado. Se trata de un fenómeno nuevo".[69] Así, el problema de la crisis asiática tiene dos dimensiones, la composición (estructura de los préstamos de corto plazo para financiar las inversiones de largo plazo) y la magnitud (sobrefinanciamiento de los prestamistas internacionales a las empresas nacionales).

---

[69] "Singapur: la Crisis de Asia, por Sobregasto Privado", *La Jornada*, 3 de marzo de 1998, p. 24

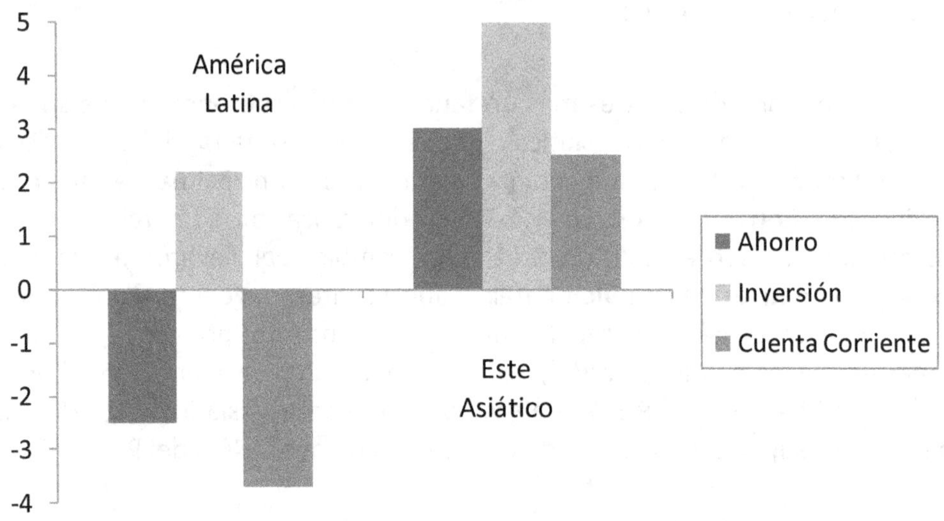

Fuente: Hausmann y Reisen, en Promoting Savings in Latin America, OECD, 1997.

Figura 2.3

Ahorro, Inversión y la Cuenta Corriente

(Como porcentaje del PIB)

Es necesario recordar que *"las entradas netas tienen que invertirse en forma eficiente para apoyar el crecimiento futuro de largo plazo. Dado que las entradas de capital extranjero tienen que servirse, en definitiva, mediante exportaciones netas, deberían diseñarse políticas para inducir que estas entradas se destinen a la producción de rubros exportables. Es evidente que estos principios se han materializado en Chile, y hasta cierto punto en Colombia. Sin embargo, los mercados incompletos y las distorsiones han llevado, en otros casos, a que el ingreso de capitales desemboque en crisis financieras, sustitución del ahorro nacional, baja formación bruta de capital,* [crecimiento desmedido de la industria de la construcción comercial o residencial], *y en una insostenible apreciación cambiaria y expansión del déficit en cuenta corriente".*[70]

[70] Ffrench Davis, Ricardo y Helmut Reisen (compiladores), "Los Flujos de Capital y el Desempeño de la Inversión: una Síntesis", en *Flujos de Capital* e *Inversión Productiva. Lecciones para América Latina,* Me Graw Hill, Cepal y OCDE,1998.

b) Factores estructurales industriales

En el aspecto industrial, que es donde radica la principal diferencia en México en virtud del modelo aplicado, se generó un sesgo pro importador que desarticuló a la industria. En tanto, Corea posee una industria articulada en tomo a los *chaebols (conglomerados industriales, comerciales, tecnológicos y financieros),* en los que las actividades productivas se vinculan de manera eficiente para crear economías de escala y de cooperación que aumentan los márgenes de ganancia y reducen las actividades de intermediación. De esta manera, la recuperación del crecimiento en México condujo, ante la latente carencia de un modelo de crecimiento y articulación productiva, a una nueva crisis por la dependencia externa de bienes intermedios y de capital. Los países del Sudeste Asiático, y en especial Corea del Sur, pueden recuperar los niveles de crecimiento porque poseen una planta productiva consolidada y articulada.

En México y América Latina se ha transitado en los últimos 15 años por un proceso de **industrialización trunca,** pues se ha querido pasar de un modelo de industrialización sustitutiva de importaciones a un proceso de industrialización exportadora, con una política que ha llevado a una industrialización trunca y desarticulación industrial producto de la siguiente fórmula:

Liberalización comercial + sobrevaluación del tipo de cambio real - política industrial activa = desarticulación industrial = déficit comercial.

El caso de México fue evidente, México ha sido un país con una liberalización comercial unilateral amplia (10% de arancel promedio), acompañada de un 40% de sobrevaluación cambiaria (1990-1994) y de una política industrial pasiva. Esto condujo a una severa desarticulación industrial y a un elevado déficit comercial, esto es, la desaparición de la planta de bienes de capital y de buena parte de bienes intermedios, debilitando la articulación de las cadenas productivas y regresando a la primera etapa de industrialización.

Este fenómeno es radicalmente diferente en el Sudeste Asiático y más evidente en el caso Coreano. En Corea del Sur se han desarrollado conglomerados y *chaebols* industriales altamente articulados y competitivos (Hyundai, Samsung, Gold Star, etc.), cuyos niveles de crecimiento han sido sorprendentes, pero paralelamente desarrollaron un fenómeno similar al de Alfa en México ante la crisis de 1982: elevado endeudamiento en dólares respecto a sus activos. La relación de pasivos-activos es prácticamente de 4 al, hay un sobreendeudamiento en donde los *chaebols* no toman en cuenta la restricción financiera para crecer e invertir, son grandes monstruos industriales pero con niveles de apalancamiento evaluados como los mayores del mundo. Esto es, en México la crisis estructural proviene de una desarticulación industrial e industrialización trunca; en Corea del Sur, en cambio, no hay un fenómeno de desarticulación industrial sino de un crecimiento acelerado de los conglomerados industriales y de sobreendudamiento de las empresas.

c) Factores internacionales financieros

Por el lado internacional, en México, dadas las condiciones de interdependencia y alta movilidad en los mercados financieros, el tipo de cambio sobrevaluado y los acontecimientos políticos de 1994, los capitales de corto plazo especulativos que salieron en diciembre, ocasionaron el colapso de la economía en 1995. Asia sufrió del mismo padecimiento ocasionado por el virus especulativo, que ante la vulnerabilidad mostrada por las monedas asiáticas, los fondos institucionales abandonaron los mercados asiáticos buscando refugios seguros.

La globalización financiera, como observamos en el capítulo anterior, sin duda tiene parte en este fenómeno. Desde 1989 que surgieron los denominados mercados emergentes, los inversionistas institucionales de *Wall Street* descubrieron cómo invertir en estos mercados y finalmente cómo obtener hasta 50% de rendimiento anual en dólares, esto es, márgenes de 1 a 10 respecto a sus propios mercados.

En este contexto, el principal problema de las economías latinoamericanas, con respecto a las asiáticas, radica en la incapacidad del PRECE para transitar hacia un nuevo modelo de industrialización que permita alcanzar los objetivos de la estabilización, sin dejar de lado el principal objetivo, el desarrollo humano, medido éste no sólo como el crecimiento del producto, sino como el incremento en la calidad de vida de la población.

La razón fundamental es que un verdadero ajuste macro-industrial no ha tenido lugar, porque el Programa de Reformas Estructurales y de estabilización macroeconómica careció de un programa de impulso a la oferta productiva y de crecimiento vía la acumulación de capital e innovación productiva que permitieran reorientar el modelo de industrialización sustitutiva a un nuevo modelo de industrialización y crecimiento abierto y competitivo en la nueva era del capitalismo globalizado.

EL RETO ESTRUCTURAL DEL PRECE

La larga marcha inconclusa y transición trunca hacia las economías de mercado e industrialización abierta en América Latina es producto de la insuficiencia de las políticas de estabilización y reforma estructural para *configurar un modelo de crecimiento sostenido y desarrollo* sustentable en los países latinoamericanos. Es necesario resaltar que el modelo de transición ha sido correcto en su dirección, que ha respondido a problemas y necesidades concretas de realidad histórica, pero ha sido incompleto en su concepción, ha tenido problemas en su instrumentación y se ha visto agraviado por la problemática de la globalización financiera. El modelo ha desembocado en una transición trunca por las siguientes razones:

Un problema de orientación

Es necesario aclarar que la causa de este proceso de transición trunca se encuentra en la imagen objetivo hacia la que hemos dirigido nuestras economías. Entre las economías estatistas y las economías neoliberales existen diversas alternativas que permiten a los agentes interactuar en un ambiente de cooperación y participación para el desarrollo de la sociedad. Dirigimos hacia economías neo liberales es errar, ya que el mercado puede cumplir sus funciones como asignador de recursos escasos en la economía, pero no puede satisfacer, debido a su miopía social, las demandas individuales de los grupos más necesitados. Nuestra propuesta se basa en una economía de mercado, pero de mercado institucional, en la que el Estado tenga un papel de promoción y la sociedad participe de manera activa dentro del desarrollo del ser humano.

Se están reconociendo los límites del mercado y que la solución difícilmente se encuentra en una profundización o segunda fase de reformas bajo el mismo enfoque y dirección. Se requiere un diagnóstico integral del problema; sin embargo, en la discusión y propuestas sobre este tema, en México y América Latina no se ha evitado caer en los extremos, y la discusión se ha posicionado en falsos dilemas. No se ha aprendido de la historia del acontecer y pensamiento económicos, cuyas posturas han polarizado los mitos y dogmas. Esto significa, para nuestro tiempo y circunstancias, pasar de un esquema de economía *estatista, donde el Estado es omnipresente, hacia una economía de mercado extremo de laissez faire,* creando un juego peligroso de péndulo, *en el que el mercado es beatificado y el Estado satanizado,* siendo dicho juego producto de la imposición de enfoques ideológicos casi "religiosos". Esta situación nos remite a considerar, en el contexto de las Tres S's la presencia de una *cuarta* S: la *sobreideologización* que polariza y obscurece el debate sobre las características del nuevo sistema económico y cuya solución implica adoptar una *cuarta D:* la *desideologización de la función del Estado y el mercado en la economía y la sociedad.*

Debemos evitar llevar el análisis a la mesa de un fundamentalismo peligroso, requerimos de una nueva economía de mercado que tenga adjetivos, que sea institucional y participativa con la presencia de una sociedad civil más proactiva y participativa y de un Estado nuevo, reformado y reinventado para enfrentar los nuevos retos del siglo XXI (ver Figura 5 en la Visión Global).

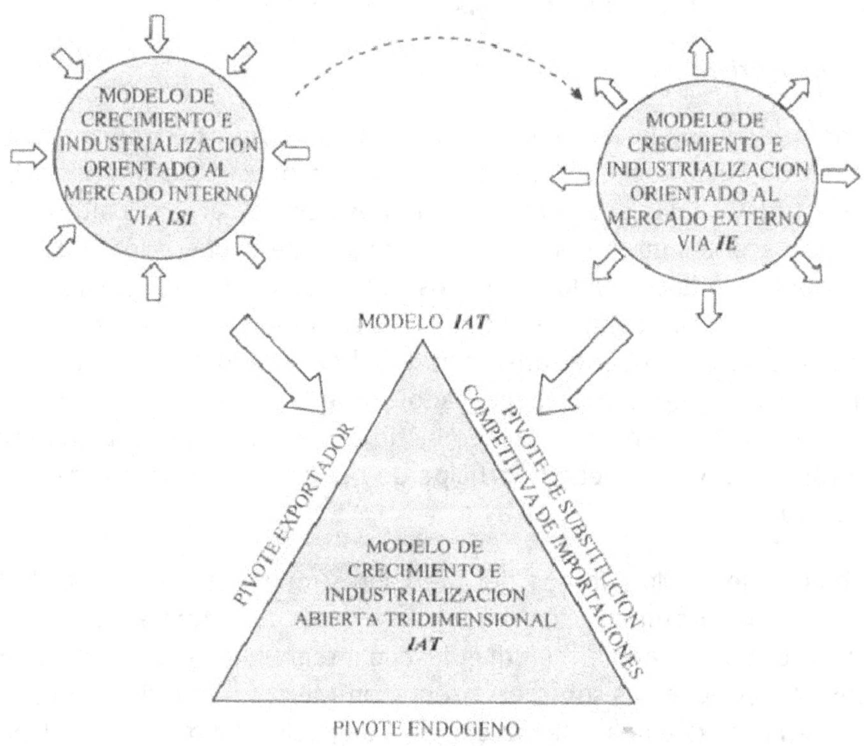

Figura 2.4

Hacia un nuevo modelo de Industrialización Abierta y Tridimensional

Una estrategia de crecimiento inadecuada:

La estrategia de industrialización es incorrecta; el reto no es transitar del modelo de industrialización sustitutiva (ISI) orientado sólo hacia el mercado interno a otro modelo de industrialización exportadora (IE) orientado sólo al exterior, el modelo debe ser de **industrialización tridimensional** (IT), (pivote exportador, de sustitución competitiva de importaciones y endógeno). Esto es, un modelo de crecimiento con apertura a la competencia internacional, donde tanto la orientación hacia afuera vía exportaciones, como la orientación al mercado interno vía la sustituciόncompetitiva de importaciones (SCI), son ambos estratégicos en la generación y ahorro de divisas y el endógeno en la formación de encadenamientos y articulaciones productivas *(linkages)* y generación de empleos".[71]

El programa de estabilización macroeconómica llevado a cabo, al utilizar el tipo de cambio (TC) como ancla antiinflacionaria, provocó el deterioro del tipo de cambio real (TCR). Dado que el TCR relaciona el índice de precios de bienes comerciables a no comerciables;[72] su rezago significa un desestímulo al nacimiento del nuevo modelo de industrialización tridimensional porque frena el desarrollo del pivote exportador y el de sustitución competitiva de importaciones, y genera un desequilibrio en la bcc.

Durante este periodo (1988-94) la propia autoridad del gobierno en la materia expresaba que "la mejor política industrial es la que no existe". Se olvidó que más allá de una política industrial proteccionista, estatista y sobrerregulada *(market enemy policies)* que selecciona sectores, ganadores y perdedores, existe una política industrial de fomento "horizontal" orientada y basada en incentivos a la inversión, al desarrollo tecnológico, a la formación de "trabajadores del conocimiento" (capital humano) e inversión en infraestructura exportadora (puertos industriales, transportes y telecomunicaciones), es decir, políticas de fomento a la competitividad *(market friendly policies),* hoy generalmente aceptadas por los países de la propia OCDE.

---

[71] Giovanni y Stumpo, op. cit

[72] $\left[TCR = TCN\, N \left(\quad \right) \right]$

TCR: tipo de cambio real,

TCN: tipo de cambio nominal,

IPc: índice de precios de bienes comerciables,

IPnc: índice de precios de bienes no comerciables.

El proceso de liberalización y apertura a la competencia internacional en esta etapa más avanzada de industrialización en los países latinoamericanos (respecto a los años 40's que inició la ISI) significa que hay que crear el pivote exportador apoyándose en el sector sustitutivo de importaciones, que sea competitivo porque el tamaño del mismo es estratégicamente más importante en la transición que el propio sector exportador; de aquí que como hemos planteado, el problema de una liberalización comercial acelerada acompañada con sobrevaluación del TCR y una política industrial pasiva genera una desarticulación industrial y el retorno a la primera etapa de sustitución de importaciones, originando el problema estructural del desequilibrio externo en el crecimiento económico.

Este retorno a la primera etapa en la que se ha destruido la planta de bienes de capital y parte de la de bienes intermedios y consecuentemente se ha desarticulado el proceso de industrialización, implica que cuando la economía incrementa la inversión, el efecto ingreso sobre el crecimiento es muy reducido, sin embargo el de la brecha de divisas es muy amplio; esto significa por otro lado que la política de ajuste macroeconómico ortodoxo de contracción y devaluación es muy efectiva como ajuste coyuntural en el corto plazo, pero cuando la economía intenta reactivarse aumentan- do la inversión, al no existir el cambio estructural (modernización y reconversión industrial a nivel microeconómico de la planta productiva), la dependencia de las importaciones aparece de nuevo, ampliando la brecha de divisas con un efecto reducido en el crecimiento económico.

En particular, es importante destacar que en la discusión sobre la orientación industrial que debe adoptar América Latina, se ha pensado en el esquema simplista de pasar *del viejo modelo de industrialización y crecimiento hacia adentro vía la 1S1, a un nuevo modelo de industrialización y crecimiento hacia afuera vía el pivote exportador.*

Esto constituye *un falso dilema,* pues también existen diversos caminos para las distintas estructuras productivas. Una solución es la *industrialización con apertura a la competencia internacional vía la industrialización abierta tridimensional,* integrada por el pivote exportador, el pivote de sustitución competitiva de importaciones, y el pivote del sector endógeno (Figura 2.4).[73]

---

73 Consultar Villarreal, R., *Industrialización, Deuda y Desequilibrio Externo en México. Un Enfoque Neoestructuralista (1929-1997),* Libro Tercero: "El Desequilibrio Externo y las Crisis Recurrentes en México (1988-1994)", FCE, México, 1997, p. 601.

Un programa de transición parcial:

Desde la perspectiva estructural e industrial, la crisis de 1994 forma parte de un fenómeno de crisis recurrentes (1976, 82, 86 y 94) producto de que el viejo modelo de crecimiento proteccionista hacia adentro vía la ISI basada en un sistema de economía estatista, ha muerto; pero no ha podido nacer un modelo de crecimiento con apertura a la competencia internacional, vía una industrialización competitiva, lo que ha provocado un proceso de industrialización trunca que no ha podido generar un crecimiento sano y sostenido. El programa económico de transición ha sido concebido de manera incompleta y parcial, basado únicamente en dos pilares, que son el programa de estabilización macroeconómica y el de cambio estructural que, siendo correctos en su dirección, son parciales y requieren de ajustes *fine tuning),* frenando el propio proceso de industrialización y nacimiento del nuevo modelo de industrialización competitiva.

El Programa Económico de Transición aplicado (de estabilización macroeconómica y de cambio estructural de las Tres D's) quedó incompleto (le faltan tres pilares) y fue ineficaz para transitar del viejo modelo (ISI) hacia un nuevo modelo de industrialización competitiva, generándose una fase de industrialización trunca y desarticulada. Las causas fundamentales son las siguientes:

El *primer pilar* del programa de transición, consistió en el "Programa Macroeconómico de Ajuste y Estabilización". Como *segundo pilar* se encuentra el *Programa de "Cambio Estructural"* que son las políticas de las Tres D's (desproteger, desregular y desestatizar) tendientes a *reorientar el sistema económico de una economía mixta estatista a una nueva economía de libre mercado,* y a *cambiar el modelo de crecimiento e industrialización proteccionista y cerrado,* a otro con *apertura a la competencia internacional.* El supuesto es que esto creará mercados eficientes, los cuales guiados por la mano invisible de los precios internacionales (se supone implícitamente que reflejan el costo de oportunidad correcto para el país), lograrán el crecimiento sostenido con pleno, empleo y mejorar la distribución del ingreso.

Estos dos programas de políticas económicas que conforman la experiencia mexicana, y en gran medida la latinoamericana, son partes *necesarias* del Programa de Transición para pasar al nuevo modelo de industrialización y crecimiento con apertura a la competencia internacional, pero no son *suficientes;* son *programas parciales en la dirección correcta,* empero presentan limitaciones ya que requieren estar enmarcados en un *enfoque integral de la eficiencia y un programa más amplio de desarrollo de largo plazo.*

En particular, el modelo de transición no debe componerse solamente de dos pilares, sino de cinco, incorporando los programas de: fomento a la oferta productiva a nivel microeconómico y mesoeconómico, el de crecimiento económico y el de desarrollo sustentable y combate a la pobreza.

- El *programa de fomento a la oferta productiva* a nivel microeconómico y me so económico a través de políticas de competitividad.

  En países como el nuestro, con problemas a nivel microeconómico, como la incapacidad de la planta productiva de responder ante cambios de la demanda, cuellos de botella, falta de mano de obra calificada, problemas financieros, etc., es necesario fomentarla por medio de políticas de competitividad para superar dichas inelasticidades.

  Paul Romer ha dicho, "... para desarrollarse exitosamente, los países deben estar abiertos a nuevas ideas y capturar los beneficios de las últimas tecnologías. El único camino lógico es adoptar el libre comercio y promover la inversión mediante grandes corporaciones. Estas compañías van a proveer el conocimiento necesario de la organización industrial, mercados internacionales y diferenciación de productos para permitir a las naciones en desarrollo convertirse en verdaderos jugadores globales".[74] Romer acierta en la importación de conocimiento en la innovación productiva. Sin embargo, se equivoca al subestimar la capacidad de los países en desarrollo con otro sistema de aprendizaje, tanto a nivel microeconómico de la empresa (organizaciones de continuo aprendizaje y creación de conocimiento productivo) y a nivel mesoeconómico con el desarrollo de la infraestructura tecnológico de la información.

  En este contexto, la innovación productiva puede darse en países en desarrollo, fomentándose los distintos niveles de competitividad (ver Figura 7 en la Visión Global):

a) En el nivel microeconómico requerimos de un nuevo enfoque de empresas competitivas, de una nueva cultura productiva que incluya a su vez un nuevo enfoque de política gerencial basado en organizaciones de continuo aprendizaje y creación de capital intelectual, y por el otro lado, de un nuevo enfoque y políticas laborales, basados en mano de obra productiva y la inversión en capital humano, y no en el viejo mito de la mano de obra barata. "Las organizaciones aprendientes, para poder crear conocimiento productivo e innovar, deben tener un nuevo enfoque, al que hemos llamado TACA, es decir, trabajar, aprender,

[74] Kelly, Kevin. "The Economics of Ideas", *Wired*, Issue 4.06 - junio, 1996.

crear, y aplicar.[75] La creación del conocimiento productivo es la base de la innovación. El trabajador del conocimiento (capital humano) es aquel que se apoya en los recursos a su alcance (capital sistémico) y en los métodos resultado del continuo aprendizaje (capital organizacional) para generar capital intelectual, que es la base de la competitividad en la era del conocimiento. El capital intelectual genera rendimientos crecientes, es decir, podemos incrementar la productividad de las empresas sin incrementar el capital financiero de inversión, o bien, de infraestructura, favoreciendo al capital humano a través del enfoque de aprender haciendo y aprender interactuando *(learning by doing* y *learning by interacting),* y por medio del conocimiento compartido transformando la empresa en aula. Requerimos dejar atrás el enfoque de suma cero y cambiarlo por un enfoque de suma positiva.

Sin embargo, no basta que la empresa sea competitiva en el nivel microeconómico sino que también es necesaria la competitividad en los demás niveles.

b) En el nivel mesoeconómico, se requiere de una infraestructura física, de telecomunicaciones, puertos industriales, transportes y tecnología. Se requiere también de una infraestructura humana apoyada en un sistema educativo nacional, en un sistema nacional de educación tecnológica y en un *sistema nacional de innovación* (Figura 2.5). Por último, es necesaria una infraestructura financiera más congruente con las necesidades de las empresas en lo particular, y de la economía nacional en lo general, apoyada de un sistema bancario y financiero competitivo que fomente efectivamente el desarrollo productivo. Un buen ejemplo de lo anterior, es lo que el gobierno japonés ha hecho a través del *Ministry 01 Port and Telecommunications* (MPT) y el *Ministry of International Trade and Industry* (MITI). El MITI por un lado, genera un ambiente de competencia sana para evitar las prácticas derivadas de la estructura tradicional japonesa, promoviendo esquemas más flexibles acordes con la competencia global y desarrollando el concepto de redes, no sólo como herramientas de los mercados ya existentes, sino como un medio de creación de mercados. El MPT por su parte, es el encargado de proveer la infraestructura física demandada por las empresas japonesas.[76]

---

[75] Villarreal, René, *Empresas Competitivas Sus/entables en la Era del Conocimiento,* en prensa

[76] *Employment and Growth in the Knowledge-Based Economy,* OECD, 1996

c) A nivel macroeconómico, como veremos con mayor detalle posteriormente, requerimos de una demanda sostenida que genere un crecimiento estable del 6% anual del PIB, de un tipo de cambio real competitivo, y de un financiamiento competitivo para el capital de trabajo e inversión en capital físico, humano e innovación productiva.

Figura 2.5

Sistema Nacional de Innovación Productiva

a) Por último, aún cuando las condiciones de competitividad estén dadas a nivel empresa, con infraestructura, y con condiciones macroeconómicas estables y por tanto favorables, aún existe un nivel al que se debe poner atención, y éste es el nivel externo. Para favorecer la competitividad de las empresas y así fortalecer la economía nacional, es necesario un programa activo y preventivo ante prácticas de competencia desleal.

- El Programa de Crecimiento Económico Sostenido.

Para crecer un país requiere incrementar los niveles de inversión o un sistema nacional de innovación que permita con los mismos factores incrementar la productividad. El incremento del producto está en función del trabajo (L), el capital (K) y la productividad Pt.

Pero en la actualidad no existe un modelo de acumulación de capital y de financiamiento al desarrollo. El deterioro de las tasas de inversión y ahorro interno muestran claramente la necesidad de nuevos esquemas que incentiven la inversión productiva por encima de la financiera y especulativa. En México, la tasa de inversión bajó de 27 a 22% de 1982 a 1994 y la tasa de ahorro de 22 al 15%, mostrando el deterioro del modelo de crecimiento y acumulación de capital y desapareció la banca de desarrollo y la banca de inversión privada no existe y está saliendo de la quiebra.

Hay que fomentar el ahorro de las empresas y trabajadores por medio de esquemas como los fondos de pensión, permitir que el actual madure (2% del PIB) hasta alcanzar los niveles de 15% sobre el PIB, que muestra la región asiática. Y hay que incentivar la reinversión de utilidades de las empresas.

$$\frac{MIB}{PIB} = f(L\ K\ Pt)$$ ".

Además de la reforma al sistema bancario y financiero que sigue siendo el sector más rezagado (por debajo de la agricultura, inclusive) y el gran cuello de botella para retomar el crecimiento sostenido. Los altos costos de intermediación y la incapacidad de canalizar el ahorro privado a la inversión productiva evidencian la urgente necesidad de una nueva banca de inversión y desarrollo que capte el ahorro privado y lo transforme en inversión productiva de largo plazo.

La productividad es la otra fuente de crecimiento que requiere de un Sistema Nacional de Innovación a nivel de país y de empresa (que sustituya el viejo enfoque de ciencia y tecnología) que ahora en la era del conocimiento tiene como factor estratégico al capital intelectual que requiere de organizaciones aprendientes y de una infraestructura pública del conocimiento.

- El Programa de Desarrollo Sustentable y Combate a la Pobreza.

Es indispensable detener el uso irracional de los recursos, tanto renovables como no renovables. Debemos crear programas que coadyuven a la creación de una conciencia ambiental, para de esta manera pensar en el desarrollo como un objetivo auto-sustentable y no auto-limitante, como lo plantean las prácticas actuales, tanto de las industrias manufactureras como agrícolas, forestales y pesqueras.

El quinto pilar de la transición debe, a su vez, contemplar un programa consciente de las necesidades de la población. No podemos seguir presionando el sistema, porque de seguir así, las demandas insatisfechas explotarán en exasperación y violencia. El programa debe atender a la alimentación, la educación y la salud (como el caso del PROGRESA en México) con un enfoque de *asignación directa* de recursos.

Una instrumentación incorrecta

La liberalización comercial acelerada, que llevó a un nivel promedio arancelario de 10%, al ser acompañado de una sobrevaluación del tipo de cambio de alrededor de 40%, originó una *desprotección neta* a la industria de casi 30% y, por lo tanto, una *desarticulación industria.* En otras palabras, una sobrevaluación cambiaria del tipo de cambio real con una apertura ineficiente y ante la ausencia de una política industrial activa de modernización a nivel micro y mesoeconómico, han originado por un lado un freno al nacimiento del nuevo modelo industrial competitivo y por otro un sesgo **proimportador** y desarticulador de las cadenas productivas.

Cuadro 2.4
La Desprotección y Desarticulación Industrial en México (1994)

Liberalización Comercial	+	Sobrevaluación del tipo de cambio	+	Política Industrial Activa	+	Desprotección Neta	=	Desarticulación Industrial
							=	Déficit comercial
10%		-40%		0%		-30%	=	Sesgo proimportador

Como lo han expresado Ffrench – Davis y Agosin[77]

> *"Para que una reforma comercial sea exitosa* es *preciso que el valor agregado por la creación de nuevas actividades sea mayor que el 'desagregado ' por la destrucción de ellas, lo que implica que el aumento de*

[77] Ricardo Ffrench-Davis y Agosin Manuel R., "La Liberalización Comercial en América Latina", *Revista de la CEPAL*, núm. 50, agosto de 1993, Santiago de Chile.

las exportaciones sea mas significativo que la baja en la sustitución de importaciones,[78] *que las exportaciones arrastren positivamente al resto de la economía, lo que está asociado a la diversificación y valor agregado que ellas tengan, y que la competitividad internacional se logre con aumentos continuos de la productividad en vez de salarios bajos y subsidios o exenciones tributarias crecientes.*

"Por eso se hace indispensable que la apertura evite la destrucción indiscriminada de la capacidad instalada existente y que permita una efectiva reconversión productiva, que vaya acompañada de un cambio sostenido y creíble de los precios relativos en favor de la producción de bienes exportables, y que perfeccione o cree los mercados e instituciones requeridos para la mejora persistente de la productividad, a través de la capacitación laboral, el mejoramiento de la infraestructura, los incentivos a la innovación tecnológica, el desarrollo de un mercado de capitales de largo plazo o canalizado hacia la inversión productiva, y el fortalecimiento de la capacidad para negociar el acceso a mercados externos. Por lo general, este criterio no ha privado en los países latinoamericanos que se han lanzado a la liberalización comercial, ya que la mayoría de ellos lo han hecho sin elaborar una estrategia de apertura".

Por otro lado, el proceso de liberalización financiera y las políticas monetarias y financieras originaron un deterioro en la tasa de' ahorro interno que frenó el proceso de acumulación de capital y crecimiento económico, el cual no fue compensado por un nuevo sistema de innovación tecnológica que elevara la productividad. Las políticas bancarias de fomento al consumo, aunados a la virtual inexistencia de una banca de desarrollo, originaron una caída de la tasa de ahorro del 21 % al 16% del PIB. El proceso de liberalización financiera, por su parte, permitió la entrada de capitales extranjeros que compensaron la caída del ahorro interno en lugar de incrementar la tasa de formación bruta de capital para generar el crecimiento requerido por las necesidades de nuestra economía.

[78] "Esto no significa que la sustitución de importaciones deba ser desechada. Mientras más grande sea el mercado nacional, mayor será el ámbito potencial de la sustitución de importaciones. Esto se refleja en que las exportaciones de países como los Estados Unidos y Japón sólo representan entre 10 y 15% de su PIB, respectivamente. Lo que no es novedoso es la nueva estrategia de desarrollo que se está perfilando en la insistencia en que las empresas productoras de bienes y servicios, ya sea para los mercados nacionales o para los internacionales, deben tornarse cada vez más competitiva durante el periodo de aprendizaje. Esto se logra, en parte, con la exposición a la competencia externa y el cumplimiento de metas de exportación, inversión y desarrollo tecnológico".

El creciente déficit en la balanza de cuenta corriente y el aumento en la necesidad de capital extranjero, generaron el fenómeno de capital yatrogénico, es decir, la entrada de capitales no destinados a la inversión productiva ni al desarrollo tecnológico, sino al pago de intereses y dividendos. El capital externo inicialmente financia el déficit de bcc, pero posteriormente lo acentúa al tener que pagar los intereses y dividendos de dicho capital, del cual casi dos terceras partes eran de corto plazo, y dejaba abierta la vulnerabilidad de la economía por la volatilidad del capital. En este contexto, entraron al país 100 mmd de capital externo para financiar el déficit en la bcc, pero 66 mmd retornaron para el pago de intereses y dividendos. El costo alternativo de la entrada de capitales por destinarse al consumo y no a la inversión, fue el freno del modelo de crecimiento, porque no se promovió al aparato productivo, lo cual culminó en el paro de la economía en 1995. El capital extranjero es útil para complementar la necesidad de ahorro externo de la economía para financiar la inversión, pero cuando éste se toma especulativo, el perjuicio supera los beneficios momentáneos que genera.

Por último, debemos precisar que el enfoque de la eficiencia en la asignación, es estrecho y debe ser complementado por una visión más integral. La eficiencia de una economía no se puede medir simplemente en tomo a cómo asigna los recursos. Se debe observar la capacidad de la economía para generar crecimiento económico con pleno empleo de los recursos existentes; para crear in novación productiva que permita el crecimiento de largo plazo; para disminuir los costos económicos, los de producción, minimizando los de operación o transacción; para producir el bienestar de la población sin comprometer el de las generaciones futuras; y sobre todo para disminuir al máximo la brecha de la inequidad distributiva.

Además debemos recordar, el tópico tratado el capítulo anterior, la transformación global de la economía. El proceso de globalización complica el manejo de las políticas económicas nacionales ya que la nueva dinámica del mundo de la economía y los negocios, sobre todo la del sistema financiero internacional, confunde los objetivos nacionales. La liberalización no debe ser a ultranza, es preciso recordar el punto ciego de la globalización, la globalización financiera. La elevada interdependencia entre los mercados financieros implica que además de las políticas y programas de transición, es necesario incrementar las medidas de prevención dentro del sistema financiero.

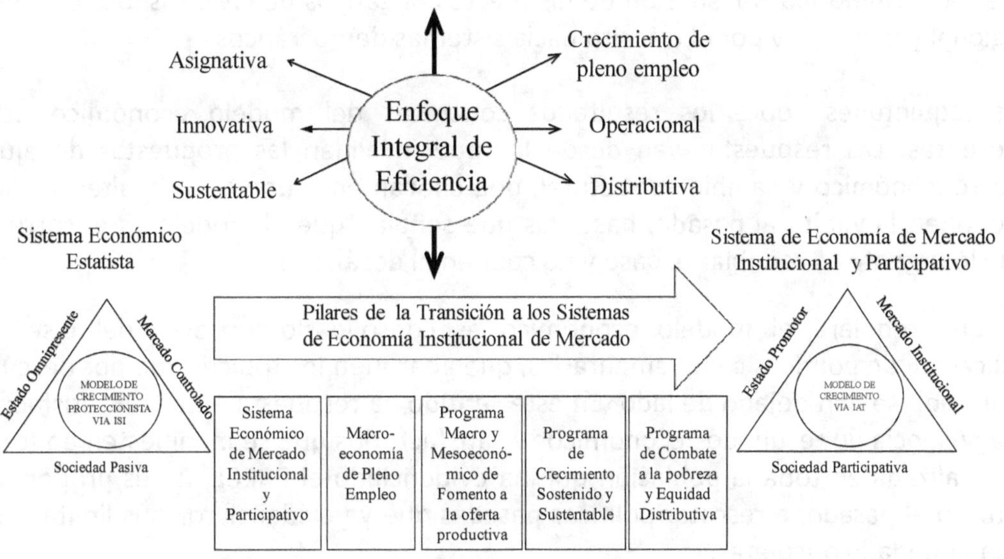

Figura 2.6

Hacia un Modelo de Transición Sistémico y de Eficiencia Integral

Debe destacarse que la transición no se da solamente en los sistemas económicos, sino que los sistemas políticos están atravesando por un profundo proceso de transformación hacia sistemas políticos abiertos y democráticos. Y esta transición implica cinco pilares que puedan promover un sistema de gobierno libre y democrático que sea el garante de los derechos de la nueva sociedad civil.

En síntesis, se transitó, por un lado, de un sistema económico mixto con predominancia del Estado a un sistema económico de *laissez faire,* y por otro, de un modelo de Industrialización Sustitutiva de Importaciones proteccionista, estatista y sobrerregulado con sesgo antiexportador a un modelo de **industrialización trunca** con sesgo pro importador por las políticas aplicadas y por la falta de un programa integral de transición. Este cambio de modelo ha generado un proceso de crisis recurrente por la liberalización acelerada, sobrevaluación cambiaria, ausencia de una política de fomento industrial, tecnológico y de recursos humanos activa y ha provocado la desarticulación industrial y finalmente el déficit en la balanza de cuenta corriente. La política de devaluación y recesión ha sido efectiva en el corto plazo, pero al recuperarse el crecimiento e incrementarse la inversión, se genera un efecto ingreso reducido; de ahí que la tasa de crecimiento promedio del sector industrial observe un comportamiento inestable, no alcance la mitad de la tasa histórica y el proceso de crisis externas recurrentes no pueda ser superado. El sistema económico es complicado además por el proceso de globalización financiera que ha permitido la transmisión de los efectos negativos de las crisis locales a nivel regional y mundial; y por el tránsito hacia sistemas democráticos.

Las inquietudes sobre los resultados concretos del modelo económico están presentes. Las respuestas van desde las que invalidan las propuestas de ajuste macroeconómico y cambio estructural, que chocan ante un vacío de alternativas y proponen la vuelta al pasado, hasta las que señalan que el modelo es el correcto, que lo urgente es redoblar el paso y no caer en el desánimo.

Lo que requiere el modelo económico es consolidarlo a través del diseño y aplicación de políticas complementarias, que abarquen los tópicos que por descuido u omisión se han dejado de lado. En este sentido, la respuesta ante la insatisfacción y la ausencia de resultados económicos y satisfactorios que se manifiesten en forma generalizada en toda la población que ha evidenciado el PRECE, no es proponer el retorno al pasado, a rescatar políticas pasadas que ya evidenciaron sus limitaciones y han quedado obsoletas.

La salida, por lo tanto, no es una profundización de las reformas estructurales o un PRECE II como plantea el Banco Mundial. Las políticas propuestas y aplicadas en el modelo de transición son correctas en su dirección, su pertinencia es adecuada, sin embargo son incompletas porque requieren ser complementadas con dos elementos:

Un proceso de toma de decisiones en política económica de sintonía fina (*fine tuning)* para su sincronización y ajuste adecuado en el uso y asignación eficiente de los instrumentos idóneos.

Un enfoque integral de política económica más sistémico que incorpore los siguientes aspectos:

- Una visión integral de las eficiencias económicas con criterios que vayan más allá de una visión que reduce a la eficiencia a un problema meramente de asignación de recursos. En el capitulo 5, "el modelo de transición replanteado, hacia un modelo sistémico e integral" se analiza con profundidad este aspecto, abordando los diversos criterios de eficiencia como la smithiana (asignación de recursos), schumpeteriana (innovativa), keynesiana, (crecimiento y pleno empleo), operacional, distributiva y sustentable.

- Que se amplíe y complemente el programa económico de transición para garantizar un crecimiento económico sustentable con una distribución equitativa de sus beneficios.

Las preguntas ante este complejo proceso de transición son concretas ¿el modelo aplicado es incorrecto? ¿Responde a las necesidades y circunstancias propias de la región? ¿En realidad los beneficios económicos y sociales tan esperados se presentarán en el mediano y largo plazos?

SEGUNDA PARTE

Evolución del Mundo de las Ideas Económicas al Fin del Milenio

Capítulo 3

De la Crisis del Paradigma Neokeynesiano y Estructuralista a la Ola Neoliberal

Hacia un Enfoque de Economía Política Internacional

"Las ideas son más peligrosas que los intereses creados".

John M. Keynes

"La más grande empresa de la mente, ha sido y será siempre el intento por conectar las ciencias y las humanidades. La creciente fragmentación del conocimiento y el caos resultante en la filosofía no son reflexiones del mundo real sino artificios académicos".

*Edward O. Wilson**

"Es necesario escapar de la trampa que siempre estableció la primicia conceptual de lo ideológico-estatista versus antiestatista sobre lo instrumental —estructuras, organización, legislación, administración—. Esta trampa se caracterizó por un error compartido por ambos contendientes. Estatistas y antiestatistas concibieron al Estado como un instrumento de poder".

*John Eatwell***

"Las reformas orientadas al mercado no generan condiciones que conducen al crecimiento. La teoría económica neoclásica tiene muy poco que decir acerca del crecimiento ... En el estado actual de la teoría económica no se sustenta la conclusión de que los mercados competitivos sean suficientes para asignar eficientemente los recursos y generar crecimiento. Si se toma la teoría de mercados incompletos con asimetrías en la información, o la teoría de crecimiento endógeno con rendimientos constantes a un solo factor o externalidades, o la teoría de intercambio no walrasiano, se encontrarán argumentos neoclásicos que sugieren que es necesaria alguna intervención del Estado para el crecimiento. La noción de que el mercado por sí solo puede asignar eficientemente los recursos escasos es retórica pura ".

*Adam Przeworski****

* Wilson, Edward O. "Back from Chaos", *The Atlantic Monthly,* marzo de 1998 p. 41-60.

** Eatwell, John, "Instituciones, Eficiencia y la Teoría de la Política Económica", *Crecimiento Económico y Empleo,* Colección "Ideas para la Cultura de la Democracia", Luis Angeles, *et. al.,* (coord.), noviembre de 1994, pp. 75-93.

***Przeworski, Adam, "The Neoliberal Fallacy", en Diamond, Larry and Marc Plattner (editores), *Capitalism, Socialism, and Democracy Revisited,* The John Hopkins University Press, 1993

Introducción

Estamos viviendo un capítulo de la historia de la humanidad en el que la realidad se transforma y cambia de manera más rápida e intensa, comparado con los períodos históricos precedentes. Al abordar este tema, el historiador Erick Hobsbawm afirma que los cambios de estas últimas décadas superan a los que se registraron en varios siglos. Pero lo importante no es la velocidad del cambio por sí sola, sino cómo la realidad está cambiando más rápido que el mundo de las ideas; esto da como resultado nuestro desconocimiento de las causas que determinan el funcionamiento del mundo de la globalización. Existe, por lo tanto, un desfasamiento entre el mundo real y el mundo conceptual que busca atraparlo e interpretarlo. Esto ha llevado a una crisis en la visión del pensamiento económico moderno, como lo han planteado recientemente Heilbroner y Milberg.[79]

El mismo proceso de globalización es sujeto de un profundo debate sobre su pertinencia, sus tendencias y consecuencias para la humanidad; afloran las perspectivas idealistas y optimistas sobre la globalización y, ante el cúmulo de avances e impactos de la informática, la globalización aparece como la gran panacea de la humanidad. Otros ven con pesimismo a la globalización, alertan sobre la configuración de un mundo que actúa sin barreras, sin respeto a formas de vida y culturas de naciones y pueblos que no son funcionales en estos nuevos procesos económicos de la globalización, y que crean grandes distancias entre los pudientes y los marginados.

Entre ambas perspectivas, es claro que la globalización de los mercados es **un** hecho real e independiente de la ideología neoliberal, pero a pesar de la creciente y abundante literatura, en realidad no sabemos plenamente cómo funciona. Esto es más evidente cuando a la luz de las recientes crisis financieras de los mercados asiáticos de 1997 y 1998, hemos sido incapaces de ofrecer cursos alternativos de acción y las crisis financieras mundiales se han vuelto recurrentes.

---

[79] Ver el artículo de J. Ayala Espino, "¿Existe una Crisis de 'Visión' en el Pensamiento Económico Moderno?", *Economía Informa,* núm. 263, diciembre 1997-enero 1998, pp. 109-110, Facultad de Economía, UNAM.

En el terreno estrictamente de la ciencia económica, es evidente que los paradigmas neokeynesiano y estructuralista (en la perspectiva del pensamiento latinoamericano) se quedaron atrás en sus capacidades explicativas y predictivas. Esto ha impactado a los centros e instituciones donde se toman las decisiones y se observa con perplejidad e impotencia cómo las recetas económicas tienen un efecto limitado y a veces contraproducente.

El uso y abuso del Estado, que se promovió tanto en el enfoque neokeynesiano, como en el neoestructuralista, generó un Estado yatrogénico; en economías estatistas con mercados cerrados a la competencia internacional quedó atrapado y fue incapaz de responder a la necesidad de pasar a un nuevo Estado en un nuevo mercado globalizado. Ante esta situación, la "solución" ha sido la de retornar a viejas recetas, al inventario del pensamiento económico fundamentado en la corriente neoclásica, o del neoliberalismo, que no representa una propuesta original y renovada del pensamiento económico, sino que trata de mirar e interpretar a la realidad del siglo XXI con la herramienta conceptual del siglo XIX; éste es el fenómeno de la contrarrevolución neo liberal.

Hoy más que nunca urge encontrar un nuevo paradigma económico que incorpore una nueva visión del mundo con las mercados globalizados, el dinero electrónico en la era del conocimiento y. el cambio del *ceteris paribus* al *mutatis mutandis,* nuevos elementos de lo que llamamos una **economía política internacional e institucional,** a partir de una nueva economía institucional, con un Estado reformado y una sociedad participativa.

El final del segundo milenio es un momento histórico en el que, por la velocidad y complejidad del cambio, el mundo real supera al mundo de las ideas. La ciencia política-social y el pensamiento económico, que han sido determinantes en la orientación y construcción de las sociedades, enfrentan este riesgoso rezago porque son la lente a través de la cual se diagnostica la evolución de la sociedad y se generan las prescripciones de política económica para reorientarla o cambiarla a través de la acción directa del propio Estado y de la sociedad, e indirecta a través del mercado.

Para analizar las acciones de los diferentes actores económicos, esto es, la política económica, existen dos elementos necesarios en el examen: la teoría y el modelo conceptual detrás de dicha política y la ideología predominante de los ejecutores de éstas. Esto por sí mismo no es un problema; sin embargo, al paso del tiempo existe el peligro que los paradigmas se conviertan en dogmas, en un velo que no permita vislumbrar el cambio y obscurezca la percepción de la realidad. Los mitos ideológicos pueden convertirse en una cortina que ensombrece el entendimiento y puede ser un obstáculo para el progreso.

La crisis paradigmática se presenta cuando estos velos intentan ajustar la realidad al modelo mental, en lugar de ajustar y cambiar el modelo, y que éste 'se adecue a las nuevas condiciones de la realidad.

Las economías nacionales no solamente enfrentan al complejo mundo real de la globalización, la hipercompetencia y el cambio tecnológico en la era del conocimiento e información, sino que también tienen que enfrentar el mundo de las ideas que, en lugar de ser un instrumento de cambio que permita visualizar la complejidad del problema para poder anticiparlo, se convierte en un velo que distorsiona la interpretación del mundo real.

Lo que hemos observado en los últimos años en los países desarrollados, es que el paradigma dominante en el pensamiento económico ha sido la síntesis neoclásica-neokeynesiana, que nació en 1936 con la revolución keynesiana, entró en crisis en los años 70's y abrió las puertas para la ola neoliberal. En América Latina este paradigma estuvo vigente hasta principios de los años 80's en la forma del modelo estructuralista que planteaba el desarrollo económico y la industrialización hacia adentro vía la industrialización sustitutiva (ISI), que fue efectivo, pues permitió que se alcanzara, desde 1945 hasta principios de los 80's, una tasa de crecimiento promedio superior a 6%. El agotamiento de este modelo se hizo evidente con la crisis de la deuda externa de 1982.

A pesar de que ambos enfoques fueron objeto de severas críticas, es importante señalar que tuvieron un saldo positivo al final. El enfoque neokeynesiano permitió el desarrollo del Estado de bienestar para atender los ciclos depresivos de la economía y sus secuelas, principalmente el desempleo y la caída del consumo. Las políticas de crecimiento y desarrollo derivadas de este enfoque permitieron a los países desarrollados vivir una *edad de oro* a lo largo de tres décadas. Por su parte, en América Latina con su enfoque estructuralista y de industrialización sustitutiva, el Esta- do también tuvo un papel importante, podemos decir que tuvo su *edad de oro del desarrollo estabilizador y el milagro mexicano* de 1955 a 1970.

En América Latina, el modelo de industrialización y crecimiento hacia adentro, inspirado en la teoría de Raúl Prebisch de la CEP AL, planteaba que, de continuar la región con el modelo primario exportador, las posibilidades de desarrollo económico, de crecimiento sostenido y de acceso a la tecnología y a los mercados internacionales, eran muy limitadas; y que debido al deterioro de los términos de intercambio se abriría una brecha con respecto al mundo industrializado. La propuesta era clara, se requería una política de actividades industriales que promoviera la industria y abandonara el modelo primario exportador. Sin embargo, la industria no podía aparecer de manera espontánea. El enfoque estructuralista planteaba que era necesario desarrollar una política deliberada de promoción y de fomento a la industria para romper los cuellos de botella en infraestructura, proteger a las industrias nacientes y establecer un marco institucional en educación y tecnología.

El modelo fue efectivo y tuvo su *edad de oro,* durante el período 1945-80, cuando crecimos con tasas superiores a 6% promedio anual, que no hemos podido recuperar. Sin embargo, con tan sólo unos años de diferencia, se agotaron los motores del crecimiento económico, primero en los países desarrollados, y después en América Latina (Cuadro 3.1).

Con la crisis de la deuda externa de 1982, se inició la llamada *década perdida* en América Latina, durante la cual llegó la ola neo liberal promovida y avalada por el Consenso de Washington, el cual ha impulsado a la región a un nuevo modelo de economía con mercados libres, abiertos y privatizados. No obstante, en estos últimos 15 años América Latina no ha podido recuperar las tasas de crecimiento histórico, mientras que los países industrializados sí lo han hecho. En los países del Sudeste Asiático, que en los años 60's partían de una posición de atraso mayor que la de América Latina, han logrado consolidarse como potencias industriales intermedias con gran dominio de los mercados mundiales de manufacturas.

Es fundamental entender el mundo de las ideas, porque es a través de la lente de la teoría y de la ideología que se analiza, evalúa y percibe el mundo real. La teoría como modelo de simplificación permite comprender lo fundamental de la realidad, pero en ocasiones distorsiona y crea un velo sobre la misma porque la simplifica de manera tal, que elimina los supuestos fundamentales para explicarla, y cuando la ideología los convierte en mitos o dogmas se vuelven los verdaderos enemigos de la verdad, como dice J. F. Kennedy.

Uno de los problemas fundamentales en el análisis de las ciencias económicas y sociales en el mundo contemporáneo es que se han venido desarrollando a través de un enfoque de especialización, cada vez más fragmentado. Sin embargo, la realidad es que las economías actuales son cada vez más interdependientes, y su comprensión requiere una visión integral de los problemas que no será posible lograr con el actual enfoque fragmentado. Hoy en día, por ejemplo, la interdependencia provoca que una crisis de gobernabilidad del presidente Yeltsin, al ocasionar una baja en la bolsa de valores de Nueva York y generar consecuentemente una caída de la bolsa de valores de México, conduzca a un aumento de cinco puntos porcentuales de la tasa de interés doméstica. Así, el mismo día que sucede una crisis en el parlamento ruso el campesino chiapaneco tiene que pagar más por su crédito.

Este fenómeno es equivalente al de los médicos especialistas en cirugía micro láser del corazón, cuyos pacientes fallecen por problemas respiratorios o de anestesia por falta de conocimiento integral del cuerpo humano; por carecer estos médicos muy especializados de un enfoque sistémico para entender como se interrelacionan todos los sistemas: el circulatorio, el respiratorio, el nervioso central así como el resto de los sistemas. Así, el desarrollo fragmentado del conocimiento nos lleva hoy en día cada vez más a la necesidad de "médicos generales" de las ciencias sociales, en lugar de especialistas.

Es por lo anterior que en la actualidad existe la necesidad de un enfoque más sistémico en economía; de un sistema de economía política internacional e institucional. Como señala Wilson, no es que la realidad del mundo se haya fragmentado, sino todo lo contrario. El mundo es cada vez más interdependiente. En realidad, es la ciencia lo que ha fragmentado el conocimiento para tratar de entender y explicar el mundo real. Por ello es que actualmente tenemos un conocimiento parcial de las cosas y no somos capaces de entender cómo funciona el sistema en su totalidad.

Cuadro 3.1

América Latina: Tasas Medias Anuales de Crecimiento del PIB

	1945-1980	1980-1990	1990-1995
América Latina	5.6	1.2	2.6
Argentina	3.1	-1.5	5.3
Brasil	6.9	1.9	2.3
Colombia	5.2	3.5	3.6
Costa Rica	6.7	2.1	4.0
Chile	3.6	2.7	7.2
Ecuador	6.8	2.1	3.5
México	6.7	1.2	0.9
Perú	5.1	-1.0	5.5
Uruguay	2.6	-0.4	3.4
Venezuela	6.7	-0.2	2.8

Fuente: CEPAL, División de Desarrollo Productivo y Empresarial.

En este capítulo veremos, en primer lugar, la importancia de la teoría. Según Keynes, son más importantes las teorías que los intereses creados. En segundo lugar, la importancia de los modelos teóricos que ayudan a comprender la realidad simplificándola. Y en tercer lugar, cómo éstos pueden convertirse en una camisa de fuerza que aprisiona a los hacedores de política en los modelos teóricos y los paradigmas de la ciencia económica porque son modelos con supuestos irreal es que intentan que la realidad se ajuste a ellos forzosamente.

¿Qué es un paradigma? Es el modelo de análisis y evaluación construido por "valores científicos universalmente reconocidos que durante un tiempo constituyen problemas y soluciones modelo para una comunidad de practicantes de una profesión" ... [que son]... "un sólido sistemas de compromisos conceptuales, teóricos, instrumental es y metodológicos... " [y que] " ... representan los métodos, los problemas y los tipos de soluciones aceptados por una comunidad en una época determinada".[80]

Cuando la realidad entra en crisis y el paradigma no la explica, éste deja de tener validez; pero sólo muere hasta que surge otro modelo teórico que sí explica la nueva problemática y surge lo que, en términos de Kuhn, se puede denominar como revolución científica. Enfrentamos la crisis del paradigma neokeynesiano cuando en los 70's, los países avanzados sufrieron la estanflación y en 1982 la crisis de la deuda externa acosó a América Latina. El paradigma neokeynesiano y el modelo desarrollista de la industrialización sustitutiva estructuralista entraron en crisis; sin embargo, no ha surgido un nuevo planteamiento, un nuevo paradigma que se convierta en una revolución científica. Lo que surgió fue la ola neo liberal, que no llegó a constituirse en paradigma, porque no fue aceptado por toda la comunidad científica. Se regresó simplemente al liberalismo clásico, vestido bajo el nuevo ropaje del neoliberalismo, la ola neoliberal que ha entrado en su propio proceso de auge y ocaso durante los últimos años, al mostrar sus limitaciones.

En este contexto, es importante analizar cómo entró en crisis el paradigma neokeynesiano en los países avanzados en los 70's y el estructuralista en los países de América Latina en 1982; cómo entró el cambio de reformas económicas sintetizado en el Decálogo del Consenso de Washington, y cómo la ola neo liberal se montó en este proceso de crítica, para ubicarse el gran triunfador en la ciencia económica y ostentarse como el paradigma dominante.

---

[80] Shapere, Dudley, "El Concepto de Paradigma", en *Análisis y Aplicación de los Paradigmas en Economía,* de Antonio Schneider e Ignacio Llamas, Trillas, México, 1981, p. 11.

El primer elemento de cambio para el nuevo modelo de transición es entender que hay una crisis de paradigmas, que la ola neo liberal es una receta que tiene su prescripción de política, teoría y su ideología muy limitadas. Independientemente de la teoría, la globalización de los mercados es la que hace necesario jugar al mercado, pero no al del modelo de competencia perfecta que establece la mano invisible y el modelo clásico neo liberal, sino al verdadero mercado con redes de intercambio basadas en estructuras de competencia oligopolísticas, mercados imperfectos y en un sistema financiero altamente volátil y especulativo. Necesitamos un marco teórico realista que enfoque, no al mercado o modelo ideal de la competencia perfecta de los libros de texto, sino al de la nueva estructura de organización industrial oligopolística de grandes conglomerados.

Tenemos que ver hacia dónde dirigimos. La primera barrera que hay que eliminar para buscar el nuevo camino del crecimiento sostenido y el desarrollo de América Latina son todos los paradigmas mentales, modelos ideológicos y teóricos que distorsionan la realidad y frenan la visión y el entendimiento de ésta y, entonces, debemos caminar hacia un enfoque más sistémico del desarrollo de la economía y de la eficiencia integral.

LA EVOLUCIÓN Y CRISIS DE LOS PARADIGMAS NEOKEYNESIANO Y ESTRUCTURALISTA

En la economía podemos enfocar el análisis sobre los paradigmas económicos en el presente siglo en tres momentos históricos: 1) la Gran Depresión de 1929, crisis del paradigma neoclásico; 2) la *edad de oro* del capitalismo, que a partir de la postguerra y hasta mediados de los 70's marcó la hegemonía del paradigma keynesiano; y 3) la crisis de la economía estatista y del Estado benefactor, que parte desde mediados de los 70's hasta la fecha y que se ha caracterizado por la ausencia de un paradigma económico, cuyo lugar ha sido ocupado por la ola neoliberal.

En la ciencia económica los paradigmas son el lente a través del cual se capta la realidad y se construye un modelo económico coherente metodológicamente, del cual derivan prescripciones o políticas económicas para actuar sobre esa realidad.

Cuando la teoría económica proviene de una revolución científica, como la revolución keynesiana en su momento. es un instrumento de cambio fundamental. Pero también los paradigmas se resisten a morir, y se convierten en obstáculos al cambio, principalmente cuando se cargan de elementos ideológicos. De aquí que sea importante visualizar cuáles han sido los paradigmas dominantes en la ciencia económica en los diferentes momentos históricos del presente siglo y las ideologías detrás de ellos, que como modelos mentales (actitudes y predisposiciones preconcebidas sobre la realidad) afectan al paradigma en su función explicativa de la realidad y por lo tanto, afectan la resolución de los problemas.

Con este marco de referencia es fundamental entender por qué los paradigmas, así como los modelos mentales, se convierten, en momentos dados de la coyuntura histórica, en una estructura conceptual que obstaculiza la visualización de la realidad; por qué generan distorsiones, ya que se convierten en velos que obscurecen la percepción del mundo y no permiten verlo. Las ideologías como ideas, juicios de valor, cultura, valores y creencias de determinados grupos e individuos que tratan de imponer su visión sobre el "deber ser" hacia el resto de la sociedad, pueden constituirse en grandes obstáculos para captar y transformar la realidad, cuando ésta llega a representar la defensa discursiva de los grupos de interés o se intenta adecuar la realidad al marco de interés de la ideología. El gran peligro es que el discurso de la ideología inmovilice y convierta en rehenes de dogmas o mitos a los actores sociales.

Hay dos frases que en este contexto resultan muy aleccionadoras, la de Keynes, cuando señaló la revolución científica para pasar del paradigma clásico al paradigma neoclásico: *"las ideas son más peligrosas que los intereses creados* "; y la de J. F. Kennedy[81] cuando decía que: *"el verdadero enemigo de la verdad no es la mentira, sino el mito* ", o el dogma, agregaríamos nosotros. Aquí es donde los modelos mentales, por razones teóricas e ideológicas, se convierten en una barrera al cambio.

La gran depresión económica de 1929 mostró que el libre juego del mecanismo de precios del mercado no llevaba de manera automática a una situación de equilibrio, de pleno empleo y uso óptimo de los recursos. Ante la caída de las inversiones, la disminución del empleo y el paro de la planta productiva, los responsables del gobierno norteamericano recurrieron al catecismo clásico del presupuesto balanceado, en el que las medidas de política económica que dictaba la ortodoxia de la doctrina clásica agravaron aún más la crisis. Esta realidad inédita de recesión con deflación y desempleo generalizado no pudo ser explicada por el modelo o paradigma vigente de la teoría neoclásica del equilibrio estático de los mercados, y cuando fue incapaz no sólo de explicar sino de ofrecer alternativas viables, se generó el espacio teórico y político para la emergencia de un paradigma alternativo con la teoría general de J. M. Keynes en 1936: *la revolución keynesiana,* en términos de Kuhn.

---

[81] Kennedy, 1. F., discurso en la ceremonia de graduación de la Universidad de Yale, septiembre de 1962.

La teoría keynesiana originó una revolución científica que explicó la realidad económica en su momento, sentando las bases de la macroeconomía moderna para reactivar el crecimiento y el empleo, y manejar las fases del ciclo económico. En especial, al contrario de la vieja doctrina económica clásica, Keynes formuló el nuevo papel del Estado en la economía mediante su participación en el gasto público y los efectos multiplicadores de la inversión gubernamental para regular la actividad económica, recuperar el pleno empleo, establecer las bases para el surgimiento y consolidación de un Estado benefactor encargado de enfrentar los problemas sociales y de inequidad distributiva, provenientes del libre juego del mercado y de su ciclo económico.

La fuerza y efectividad de las políticas económicas keynesianas fueron evidentes y propiciaron, sin discusión alguna, después de la posguerra de 1945, el ciclo de expansión y de crecimiento económico más acelerado y amplio experimentado por las economías capitalistas, dando lugar a que el período que abarca de mediados de la década de los 40's a principios de la década de los 70's sea llamado la *edad de oro* del capitalismo.

La prosperidad económica de ese período contó también con la pertinencia y funcionalidad de las instituciones financieras y comerciales creadas a partir de la reunión de Bretton Woods en Estados Unidos, y la de Punta del Este en Uruguay. Bretton Woods sentó las bases de funcionamiento del sistema monetario y financiero internacional eliminó el *patrón-oro* y generó un largo periodo de estabilidad monetaria y cambiaria por medio del papel asignado al naciente Fondo Monetario Internacional para la corrección adecuada de los desequilibrio s externos, y al propio Banco Mundial para el financiamiento del desarrollo. Por su parte, el Acuerdo Generalizado de Tarifas y Preferencias (GATT) promovió el comercio internacional eliminando paulatinamente los obstáculos y las medidas proteccionistas que favorecieron un intercambio más libre de los flujos de mercancías entre las naciones. Este esfuerzo no estuvo exento de problemas debido, por ejemplo, a las imperfecciones de los mercados mundiales y a los intereses de grupos específicos en las naciones desarrolladas por cuidar de la competencia a sectores específicos de su economía, tanto por razones políticas como de seguridad nacional, y/o empleo; tal fue el caso del Acuerdo Multifibras y las medidas neoproteccionistas para el sector agropecuario.

En otras palabras, el auge del capitalismo de los años de posguerra se concretó bajo la orientación del capitalismo keynesiano, el cual generó un crecimiento económico sostenido con estabilidad macroeconómica (medida en términos inflacionarios) y del tipo de cambio debido a un sistema monetario y financiero estable con reglas claras sobre la fijación de los tipos de cambio y de las tasas de interés.

A principios de los años 70's la *edad de oro* del capitalismo empezó a llegar a su fin. Las políticas keynesianas de expansión del gasto público ya no tenían los mismos efectos para dinamizar la actividad económica, al contrario, tuvieron un efecto negativo sobre el nivel de los precios, y generaron un fenómeno económico desconocido para la teoría, el de la *estanflación* en el que, a diferencia de la crisis de los años 20's, la recesión económica es acompañada de un vertiginoso crecimiento de los índices de precios.

La crisis del petróleo en 1973, con el súbito aumento de los precios internacionales del crudo, tuvo un efecto devastador en las economías del mundo industrializado; evidenció que el modelo económico keynesiano definitivamente había llegado a su fase de agotamiento para mantener un entorno de crecimiento económico sostenido con distribución equitativa del ingreso, sustentado por las políticas del Estado benefactor.

Mientras que en los años 60's la economía de los países industrial izados creció con tasas anuales promedios de 4.9%, en los años 70's esta tendencia se había reducido a 3.8%, para seguir bajando en los 80's a 2.7%, e iniciar los tres primeros años de la década de los 90's con un crecimiento promedio anual en el mundo industrializado de -1.0%.[82] Las políticas keynesianas del crecimiento mostraron su inviabilidad, lo que dio espacio para la "revancha" que venían aguardando desde hacía más de cuarenta años los economistas neo clásicos que habían sido desplazados de los centros de decisión.

Las críticas al modelo keynesiano se centraron fundamentalmente en señalar los excesos e ineficiencias del Estado, aplicables al modelo desarrollista de América Latina, donde el Estado apareció como responsable único y directo de los males económicos, del estancamiento (por desplazar ineficientemente a la inversión privada), de la inflación (por el gasto publico excesivo) y de la baja productividad (por las políticas paternalistas del Estado benefactor).

Actualmente, en el contexto global, se habla del neo liberalismo o de la ola neo liberal como una corriente ideológica que ha estado presente en el marco de referencia conceptual de todos estos cambios. La ola neo liberal, ante los vacíos y ausencias de paradigmas (la crisis del keynesianismo) y de nuevas instituciones (después de Bretton Woods se dice que existe el *non system* (no existe sistema), aparece como una visión explicativa y propositiva de la crisis, con prescripciones de políticas y recetas para salir de ella, que alcanzaron una hegemonía en los centros

---

[82] Villarreal, René, *Liberalismo Social y Reforma del Estado. México en la Era del Capitalismo Posmoderno*, Fondo de Cultura Económica, 1993. p. 60.

de tomas de decisión de los gobiernos con la llegada de los partidos conservadores en los países industrializados.

La ola neo liberal se centra en resolver los tres problemas específicos del modelo económico derivado del keynesianismo y que hemos definido como las Tres S's (sobreprotección, sobrerregulación y sobreestatización), producto de la excesiva e indiscriminada participación del Estado en la vida económica. El Estado cometió muchos excesos y se convirtió en un moderno Leviatán, cuya presencia era visible en todos los campos, pero con criterios y resultados de racionalidad y rentabilidad económica altamente cuestionados.

Durante el auge y el ocaso de la ola neoliberal hemos observado un conjunto de políticas macroeconómicas que no se constituyó en paradigma, y tampoco en una alternativa para el modelo de desarrollo; la ola neoliberal permaneció en la política de las Tres D's (desprotección, desestatización, desregulación), y en el retorno a la mano invisible del libre mercado y al Estado mínimo que no permitió un crecimiento sostenido con empleo y bienestar social; es decir, no se constituyó en un modelo alternativo de desarrollo para nuestro países de América Latina.

En otras palabras, ante la crisis del viejo paradigma y en lugar de que surgieran nuevas ideas, hubo un retorno a las ideas del liberalismo económico clásico, con un nuevo ropaje. El neoliberalismo establece: la crisis es producto de los excesos y de las fallas del Estado, lo cual, en gran medida, es cierto e incuestionable. Sin embargo, la incongruencia es fundamental en la propuesta: cómo regresar a las teorías y a las propuestas económicas del liberalismo clásico del siglo XIX para resolver los problemas de finales del siglo XX y enfrentar los desafíos del siglo XXI. Estas incongruencias pueden ejemplificarse al hacer un ejercicio de comparación de los principios básicos de la doctrina económica del liberalismo clásico con el neo liberalismo.

DEL LIBERALISMO ECONÓMICO CLÁSICO AL NEOLIBERALISMO
El Mismo Vino Viejo en Botellas Nuevas

¿Qué se entiende por liberalismo y neoliberalismo?

El liberalismo económico clásico y el neoclásico, como doctrinas económicas, se pueden resumir en cinco principios fundamentales (Cuadro 3.2).

El neo liberalismo o nuevo liberalismo, es una versión actualizada de la doctrina del liberalismo clásico, pero con un nuevo ropaje que reconoce que el mercado es el mecanismo idóneo para asignar más eficientemente la producción y la distribución de los recursos en la economía y así promover empresas competitivas; su orientación básica se sustenta en el mercado. La doctrina, como un liberalismo moderno a partir de sus grandes cinco líneas doctrinarias, inspira las reformas económicas que se han aplicado desde los 80's en América Latina y también en Europa Oriental, desde la caída del comunismo.

Cuadro 3.2

Las Cinco Políticas del Neoliberalismo

Liberalismo Clásico Siglo XIX		Neoliberalismo *Prescripción de políticas*
1. Libre mercado (*laissez faire)*	→	Liberación de mercados (desregulación)
2. Libre comercio internacional	→	Liberación comerciales (OMC) acuerdos regionales (TLC) (desprotección)
3. Presupuesto balanceado	→	Equilibrio presupuestal/superávit fiscal

4. Sistema de patrón oro	→	Sistema de la caja de convertibilidad; patrón oro con base en el dólar. La expansión monetaria (política monetaria) está determinada por la entrada de recursos internacionales del Banco Central
5. Estado policía o gendarme	→	Estado mínimo (desestatización)

✓ *Libre mercado*

Se deben desregular los mercados, vía la liberalización de los mismos, para permitir que las señales y los mecanismos de precios del libre mercado asignen la producción y la distribución de los recursos, y se debe rechazar la intervención estatal y su planificación centralizada para permitir la libre competencia.

✓ *Libre comercio*

Hay que eliminar el proteccionismo y abrir la economía a la competencia internacional, vía la liberalización comercial, financiera y de inversión extranjera, para participar en los mercados globalizados e integrados. Esto es el correlato de la filosofía del libre comercio *(free trade)* de la doctrina clásica.

✓ *Presupuesto balanceado*

Los gobiernos deben promover una política de gasto e ingreso público que conduzca a un presupuesto balanceado y/o superavitario. Primero, mediante reducciones del gasto público y social; segundo, eliminando el papel del Estado como agente inversionista y privatizando una serie de funciones que éste venía cumpliendo en el campo económico y social. Respecto a los ingresos, se debe buscar una política de impuestos "racional" que no desestimule al inversionista privado. Como se puede observar, ésta es la filosofía del presupuesto balanceado de la doctrina clásica.

✓ *Política monetaria. Patrón oro/dólar*

La política monetaria debe ser restrictiva, conservadora y llevada en su caso extremo a un *Consejo monetario o caja de convertibilidad.* Esto es, el Banco Central (por ejemplo, en Argentina) no podrá emitir un nuevo peso, a menos que esté respaldado por un dólar en las reservas (o divisas), de tal manera que toda la cantidad de dinero en la economía está respaldada por igual cantidad de dólares (y otras reservas de divisas internacionales).

Exactamente, ésta es la versión moderna del patrón oro del siglo XIX, que se puede llamar el *patrón oro con base en el dólar de los 90 's.* El funcionamiento de este sistema cambiario implica un régimen de tipo de cambio fijo, en el que, ante cualquier eventualidad o desconfianza en la economía que propicie que los inversionistas quieran convertir todos sus pesos en dólares, el Banco Central cuente con la suficiente disponibilidad para convertirlos y mantener así su régimen de tipo de cambio fijo.

Además, la propia caja de convertibilidad se encarga de establecer el mecanismo de ajuste al desequilibrio externo en la balanza de pagos vía movimientos en el mecanismo de precios, como en el modelo clásico. Si un país exporta más de lo que importa, genera un superávit comercial y, en consecuencia, una mayor oferta monetaria que ocasiona un aumento del nivel de precios domésticos respecto al internacional, lo cual disminuye la competitividad de la economía nacional, volviéndose a ajustar la balanza de pagos. Como se puede observar, éste es el enfoque de la doctrina clásica bajo el nuevo patrón dólar.

✓ *Estado mínimo*

La filosofía del neo liberalismo establece que el Estado debe eliminar su participación directa a través de las empresas públicas, vía la privatización de éstas y debe disminuir al mínimo su intervención indirecta en la economía a través de políticas de protección, regulación o fomento. Aquí, el mecanismo de precios del mercado, no sólo nacional sino internacional, debe establecer las señales y ser el rector a través del libre comercio y del flujo de capitales internacionales (financiero e inversión directa) para la asignación de recursos y la producción con su consecuente efecto distributivo. Además, el Estado debe eliminar su función social y dejar que la mano invisible del libre mercado, sin regulaciones y sin intervención de éste, no solamente optimice la asignación de recursos y fomente el crecimiento, sino que también garantice el bienestar social de la población.

El Estado debe ser un *guardián del libre mercado,* debe vigilar que los mercados sean competitivos, que se muevan con libertad y se observen las reglas de la competencia. De aquí que en este modelo, en su caso extremo, las únicas funciones aceptables para el Estado son las regulaciones establecidas para defender de la competencia desleal a nivel internacional, a las empresas nacionales, con lo que implícitamente se reconoce que hay mercados imperfectos y desleales, es decir, que es necesario *regular.*

Como se puede observar, el neoliberalismo de hoy nos regresa a una función del Estado mínimo o el Estado guardián que vigila un comportamiento libre y competitivo de los mercados, como el principal mecanismo para las señales de producción, asignación de recursos y distribución de los beneficios.

EL NEOLIBERALISMO

Política Económica, Teoría e Ideología

El neoliberalismo como ideología

La filosofía que inspira a la corriente económica neo liberal tiene sus raíces en la doctrina clásica de Adam Smith que, imbuida en el pensamiento del liberalismo político del siglo XIX, rescata la figura del individuo como un ser con plena capacidad de razonamiento para elegir y tomar las decisiones que más convengan a sus intereses.

En el terreno político, sus implicaciones eran obvias, frente a la existencia de Estados autocráticos, donde los individuos aparecían como siervos, despojados de derechos y sujetos a la autoridad incuestionable del Señor.

En el terreno económico, estas ideas dieron forma a una concepción sobre el comportamiento del individuo basada en los siguientes supuestos.

- El ser humano es un ser utilitarista
- Al buscar su propio beneficio, automáticamente promueve el beneficio de la sociedad.
- La competencia entre los individuos es el sistema más racional, porque

finalmente se traslada este comportamiento a las empresas y lleva a un mayor bienestar social, que no se puede alcanzar por otro sistema económico cooperativo.

El liberalismo económico clásico que reinó en el siglo XIX murió con la Gran Depresión, por su incapacidad teórica para predecir, explicar y resolver el gran desajuste económico recesivo que sorprendió a los gobiernos, des legitimó a la comunidad económica y castigó a la sociedad. Ante ese escenario de impotencia teórica y política, surge la revolución keynesiana. El modelo keynesiano creó un marco explicativo para las condiciones de los años 30's, y proporcionó a los gobiernos las herramientas de política económica para enfrentar dicha situación bajo los nuevos elementos de la economía mixta, el Estado de bienestar y la política económica activa de gestión de demanda, y favoreció el uso y aplicación de la política fiscal. Esto, finalmente permitió generar un crecimiento sostenido con estabilidad de precios y bajos niveles de desempleo a lo largo 'de casi 40 años, etapa que ha sido denominada la *edad de oro del capitalismo.*

A medida que un cambio en la estructura de la economía mundial se hizo evidente, los déficit fiscales de los gobiernos se hicieron insostenibles, el crecimiento y la productividad se estancaron y las políticas gubernamentales se mostraban cada vez más ineficientes. El Estado de bienestar agotó sus recursos distributivos y el fenómeno de la *estanflación,* junto con las crisis de la deuda externa y el estancamiento de los países en vías de desarrollo, pusieron en duda el paradigma keynesiano, el cual recibió fuertes críticas y descalificaciones, principalmente de los adversarios teóricos y políticos que la revolución keynesiana había desplazado anteriormente.

Sin embargo no se generó un nuevo paradigma, una alternativa teórico-práctica (que al igual que el paradigma keynesiano, cambiara la estructura de la política económica) para enfrentar las nuevas condiciones del entorno macroeconómico mundial y los desafíos teóricos y de política económica. No se dio, lo que en términos de Kuhn se denominaría una revolución científica: se dio una contrarrevolución con el retorno de la doctrina liberal que había sido marginada por los aportes del keynesianismo.

El neoliberalismo es significa el mismo paradigma que reinó durante el siglo XIX: libre comercio, libre mercado, presupuesto balanceado, Estado mínimo, etc. Esto implica que las actuales condiciones económicas y socio-políticas, totalmente diferentes de las de la Primera Revolución Industrial, están siendo tratadas con la vieja doctrina. Es el mismo viejo modelo pero revestido, como Paul Krugman dijera en otro contexto, *es el mismo vino viejo en botellas nuevas.* La eliminación de los excesos estatales y de su intervencionismo (yatrogenia estatal) no implican que los problemas se resuelvan por sí solos bajo los mecanismos del mercado, como la doctrina neoliberal afirma. Esta percepción que sujeta el crecimiento y el desarrollo económico a las decisiones de la mano invisible (la suma de las decisiones individuales da como resultado el bienestar de las sociedades) es una de las limitantes de la ola neo liberal, que centra una fe ciega en las potencialidades del mercado.

Hoy en día, donde parte substancial de la agenda de la gobernabilidad a nivel mundial es la necesidad de alcanzar un desarrollo sustentable, el enfoque neoliberal es insuficiente para alcanzar esos objetivos debido entre otras razones a:

La omisión para contabilizar la depreciación de los recursos naturales

La indiferencia ante los problemas sociales derivados de una lógica utilitarista, donde en la búsqueda del beneficio se encuentra lógico y socialmente aceptable lucrar con las más penosas situaciones humanas. *"Se considera a la desintegración familiar y a las enfermedades como un beneficio económico, un divorcio significa pagar a un abogado, costos de mudanza y la manutención de dos hogares. De igual forma, se considera el aumento creciente en la industria médica que es provocado por los peligros a la salud y el modo de vida que son frutos del progreso?*[83]

El mundo del siglo XXI se ha caracterizado, desde la década de los 90's, por la era del conocimiento y el capital intelectual; por la revolución de las tecnologías de comunicación y manufactura computarizada; por la globalización de los mercados de bienes y servicios y de capitales; la interdependencia entre los mismos; el cambio constante y rápido que impacta las premisas de la teoría económica al ser insostenibles los supuestos de *ceteris paribus* y entonces ser cambiados por el de *mutatis mutandis.*

Al respecto, el modelo conceptual teórico-ideológico desarrollado para el mundo de la incipiente revolución industrial, que intentó resolver los problemas del siglo XIX (liberalismo económico clásico) y que como paradigma científico murió con la crisis de 1929 y con el surgimiento del modelo keynesiano, ¿será el marco y modelo conceptual apropiado para resolver los problemas del siglo XXI? ¿No significa que la ciencia económica está cayendo en un anacronismo teórico- explicativo?

---

[83] Ted Halstead y Clifford Cobb, "The Need for New Measurements of Progress", *The Case Against the Global Economy,* Mander 1. y Edward Goldsmith (editores), 1996, pp. 200-201.

Lo aquí presentado implicaría que éste es un modelo anacrónico no apropiado para la estructura de los mercados, de la competencia, de la economía y de los negocios del siglo XXI. Este es un modelo que se encuentra fuera de tiempo y por lo tanto, sostenido por el dogma y no por la evidencia empírica y la prueba científica.

Existe ahora la necesidad de una verdadera revolución científica para enfrentar a los problemas actuales. *El reto intelectual, y por tanto político, es más complejo que retornar al viejo y simple modelo del liberalismo clásico vestido con un nuevo ropaje, intentar traer el mismo vino viejo en botellas nuevas,* o retornar a las propuestas keynesianas.

Éste, sin lugar a dudas, constituye el gran reto intelectual y ¿por qué no?, político y social de las futuras generaciones: vislumbrar, construir y consensar los elementos para la conformación de nuevas alternativas explicativas y resolutivas a la compleja realidad que vivimos. Hoy en día, debemos aceptar que los problemas nos rebasan constantemente.

La irracionalidad de las expectativas racionales: Lo obvio es invisible

El modelo de las expectativas racionales en su versión extrema (perfecta certidumbre) deviene en el ataque más extremo a cualquier activismo económico del Estado y parte del supuesto básico de que todos los agentes económicos (Estado, familias y empresas) actúan racionalmente en todas las decisiones que se toman dentro del mercado y que poseen la misma información que el gobierno. Por lo tanto pueden conocer de antemano el efecto que cualquier acción de los formulares de política económica tendrá sobre la economía. En otras palabras, si el gobierno emprende alguna acción, los agentes ya conocen los efectos que tendrá dicha decisión.

La racionalidad de los agentes permite generar expectativas y saber exactamente de qué manera actuar para anticiparse y/o anular el efecto de dicha política. Este modelo supone que los agentes anulan cualquier intervención del Estado en la economía, por lo que cualquier acción encaminada por parte del Estado para determinar y reorientar la economía será ineficiente e inútil.

La doctrina del monetarismo extremo supone que todos los agentes actúan bajo este modelo (de perfecta certidumbre) de expectativas racionales; supone que la curva de Phillips es vertical, en el corto plazo, inclusive, y que todo intento de política económica que afecte el nivel de la demanda agregada, afectará solamente la inflación, pero no la producción ni el empleo; cualquier intervención del Estado sobre la economía encaminada a incrementar la inversión, el ahorro, el producto, etc., finalmente provocará inflación y desplazamiento de la inversión privada, ya que los agentes la anularán actuando bajo el modelo.

Desde esta perspectiva, el Estado se reduce a lo que Max Weber denomina el *monopolio de la violencia;* es decir, a un Estado gendarme sin capacidad de acción en el mercado, en donde todos los ajustes se resolverán automáticamente bajo las reglas del mismo y el mecanismo de precios. Esto sustenta la racionalidad de los agentes.

Sin embargo, debemos destacar que este modelo tiene una base contradictoria que lo convierte en irracional, que podemos denominar como lo *invisible de lo obvio.* El problema aparece tan obvio que no se puede percibir. Las expectativas racionales pretenden desarrollar un nuevo modelo macroeconómico para explicar la realidad económica donde los agentes ya conocen el sistema y saben cómo actuar ante la intervención estatal. La irracionalidad del modelo de expectativas racionales es que intenta desarrollar un modelo teórico para explicar el funcionamiento de la macroeconomía, pero establece como supuesto de partida y sustento del modelo el hecho de que los agentes económicos conocen cómo funciona y los efectos de la política económica, gracias a que tienen la misma cantidad de información.

Así, intentar explicar los movimientos de las variables macroeconómicas y el comportamiento de los agentes supone que, tanto las familias como las empresas dentro de la economía, ante una acción del Estado, saben cómo actuar automáticamente para neutralizarla y dejar las cosas como estaban. Este ajuste automático es *lo invisible de lo obvio.*

En este aspecto, Peter Self coincide con esta visión cuando afirma: *"La teoría de la elección pública asume que los individuos son actores y electores racionales. Un individuo racional será un maximizador de la utilidad ... Es usado como una base para las leyes económicas de la oferta y la demanda; por ejemplo, si el precio de algunos productos se incrementa por tener costos mas elevados, la demanda sobre ese producto se reducirá, toda vez que los consumidores lo encontrarán más costoso ... Esto no es, con todo, siempre cierto; por ejemplo, un precio mas elevado para algunos artículos de lujo puede ocasionalmente estimular las ventas por su 'valor snob' como un consumo conspicuo. El 'valor snob' puede ser incorporado dentro de la función de utilidad de los individuos, pero este concepto se convierte en circular si cubre cada una de las selecciones que realice el consumidor".*[84]

---

[84] Self, Peter, *Government by the Market? The Politics of Pub/ic Choice,* MacMillan, p. 8.

Un modelo, en cualquier terreno de la ciencia, parte de ciertos supuestos para tratar de simplificar la compleja realidad, aprehenderla para encontrar su lógica de funcionamiento; sin embargo, no se puede llegar al extremo de manejar el modelo simplificador como verdad universal aplicable a cualquier realidad. Este es, sin duda, en el terreno económico, un modelo contradictorio, al definir como racional algo que es a todas luces irracional. Debe haber humildad intelectual para reconocer las limitaciones y fallas del paradigma y no considerar un modelo con una base contradictoria como el fundamento para manejar la política económica y, por ende, el destino y perspectivas de millones de personas. Con respecto a la construcción de modelos macroeconómicos, Lawrence Meyer, gobernador del Consejo de la Reserva Federal de los Estados Unidos, dice: *"Gracias a Lucas y otros, por dos décadas ningún estudiante fue entrenado con la capacidad para competir con nosotros mediante la construcción de modelos econométricos que tuviesen la esperanza de explicar la dinámica* [de la producción y los precios a corto plazo]. *Educamos muchos macroeconomistas capaces de hacer sólo dos cosas: enseñar macroeconomia a los estudiantes y publicar en las revistas".*[85]

En el mundo de permanente cambio, tanto en una organización como en la economía global, se necesita tener la capacidad, el atrevimiento y el compromiso de desechar los viejos modelos mentales que nos atrapan. La economía se encuentra atrapada por viejos modelos mentales o paradigmas; la clave es cómo eliminarlos para conducir el cambio. En este sentido requerimos un nuevo paradigma adecuado a nuestros tiempos dejando de lado la ideología anacrónica liberal que pretende explicar al siglo XXI bajo premisas adecuadas al siglo XIX.

DEL ANACRONISMO EN LOS SUPUESTOS DE LA TEORÍA ECONÓMICA NEOCLÁSICA

A las Nuevas Realidades del Mundo de la Hipercompetencia: La Crisis de Visión en el Pensamiento Económico

Para América Latina la ruptura y ausencia de paradigmas ha significado la instrumentación de un modelo macroeconómico orientado al equilibrio externo y la estabilidad de precios por medio de la política de las Tres D's, postergando la construcción de un modelo de desarrollo de largo plazo, cimentador de las bases

[85] Cassidy, John, "La Decadencia de la Economía", *Economía Informa,* núm. 263, diciembre 1997-enero 1998, Facultad de Economía, UNAM, pp .. 5-13.

para un crecimiento económico sano, sostenido y sustentable. Ante el vacío del paradigma neokeynesiano, superado por la realidad y la ausencia de otras opciones teóricas, el planteamiento de reformas económicas del neo liberalismo configura un *modelo implícito de desarrollo,* basado en lo que podemos llamar el retorno a *la mano invisible del libre mercado internacional y la política de las Tres* D *'s.*

En este contexto, no hemos encontrado la ruta de un nuevo paradigma que explique satisfactoriamente la nueva realidad y vislumbre el camino de solución de la teoría económica de nuestros días; sin embargo, en estos años hemos transitado a través de la *ola neoliberal,* que es el simple retorno al libre mercado a través de la mano invisible y la política de las Tres D's, que no configura un nuevo modelo de pensamiento y de desarrollo para recuperar el crecimiento sostenido, el empleo y el bienestar.

Como dice John Eatwell: *"El desarrollo de la economía en la década pasada no ha sido alentador. La debilidad en la teoría neoclásica que se identificó en las décadas de los 60 's y 70 's nos ha llevado a una tendencia a producir recetarios de modelos, cada uno, sin un significado más amplio que las suposiciones. Los mayores problemas económicos de la década de los 90 's exigen un nuevo planteamiento que incorpore y haga válidas las reformas institucionales necesarias para que los creadores de políticas aborden esos problemas. El espíritu de los tiempos exige que la teoría económica sea útil una vez más"*[86]

Los viejos y los nuevos problemas del sistema económico mundial han demostrado que van muy por delante del desarrollo de la teoría y del pensamiento económico. Esta brecha entre el mundo real y el mundo de las ideas económicas se vuelve aun más difusa si consideramos la alta dosis de ideología que oscurece el análisis y por lo tanto reduce la eficiencia de la ciencia económica para enfrentar la compleja realidad.

Hoy vivimos una confusión por falta de claridad sobre las potencialidades del mercado para resolver los problemas del mundo real. En el contexto de la ola neo liberal se ha sobrevendido el mercado, atribuyéndole virtudes y propiedades que no le son propias, y que a la vez han desvalorizado al Estado, satanizando todo lo que existe alrededor de él.

---

[86] 86 Eatwell, John, "Instituciones, Eficiencia y la Teoría de la Política Económica", *Crecimiento Económico y Empleo,* Colección "Ideas para la Cultura de la Democracia", Luis Angeles, *el. al.,* (coordinadores), noviembre de 1994,

En la era del conocimiento, los supuestos en los que se sustentaba la teoría económica han variado radicalmente. Los viejos planteamientos de los rendimientos decrecientes en la función de producción aparecen hoy obsoletos cuando hablamos de que el factor más importante es el conocimiento y el capital intelectual, y que éste tiene la capacidad intrínseca de desarrollarse y acumularse, por lo que su uso intensivo permite desarrollar las potencialidades del crecimiento económico por encima de la dotación limitada de recursos como la tierra. En la teoría ricardiana en cambio, la permanente incorporación de tierras a la producción generaba rendimientos decrecientes, y por lo tanto, favorecía el estancamiento económico.

Asimismo la teoría de comercio exterior de Heckscher-Ohlin, que habla de que es la dotación de los factores la que determina el patrón de especialización de los diversos países en la producción y en el comercio mundial, es obsoleta. En el mundo de la globalización, la movilidad de los factores es una característica fundamental de la realidad económica presente y futura. Hoy en día, los bienes y servicios se mueven libremente por los acuerdos comerciales y la integración de los mercados; el dinero es electrónico e instantáneamente se puede materializar en cualquier lugar, y los trabajadores del conocimiento adquieren una movilidad que supera las barreras físicas que existen sobre el libre movimiento de los trabajadores manuales.

Las empresas se mueven ahora con el comercio intrafirma y se subcontratan con la fábrica mundial; la movilidad de recursos humanos se lleva a cabo con la contratación de expertos provenientes de los centros de consultoría, y la tecnología se adquiere de cualquier lugar del mundo con alianzas estratégicas entre empresas y políticas de vinculación de los centros productivos con los de investigación y desarrollo. La ventaja competitiva entre las naciones ya no se encuentra en la abundancia y costo barato de los recursos. **Para nuestros países en desarrollo la ventaja competitiva no es la mano de obra barata, sino la mano de obra productiva, lo que requiere invertir en el trabajador del conocimiento.**

Para la teoría del desarrollo, los cambios en sus supuestos son también evidentes. Transitar del subdesarrollo al desarrollo no requiere únicamente poseer recursos físicos, humanos o financieros; se necesitan todos aquellos recursos que promuevan la innovación, de incentivos que promuevan el desarrollo del nuevo factor estratégico, que es el capital intelectual. El arte, por lo tanto, no es contar con la mayor dotación de factores y la tecnología de mercado, sino cómo combinar los factores de producción, que en la era del conocimiento son la gente, la organización y la tecnología. En esta era, el capitalismo se mueve bajo nuevos impulsores, a la mano invisible del mercado hay que respetarla porque es el actor idóneo en la hipercompetencia global. Pero debemos tener cuidado con las ideologías que han sobrevendido al mercado, revisando los supuestos tradicionales de la teoría económica, para poder desarrollar un enfoque integral de la eficiencia que genere la conformación de una nueva economía de mercado institucional y participativa.

Hacia la Construcción de un Nuevo Paradigma de Economía Política Institucional

La Ruptura del Péndulo

Los Peligros del Juego del Péndulo

Las políticas del "cambio estructural" o de las Tres D's son necesarias, y correctas en su diagnóstico y dirección, pero son insuficientes e incompletas para establecer las bases sólidas del nuevo modelo de crecimiento y desarrollo económico; por eso México (como parte de la necesaria explicación de las crisis económicas recurrentes) *ha realizado una transición en su sistema económico, con el profundo programa de reformas económicas aplicadas a partir de los 80 's.* Esta transición hacia un nuevo modelo de mercado abierto a la competencia en su momento (mediados y finales de los 80's) fue ejemplo; paradigma a seguir para otras naciones latinoamericanas, *pero realmente el camino de transición hacia el nuevo sistema económico, ha quedado trunco.* La crisis de 1994 generó un gran desencanto interno e internacional el PRECE como programa de transición, abriendo las peligrosas oscilaciones del péndulo por la sobreideologización del rol del mercado y del Estado en la economía.

La Ruptura del Péndulo: Consensos para la Construcción de una Nueva Propuesta

El vaivén irracional del movimiento del péndulo en la teoría económica, donde se pasa del Estado omnipresente a la beatificación del mercado, da origen a propuestas económicas antagónicas y discordantes, en las que la descalificación por la vía ideológica de las propuestas ha sido un expediente de fácil e inmediata recurrencia que ha afectado severamente el desarrollo de la ciencia económica y ha imposibilitado el surgimiento de un nuevo paradigma económico alternativo.

Esto hace necesario romper el enfoque del péndulo, desde donde surgen propuestas antagónicas que se descalifican una sobre la otra en tres aspectos básicos (Figura 3.1) como son el papel del Estado activo *versus* el pasivo, la orientación del desarrollo hacia adentro *versus* hacia afuera y la política industrial vertical promotora *versus* ninguna. Ante esta aparente disyuntiva, "no debemos ver como antagonistas el mercado *versus* el Estado, sino alcanzar un apropiado balance entre mercado y gobierno con posibilidades de muchas formas intermedias de organización económica, incluyendo las basadas en gobiernos locales, cooperativas, etc?[87]

Figura 3.1

En este sentido, es necesario construir, en primer lugar, consensos a nivel de las grandes líneas conceptuales de política económica; consensos que requiere alcanzar cualquier economía y respetar, independientemente de su nivelo grado de desarrollo y orientación ideológica de su gobierno dentro del espectro político. Así tenemos como consensos básicos de política económica los siguientes:[88]

Se acepta que los consensos básicos de política económica nos lleven a encontrar las condiciones necesarias para continuar un modelo de crecimiento económico sano y sostenido. Pero es evidente que hace falta completar un listado de políticas económicas, en el que la divergencia entre los enfoques estatistas y neoliberales se

[87] Stiglitz, Joseph E., *Whither Socialismr*, The MIT Press, Londres, 1994, p. 267.

[88] Ramos, Joseph, "Política Industrial y Competitividad en Economías Abiertas", *Desarrollo Productivo,* núm. 34, CEPAL. Santiago de Chile, 1996, p. 25.

vuelva a hacer presente, donde el punto de discusión sea sobre la capacidad del mercado y/o del Estado para generar políticas sensatas[89] que respalden las fuerzas del mercado en vez de suplantarlas. Así, el enfoque neoestructural aquí presentado (Cuadro 3.4) nos muestra serias divergencias de orientación y forma del uso de la política económica con respecto al enfoque neo liberal, debido a la necesaria incorporación de un mercado con instituciones, un Estado reformado y una sociedad participativa.

Cuadro 3.3

Consensos Básicos
Conservación de los equilibrios macroeconómicos básicos para promover el ahorro interno, la producción y el empleo. Preservación de las políticas de las 3 D's y sus ajustes de sintonía fina. • Desprotección • Desregulación • Desestatización Mayor peso a las fuerzas del mercado (en economías estatistas), pero reconociendo que existen las fallas y límites tanto del mercado como del Estado.

Corregir los excesos del Estado, no Exime al Mercado de sus fallas y limitaciones

Bajo la instrumentación de las políticas de las Tres D's, que buscan corregir los excesos del Estado, debemos tener claro que esto no significa eximir al mercado de sus limitaciones, fallas y omisiones, como por ejemplo, la presencia de las externalidades que la propia teoría neoclásica acepta. En este sentido, una vez discutidos y analizados los excesos del Estado, podemos hablar sobre *la miopía del mercado en los siguientes puntos:*

[89] Ibid

- *Para manejar el horizonte de mediano y largo plazo debido* a la persistencia del actual capitalismo por ir a la búsqueda de la ganancia rápida en el más corto plazo posible.

- *Para promover una distribución más equitativa del ingreso* entre los diversos grupos sociales y un crecimiento económico sustentable por la protección del medio ambiente y el uso adecuado de bienes públicos.[90]

- Reconocer que *el nombre del nuevo juego es la globalización de los mercados y la competencia global en economías abiertas,* donde ha cambiado la concepción del Estado-nación.

Para decirlo en palabras de Jessica T. Matthews: "El fin de la guerra fría ha traído no solamente meros ajustes entre los Estados sino una nueva distribución de poder en los Estados, mercados y la sociedad civil. Los gobiernos nacionales no solamente están perdiendo autonomía en una economía globalizada, están compartiendo poderes -incluyendo políticos, sociales y cuestiones sociales en el marco de la economía- con las empresas, con organizaciones gubernamentales y con una multitud de grupos ciudadanos conocidos como organizaciones no gubernamentales".[91]

En este sentido, el nuevo papel del Estado en el terreno social nos llevaría a recordar al exgobernador de Nueva York, Mario Cuomo, cuando afirmara que *la obligación del gobierno no reside en prestar servicios, sino en asegurar que éstos se presten al tiempo que se debe crear un entramado institucional que denominó 'federalismo progresivo' donde conviven instituciones gubernamentales y civiles bajo la responsabilidad de una visión común para resolver los grandes problemas nacionales.*

---

[90] James Tobin, op. cit., p. 35.

[91] Matthcws, Jcssica. "Power Shift", *Foreign Affairs.* Winter Books. p. 57.

Cuadro 3.4

Enfoque Neoliberal y Neoestructural
Diferentes Instrumentos de Política Económica

Áreas Claves	Instrumentos del Enfoque Neoliberal	Instrumentos del Enfoque Neoestructural
1. Exportaciones	Neutrales: tipo de cambio alto y aranceles bajos	Similar, más sesgo temporal en favor de las exportaciones no tradicionales, sobre todo las nuevas o pioneras, y de la penetración de mercados nuevos.
Ahorro (elevarlo) a) Público b) Privado	Reducir gasto Liberar la tasa de interés. Comprimir los salarios reales	Elevar la carga tributaria, actualmente baja, del sector privado (ampliar la base de tributación y disminuir la evasión de impuestos). Mantener tasas de interés reales positivas. Incrementar el ahorro forzoso del sistema previsional (o reducir el déficit actuarial).
3. Inversión (mejorar la asignación)	Liberar las tasas de interés	Desarrollar los mercados de capital y eliminar su segmentación, abriéndolos más a la pequeña y mediana empresa por la vía del arrendamiento con opción de compra *(leasing)*, la factorización y el acceso a capital de riesgo.
4. Empleo	Desregular el mercado laboral.	Vincular los salarios, al menos en parte, a la producción de la empresa para aumentar la productividad y estimular el empleo.
5. Inversión privada en capital humano.	Ninguno	Desarrollar mercado de capitales para financiar educación superior y capacitación con préstamos privados, usando fondos previsionales de la persona como garantía.
5. Desarrollo tecnológico.	Ignorar, es caja negra	Organizar visitas a plantas de mejor práctica en el exterior. Articular la investigación científica y tecnológica con los sectores productivos.

		Promover el mercado de consultoría y modernización. Cofinanciar un porcentaje determinado de la consultoría proporcionada a la empresa. Realizar actividades de extensión industrial.
En general	Pasivo/desregular	Pro activo/fomentar

Fuente: Ramos, Joseph, "Política Industrial y Competitividad en Economías Abiertas", *Desarrollo Productivo,* núm.
34, CEPAL, Santiago de Chile, 1996, pp. 32-33.

Por otra parte, en un país en desarrollo con un mosaico de regiones marcadas por acontecimientos históricos y/o fatalidades geográficas, conviven al menos dos grandes bloques: las regiones de una economía moderna y desarrollada con mercados eficientes e integrados a la economía mundial y mercados atrasados no desarrollados. En estas áreas donde no existe el mercado se requiere de la mano promotora del Estado para que el mercado se desarrolle y sea el punto de partida para las actividades productivas, el crecimiento económico y la generación de empleos.

El cambio en México y América Latina de un sistema de economía estatista, proteccionista y sobrerregulado a otro sistema de economía de mercado abierto y libre *implica cambiar las reglas del juego (instituciones) y lograr el balance entre los jugadores, esto es, entre ganadores y perdedores (nuevas organizaciones).* Pero gran parte de la discusión considera como propuestas alternativas y excluyente s al mercado y al Estado; este enfoque fundamentalmente se presenta en la teoría neoclásica y en los enfoques neoliberales.

Hoy día, bajo la visión extrema de la ola neoliberal, en lugar de corregir las fallas del Estado para que cumpla su función promotora y social, de desarrollo y reorientadora del mercado, se le intenta minimizar y cancelar. En otras palabras, se está dando el mismo fenómeno previo que nos llevó al estatismo excesivo y omnipresente, que finalmente sofocó a la iniciativa privada y al desarrollo de mercados. Ahora se quiere sustituir al Estado simplemente con la política de las Tres D's y la mano invisible. Al respecto podemos observar la Figura 1 O (en la Visión Global), que representa el juego peligroso del péndulo, en el que pasaríamos del extremo donde se localiza el viejo modelo de economía estatista, con un Estado omnipresente (patrimonialista, proteccionista, regulador, etc.), hasta el otro extremo donde se localiza un modelo de economía de mercado extremo (laissez-faire, laissez-passé), en el cual el centro del desarrollo son las leyes de la oferta y la demanda; y donde todo lo que pase a través del mercado y sea tocado por la mano invisible y santa del mercado, lo convierte en bueno; por lo tanto, el mercado es justo y perfecto (ésta es la beatificación del mercado).

Su planteamiento fundamental es el retorno al Estado minimalista o mínimo en lugar de reformarlo para corregir sus fallas y excesos, sin ver que las fallas del viejo Estado han sido producto de la falta de estrategias y políticas bien diseñadas. Su solución implica una reforma integral del Estado que lleve a un reencuentro del equilibrio de éste con el mercado y del Estado y el mercado con la sociedad, apareciendo el hombre como el sujeto y objeto del desarrollo.

Un Deslinde Conceptual y Metodológico: Hacia un Enfoque Macroindustrial del Desequilibrio Externo y el Crecimiento Económico

Con la aplicación de *las políticas de las Tres* D *'s* el reto del desarrollo, visto como *crecimiento sostenido y sustentable* con pleno empleo y *equidad social,* se realizaría a través del *"sistema de precios de un mercado nacional abierto guiado por la mano invisible de la libre competencia internacional",* caracterizada actualmente por la globalización y la interdependencia productiva, financiera y comercial.

Finalmente, se plantea retornar al Estado mínimo, pues las funciones del gobierno como agente económico hay que reducirlas en el ámbito de la protección, la regulación y como propietario en la economía.

A partir de los 80's, la política de cambio estructural adquiere singular relevancia en los programas de política económica de los países de América Latina, después del agotamiento del modelo ISI, para corregir los vicios de las Tres S' s.

Bajo el supuesto de proteger a las industrias nacientes *(infant industry)*, de promover su crecimiento y consolidación, el proteccionismo comercial se volvió excesivo, permanente e indiscriminado, que derivó en una planta industrial con un sesgo antiexportador y pro importador. Por su parte, la sobrerregulación generó complejas y amplias redes de intereses y espacios para la acción discrecional de la burocracia que desestimulaba y ahogaba el deseo para emprender nuevas inversiones, que muchas veces imponía su "lógica" sobre la del mercado. Finalmente el Estado creció en demasía y aumentó fuertemente su presencia en los más diversos rubros de la actividad económica, con tintes de cierta irracionalidad.

"Los reformistas de posguerra, preocupados por acelerar el desarrollo o por atacar los privilegios, hallaron natural el buscar una solución expandiendo el papel económico del Estado. Durante un tiempo esto funcionó razonablemente bien, pero se ha hecho cada vez más evidente que hay límites inherentes a la capacidad del Estado, respecto a compensar la debilidad del sector privado asumiendo funciones empresariales que en los países desarrollados se dejan en manos de la iniciativa privada ... [pero] ... la capacidad de control del Estado se sobrecargó y desvió la atención ... peor aún, el sector privado se debilitó más, lo que justificó una mayor intervención esta tal".[92]

Se promovió un proceso de industrialización efectivo (no eficiente), pero los excesos de intervencionismo estatal, ocasionaron un efecto yatrogénico (la medicina acentuó la enfermedad) que era necesario corregir.

Las Tres D's están en la dirección correcta: estas políticas enfrentan problemas reales en nuestras economías provenientes de los excesos del Estado y de los excesos del modelo ISI (Cuadro 2.2) y son ajenas a posiciones o apasionamientos ideológicos, tratando de prejuiciar determinadas políticas a priori, bajo definiciones maniqueas que nos llevan al planteamiento de falsos dilemas (Estado *versus* mercado). Ante los excesos de las Tres S's, (sobreprotección, sobrerregulación y sobreestatización), las políticas de cambio estructural o de las Tres D's representan un conjunto de medidas necesarias, que son acertadas en su definición, correctas en los objetivos que se plantean, y en la aplicación de sus políticas, pero insuficientes para la transformación y modernización de las economías.

La orientación de los sistemas económicos hacia una economía de mercado es una necesidad que impone la realidad existente, por lo que la aplicación de sus políticas económicas (las Tres O's) son independientes del flujo de la ola ideológica neo liberal. Hay que entender que el fondo de las fuerzas que promueven las economías de mercado provienen de la nueva era de la globalización de los mercados, siendo las siguientes:

- *En la producción:* la fábrica global mundial.
- *En el comercio* con los acuerdos regionales: TLC, Mercomún, el APEC en la Cuenca del Pacífico.
- *En la globalización financiera:* el dinero electrónico, y
- La *globalización* de las telecomunicaciones y la información.

---

[92] Williamson, John, op. cit., pp. 95-96.

Para América Latina la ruptura y ausencia de paradigmas ha significado la instrumentación de un modelo macroeconómico orientado a alcanzar el equilibrio externo y la estabilidad de precios por medio de la política de las Tres D's, relegando la construcción de un modelo de desarrollo de largo plazo, cimentador de las bases para un crecimiento económico sano, sostenido y sustentable. Ante el vacío del paradigma neokeynesiano, superado por la realidad y la ausencia de otras opciones teóricas, el planteamiento de reformas económicas del neo liberalismo configura un *modelo implícito de desarrollo,* basado en lo que podemos llamar el retorno a *la mano invisible del libre mercado internacional y la política de las Tres D 's.*

En este contexto, no hemos encontrado la ruta de un nuevo paradigma que explique satisfactoriamente la nueva realidad y vislumbre el camino de solución a la teoría económica de nuestros días. En estos años sólo hemos transitado a través de la *ola neoliberal,* que es el simple retorno al libre mercado a través de la mano invisible y la política de las Tres D's, que no configura un nuevo modelo de pensamiento y tampoco de desarrollo para recuperar el crecimiento sostenido, el empleo y el bienestar.

La política económica de las Tres D 's ha sido prácticamente aceptada e instrumentada en toda América Latina y en buena parte del mundo, incluso podríamos afirmar y añadir que la *orientación y dirección* de este tipo de políticas *son correctas,* pero que requieren de una evaluación y *ajustes* en su *manejo y sincronizacion (fine tuning).*

Es más importante dejar claro que, a pesar de lo anterior, las políticas adoptadas son *insuficientes* para *configurar un modelo de desarrollo* en los países latinoamericanos todavía en vías de una industrialización moderna. En otras palabras, *las Tres D 's* son condiciones *necesarias pero no suficientes,* para crear un modelo de crecimiento sostenido y sustentable con empleo y equidad social.

La crisis de visión del pensamiento económico moderno, la ola neoliberal de los modelos y propuestas del siglo XIX a los mercados abiertos y globalizados implican una nueva visión del mundo en la que hay que incorporar los nuevos supuestos reales, no los del siglo pasado.

CAPÍTULO 4

LOS MITOS DEL MERCADO Y EL DESARROLLO

Eliminando los Falsos Dilemas

"El Verdadero Enemigo de la Verdad no es la Mentira, sino el Mito"... y el Dogma, agregamos nosotros.

*John F. Kennedy**

"Ha sido históricamente usual que las teorías económicas se vuelvan religiones. Trátese del libre mercadismo de Adam Smith, del marxismo-leninismo, del estatismo fascista o del antiestatismo de Hayek se han vuelto en su momento verdaderas religiones que pretenden negar la viabilidad de todas las alternativas o cegarse ante éstas. Llámesele a este proceso Narcisismo político, o simple conveniencia política en el corto plazo, la teoría económica, cualquiera que sea, pero pretende volverse una especie de religión fundamentalista excluyente de lo demás ".

*Josué Sáenz***

"El sistema de libre mercado produce injusticia. Es un mecanismo, y como todos los mecanismos, con eficiencia produce bienes y también con eficiencia produce pobreza, desempleo y desigualdad social. Este ha sido el gran problema del siglo XX. Debemos encontrar otra manera de resolver esa contradicción entre el mercado mercantil y la justicia social".

*Octavio Paz****

*Discurso de graduación en la Universidad de Yale, septiembre.
1962. " **Sáenz Josué. *Este País,* mayo 1997, p. 97.
***Entrevista, 'Conversación con el Alma de México", *La.Jornada,* 12 de mayo de 1995.

Introducción

"El verdadero enemigo de la verdad no es la mentira sino el mito" —ha dicho John F. Kennedy— *y el dogma,* agregamos nosotros. Esta es una realidad indiscutible en la evolución de las ideas, en la historia del pensamiento científico; tan sólo recordemos los célebres episodios de Galileo frente a la Santa Inquisición y de Colón ante los geógrafos de su época, cuando el dogma cerró con fuerza, y aún con brutalidad, el paso a la verdad.

Cuando los paradigmas teóricos o los modelos mentales se convierten en mitos y en dogmas, no solamente se afecta la percepción del mundo real, sino el diagnóstico de los problemas sociales y las propuestas de solución. Los paradigmas son las lentes a través de las cuales se ve, capta e interpreta el mundo real, por lo que, cuando el mito y el dogma tienen su propia fuerza y atrapan a su modo la realidad, se convierten en una trampa que aprisiona la mente de los individuos.

En la teoría es importante tener modelos o realizar abstracciones para simplificar la realidad, desmontarla, encontrar sus rasgos distintivos y así facilitar su comprensión. Sin embargo, no podemos olvidar que son un simple modelo teórico y que en realidad no se puede adaptar a nuestra estrecha concepción paradigmática. La metáfora sobre el juego de ajedrez y las damas es muy clara para entender el peligro latente y perceptible de utilizar modelos simplificados para observar la realidad y olvidarla, pensando que ésta es lo que el modelo propone. Un rey pidió al más experto de los ajedrecistas que le enseñara como jugar. Este, con el afán de simplificarle el complejo modelo del ajedrez utilizó el mismo tablero, con los mismos elementos, pero con reglas y movimientos simples como en el juego de damas. Cuando el rey, salió por primera vez a competir, en la primera jugada le dieron jaque mate. La enseñanza es que el rey aprendió en un modelo simplificado, útil para su propósito; sin embargo, el problema surgió porque supuso que era el modelo real y tomó decisiones con base en el modelo simplificado que no reflejaba la realidad. En la teoría económica los modelos de competencia perfecta son similares al juego de damas. Como dice Joseph Stiglitz: *"la mano invisible de Adam Smith tal vez sea más como el nuevo ropaje del rey: invisible porque no está ahí".*[93]

---

93 Stiglitz, Joseph E., *Whiter Sociatism?'*, op.. cit. p. 12.

Es claro que en el mundo de las ideas, mucho de **"lo obvio es invisible".** En América Latina esta situación ha estado presente, si consideramos que se han importado modelos teóricos, como el modelo simple del mercado *laissez-faire, y* otros aún más sofisticados, por abstractos, pero a la vez más irreales cuando despliegan un andamiaje teórico para argumentar la existencia de los mercados perfectos competitivos libres, abiertos y privatizados. Este modelo puro de la economía de mercado ha sido considerado por algunos académicos e instituciones públicas y privadas como la fórmula mágica del mercado, con la creencia de que permitirá una asignación eficiente de recursos y posteriormente un desarrollo sustentable con equidad.

Por lo tanto es muy importante, en el mundo de las ideas y en la ciencia económica, tener clara la necesidad de eliminar los **viejos paradigmas** que no responden a las exigencias de la compleja realidad y dejar de **ser prisioneros de modelos teóricos,** anclados en el tiempo, que después, como **mitos** y **dogmas** se asumen como verdad, y nulifican y obscurecen la percepción del mundo real.

Los modelos teóricos de *laissez-faire* de competencia perfecta de libro de texto, son simplificados y se basan en supuestos *ceteris-paribus* (todo constante) con el objeto de facilitar la comprensión de la realidad. Pero el problema de fondo es que estos modelos posteriormente se convierten en *modelos del mundo real,* es decir, aprisionan las mentes de los hacedores de política, de las instituciones internacionales y de los actores que elaboran las agendas públicas, como si el mundo funcionara de esa manera, siendo que hoy en día vivimos un mundo *mutatis mutandis,* esto es, donde todo cambia constantemente y al mismo tiempo.

Esto forma parte de una intensa lucha en el terreno ideológico y político. Aquí podemos parafrasear a Keynes, cuando se refería a que es más peligroso el mundo de las ideas que el de los intereses creados. Así, cuando las ideas se convierten en mitos como el del libre mercado beatificado y el Estado Leviatán o yatrogénico, los hacedores de política tratan de **ajustar el mundo real al modelo teórico irreal;** aquí es donde se confunde el diagnóstico de la realidad y, lo que es peor aún, donde se dan las prescripciones de política que producen fracasos y transiciones truncas. El modelo de América Latina y, por supuesto, el de México, es de transición trunca porque estamos tratando de ***ajustar*** la realidad de la hipercompetencia de mercados globales, de competencia oligopolística, etc., a un modelo de competencia perfecta bajo supuestos que no son sostenibles.

En México tenemos más de 20 años de transición en la búsqueda de un nuevo modelo de desarrollo y crecimiento, pero con un resultado tangible: el estancamiento económico prolongado con sus irreparables efectos sociales, productivos y políticos. No hemos podido dar paso al reencuentro de una economía de crecimiento sostenido con la economía internacional competitiva. Por el contrario, los países del Sudeste Asiático han logrado industrializarse en 20 años, y han dejado atrás una sociedad "semifeudal", con una impresionante participación en el comercio mundial de bienes industriales; como ejemplo Corea del Sur es hoy una potencia industrial intermedia.

Lo anterior nos lleva a considerar, como punto de partida, que debemos eliminar todos los modelos irreales que obscurecen y nublan el pensamiento y la teoría, y afectan las decisiones de política económica. Esto es una precondición para el reencuentro del mercado institucional y participativo con un Estado promotor del crecimiento y del desarrollo sustentable que consolide nuestra economía de mercado.

Los Diez Mitos y los Falsos Dilemas Del Desarrollo

a) Estado versus Mercado

La guerra fría, que significó, en palabras de H. Truman, la lucha a muerte entre dos formas y estilos de vida diferentes: el capitalismo y el socialismo, imposibilitaba un análisis a fondo sobre la existencia de estilos diferentes de funcionamiento del sistema capitalista. A esto Joseph Stiglitz lo ha llamado "el mito de las dos vías":

> *"La aparente falla del mercado socialista ha llevado a muchos a concluir que no hay tercer camino' entre los extremos de los mercados y las empresas estatales. El hecho del asunto es que el gobierno juega un papel prominente en todas las sociedades. La pregunta no es si habrá intervención del gobierno en la actividad económica, sino, qué rol debería tener. Un ejemplo de 'camino intermedio' entre los mercados y las empresas estatales es ofrecido por los países del Este de Asia. Ellos crearon instituciones 'marketlike', tales como bancos. En algunos países como Corea, se controla la asignación de gran parte del capital".*[94]

Tradicionalmente se piensa que la economía sólo podía optar por dos caminos: el libre mercado o la economía estatista. La hegemonía indiscutible de Estados Unidos en el bloque capitalista, donde Alemania y Japón apenas iniciaban sus respectivos procesos de reconstrucción, no permitía abordar enfoques que marcaran las diferencias entre los estilos de desarrollo del capitalismo. Más bien, lo que encontrábamos eran estudios sobre las diferentes fases del capitalismo que los

---

[94] Stiglitz, Joseph E., *Whiter Socialismo,* MIT Press, Cambridge Mass., 1994, p. 253.

países en vías desarrollo tenían que ir alcanzando para industrializarse, tal y como lo planteaba la teoría del desarrollo de W. Rostow.

La hegemonía de la economía y de las políticas keynesianas, con un papel activo del Estado, aceptadas y consensadas por las instituciones y gobiernos, no daba espacios para el encuentro de diferencias entre el capitalismo. Sólo la llegada de la multipolaridad económica, en la que aparecían diferentes espacios económicos disputándose el liderazgo mundial, abrió las puertas al debate sobre economía y política económica comparada. Los estudios comparados, que incluyen variables de tipo cultural para explicar las diferencias en las fuerzas motrices del capitalismo norteamericano o anglosajón, el alemán y el japonés-oriental, contribuyeron de manera decisiva al desarrollo de enfoques en los que se abordó la existencia de diferentes tipos de capitalismo.

En este sentido, los estudios de Michael Albert, *Capitalismo vs Capitalismo* y los de Charles Hampden-Turner y Alfons Trompenaars, *Las Siete Culturas del Capitalismo,* "descubren que los valores-hábitos y estilos culturales asociados con el desarrollo social o las artes son la clave del éxito económico".[95] De acuerdo a estos dos últimos autores, existen siete procesos valorativos diferentes que otorgan un sentido diferente a los diversos capitalismos.

---

[95] Hampden-Turner, Charles, Alfons Trompenaars, *Las Siete Culturas del Capitalismo* Vergara, Argentina, 1995

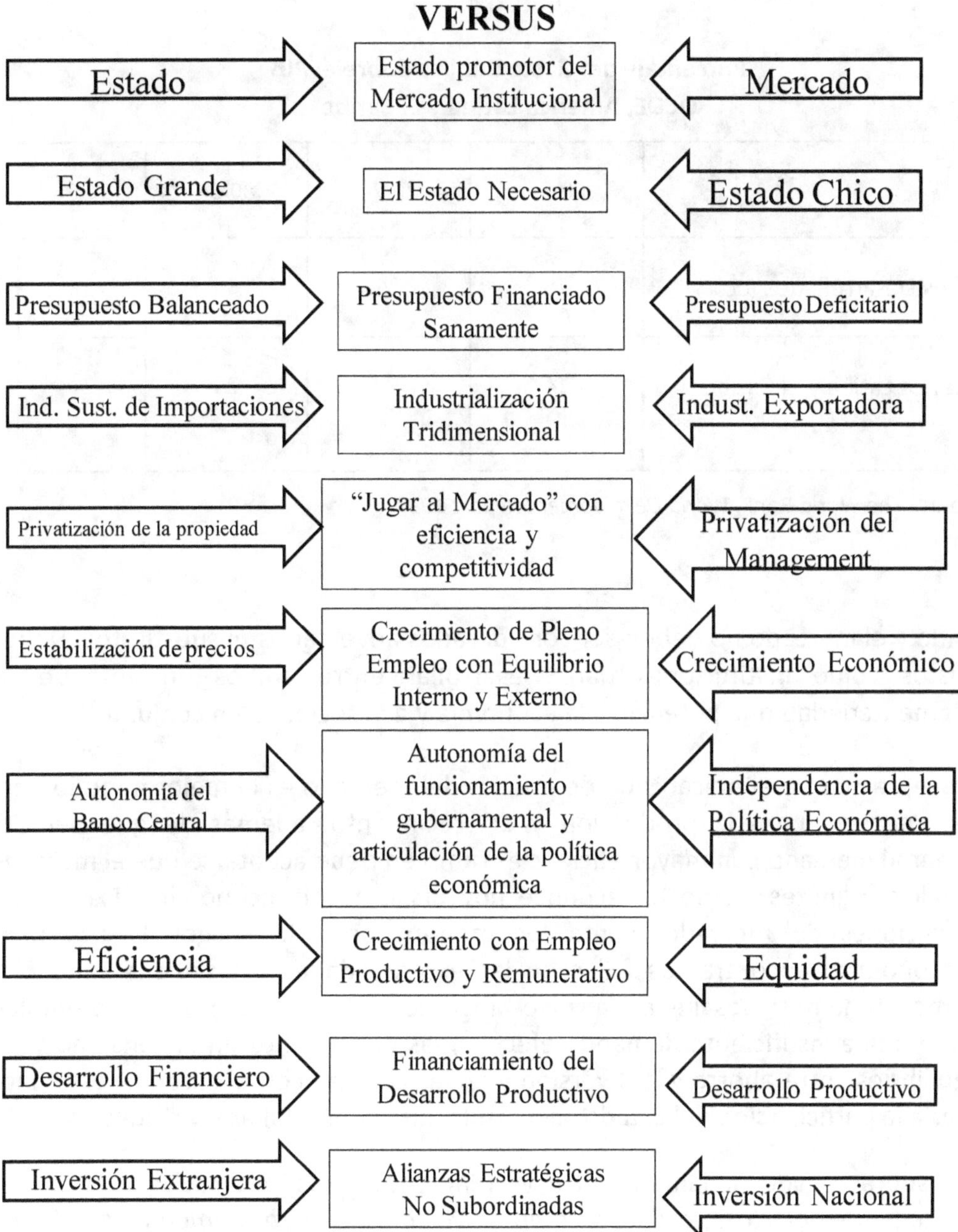

Figura 4.1
Los Diez Mitos del Desarrollo y los Falsos Dilemas

Cuadro 4.1

Porcentaje del Gasto Público Sobre el PIB
OCDE, América Latina y El Caribe

	60-64	70-74	80-84	90-93
Países Desarrollados (OCDE)	18	25	35	37
América Latina y el Caribe (CEPAL)	14	17.5	25	21

Fuente: The World Bank, *World Development Report 1997.*

El Estado y el mercado no deben ser considerados adversarios ni substitutos. Deben ser vistos como instituciones para desarrollar entre ambos un enfoque de complementariedad que potencie a la economía y a la sociedad en conjunto.

Debe aceptarse que el mecanismo de precios del mercado es el mejor método para asignar recursos para la producción y el crecimiento, además de que permite funcionar al mercado con mayor eficiencia. También debe aceptarse que el mercado tiene fallas y límites, como lo reconoce hoy día la teoría económica. Existen las imperfecciones de mercado, como los monopolios y los oligopolios; a nivel microeconómico encontramos fallas en las externalidades y los bienes públicos; asimismo, tenemos desajustes a nivel macroeconómico, como el desempleo asociado a una insuficiente demanda efectiva, las distorsiones en el consumo y los desequilibrios entre ahorro y la inversión y en las cuentas con el exterior: esto hace necesaria la participación del Estado aceptando sus propias fallas y virtudes.

Como subrayó adecuadamente Larry Diamond: *"Los mercados deben ser suficientemente abiertos, flexibles y competitivos para generar aumentos en ahorro, inversión y tasas de rendimiento. Esto requiere mantener al Estado fuera de las espaldas de los productores, empero, éste debe participar en el grado necesario para asegurar que exista una inversión adecuada en capital humano y físico, y que el desarrollo se lleve a cabo con responsabilidad hacia los intereses comunitarios ambientales, y de otro tipo. Los impuestos deben ser limitados y diseñados para que operen en la forma más neutral respecto a los incentivos para ahorrar, ¡as inversiones y la asignación eficiente de los recurso".*[96]

El enfoque de Estado *versus* mercado es un enfoque excluyente y de adversarios, basado más en aspectos ideológicos que en evidencias del mundo real. Todos los capitalismos modernos, aún los de mercado, tienen diferentes maneras de relacionar el Estado, el mercado y la sociedad, pero el Estado siempre está presente. Es falso el planteamiento del capitalismo del *laissez-faire.* Por ejemplo, hoy día el gasto público de los países de la OCDE equivale, en promedio, a casi la mitad de su producto interno bruto. El discurso neoliberal ha pasado de frente y la realidad es que el Estado, no solamente ha mantenido, sino que ha aumentado su participación en la economía.

El Banco Mundial, en su reporte de 1997, muestra cómo los países de América Latina y el Caribe sí han aplicado las recetas que promueven la desestatización de las economías, principalmente a partir de la crisis de la deuda externa de principios de la década de los 80's. De acuerdo a esa información, el porcentaje de gasto público sobre el PIB en América Latina para principios de los 80's era de 25% y finalizó a principios de la década de los 90's con una participación de 21%, mientras que para los países de la OCDE no sólo no disminuyó, sino se incrementó de 43 a 46% (Cuadro 4.2).

b) Estado Grande versus Estado Chico: el Estado Necesario

En el debate de la teoría económica hemos caído innecesariamente en la discusión de que si lo mejor para garantizar el funcionamiento de las economías es contar con un Estado grande o con un Estado chico. Este planteamiento constituye también un falso dilema.

Las eficiencias económica y social de los sistemas económicos no dependen de la dimensión cuantitativa del Estado para impulsar el crecimiento y el desarrollo. Plantear de esta manera el papel del Estado nos lleva a una pregunta: ¿Cuál es el tamaño ideal del Estado? Objetivamente no existe una respuesta.

---

[96] Diamond, Larry, *Tres Paradojas de la Democracia. El Resurgimiento Global de la Democracia,* UNAM. 1996. pp. 92- 93.

La manera de afrontar el problema, como actualmente dice el Banco Mundial e incluso autores como Joseph Stiglitz, no es preocupándonos por la cantidad de Estado, sino por la calidad de Estado, por la orientación y eficiencia de la participación del Estado en la economía.

Cuando analizamos el éxito económico de los países del Sudeste Asiático encontramos que dilema para América Latina tiene otro rumbo: debemos plantearnos la construcción de un Estado *promotor versus* un Estado regulador y controlador del mercado, no el Estado contra del que hemos desarrollado históricamente.

Hay que reconocer que el Estado cometió excesos y fallas significativas que dañaron a la sociedad en algunos aspectos. Estas fallas impactaron los niveles de competitividad de la economía limitaron los procesos de inversión privada al desplazarla, inhibirla y sustituirla. Nuestros Estados aplicaron "políticas enemigas del mercado" que desplazaron y distorsionaron al mercado. De aquí la necesidad de cambios cualitativos en la participación del Estado y la aplicación de políticas amigas del mercado. Con más o menos Estado no cambiarán automáticamente las condiciones ate funcionamiento del mercado generadas por el Estado populista y obeso.

Sin embargo, no debe perderse de vista que el Estado debe desempeñar en los actuales escenarios un nuevo papel en la promoción del desarrollo. *Se requiere de un Estado con un perfil activo de promoción de la actividad económica y alianzas estratégicas en áreas que requieren de una adecuada participación, como por ejemplo, que el fomento de las actividades a nivel microeconómico, no se confunda con los viejos criterios de subsidios y transferencias improductivas de gasto público y enfrentamiento con el sector privado.*

c) Presupuesto Balanceado versus Presupuesto Deficitario

Impregnado del pensamiento neoliberal, la idea de un presupuesto balanceado ha permeado los programas y recetas de ajuste económico recomendados y evaluados por las instituciones financieras internacionales para los países de América Latina. La idea fundamental es que un presupuesto deficitario, como consecuencia de un Estado obeso e ineficiente, es la causa de los males económicos de nuestros países, ya que provoca inflación por la emisión monetaria. Un déficit presupuestal conduce a la desaceleración económica por el aumento en las tasas de interés y consume indiscriminadamente los recursos de la sociedad que podrían ser utilizados de manera eficiente por la iniciativa privada en actividades generalmente productivas, apoyando las bases para un crecimiento sostenido del PIB. Por todas las razones anteriormente señaladas, la receta es evidente, los presupuestos deficitarios deben ceder su lugar a los presupuestos balanceados.

El mito y paradoja que obligan a reflexionar sobre esta disyuntiva es que mientras en los países latinoamericanos se ha observado cuidadosamente el cumplimiento de esta recomendación, en las economías de los países industrializados, origen y centros promotores de estas recetas, la constante es la aceptación teórica y práctica de los déficit presupuéstales. Por ejemplo, los países de la Unión Europea, en el contexto de los Acuerdos de Maastricht, están aceptando en estos momentos la existencia de un déficit presupuestal de 3% del PIB.

Con la información disponible observamos, en los países desarrollados, que el promedio de participación del gasto público sobre el PIB, es de 45.9%. Para 1996 esta cifra contrasta con el 22.9% de México en 1996 y con el 21% de la región de América Latina durante 1990-93. (Cuadro 4.1).

Información reciente publicada por la revista *The Economist* muestra que la participación del gasto público sobre el PIB ha mantenido una tendencia permanente de crecimiento en los países desarrollados, con dos etapas claramente diferenciadas (Cuadro 4.2). La primera parte de mediados de los años 30's, cuando las ideas keynesianas sobre el papel del Estado fundamentaban teórica y políticamente la expansión del gasto público en las economías desarrolladas, hasta principios de la década de los 80's cuando incrementaron en más de un 100% con respecto a los años 30's. La segunda etapa se dio en el contexto de la ola neoliberal y de las fuertes críticas al Estado interventor; sin embargo, la participación del gasto público en el PIB no solamente no se revirtió, sino que mantuvo una tendencia de mayor participación, al pasar de 43.3% en 1980 a 47.1% en 1996.

Hablar de la calidad en la participación económica del Estado nos lleva forzosamente a considerar la calidad del gasto medido en términos del gasto social. El gasto debe verse como una inversión para modernizarse, ser eficiente y competitivo a través de la educación y el capital humano, y no un gasto que deba recortarse para alcanzar el balance presupuestal. Aquí no hay falsos dilemas.

Cuadro 4.2
Participación del Gasto sobre el PIB

País	1937	1960	1980	1990	1996
Austria	15.2	35.7	48.1	48.6	51.7
Bélgica	21.8	30.3	58.6	54.8	54.3
Canadá	18.6	28.6	38.8	46.0	44.7
Francia	29.0	34.6	46.1	49.8	54.5
Alemania	42.4	32.4	47.9	45.1	49.0
Italia	24.5	30.1	41.9	53.2	52.9
Japón	25.4	17.5	32.0	31.7	36.2
Holanda	19.0	33.7	55.2	54.0	49.9
Noruega		29.9	37.5	53.8	45.5
España	18.4	18.8	32.2	42.0	43.3
Suecia	10.4	31.0	60.1	59.1	64.7
Suiza	6.1	17.2	32.8	33.5	37.6
Gran Bretaña	30.0	32.2	43.0	39.9	41.9
Estados Unidos	8.6	27.0	31.8	33.3	33.3
Promedio	**183**	**28.5**	**43.3**	**46.1**	**47.1**
México			34.4	27.8	22.9

Fuente: "The Visible Hand", en *The Economista* 20 de Septiembre de 1997

d) Industrialización Sustitutiva de Importaciones versus Industrialización Exportadora: La Vía de la Industrialización Tridimensional

El agotamiento de la estrategia de crecimiento hacia adentro vía substitución de importaciones y su sesgo antiexportador, generaron desequilibrios en la balanza comercial y se convirtieron en obstáculos para el crecimiento sostenido. Esto no debe llevarnos a *plantear de manera automática y acrítica que la orientación del crecimiento deba ser ahora "hacia afuera" vía exportaciones, y para ello, aplicar políticas de apertura a ultranza, desestimando al mercado interno. La simple apertura no garantiza una planta productiva competitiva de exportación y, por lo tanto, tampoco garantiza que las exportaciones se conviertan automáticamente en el motor del crecimiento económico.*

Lo anterior es consecuencia de la desarticulación inter e intraindustrial, en la que los procesos acelerados e indiscriminados de apertura con sobrevaluación del tipo de cambio aunados a las prácticas desleales del comercio internacional, afectaron las cadenas productivas. Así, el crecimiento de los sectores líderes de la economía, no es garantía de que se generen efectos multiplicadores hacia el resto del aparato productivo que arrastren positivamente a los otros sectores.

Estamos de acuerdo en que la apertura al exterior y la integración económica global es la única manera de garantizar el acceso a tecnologías, la colocación de nuestros productos y una mayor posibilidad de recibir los flujos de inversión extranjera, pero ***la simple apertura tampoco asegura automáticamente el logro de estos objetivos.***

El dilema no es tomar una opción y desechar otra. La estrategia de desarrollo no debe ser la de ***"crecimiento sólo hacia afuera vía exportaciones"; se debe avanzar en una estrategia de crecimiento con apertura a la competencia internacional*** apoyándose, no sólo en los mercados externo e interno (muy diferente de crecer sólo hacia afuera), sino también en un modelo de crecimiento e industrialización tridimensional que comprenda el desarrollo intenso del sector exportador, el impulso a las industrias competitivas que sustituyan importaciones, y el apoyo a las ramas endógenas, como la construcción, generadoras de efectos multiplicadores de articulación productiva, crecimiento y empleo.

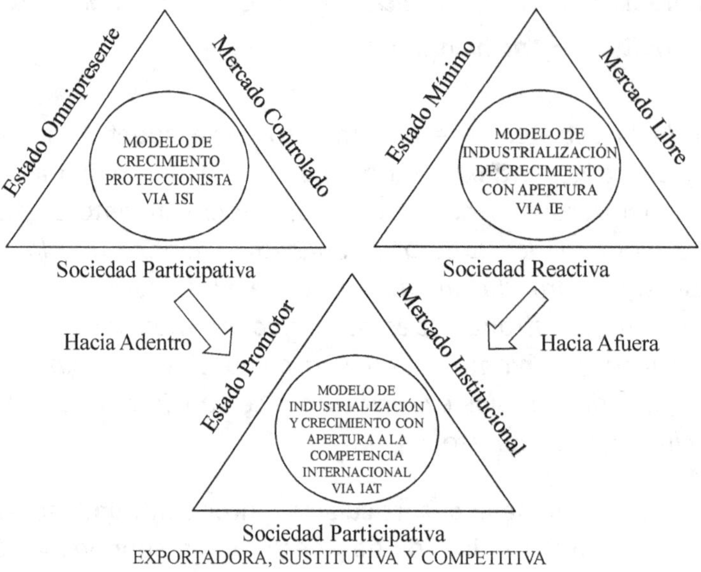

ISI: Industrialización Sustitutiva de Importaciones

IE: Industrialización Exportadora

IAT: Industrialización Abierta Tridimensional

Figura 4.2
La Estrategia de Industrialización y Crecimiento Hacia la Industrialización Tridimensional

e) Privatización del Management versus Privatización de la Propiedad

La ola neoliberal ha planteado que la privatización de la economía *per se* garantiza empresas más eficientes y productivas debido a que, por definición y dogma, las empresas públicas son ineficientes. Bajo este criterio, se considera que con la sola privatización de los activos productivos, éstos adquieren una nueva dimensión que favorece la eficiencia productiva. El imperativo es por lo tanto, cambiar el régimen de propiedad pública al de propiedad privada. Sin embargo, hemos visto que cuando se privatizan monopolios, como es reconocido por la mayoría de las personas, surgen problemas de ineficiencia mayor si se convierten en monopolios privados, no solamente en la asignación de recursos, sino en la concentración del ingreso, es decir, se pasa de un problema de ineficiencia a uno de inequidad.

El problema no está correctamente planteado; el problema fundamental en la nueva orientación de las economías de mercado es que la solución a los problemas de eficiencia del aparato productivo no se produce por la simple privatización de la propiedad; la condición necesaria es *privatizar el management* de las empresas públicas. Este es un elemento que no ha estado presente en muchas industrias.

Así, tenemos el caso del modelo de Rusia, donde se privatizó aceleradamente la propiedad, pero el *management* no se ha privatizado. Las empresas siguen siendo manejadas ineficientemente por los mismos empresarios del socialismo del mercado negro. En el caso chino de neosocialismo de mercado, las empresas no se han privatizado, pero el *management* está privatizándose: es decir, la toma de decisiones de precios, producción y combinación de factores en la empresa se hace de acuerdo con las condiciones del mercado, por lo que la diferencia en la competitividad de las empresas chinas —a pesar de seguir siendo propiedad pública— frente a la de las empresas rusas —que son privadas pero no han privatizado el *management*— es abismal.

De acuerdo a lo anterior, podemos mencionar lo que Joseph Stiglitz ha llamado el "mito de la propiedad", en el cual afirma lo siguiente:

"El mito de la propiedad sostiene que lo que uno tiene que hacer es establecer correctamente los derechos de propiedad y la eficiencia económica está asegurada. Como están establecidos los derechos de propiedad, no hace diferencia, excepto por la distribución del bienestar, y si uno no está satisfecho con esto, puede remediar fácilmente el asunto con transferencias de suma total (lump-sum transfers). Este es un mito peligroso porque ha cambiado el rumbo de algunos de los países en transición comprometidos a enfocarse en asuntos de derechos de propiedad, y privatización, más que en un conjunto más amplio".[97]

f) Crecimiento Económico versus Estabilización de Precios

Cuando se habla de la estabilización *versus* crecimiento, se debe entender que la estabilidad macroeconómica es imprescindible, ya que los movimientos de precios afectan no sólo la tasa de ahorro (al afectar el horizonte temporal del consumo por la desconfianza de los ahorradores en la capacidad del sector financiero para mantener tasas reales de interés positivas), sino también frenan la asignación eficiente de recursos al alterar los precios relativos, especialmente en condiciones de alta inflación. De la misma manera, una macroeconomía desestabilizada impide

[97] Stiglitz, Joseph E. *Whiler Sociatism*[7], MIT Press, Cambridge Mass., 1995, pp. 252. 180

el desarrollo del sector real de la economía y favorece la aparición de prácticas especulativas.

Sin embargo, es importante observar que, desde el punto de vista macroeconómico, el modelo de crecimiento, y su reto no es solamente la estabilidad macroeconómica, sino también la estabilidad tridimensional. La macroeconomía debe tener el objetivo del crecimiento de pleno empleo con equilibrio interno: estabilidad de precios; y equilibrio externo en la balanza de pagos.

Para México, el reto es enorme: durante los últimos 20 años hemos estado inmersos en procesos de estabilización y de ajustes recurrentes con los frenos continuos a la expansión económica que han impedido recuperar las tasas de crecimiento histórico de 6% promedio anual, y se ha abierto una brecha con respecto al PIB potencial a lo largo de estos años. El arte es, ¿cómo se maneja la política fiscal, monetaria y cambiaría para alcanzar estos objetivos? Observando el principio Tinbergen-Mundell, que es un principio macroeconómico básico.

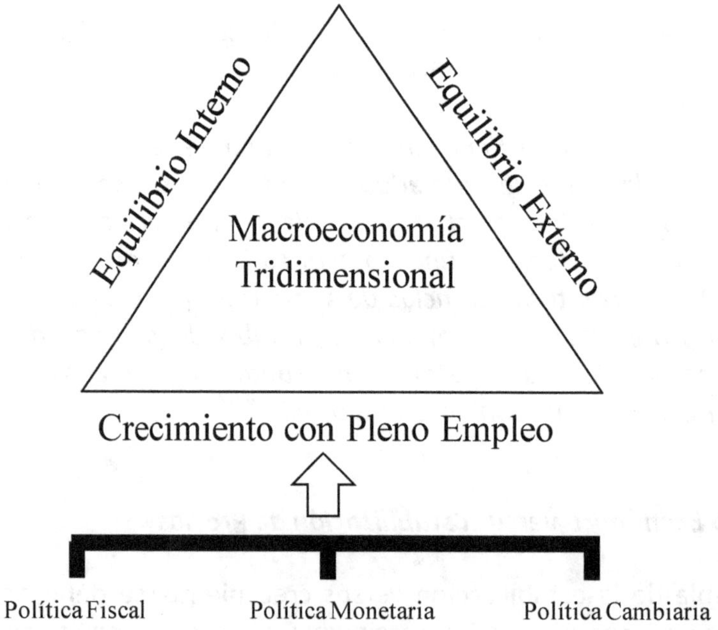

Figura 4.3

Después de las experiencias de alta inflación, es prioritaria la necesidad de contar con un horizonte de estabilidad de precios a mediano y largo plazos para generar certidumbre, confianza y perspectivas claras para la inversión productiva. En este sentido debemos recordar que, en escenarios de turbulencia e inestabilidad de precios, la inversión especulativa es la que finalmente se realiza en detrimento de la inversión productiva y que la ganancia especulativa de corto plazo absorbe las posibilidades de generación de empleo e ingreso.

Es importante reconocer el valor del proceso estabilizador y de ajuste del equilibrio interno de precios, pero no debemos hacer de la estabilización de precios el fin último y supremo de la política económica. El control de la inflación no garantiza *per se* el crecimiento y el bienestar de la sociedad, que es el verdadero objetivo de toda economía.

En otras palabras, se requiere que la estabilidad de precios, llevada a un determinado nivel de ajuste, no imposibilite u obstaculice el crecimiento económico, al tiempo que se evite que después de un período de ajuste y de costo social, se pierda lo ganado y se comprometa la estabilidad de precios a expensas de alcanzar un crecimiento económico *forzoso* de corto plazo, efímero e inflacionario.

Para las economías latinoamericanas no sólo no es conveniente, sino que es prácticamente imposible lograr que las variaciones de sus índices de precios sean similares al internacional debido a las diferencias estructurales existentes. En América Latina la estructura productiva y la composición de la producción es tan heterogénea, que algunos mercados de consumo asemejan verdaderos *tianguis,*[98] con prácticas precapitalistas como el trueque, que conviven al mismo tiempo con los *supermarkets,* provocando desajustes entre la oferta y la demanda. Esta segmentación hace que los mecanismos y señales de precios no operen tan eficientemente como en los países desarrollados.

En este caso lo importante es que, una vez establecido el nivel de precios permitido por la estructura de la economía y bajo un escenario de crecimiento sostenido, tengamos un marco de estabilidad y de mínima varianza de los precios, y que éstos no se contrapongan al crecimiento, arrojando por la borda los sacrificios del ajuste.

Para México y América Latina es urgente establecer con prioridad, en la agenda pública, la recuperación de las tasas de crecimiento económico de pleno empleo alcanzado durante cerca de cuatro décadas. En virtud de que en los últimos 15 años la región latinoamericana ha tenido tasas de crecimiento económico menores, comparadas con las de otras regiones del mundo, con tasas promedio entre 2 y 3% anual, se ha generado una brecha social y productiva en la que la postergación del

[98] Mercados ambulantes en México

crecimiento puede traer consecuencias irremediables para la gobernabilidad y la convivencia civil en los países de la región.

En el contexto de la situación actual, la disyuntiva que significaba que el crecimiento económico con pleno empleo reviviera al fantasma inflacionario se ha alejado debido a los cambios estructurales que en estos años las economías de estos países han realizado para corregir y erradicar la inflación, que en América Latina se originaba de cuatro causas fundamentales:

- Inflación por expansión de la demanda

Las presiones sobre los precios provienen del incremento de la demanda agregada, el cual puede generarse tanto por el lado del sector privado (C+I = consumo más inversión) y/o por la expansión del déficit fiscal (incrementar el gasto G), vía un financiamiento indiscriminado de expansión de la base monetaria. Con las políticas del cambio estructural hoy asistimos a la aplicación de una política monetaria disciplinada y restrictiva, así como a una política fiscal de equilibrio o superavitaria, por lo que no existen las presiones de un financiamiento abundante que fomente el crecimiento de la demanda agregada privada y pública y que presione el nivel de precios.

- Inflación por incremento de los costos

Este tipo de inflación tiene que ver con el comportamiento de los precios líderes de la economía entre los que se encuentran el tipo de cambio, los salarios, los precios y tarifas del sector público y las tasas de interés. Pero los programas de cambio estructural en América Latina han logrado estabilizar el tipo de cambio actuando como ancla antiinflacionaria. Esto por un lado, evita que devaluaciones constantes y prolongadas del tipo de cambio encarezcan los bienes importados que el aparato productivo requiere para su funcionamiento y por otro que se desate una inflación con expectativas devaluatorias.

- Inflación por inelasticidad de la oferta productiva

Tradicionalmente en América Latina la irrupción de los problemas inflacionarios se presentaba ligada a problemas estructurales de la oferta productiva que respondían a los incrementos de la demanda en un contexto de proteccionismo y economías cerradas. Esta expansión de la demanda se reflejaba consecuentemente en un aumento de los precios para poder equilibrar los mercados. Hoy en día, producto de la apertura de las economías y de los procesos de integración en zonas de libre comercio, el crecimiento de la demanda frente a inelasticidades de la oferta se traduce en un aumento de las importaciones, y por lo tanto, de los déficit comerciales, pero no de la inflación.

Como consecuencia de los cambios estructurales y de los programas de reestructuración económica, el nuevo perfil de las economías latinoamericanas ha cambiado la naturaleza del problema inflacionario, y las causas que lo originaban principalmente en los años 60's y 70's están bajo control, por lo que, considerar que el crecimiento económico de pleno empleo incrementa los niveles de precios es un falso dilema.

g) Autonomía del Banco Central (Financiamiento del Déficit Fiscal) versus Independencia de la Política Económica

Los Estados son autónomos y soberanos para tomar sus decisiones de gobierno, pero no son independientes de una república federal; el banco central debe ser autónomo del financiamiento del déficit federal, pero no es independiente de la política económica global; el sistema circulatorio tiene su autonomía respecto a los demás sistemas (respiratorio, digestivo, etc.), pero no puede manejarse independientemente del conjunto del cuerpo humano; de aquí la necesidad de tener un enfoque sistémico de la economía y el desarrollo.

Las políticas económicas erróneas, derivadas del Estado populista interventor, tuvieron como consecuencia que la política monetaria sustentara crecimientos indiscriminados de los déficit públicos mediante emisiones primarias de circulante, que en lugar de estimular la actividad económica provocaban y acentuaban los problemas inflacionarios. Siguiendo el modelo de la Reserva Federal de los Estados Unidos, se adoptó la propuesta de que los bancos centrales de América Latina, y en el caso específico de México, deberían ser instituciones independientes de los órganos del poder ejecutivo con la finalidad de aislar la política económica de las presiones y tentaciones de una política indiscriminada de gasto público que se orientara a objetivos, más que económicos, de carácter político para enfrentar coyunturas difíciles, como podrían ser las elecciones.

La propuesta es loable, en el sentido de que el Banco Central sea ajeno a presiones que trasciendan el ámbito económico o de soluciones a fondo de la problemática económica. Sin embargo, no se debe confundir la autonomía del Banco Central con una total independencia, con respecto a los objetivos y responsabilidades, de las otras instancias públicas involucradas en la política económica. No se puede confundir a los bancos centrales estableciéndoles como único objetivo el combate a la inflación y olvidando totalmente la existencia de otros objetivos macroeconómicos imperativos, como el crecimiento con pleno empleo y el equilibrio en la balanza de pagos. El arte del *management* macroeconómico no es la estabilidad de precios sino cómo crecer con pleno empleo con equilibrios interno y externo. Esto requiere pasar de un enfoque macroeconómico unidimensional, donde lo único que interesa es la inflación, a otro tridimensional.

Metafóricamente, es como si comparáramos la economía con el cuerpo humano y tratáramos de aislar al sistema circulatorio (sistema monetario) de los otros sistemas que dan vida al cuerpo, como el digestivo, el respiratorio, el nervioso y el muscular. Porque el sistema circulatorio (el monetario) es la sangre que fluye y nutre al organismo, por lo tanto, tratar de aislarlo llevaría finalmente a una parálisis y deceso ya que existe una interrelación entre todos los sistemas. Así, la política monetaria no puede estar al margen de la política fiscal y los objetivos monetarios de los otros objetivos de política económica.

h) Eficiencia versus Equidad

La nueva era del conocimiento, donde el capital intelectual es el factor estratégico de competitividad, es una nueva etapa histórica en la cual es posible conjugar la eficiencia y la equidad, pero es fundamental derribar viejos paradigmas, como el de la ventaja comparativa de Ricardo o el de la dotación relativa de factores del modelo neoclásico de Heckscher-Ohlin. Estos paradigmas son falsos ya que fueron pensados en la era industrial de economías semicerradas donde no existía movilidad de factores. Adicionalmente, la educación y el conocimiento no eran determinantes como factor explicativo de la competitividad. Hoy en día, ante las cambiantes condiciones, la alta movilidad de factores cuando el comercio intrafirma y la fábrica mundial juegan un papel estratégico, se hace insostenible el supuesto de que la dotación y la abundancia relativa de factores determinan la competitividad de un país. En cambio, la inversión en capital humano del conocimiento, el capital tecnológico y las nuevas tecnologías de la información, las telecomunicaciones y la manufactura asistida por computadoras, las nuevas organizaciones aprendientes y el *knowledge management* son los nuevos requerimientos para alcanzar la competitividad.

En síntesis, la ventaja competitiva basada en el capital intelectual implica un cambio radical en la ventaja comparativa para México, América Latina y los países en desarrollo. La ventaja competitiva no está en la mano de obra barata, sino en la mano de obra productiva; esto es, se debe invertir en capital humano, en el trabajador del conocimiento. Por primera vez en la historia la ventaja no está en explotar la mano de obra barata, sino en invertir en el capital humano; la eficiencia competitiva y la equidad distributiva van de la mano en el nuevo enfoque.

Los países intensivos en mano de obra deben enfocar sus esfuerzos, no en la mano de obra barata (paradigma falso y altamente costoso para el desarrollo económico y social), *sino en la mano de obra productiva.* Los países que han enfocado sus esfuerzos en la mano de obra barata han estado sujetos a la empresa maquiladora que no soluciona los problemas del desarrollo. Dentro de la nueva configuración de la economía internacional resulta indispensable capacitar a la mano de obra productiva de alta calidad. La ventaja competitiva de un país y su eficiencia se basan, justamente, en la calidad y capacidad de sus productos para insertarse, de manera efectiva, en los mercados globales. La visión estratégica de los países debe basarse, entonces, en procurar el incremento de los niveles de productividad que, a la par de elevar la competitividad en los mercados internacionales, tienen un impacto positivo sobre el bienestar social de la clase trabajadora para ligar eficiencia con equidad.

Al mismo tiempo, se requiere de la instrumentación de políticas educativas de largo plazo que generen una cultura de la productividad y la continua superación del factor humano. Nuevamente, los países del Sudeste Asiático demuestran la importancia de la educación en la cultura de la productividad. Estos países presentan un promedio educativo de nueve años —que implica la conclusión de la educación media— mientras que en nuestro país el promedio alcanza solo cinco años, es decir, la mayoría de los estudiantes no concluye la educación básica. De igual forma, de cada 100 estudiantes que ingresan al sistema educativo nacional, sólo uno concluye sus estudios profesionales. Como ha comentado Carlos Fuentes: *"el factor educativo será la base que consolide el progreso incluyente, con equidad, donde se desarrolle la educación como base de conocimiento, el conocimiento como base de información y la información como base de desarrollo"*.[99]

Por otro lado, la preocupación respecto a la equidad, no sólo tiene que ver con los principios ético-morales o normativos constitucionales, sino también con el aspecto pragmático. Si un sistema descuida los problemas de distribución del ingreso y la marginación, genera una presión social que puede conducir a una crisis de ingobernabilidad y provocar a su vez inestabilidad política. Esto genera desconfianza en el aparato productivo y frena el proceso de inversión y acumulación de capital comprometiendo al propio modelo de desarrollo.

---

[99] Fuentes, Carlos, *Por un Progreso Incluyente,* p. 39.

En el aspecto macroeconómico, la inequidad de la distribución lleva a la reducción de los mercados de consumo que hacen poco atractiva la inversión, a un bajo nivel de ahorro interno y a bajos niveles de escolaridad que afectan la productividad global de la economía.

A nivel microeconómico, la rentabilidad y eficiencia de una empresa no pueden sustentarse sobre una base trabajadora inconforme con sus niveles de bienestar y, específicamente, con sus salarios y prestaciones. La experiencia de países como Japón, y de empresas exitosas internacionalmente que enfrentan un ambiente laboral de enfrentamiento y animadversión, señala que los trabajadores rinden su mayor esfuerzo y capacidad cuando se sienten retribuidos y compensados por sus patrones. Así, se destacan los convenios o bonos de productividad con lo que la fuerza laboral obtiene mayores satisfactores en sus salarios y/o prestaciones a cambio de alcanzar metas en materia de producción y calidad que favorezcan a su empresa; lo que significa toda una nueva cultura laboral. Esta experiencia es clara frente a quienes consideran que los ajustes y reducciones de costos para eficientar procesos lleva necesariamente a reducir salarios y prestaciones de la base trabajadora de una organización.

i) Desarrollo Financiero versus Desarrollo Productivo

El talón de Aquiles de las economías latinoamericanas en general, y de la mexicana en particular, ha sido el sector financiero. Han existido deficiencias en la liberalización financiera y la privatización del sistema bancario. Las propias autoridades del Banco de México han cuestionado los procedimientos y las formas de privatización de las instituciones bancarias.

El sector financiero es un elemento fundamental, en la reestructuración de las empresas, que permite la asignación eficiente de recursos en la producción y en el uso de factores mediante la intermediación entre la función de ahorro y la de inversión. Esto exige la capacidad y flexibilidad de las empresas para reestructurarse; pero esto solamente puede lograrse con un sistema financiero que apoye el capital de trabajo y adicionalmente, el capital de inversión y tecnológico para la reestructuración. En otras palabras, un sistema financiero que estimule la actividad productiva.

México presenta cuellos de botellas cruciales y graves en el sector financiero. La liberalización financiera en México, anterior a la crisis de 1994, llevó a un sobreendeudamiento de los bancos por más de 20 mil millones de dólares. Los bancos se apalancaron en dólares con deuda externa, aprovechando el régimen de tipo de cambio como ancla antiinflacionaria, como garantía cambiaría aparente, pidiendo dólares a tasas bajas, para posteriormente prestarlos a tasas superiores a las internacionales. Por otro lado, se cometieron errores fundamentales, por ejemplo, en la venta de los bancos, al suponer que cualquier agente privado era mejor que el gobierno. Esto es un grave error, ya que para manejar los bancos se requieren empresarios financieros innovadores, de los cuales se ha carecido.

Aquí lo importante no es tanto la rentabilidad financiera, sino la rentabilidad productiva con un sistema financiero que soporte el desarrollo. Quizá la diferencia y éxito del modelo alemán es que hoy en día manejan tasas de interés del 2%, (y en Austria del 1%) y que siempre ha subordinado el sector financiero al desarrollo del "sector productivo". Esta es una palanca, un catalizador, es el verdadero enfoque y no una alternativa entre otras.

Aquí hay un gran reto: en el sector productivo se debe desarrollar la producción de bienes y servicios en la economía, y en el sector financiero, se debe proveer la liquidez necesaria, manejar los ahorros de la economía y traducirlos a la inversión y asignación productiva.

Asimismo, una de las características del capitalismo postmoderno es la globalización e integración de los circuitos financieros internacionales en los que el dinero electrónico no tiene fronteras y reúne una capacidad impresionante de convertibilidad a cualquier divisa o activo financiero en instantes, como respuesta de los tenedores a señales en el tipo de cambio, a las tasas de interés, a los elementos que causan incertidumbre y desconfianza o a la presencia de eventos políticos desestabilizadores.

Se va generalizando el consenso de que los mercados financieros globales han evolucionado mucho más rápido que el marco institucional y de coordinación del sistema financiero, por lo que las características volátiles del mercado electrónico atentan contra la estabilidad y desarrollo de un país y pueden perturbar el comercio y la cooperación internacional.

Por ello, la función básica del sistema financiero en el capitalismo postmoderno debe ser la de garantizar la generación del ahorro en la economía y canalizarlo efectivamente a la inversión productiva con nuevas formas de organización que aminoren las fluctuaciones de los mercados especulativos, *premiar* la inversión productiva y gravar la especulativa. Necesitamos volver a lo básico del origen y funcionamiento del sistema financiero, y que éste sea un canal eficaz de ahorro de los agentes económicos hacia los realizadores de inversión.

La liberalización de los mercados financieros tiene sus ventajas, pero también sus límites y peligros en un mundo financiero dominado por el dinero electrónico y los mercados altamente volátiles y especulativos, como lo expresara James Tobin, premio Nobel de Economía y especialista en el sector económico y financiero.

> *"El principal propósito de los mercados y las instituciones financieras es canalizar el exceso de ahorro de algunos agentes en la economía hacia el exceso de inversión real que otros agentes se preparan a emprender. Existen muchas formas de organizar tales flujos, y no todas requieren de los mercados especulativos. Los países en desarrollo no deberían tener prisa en liberar de todo control y supervisión del Banco Central a los movimientos de divisas hacia dentro y fuera. Se debe recordar que gran parte del rápido crecimiento de los países europeos y Japón en la posguerra, se llevó a cabo antes del desmantelamiento de los controles a las divisas y al capital. Aún para los países pequeños, es importante mantener algún grado de autonomía en la política monetaria, de manera que las tasas de interés locales no estén completamente determinadas en los mercados externos. Una forma de conseguir esto es el impuesto a las transacciones en divisas. Los países del Tercer Mundo que se encuentran en la búsqueda de inversiones de desarrollo de compañías extranjeras deberían evitar las escaramuzas competitivas entre ellos. Este tipo de competencia podría fácilmente transferir la parte del león, la ganancia de la inversión, a la empresa multinacional, en detrimento de los propios países. En los Estados Unidos, los estados y las ciudades se encuentran comprometidos en una agria subasta para la localización de las nuevas instalaciones de las empresas con resultados mutuamente destructivos de su base fiscal y de otras regulaciones razonables".*[100]

j) Inversión Extranjera versus Inversión Nacional

La realidad actual del sistema de producción global y compartida a través de la *fábrica mundial,* donde la elaboración de partes y componentes de un bien final se realiza en diferentes países del mundo, ha hecho que los flujos de comercio estén ligados a los flujos de inversión y de capital externo. Una inserción activa en el escenario internacional requiere tanto de apertura comercial como de apertura a los flujos de inversión extranjera.

---

[100] Tobin, James, "Uno o Dos Brindis a la Salud de la Mano Invisible", *Nueva Economía Revista de Economía y Política,* año I, noviembre 1992-enero 1993, Cambio XXI, Fundación Mexicana, A. C, p.35.

En la actualidad presenciamos una intensa lucha por atraer el capital extranjero entre las más diversas naciones. Ante esta situación los países responden con nuevas disposiciones y ordenamientos de incentivos y desregulaciones para atraer la inversión extranjera a sus economías. Lo fundamental no es sólo lograr captar la inversión extranjera, sino poderla integrar a proyectos de inversión de largo plazo con objetivos claros en términos del desarrollo económico nacional. Debemos ser precisos en el uso del capital externo cuidando el origen y destino del capital especulativo de corto plazo.

La inversión extranjera desempeña un papel destacado en la estrategia de crecimiento con apertura y competencia al exterior, pero ante las diversas modalidades que presenta, es clave priorizar e incentivar la inversión extranjera directa, la cual debe asumir un papel complementario y no sustitutivo de la inversión del sector privado nacional. Esto se logra a través de *alianzas estratégicas no subordinadas,* donde el liderazgo sea nacional, y con empresas mixtas de complementariedad y transferencia de capital, tecnología, capacitación y administración.

En síntesis, caminar en busca de un modelo alternativo en el enfoque de economía de mercado requiere de eliminar los mitos y dogmas como los verdaderos enemigos de la verdad y pasar de los enfoques parciales a los enfoques sistémicos, y de la eficiencia asignativa a la eficiencia integral. Reconociendo que el mercado es miope, esto es, no tiene perspectiva de largo plazo ni visión de futuro y proyecto de nación, que es lo requiere el Estado y la sociedad.

Capítulo 5

El Modelo de Transición Replanteado

Hacia un Modelo Sistémico e Integral

"Encontrar el balance adecuado entre tipos de eficiencia es una tarea clave para el gobierno... Si permanecemos en una eficiencia asignativa solamente, nos beneficiaremos con precios bajos, pero también estaremos abiertos al estancamiento con bajo crecimiento, alto desempleo y, al final, con precios más altos cuando tengamos que comprar lo que hemos fracasado en crear".

*Charles Murray**

"Información imperfecta y costosa, mercados de capital imperfectos, competencia imperfecta: son la realidad de las economías de mercado — aspectos que deben ser tomados en cuenta por aquellos países que se vean en la situación de elegir un sistema económico. El que la competencia sea imperfecta o los mercados de capital sean imperfectos, no significa que el sistema de mercado no deba ser adoptado... lo que significa es que en decidir qué forma de economía de mercado deben adoptar, incluyendo el papel que va a jugar el gobierno, necesitan tener en mente cómo funcionan las economías de mercado en el presente, no el irrelevante paradigma de la competencia perfecta.... En el centro del éxito de las economías de mercado está la competencia, los mercados y la descentralización. Es posible tener éstos [elementos] *y aun así el gobierno seguiría jugando un gran papel en la economía; incluso, podría ser necesario que el gobierno jugara un papel importante si es que la competencia va a seguir".*

*Joseph Stiglitz***

Es verdad que todos los países democráticos han rechazado una economía de comando centralizada como alternativa a la economía de mercado; pero ellos también han rechazado una economía estricta de libre merado como alternativa a la economía mixta en donde los resultados del mercado son sustancialmente modificados por la intervención gubernamental.

*Robert Dahl****

*"The Invisible Fist", *The Economist,* febrero 13 de 1997.

** Stiglitz, Joseph E„ *Whither Socialism?,* MIT Press, Cambridge, Mass., 1994.

*** Dahl Robert A., "Why Free Markets are Not Enough", en *Capilalism, Socialism and Democracy Revisited, The* Johns Hopkins University Press and the National Endowment for Democracy, 1993, USA, p. 76.

HACIA UN ENFOQUE INTEGRAL DE LA EFICIENCIA

El programa de reformas económicas aplicado durante estas dos décadas en México y América Latina, basado en el cambio estructural y estabilización macroeconómica, supone que una **economía privatizada** con **mercados libres** (de la intervención gubernamental) y **abiertos** a la competencia internacional en un marco macroeconómico de **estabilidad de precios,** son condiciones necesarias y suficientes para generar **mercados eficientes,** los cuales a través del mecanismo de precios del mercado, permitirán coordinar las acciones de los diversos agentes económicos y alcanzar la máxima eficiencia en la asignación de recursos en la economía.

Este enfoque de reformas económicas, sintetizadas en el Decálogo del Consenso de Washington (DCW), se circunscribe al concepto de **eficiencia asignativa,** y presupone que los demás aspectos como el crecimiento económico sostenido, el desarrollo sustentable y la equidad distributiva vendrán dados por la mano invisible del libre mercado que, guiada por los precios internacionales, lleva a que los agentes económicos, al buscar su propio beneficio, a alcanzar el de la sociedad, al menos de mejor manera que cualquier alternativa de participación del Estado.

Es necesario, como primer paso para transitar a un nuevo sistema económico y terminar con el proceso de crisis recurrentes, enmarcar los límites y alcances de los paradigmas económicos. En la economía moderna, el enfoque neoclásico con su **criterio unidimensional** de **eficiencia asignativa** y de **equilibrio competitivo paretiano,** ha mostrado cada vez más su limitación como **enfoque** integral para evaluar el desarrollo sustentable. La eficiencia en la asignación de los recursos es un elemento importante para evaluar el desempeño económico de las naciones; sin embargo, no es suficiente y requiere ampliarse con cinco criterios de eficiencia que superen la estrecha noción de la asignación de recursos o eficiencia smithiana.

Así, la evaluación del desempeño de un sistema económico requiere **un nuevo enfoque integral de eficiencia,** pues no es suficiente lograr la eficiencia smithiana. *"Los economistas neoclásicos han intentado defender el capitalismo en el estrecho campo de la eficiencia económica [...] clamar por la eficiencia Paretiana no puede ser justificado, tan pronto como se introduzcan supuestos más realistas que involucren mercados imperfectos".*[101]

[101] Stiglitz, J. E., *Whither Socialism?,* op. cit., p., 274.

El libre mercado no garantiza el equilibrio macroeconómico, la sustentabilidad y continuidad del crecimiento económico, ni la generación y distribución más equitativa de los frutos del desarrollo.[102] El criterio de la eficiencia en la asignación de recursos, asume que los mercados abiertos y libres serán eficientes automáticamente y que el mecanismo de precios dará las señales adecuadas para la asignación eficiente de los recursos escasos. Pero de este argumento no se puede inferir, ni en base a la teoría ni a la historia económicas, que las economías privatizadas con mercados libres y abiertos garantizarán el crecimiento sostenido, el desarrollo sustentable y la equidad distributiva.

Se requiere de un enfoque integral de la eficiencia para evaluar los objetivos económicos y sociales del desarrollo de las sociedades modernas. Por lo tanto, es necesario reconocer que la eficiencia es un concepto fundamental. Por **eficacia** debemos entender el logro de los objetivos planteados en una economía, y por **eficiencia** alcanzarlos utilizando menos recursos. El problema con el enfoque de la eficiencia asignativa smithiana es que su **criterio es unidimensional** al suponer que el único objetivo es alcanzar una asignación eficiente (óptima) de los recursos escasos en la economía. De esta forma surge el criterio del *óptimo de Pareto,* que es una situación de equilibrio en la que no se puede aumentar la producción de un bien sin disminuir la del otro, y por lo tanto, el bienestar de un individuo sin disminuir el de otro.

En la perspectiva del nuevo enfoque de desarrollo sustentable e integral, no hay razón para circunscribir los objetivos del desarrollo a una mera asignación del uso eficiente de recursos; es más importante generar un modelo de acumulación de capital e innovación productiva que permita un crecimiento sostenido y un desarrollo sustentable con equidad distributiva. Por lo tanto, debemos preguntarnos cómo alcanzar estos objetivos (eficacia) con el menor sacrificio de recursos (eficiencia). Nuestro enfoque mantiene la perspectiva fundamental y razón de ser de la ciencia económica, el aprovechamiento eficiente de los recursos escasos cuando existen fines múltiples, pero considera, además para medir el desempeño económico y social, otros factores adicionales. Así, podemos hablar de un enfoque integral y multidimensional de la eficiencia económico-social (ver Figura 4 en la Visión Global).

---

[102] En América Latina, el 20% más rico de la población tiene un ingreso medio superior a 17 mil dólares, y el 20% más pobre, 930 dólares. Estas inequidades han afectado la región a pesar de los beneficios que ha traído la globalización y liberalización, PNUD, op. cit., p. 8.

Como hemos señalado, no existe modelo teórico en la ciencia económica que permita inferir que la eficiencia asignativa eleva a la integral; al contrario, la historia económica de las últimas décadas en América Latina sí nos indica que la eficiencia asignativa no implica alcanzar el concepto de eficiencia integral; la experiencia de México en los últimos 20 años es muy ilustrativa (como lo veremos más adelante), por esta razón es conveniente desarrollar un marco conceptual básico para el desarrollo de un enfoque integral de la eficiencia.

Es importante, antes de analizar las características que debería de tener el modelo y pro económico de transición hacia las economías de mercado abiertas y competitivas, desarrollar concepto de eficiencia con un enfoque multidimensional de la **eficiencia integral económica** social.

1. *La eficiencia asignativa o smithiana.* Refleja la asignación de los recursos en la economía. Esta implica que, en condiciones de competencia perfecta, el mecanismo de precios en mercados libres y abiertos, son las mejores señales para alcanzar una óptima asignación de los recursos escasos. Este enfoque, aunque es esencial, por sí solo no es suficiente debido a que es estático y parcial en términos del desarrollo humano.

2. *La eficiencia de pleno empleo o keynesiana.* Refleja el pleno empleo de recursos (trabajo, capacidad instalada y capitales) con equilibrio macroeconómico en el corto plazo; esto es, equilibrio externo en la balanza de pagos y equilibrio interno o estabilidad de precios. La eficiencia keynesiana es medible analizando el crecimiento potencial del PIB, respecto al crecimiento actual o vigente. La brecha que existe entre ambos es el potencial perdido de la economía.

3. *La eficiencia innovativa o schumpeteriana.* Refleja la tasa de innovación o progreso tecnológico, que permite sostener el crecimiento a largo plazo vía el crecimiento en la productividad. El crecimiento económico finalmente tiene lugar por dos factores: la acumulación de capital y el incremento de la productividad, la cual es resultado de la innovación y el cambio tecnológico, esto es, producir más con los mismos factores de producción. Pero para que esto se dé en la nueva era del conocimiento, ya que no surge del mercado y de la mano invisible espontáneamente, se requiere:

   a) A nivel macro, un sistema nacional de innovación que favorezca y estimule la innovación a partir de incentivos, e infraestructura en los países en desarrollo.

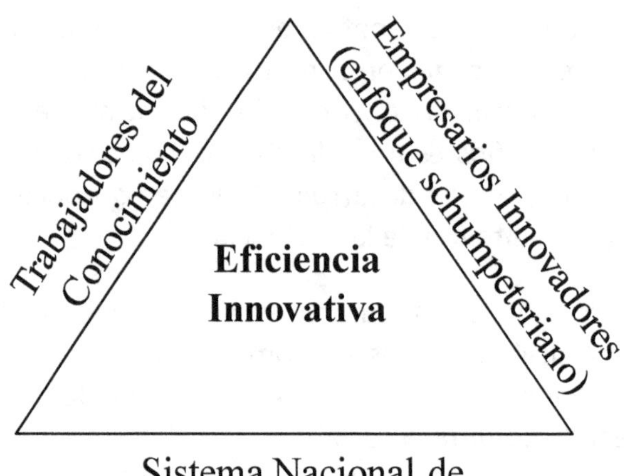

Figura 5.1

b) A nivel empresa, por un lado, empresarios innovadores (enfoque schumpeteriano) y por el otro, un enfoque de desarrollo de trabajadores del conocimiento en organizaciones aprendientes a partir de la gestión del conocimiento productivo *{knowledge management).*

La eficiencia innovativa depende de la articulación de tres elementos fundamentales: de empresarios innovadores con enfoque schumpeteriano; de trabajadores del conocimiento, no los simples trabajadores manuales; y de un sistema nacional de innovación (Figura 5.1).

4. *La eficiencia operacional (de transacción).* Consiste en minimizar el costo de las transacciones económicas, tanto comerciales, como financieras, esto es, de la operación del mercado. Mejora la operación del sistema económico en su conjunto al reducir los costos totales de la economía a los costos de producción. Los mercados eficientes son aquellos en los que ambos, los costos de transacción y de transformación[103] son reducidos, y por lo tanto, su común denominador lo forman las siguientes características:

    a) la existencia de un Estado de derecho;

[103] Costos de transformación son los costos de establecer y medir los atributos de la producción y los costos de transacción, los provenientes de la obligación al cumplimiento de acuerdos entre los participantes. North, Douglass, op. cit.

b) clara especificación de los derechos de propiedad que deben ofrecer incentivos para el crecimiento productivo, y

c) bajo costo de la obligación de cumplimiento de contrato.[104] Finalmente, para que una economía opere y desarrolle sus actividades, debe estar basada en la confianza en el país (capital social), seguridad pública y un marco jurídico con aplicación de la justicia creíble, viable y confiable.

5. *La eficiencia distributiva o social.* Esta eficiencia, implica que el crecimiento del PIB debe estar acompañado de una reducción de la inequidad distributiva (medida a través del coeficiente de Gini) o de la brecha de la pobreza en términos relativos y absolutos. México y América Latina todavía enfrentan un gran reto, pues entre 40 y 50% de la población vive en la pobreza. El enfoque social de la eficiencia consiste en alcanzar objetivos como la reducción de los niveles de pobreza, mejoras en la distribución del ingreso, mejoras en el bienestar de la población en general, en educación, etc.

6. *La eficiencia sustentable. Consiste en alcanzar un crecimiento sostenido sin* comprometer o deteriorar la base de recursos naturales y el medio ambiente para las siguientes generaciones y mejorar la calidad de vida de la población. Esto es, no sólo producir más bienes y servicios en cantidad, sino en calidad.

En esta perspectiva del desarrollo sustentable con equidad distributiva podría sintetizarse el verdadero indicador del progreso y bienestar social, la eficiencia integral. De aquí que en el futuro (ya existen planteamientos)[105] debemos desarrollar un índice de Desarrollo Sustentable e Integral (IDSI) que complemente el tradicional índice del PIB que mide el valor de la producción de bienes y servicios en un momento dado y normalmente se extrapola como indicador del bienestar social, aunque cada vez es un indicador más limitado para reflejar el progreso social.

---

[104] *North Douglass, op.. cit.*

[105] Jerry Mander y Edward Goldsmith (ed.), *The Case Againsl the Global Economy. The Need for New Measurements of Progress,* por Ted Halstead y Clifford Cobb, 1996, pp. 200-201.

El crecimiento del PIB no refleja necesariamente el progreso ni el bienestar social porque presenta diversas distorsiones:[106]

a) El PIB no toma en cuenta el agotamiento de los recursos naturales. El PIB considera la extracción de recursos naturales como ingreso y no como agotamiento de un activo; por ejemplo, el caso del petróleo y los minerales que son recursos no renovables.

b) El PIB no toma en cuenta el deterioro ambiental. Producir más contaminando el medio ambiente no sólo reduce la calidad de vida, sino que lo que se invierte en anticontaminantes se registra paradójicamente como un aumento del PIB, cuando no aumenta el bienestar de la gente. Otro caso ocurre en los países que establecen el programa *Hoy no circula* para evitar la contaminación del aire provenientes de automotores, que incrementa la compra de autos, y también se registra como incremento del PIB, pero que no aumenta el bienestar.

c) El PIB, no toma en cuenta el deterioro social como el de la inseguridad pública. Las crisis recurrentes y la incapacidad para generar empleos productivos aumenta la delincuencia y la inseguridad pública con su consecuente aumento del malestar social. Paradójicamente todo el incremento en el gasto, en los sistemas de seguridad personal y ciudadana, policías, sistema judicial, etc., se contabilizan como un incremento del PIB, pero obviamente no aumentan el bienestar social.

d) El PIB considera a la desintegración familiar y las enfermedades como un beneficio económico. Un divorcio significa pagar a un abogado, costos de mudanza y la manutención de los hogares. De igual forma se considera el creciente aumento de la industria médica, en parte provocado por los peligros a la salud y el modo de vida que son frutos del progreso.

e) El PIB ignora por completo las transacciones que no se realizan con dinero (intercambio informal), pero sí contabiliza a la policía, las prisiones, los trabajadores sociales, etc.

f) El PIB no toma en cuenta la distribución del ingreso. Sólo porque la producción aumentó, no significa que la vida de todos haya mejorado.[107]

---

[106] Mander y Goldsmith, op. cit.

[107] Mander y Goldsmith, op. cit. 196

Si observamos el caso mexicano a lo largo de los últimos 15 años, y el de América Latina en general, encontramos ilustrativa la necesidad de una perspectiva multidimensional de los criterios de eficiencia para evaluar el programa económico y social.

México privatizó la economía (más de 1000 empresas públicas), redujo el tamaño del Estado (de casi 40% del PIB) y el gasto público a 23%; liberó la economía con aranceles de 10% en promedio (de las economías más abiertas del mundo), liberó los mercados internos, alcanzó el presupuesto balanceado, estabilizó los precios y redujo la inflación de 160% a 7% (de 1987 a 1994), es decir, alcanzó la "eficiencia asignativa"; sin embargo hemos caído en un proceso de crisis recurrentes con sus consecuentes efectos.

No se ha podido garantizar un crecimiento de pleno empleo de la economía. Como se puede observar en la Figura 5.3, el PIB potencial que se pudo haber alcanzado con las tasas históricas de crecimiento del 6% promedio anual (como lo fue en el viejo modelo de industrialización sustitutiva de 1945 a 1981), hubiera implicado doblar prácticamente el PIB en 1995 con respecto a 1981; sin embargo, permaneció casi igual (11% mayor). En otros términos, la eficiencia asignativa smithiana estuvo acompañada de una **elevada ineficiencia de crecimiento de pleno empleo** (eficiencia macroeconómica keynesiana). Además la población aumentó en 25 millones de habitantes, por lo que el ingreso *per capita* disminuyó notoriamente y la pobreza aumentó de manera dramática al concentrarse el ingreso, es decir, se presentó una elevada ineficiencia distributiva. La brecha entre la pobreza y la extrema opulencia sigue estando presente. En México entre el 40 y 50% de la población sigue viviendo en niveles de pobreza y más de 15 millones en la pobreza extrema; el nivel de vida y de ingreso *per capita* en 1995 era 16% inferior al de 1981, situación similar se presenta en el resto de América Latina.

No se ha podido acumular capital, base del crecimiento sostenido y el equilibrio externo; por un lado la tasa de ahorro bajó de 22% a casi 15% durante el período 1988-94 y se desarticuló el proceso de acumulación ahorro-inversión. A pesar que el ahorro externo aumentó en 7% en los tres años de 1992 a 94, el crecimiento económico fue inferior a 1% y lejano al del pleno empleo. Finalmente, el proceso desembocó en la crisis de 94 y el programa de ajuste de 1995 con una baja en el PIB de 7%, el retomo a una inflación de 52% y un aumento en el desempleo de casi 1 millón de personas. **Se deterioró la base de acumulación de capital** y **crecimiento** y no permitió un crecimiento económico sostenido que no nos ha dejado salir de los procesos de pare y siga.

Tampoco se avanzó en la **eficiencia innovativa** porque no se desarrolló ningún sistema nacional de innovación y mejoramiento tecnológico, ni a nivel global ni a nivel de la empresa. En primer lugar, el crecimiento económico no superó el 3% y, en segundo lugar, a nivel de empresa se tuvo que enfrentar un problema de baja demanda. Ante la apertura y la sobrevaluación cambiaría, los incrementos de la productividad fueron cancelados por la baja de la competitividad macroeconómica y por la sobrevaluación del tipo de cambio real; las empresas estuvieron más ocupadas en cómo sobrevivir ante la competencia internacional. Esto incentivó, de manera muy limitada, el desarrollo de su capacidad innovativa y creativa, ya que no contaban con un sistema nacional que lo promoviera, ni los recursos básicos para desarrollar la **eficiencia innovativa schumpeteriana.**

Está lejos de alcanzarse la **eficiencia sustentable** en términos de calidad de vida y cuidado de los recursos naturales y del medio ambiente para las nuevas generaciones, pues los problemas de contaminación ambiental, inseguridad pública y el deterioro de los recursos naturales continúa, aunque existe más conciencia ecológica, en la práctica no hay políticas ni esquemas reales para alcanzarlos.

Los costos de transacción y operación son elevados —no obstante los avances en la desregulación **de** los mercados—, por la falta de **mercados institucionales como en el sector bancario,** y por **los** criterios de regulación obsoletos y burocráticos en la administración de los recursos naturales. **Esto** muestra que todavía existe un camino muy largo por recorrer para traducir la eficiencia asignativa en eficiencia operacional.

Brecha del PIB real y Potencial

Millones de pesos (1980)

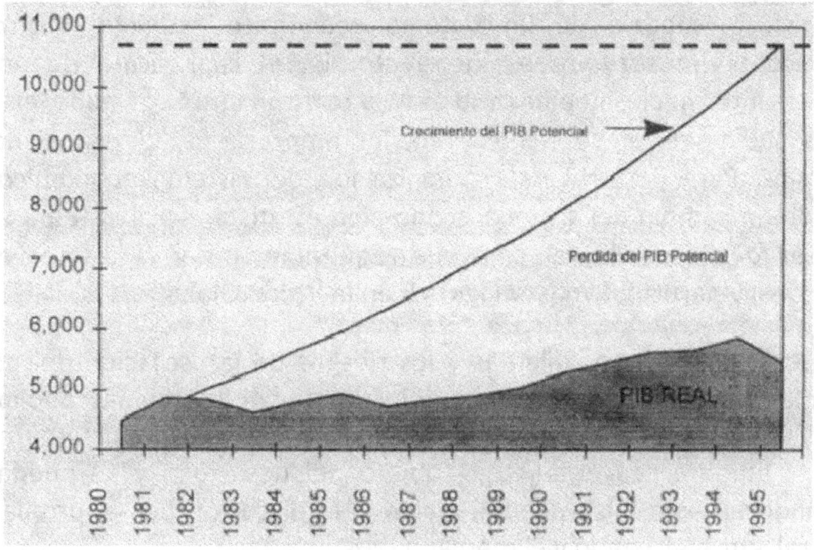

Fuente: Elaboración propia con datos de INEGI.

Figura 5.2

Un enfoque Integral y Sistémico del Proceso de Transición: Hacia una Economía de Mercado Institucional y Participativa

Bajo este marco conceptual de eficiencia integral, ahora podemos plantear las características del modelo y programa económico de transición hacia las economías de mercado abiertas y competitivas bajo un enfoque sistémico y de eficiencia integral.

En este contexto, hay que partir del *programa de reformas estructurales* aplicado en México y en América Latina en los últimos 15 años, que se han sintetizado en los programas de reforma y de cambio estructural y de estabilización macroeconómica. Tomando como referencia este programa deberíamos reconfigurar un nuevo programa, no una segunda generación de reformas, o profundización de las mismas, como han planteado recientemente el FMI y el Banco Mundial. Se necesita un cambio de enfoque a un enfoque sistémico e integral de la eficiencia, reconociendo que este programa en algunas áreas es correcto en la dirección, pero requiere algunos ajustes de sintonía fina y complementación de nuevos programas. Así, hablaríamos de los siguientes elementos:

1. El cambio de modelo de un sistema económico estatista a otro sistema económico de *laissez-faire* es incorrecto. En el capitalismo de hoy existen elementos intermedios que dependen dela relación entre el Estado, el mercado y la sociedad, o sea, entre el gobierno, los empresarios, los trabajadores y los ciudadanos. Para desarrollar la organización del sistema económico hay que hablar de un cambio del sistema económico estatista, no al sistema económico de *laissez-faire* o neoliberal, sino que requerimos pasar al sistema económico institucional y participativo (ver Figura 5 en la Visión Global).

   Hay que evitar los falsos dilemas y los riesgos de la oscilación del péndulo, ni economías estatistas del Estado omnipresente, ni economías neoliberales de *laissez faire* o beatificación del mercado. El camino es un sistema económico donde el hombre sea el sujeto y objeto del desarrollo y se pueda transitar rechazando el viejo falso dilema, traído a la discusión por la propia ideología neoliberal, entre el Estado y el mercado.

   En primer lugar, no es pasar de un Estado omnipresente a un Estado mínimo, sino a un Estado promotor. En segundo lugar, esto implica una nueva relación y articulación que llamamos el reencuentro del mercado institucional con el Estado reformado y la sociedad participativa.

2. En este reencuentro, el Estado promotor debe desarrollar políticas amistosas del mercado y rechazar las políticas enemigas del mercado que predominaban en el pasado, entendiendo por políticas amistosas del mercado *(market friendly policies)* aquéllas que no compiten, sino que complementan al mercado y fortalecen las señales del mercado en tres dimensiones:

   - Cuando las señales del mercado son débiles, reforzándolas.

   - Cuando las señales del mercado están distorsionadas, reorientándolas.

   - Cuando el mercado no existe, creándolo.

3. Por otro lado, no es pasar del mercado controlado al mercado libre de ***laissez faire.*** Los mercados imperfectos, la nueva estructura de competencia oligopolística, cada vez más monopolística a nivel internacional, a través de las alianzas estratégicas entre grandes competidores y las imperfecciones del mercado de capitales, nos llevan a plantear que, más allá de los mercados controlados y los mercados libres del capitalismo salvaje, existen los mercados

institucionales, donde las reglas del juego, instituciones y los jugadores deben ser claros y transparentes. El caso más importante en el mundo de hoy, es el mercado financiero internacional, donde se requiere un nuevo orden monetario internacional y un nuevo FMI, ya que como menciona Richard N. Cooper, "el FMI tiene las desventajas de cualquier organización grande: la inercia, preocupación con precedentes y el estar arraigado a normas y modos de operaciones anacrónicas".[108] A su vez, se requieren modificaciones en la legislación del sistema financiero y bancario nacionales, donde las reglas del juego y las políticas de supervisión y regulación deben ser claras. Es evidente que a los bancos no se les debe dejar decidir el manejo del dinero electrónico internacional, porque no saben distinguir cuándo viene contaminado con el ***virus*** de la especulación.

También se requiere una sociedad participativa y proactiva que permita, a través de su mano solidaria, apoyar los problemas de la equidad distributiva, pero adicionalmente el balance entre el mercado y el Estado.

La estrategia de crecimiento e industrialización también parte de un falso dilema, la estrategia no es cambiar de un modelo de crecimiento e industrialización hacia adentro a otro hacia afuera, sino a uno con apertura a la competencia internacional, esto es, donde ambos mercados, el interno y el externo son fundamentales a través de una industrialización abierta y tridimensional (Figura 5.3).

4. La estrategia de industrialización es incorrecta; el reto no es transitar del modelo de industrialización sustitutiva (ISI) orientado sólo hacia el mercado interno a otro modelo de industrialización exportadora (IE) orientado exclusivamente al exterior, el modelo debe ser de industrialización abierta tridimensional (IAT), basado en el pivote exportador, el de sustitución competitiva de importaciones (SCI) y el endógeno. Esto es, un modelo de crecimiento con apertura a la competencia internacional, en el que la orientación hacia afuera vía exportaciones, y la orientación al mercado interno vía la SCI, sean estratégicas en la generación y ahorro de divisas y el pivote endógeno, por su parte, esté dirigido a la formación de encadenamientos y articulaciones productivas *(linkages)* y la generación de empleos.

[108] "El FMI Bajo el Fuego de las Críticas", *El Economista,* jueves 18 de febrero de 1998, p.6.

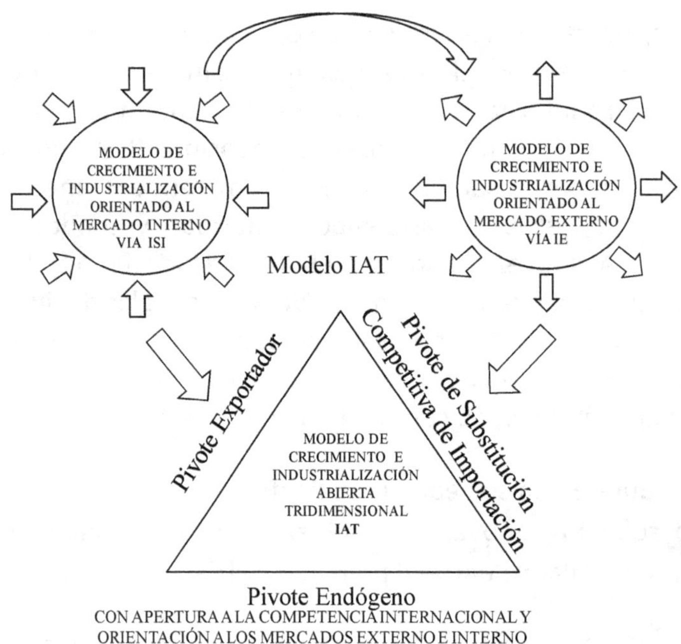

ISI: Industrialización Sustitutiva de Importaciones

IE: Industrialización Exportadora

IAT: Industrialización Abierta Tridimensional

Figura 5.3

Hacia un nuevo modelo de Industrialización Abierta Tridimensional

Desde esta perspectiva, la crisis de 1994 es producto de que el modelo ISI ha muerto; pero no ha podido nacer un modelo de crecimiento con apertura a la competencia internacional, vía una industrialización competitiva, lo que ha provocado un proceso de industrialización trunca. El programa económico de transición ha sido concebido de manera incompleta y parcial, basado únicamente en dos pilares, que son el *programa de estabilización macroeconómica* y el de *cambio estructural* que, siendo correctos en su dirección, son parciales y requieren de ajustes *(fine tuning),* de un enfoque sistémico del modelo de transición y un enfoque integral de la eficiencia.

5. El Programa Económico de Transición (PRECE) de México quedó incompleto (le faltan tres pilares) y fue ineficaz para transitar **del modelo ISI hacia un nuevo modelo de industrialización competitiva,** generándose una fase de industrialización trunca y desarticulada.

   El *primer pilar* del programa de transición, consistió en el Programa Macroeconómico de Ajuste y Estabilización. Como *segundo pilar* se encuentra el Programa de Cambio Estructural (CW-Banco Mundial) sintetizado en las políticas de las Tres D's tendientes a *reorientar el sistema económico de una economía mixta estatista a una nueva economía de libre mercado, y a cambiar el modelo de crecimiento e industrialización proteccionista orientado al mercado interno a otro liberado y orientado al exterior.* El supuesto es que esto creará **mercados eficientes,** los cuales, guiados por la mano invisible de los precios internacionales (que se supone reflejan el costo de oportunidad correcto para el país), lograrán el crecimiento sostenido con pleno empleo y el mejoramiento en la distribución del ingreso. Estos dos programas no son *suficientes;* son *programas parciales en la dirección correcta,* que presentan limitaciones porque necesitan estar enmarcados en un *enfoque integral de la eficiencia y un programa más amplio de desarrollo de largo plazo.*

El modelo macroeconómico de estabilización de precios debe reorientarse hacia un modelo macroeconómico de crecimiento de pleno empleo con equilibrio interno de estabilidad de precios, pero con equilibrio externo en balanza de pagos, que es el que sostiene a mediano y largo plazos el crecimiento (evita las crisis recurrentes y los ajustes de pare y siga), y permite alcanzar la estabilidad de precios a largo plazo.

Respecto a la desprotección, vía liberalización comercial y financiera, hay que reconocer que la apertura comercial es necesaria, pero debe ser acompañada de un tipo de cambio real competitivo **y** de una política de defensa ante la competencia desleal; de no ser así, la experiencia mexicana indica que un arancel promedio de 10% con una sobrevaluación del tipo de cambio real de 40%, genera una desprotección neta a la industria de 30%, que desemboca finalmente en una desarticulación industrial y productiva, déficit externo, crisis recurrentes en balanza de pagos y mayor dependencia del capital externo.

Refiriéndonos a la liberalización financiera, es necesario aumentar y estimular el ahorro externo, principalmente en la inversión extranjera de largo plazo, tanto directa como de capital financiero de largo plazo. El capital financiero de corto plazo de carácter volátil y especulativo, esto es, el dinero electrónico que viene contaminado con *virus,* es destructivo y genera contaminación en todo el sistema. Para ello se requiere, además de un nuevo orden monetario financiero internacional y un nuevo FMI, que cada país, en particular, establezca los candados necesarios, esto es, mecanismos de regulación para evitar la entrada de ese capital y/o evitar que se convierta en volátil, como lo ha planteado el presidente del BID, Enrique Iglesias. En este contexto, la experiencia chilena de aplicar un encaje legal de 30% al capital financiero durante el primer año, ha sido un instrumento efectivo. En otras palabras, hay que reorientar la política de liberalización financiera a una política de administración a la apertura financiera.

En la desestatización de las empresas públicas es importante finiquitar la desincorporación de las empresas públicas no estratégicas. Sin embargo, hay que reconocer que en las empresas públicas estratégicas que permanecen, como el caso de la industria petrolera (Petróleos Mexicanos) sobrerreguladas y abiertas a la competencia internacional, por lo que en las empresas cuya propiedad permanece pública, se debe privatizar el *management*, esto es, dejarlas jugar al mercado **y** competir en el mercado eliminando las sobrerregulaciones y profesionalizando la administración de las empresas.

Es importante resaltar el hecho de que México y América Latina han reducido el tamaño del Estado a casi una quinta parte, medido en términos del gasto público como porcentaje del PIB; los países de la OCDE, el gasto público representa casi la mitad del producto. El ajuste se ha hecho principalmente reduciendo el gasto público. Hay que destacar que teniendo una política ingresos tributarios débil y deficiente, ante la baja del precio del petróleo, al principio de 1998 México tuvo que hacer una reducción presupuestal al gasto fiscal porque 40% de los ingresos dependen del petróleo, aunque hoy día la economía se ha despetrolizado y las exportaciones petroleras representan sólo 10% de las totales. De aquí que deberemos encontrar, no un Estado grande o pequeño, sino el tamaño del Estado óptimo, y sin duda, con un presupuesto sano, de preferencia con uno balanceado y que cuando presente un déficit pequeño, que éste pueda ser financiado saludablemente.

Respecto a la desregulación de los mercados, sin duda, han habido avances importantes en diferentes campos, pero todavía queda mucho camino por recorrer en la desreglamentación de una serie de áreas de la economía que tienen elevados costos de transacción y operación, específicos en México, son la utilización de un recurso escaso como el agua, donde la política y reglas del juego son no solamente confusas y difusas, sino que tienen altos costos de tramitación, generan incertidumbre en el futuro por la elevación de los precios y tarifas y no se han establecido claramente los derechos de propiedad. En el caso de la banca, las reglas de operación de financiamiento y endeudamiento son elevadas y altamente costosas y los costos de operación se manifiestan con los diferenciales entre las tasas de interés activa y pasiva que en ocasiones están por encima de 50%.

El modelo y programas de reformas económicas para la transición hacia una economía de mercado institucional y participativo y un modelo de industrialización abierta tridimensional requieren, como hemos planteado, afinar los dos pilares de los programas de reformas estructurales del Consenso de Washington. Sin embargo, esto no es suficiente, pues requiere de tres pilares más para conformar los cinco pilares de la transición hacia el nuevo sistema económico y modelo de crecimiento e industrialización, estos son:

- El **programa de modernización mesoeconómica** de la infraestructura y microeconómica de la planta productiva, basado en una nueva política de competitividad. Este programa tiene como objetivo otorgar elasticidad y capacidad de respuesta a la oferta para responder a los cambios de la demanda y de los precios relativos. El programa debe proporcionar la flexibilidad y capacidad de respuesta a las empresas para enfrentar las variaciones de la demanda. Las economías latinoamericanas y en desarrollo siguen enfrentando fuertes limitaciones por el lado de la oferta productiva en las áreas de infraestructura: tradicional (puertos, telecomunicaciones, caminos, etc.), tecnológica y educativa, que no responden a las señales de demanda y precios relativos. Se requieren políticas de fomento y de incentivo a la inversión y producción a través de transferencias productivas y no de subsidios improductivos, con la finalidad de hacer más elástica, bajo el liderazgo del sector privado, a la oferta productiva para que responda a los requerimientos cambiantes de la demanda. Una oferta inelástica no puede responder a variaciones en la demanda agregada, y ante cambios en ésta, sólo provoca efectos inflacionarios y un pobre crecimiento del ingreso (Figura 5.4).

- El **programa de crecimiento económico sostenido e innovación,** que tiene por objeto fortalecer el nuevo modelo de acumulación de capital con políticas de fomento al ahorro, de canalización eficiente de la inversión y creación de un sistema de innovación nacional a nivel mesoeconómico y a nivel empresarial. El programa debe incentivar el ahorro interno y canalizar estos fondos hacia la inversión productiva, debe invertir la tendencia recesiva del PIB y del ingreso *per capita* de los países en desarrollo, por lo que se requiere revertir el deterioro de las tasas de inversión y de ahorro interno. México, en el periodo 1980-81 tuvo una tasa de inversión de 27% con respecto al PIB, la cual cayó a 22% a principios de los 90's. La misma tendencia se puede observar en el ahorro interno, que cayó de 22% sobre el PIB a 16%, dándose adicionalmente un fenómeno de desplazamiento del ahorro interno por ahorro externo, en lugar de complementariedad. Se requiere, para el país, un incremento de los niveles de acumulación de capital, y un uso más eficiente de éste, es decir un incremento de la productividad. La región no necesita administradores de empresas pasivos, sino empresarios, que bajo el enfoque neo-schumpeteriano generen, con su capacidad innovadora, un tasa de crecimiento de largo plazo.

- El **programa de desarrollo sustentable** y **de combate a la pobreza,** que implica desarrollar nuevos criterios de regulación y fomento al cuidado de los recursos naturales y el Estado, con la mano solidaria de la sociedad, junto a un nuevo enfoque de responsabilidad empresarial de la sociedad civil, desarrollar programas de combate a la pobreza que deberán tener como sustento el propio modelo de crecimiento con empleos crecientes y remunerativos. Se deben reducir las inequidades en la distribución de la riqueza nacional, y aprovechar de manera óptima los recursos actuales sin afectar o comprometer la base de recursos de las generaciones futuras. Asimismo, es necesario generar sostenidamente fuentes de empleo para alcanzar una distribución más equitativa del ingreso. Se debe combatir la extrema pobreza sin alterar la base de recursos naturales renovables y no renovables, es decir sustentar nuestra capacidad y la de nuestras futuras generaciones de desarrollarse.

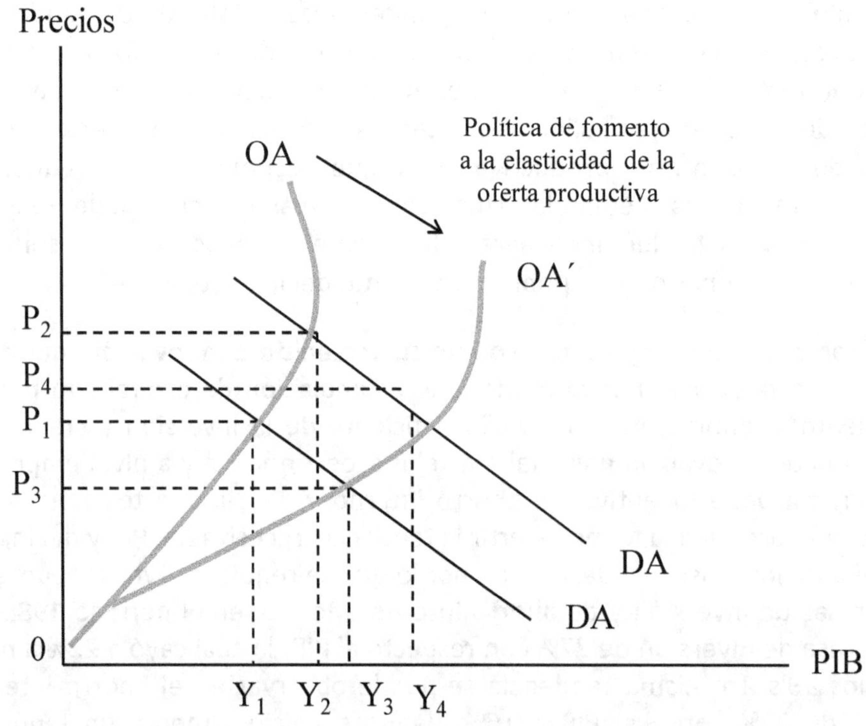

Figura 5.4

El problema actual es la imagen-objetivo hacia donde nos dirigimos. No podemos transitar hacia una economía del *laissez faire,* porque debemos reconocer los límites del mercado para cumplir con el enfoque de la eficiencia integral aquí planteado. Sería ingenuo pensar que el mercado por sí solo podría satisfacer las necesidades de toda la población; el mercado no es democrático y no tiene una visión de largo plazo. No podemos transitar hacia un capitalismo salvaje de libre mercado, nuestras economías latinoamericanas requieren dejar de lado las recetas importadas de los países industrializados y, siguiendo el ejemplo coreano, reconocer nuestras necesidades y capacidades para crear un capitalismo criollo que sea incluyente, un Estado eficiente y promotor, un mercado óptimo e institucional y una sociedad consciente e involucrada en los asuntos nacionales. El modelo de industrialización y crecimiento no debe estar sesgado hacia las importaciones o exportaciones, requerimos un modelo tridimensional, donde el sector exportador sea tan importante como el de sustitución competitiva de importaciones y el endógeno.

Por último, los instrumentos para alcanzar el objetivo de la transición deben ser complementados con los tres pilares mencionados, y hacer ajustes de *sintonía fina* a los dos primeros. El programa de políticas de cambio estructural debe establecer mecanismos para regular en los casos necesarios, como el de la liberalización financiera, que debe regular la entrada de capitales con plazos menores a un año para evitar desestabilizaciones de los sistemas financieros, pero además requiere un par de D's más, *la desideologización de los agentes económicos,* como lo estuvieron el Estado de bienestar en los 60's y el mercado beatificado en los 90's, eliminar los mitos e ideologías que aprisionan a los *policymakers* latinoamericanos, y *desprivatizar al Estado.* Así como los excesos del Estado demandaron su redimensionamiento, una vez más nos encontramos ante la necesidad de redimensionar al Estado, no a un Estado máximo o mínimo, sino al Estado necesario.

En la perspectiva de la transición de las economías nacionales hemos mencionado que el fenómeno de transición se da en tres niveles: (1) hacia un capitalismo con base en el dinero electrónico y en la nueva era del conocimiento; (2) hacia economías privatizadas y mercados libres y abiertos, y (3) en América Latina se ha dado el fenómeno de transición hacia sistemas políticos democráticos más plurales y competitivos. Es necesario entender que la larga marcha inconclusa ha estado acompañada por un proceso de transición política hacia sistemas democráticos que conviene precisar y analizar en la misma perspectiva integral y económica. Hemos encontrado que también es necesaria la imagen del sistema político y la necesidad de apoyarse en cinco pilares de la transición política que se describen en el modelo de Linz.

HACIA UN MODELO DE TRANSICIÓN A LA DEMOCRACIA

El Modelo Integral Replanteado

En el marco de transformaciones que implica el final del milenio, la transición económica no se da de manera aislada. La transición hacia sistemas democráticos es un hecho en todo el mundo. De la misma manera que los gobiernos de América Latina han atravesado por el derrocamiento de los regímenes dictatoriales, los países de Europa del Este han visto caer los regímenes socialistas que coartaban las libertades políticas individuales.

Las sociedades de América Latina y Europa oriental enfrentamos un proceso de transición no solamente hacia economías de mercado abiertas e integradas al capitalismo global, sino también de sistemas políticos que se han liberado y abierto a la competencia en un esquema más democrático y participativo. El proceso para consolidar un nuevo sistema democrático y transitar de manera efectiva requiere de cinco pilares incluyendo el de la economía institucional y participativa. El modelo de Linz y Stepan permite integrar a nuestro análisis un enfoque político para configurar una visión de economía política institucional (Figura 5.5).

El desempeño económico y el avance en la transición al sistema político también dependen del análisis del modelo del conflicto social (Figura 5.6), de cómo las crisis recurrentes frenan el consenso, y cómo las economías transitan y obstaculizan el proceso.

En términos generales, podemos caracterizar el modelo de transición democrática compuesto por cinco pilares de la transición democrática que permitirán a los gobiernos no democráticos transitar hacia nuevas estructuras que garanticen, a través de un gobierno electo por el voto popular, de un gobierno con autoridad *(de facto)* para desarrollar nuevas políticas y de la independencia y autonomía de los tres poderes, los derechos y obligaciones de la sociedad civil (Figura 5.5).

El primer pilar lo compone la sociedad civil con las organizaciones y grupos independientes del gobierno que persiguen un fin común. Los movimientos y agrupaciones, a través de una forma de organización eficiente, pueden transmitir los intereses de toda la comunidad. Sin embargo debe evitarse caer en problemas de ingobernabilidad por un exceso de asociaciones que atomicen las posturas y necesidades sociales.

El segundo pilar es una sociedad política para seleccionar y monitorear a los gobiernos democráticos a través del uso de instituciones democráticas como partidos políticos, elecciones, reglas electorales, legislaturas, etc. Esta es la única vía de acceso legítimo al poder, por medio del derecho lícito de ejercer el control sobre el aparato gubernamental y el poder público.

El estado de derecho funge como el tercer pilar, e implica que el grado de autonomía e independencia entre la sociedad política y la civil se sustente en la ley. El estado de derecho debe brindar un marco normativo aceptado por la mayoría y debe establecer claramente la jerarquía de leyes y las atribuciones a cada órgano de gobierno. Este pilar es condición *sine qua non* para la existencia de la democracia.

El cuarto pilar es una burocracia profesional de servicio civil, compuesta por administradores del aparato estatal que den continuidad a la administración pública y sus proyectos. Asimismo, debe institucionalizar la actividad económica por medio del cumplimiento expedito y honesto de sus funciones y atribuciones.

Por último, dada la interrelación existente entre el sistema económico y el político, es indispensable un conjunto de normas, instituciones y regulaciones sociopolíticamente aceptadas y facultadas que medien entre el mercado y el Estado. De esta manera, las organizaciones e instituciones permiten la operación de la economía y el desempeño económico permite las libertades políticas individuales.

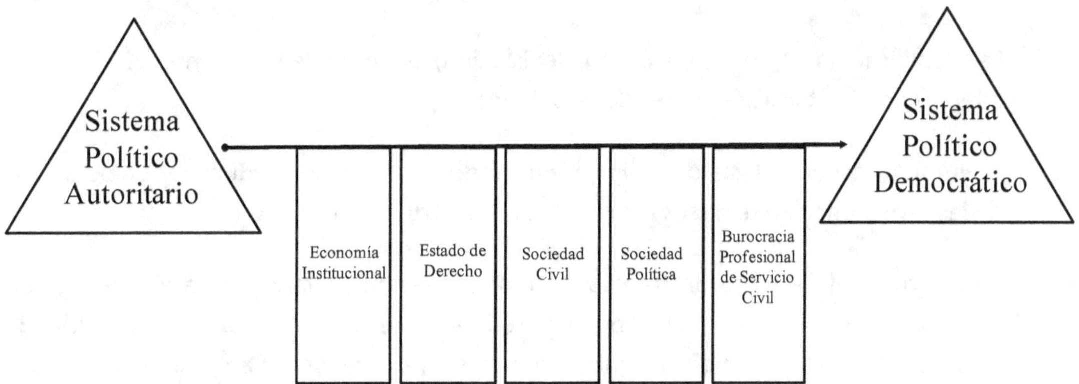

Figura 5.5
Modelo de Transición Democrática
Los Cinco Pilares de la Transición

El Modelo Sistémico

El modelo es "trunco" por su incapacidad para satisfacer las necesidades de la sociedad. No es suficiente otro proceso de reformas que demore 20 años más. A pesar de que el programa es correcto en su dirección, las dos décadas que ha tardado para transitar hacia una economía de mercado demuestran que los programas del Consenso de Washington no son suficientes para resolver los viejos y nuevos problemas del capitalismo.

El modelo ha quedado trunco y los organismos internacionales plantean que es tiempo de una segunda generación de reformas. En el contexto del análisis sobre la evaluación y efectos de la política de la ola neoliberal, el FMI plantea una necesaria *segunda generación* de reformas para América Latina, como pueden observarse en el siguiente cuadro:

Cuadro 5.1

La "Segunda Generación" de Reformas para América Latina[109]

Fondo Monetario Internacional

1. Garantizar tanto el Estado de derecho, como el profesionalismo y la independencia del sistema judicial, aumentando sus medios.

2. La simplificación y transparencia de la legislación, así como de la reglamentación, además de la publicación de resultados financieros.

3. Mejorar la calidad del gasto público, reduciendo los gastos improductivos en beneficio de las inversiones en recursos humanos e infraestructura básica.

4. La reforma del mercado de trabajo. La modernización de la industria y la reducción del sobreempleo en el sector público redundarán, a corto plazo, en pérdida de empleos. Pero diferir el ajuste que requiere esta evolución, expone a la sociedad a pagar un precio mucho más elevado en términos de un crecimiento frenado y pérdida de empleos futuros.

[109] Reforma del Estado. Clave para el Desarrollo de AL", *El Financiero,* martes 21 de octubre de 1997. p. 28. Propuesta de Michael Camdessus, Director Gerente del FMI.

En primer lugar la meta de la transición del sistema económico no debe ser una economía de *laissez faire;* debe ser una economía de mercado, pero con adjetivos, institucional y participativa. El papel de cada uno de los agentes económicos debe de transformarse en una relación de interacción y armonía, más que de antagonismo en donde el hombre sea el objeto y sujeto del desarrollo.

En un sistema de economía de mercado institucional y participativa, con el hombre en el centro, interactúan la sociedad, el Estado y el mercado en una relación de coordinación y cooperación. El mercado libre y abierto a la competencia internacional, con la mano invisible como el mejor método para la asignación de recursos, requiere ser comprendido no como un simple mecanismo de igualación de oferta y demanda, sino como una institución en la que confluyen reglas del juego (leyes, normas y reglamentos) que rigen el comportamiento de las organizaciones (actores económicos). El mercado como institución superó la visión de un mercado como espacio abstracto, sin contexto histórico, ajeno al perfil socio-político y cultural de las sociedades, donde se manifiesta la voluntad egoísta de productores y consumidores anónimos, sin capacidad de imponer su voluntad por sí solos que, al buscar el bien individual, alcanzan el común. El mercado no puede ser una referencia teórica e irreal, que llega a su máximo simplismo cuando se plantea al mercado alejado del Estado. La globalización de los mercados obliga a una apertura para integrarse a la dinámica mundial; el reto es hacerlo de manera inteligente y realista, viendo los alcances del mercado y su carácter de institución, que contiene el andamiaje necesario para su funcionamiento. El mercado debe ser eficiente y productivo, es decir, debe premiar e incentivar la productividad en lugar de la especulación.

El Estado no debe buscar sólo su redimensionamiento, debe revitalizarse y reformarse en sus tres dimensiones, como agente económico, como garante del proceso democrático y como proveedor de bienes y servicios públicos para enfrentar los nuevos problemas de la hipercompetencia. La mano promotora del Estado debe fortalecer las señales de precios con políticas amigables del mercado *(market friendly policies),* y debe satisfacer las demandas sociales en coordinación con la sociedad para disminuir los costos y presiones sociales y, por último, garantizar que se conviva en un ambiente democrático con respeto a los derechos y garantías individuales.

La sociedad debe ser participativa, no pasiva como en la época del Estado benefactor, acostumbrada a recibir todo de él, o reactiva como se presenta actualmente. La sociedad civil debe involucrarse conscientemente en el proceso económico, y la empresa debe jugar un papel central. La nueva empresa comprometida con visión y responsabilidad social debe participar activamente para resolver el problema social, con salarios remunerativos que permitan solucionar los problemas de alimentación, salud, vivienda y los de educación y mejoras en la calidad de vida dentro de la propia planta. La empresa como un centro continuo de generación de riqueza va a contribuir, con los diferentes organismos de la sociedad civil y del Estado, a la consolidación de una mano solidaria (Figura 5.6). Es un enfoque de coordinación y armonía, de respeto y complementariedad, considerando al hombre como el fin último del desarrollo.

Figura 5.6

Sistema de Economía de Mercado, Institucional y Participativa

Por otra parte, el modelo de crecimiento e industrialización no debe transitar a un modelo orientado al exterior, debe ser un modelo integral de industrialización abierta tridimensional y dejar de lado los falsos dilemas que ya hemos enumerado. Un modelo de crecimiento debe estar basado en tres pivotes: el sector exportador, el de sustitución competitiva de importaciones y el endógeno. El modelo de industrialización y crecimiento debe ser tridimensional.[110]

El fondo del Programa de Reformas Estructurales es que una macroeconomía estable con mercados libres y abiertos, bajo la guía de la mano invisible de los precios internacionales, son condiciones suficientes para transitar al nuevo modelo de industrialización y generar automáticamente el crecimiento sostenido, pleno empleo, equidad distributiva, el uso sustentable de los recursos y mínimos costos de

[110] Villlarreal, R., *Industrialización, Deuda y Desequilibrio...*, op. cit.

transacción en de la economía. En la perspectiva de la teoría económica *"las reformas orientadas al mercado no generan condiciones que conduzcan al crecimiento. Sus preocupaciones son meramente estáticas, y cualquiera que haya leído a Schumpeter sabe que la eficiencia estática es un criterio pobre de bienestar. Las economías dinámicas no son eficientes en el sentido estático".*[111], En la experiencia histórica de los países de América Latina, los problemas de inelasticidad por el lado de la oferta, los profundos rezagos regionales y de infraestructura hacen también necesario que las políticas macroeconómicas de manejo de la demanda efectiva deban ser acompañadas de políticas por el lado de la oferta productiva.

"Es verdad, nos dice Robert Dahl, en el epígrafe de este capítulo, que todos los países democráticos han rechazado una economía de comando centralizada como alternativa a la economía de mercado; pero ellos también han rechazado una economía estricta de libre merado como alternativa a la economía mixta en donde los resultados del mercado son sustancialmente modificados por la intervención gubernamental".[112] El arte, decimos nosotros, es encontrar no una tercera vía porque en el capitalismo global del siglo XXI sólo existe la vía del mercado pero una economía de mercado con adjetivos: institucional y participativa.

[111] Przeworski, Adam, "The Neoliberal Fallacy", en Diamond, Larry and Marc Plattner (editores). *Capitalism,Socialism, and Democracy Revisited,* The John Hopkins University Press, 1993, p. 43.

[112] Dahl Robert A., "Why Free Markets are Not Enough", en *Capitalism, Socialism and Democracy Revisited.*The Johns Hopkins University Press and the National Endowment for Democracy, 1993, USA, p. 76.

Tercera Parte

A la Mano Invisible hay que Echarle la Mano con la Mano Solidaria de la Sociedad y la Mano Promotora del Estado

Capítulo 6

El Reencuentro del Mercado Institucional con el Estado Reformado y la Sociedad Participativa

"El último consejo que se puede dar es: no entiendas la cuestión sobre el mercado contraria al gobierno sino como el balance apropiado entre mercado y gobierno, con la posibilidad de algunas formas intermedias de organización económica (incluyendo las basadas en gobiernos locales, cooperativas, etc.). Ahora, nosotros reconocemos que existe más que una sola forma de capitalismo "..

*Joseph Stiglitz**

"El capitalismo es miope y no puede hacer las inversiones sociales a largo plazo en educación, infraestructura e investigación y desarrollo que requiere para su propia sobrevivencia futura. Necesita ayuda gubernamental para hacer esas inversiones, pero su propia ideología no le permitirá siquiera reconocer la necesidad de esas inversiones o solicitar la ayuda del gobierno. Esa es la paradoja de nuestro tiempo".

*Lester Thurow***

"Los gobernantes, a mi juicio, tienen la obligación de dar razonable igualdad de oportunidades a los ciudadanos. Me importa más el debate sobre los derechos de los ciudadanos y las respectivas obligaciones del Estado ante estos derechos, que el debate a veces más encendido y violento verbalmente, de si debe administrarlos el Estado o gestionarlos la empresa privada".

*Felipe González****

* Stiglitz, Joseph, *Whither Socialism?,* The MIT Press, Londres, 1994, pp. 267-275.
** Thurow, Lester C, "El Capitalismo Maniaco", *Revista Nexos,* No. 232, abril 1997.
*** González, Felipe, *Siete Asedios al Mundo Actual,* Cátedra Julio Cortázar, Universidad de Guadalajara, *Nexos,* marzo, 1998.

EN EL UMBRAL DE LA ERA POST-NEOLIBERAL

La Perspectiva Histórica y la Desideologización del Debate Económico

La ola neoliberal alcanzó su clímax a mediados de los años 80's con los gobiernos "gemelos" de Ronald Reagan y Margaret Teacher. Ambos mantuvieron una sólida alianza política que fortaleció el *boom* neoliberal que recompuso las fuerzas políticas mundiales y encaminó a los gobiernos del más diverso perfil ideológico en todo el mundo a imitar sus recetas económicas. Esa misma alianza golpeó fuertemente al mundo socialista, cambió la geopolítica mundial y contribuyó decididamente al colapso y la caída del bloque soviético. La euforia fue inmensa; se habló del fin de la historia y del triunfo irrefutable del capitalismo sobre el socialismo;[113] "el Imperio del Mal", como había una vez calificado Reagan a la Unión Soviética, había muerto.

Sin embargo, la euforia por el triunfo del capitalismo en la llamada Guerra Fría no significó que el capitalismo estuviera completamente sano, libre de enfermedades y que, por lo tanto, el paradigma capitalista fuera la solución definitiva para resolver los ingentes problemas, viejos y nuevos de los complejos conglomerados sociales, más aún en un escenario de fin de siglo cargado de incertidumbre y cambios tecnológicos.

Michael Albert, en su obra *Capitalismo vs. Capitalismo,*[114] señala que la solución de los problemas económicos no los resuelve automáticamente el capitalismo, si lo definimos como una mera referencia genérica que no registra elementos de temporalidad, herencias histórico-culturales, ya que en realidad existen, no sólo un capitalismo, sino diferentes tipos de capitalismo, que asumen rasgos particulares, con estructuras específicas y reglas de funcionamiento. Así, Albert habla del capitalismo sajón, el renano y el nipón como los realmente existentes.

Por su parte, George Soros se refiere a los cinco pecados o deficiencias del capitalismo global y que son: *"Mala distribución de la riqueza, inestabilidad en los sistemas financieros, riesgo de monopolios y oligopolios, y dudas sobre el papel del Estado y su compromiso con el sector social, son las cinco principales deficiencias del*

---

[113] Fukuyama, Francis, *El Fin de la Historia y el Ultimo Hombre,* Planeta, México, 1992. Michael

[114] Albert, *Capitalismo vs capitalismo,* Paidós, México, 1993.

capitalismo y la globalización".[115] Para Soros, es necesario atender estos problemas para preservar los beneficios del capitalismo global como son una mayor libertad política y prosperidad.

El auge de la ola neoliberal parece llegar a su fin; diversos acontecimientos lo anuncian;[116] las instituciones financieras internacionales introducen nuevos conceptos que redefinen sus anteriores visiones económicas y aceptan una revisión de posturas que, hace tan sólo unos cuantos años, defendían de forma acérrima y llegan a propuestas que superan el estrecho margen del Consenso de Washington. En este sentido, tenemos que:

- Los problemas sociales de desigualdad, pobreza y carencia de oportunidades no han sido resueltos y en otras áreas se han agravado. Para el caso de América Latina esta revisión está ligada a los erráticos comportamientos del crecimiento económico, ya que no se han podido recuperar las tasas históricas del 6% y hacerlas sostenibles en el tiempo.

- Las reformas de la ola neoliberal han sido acertadas y necesarias para alcanzar la estabilidad macroeconómica y realizar los ajustes estructurales, pero se reconoce que han sido insuficientes. Hoy, por lo tanto, se habla de pasar a la **segunda generación de reformas** que complementen el paquete de reformas económicas originales.

- Se introducen propuestas que hasta hace poco estaban prohibidas en el lenguaje de las instituciones financieras. Por ejemplo, el Banco Mundial reconoce la necesidad de una participación económica del Estado mediante "políticas amigas del mercado" y una reforma del Estado, cuando hace unos años la propuesta era la de llevarlo a su mínima expresión.

Desde una perspectiva histórica, el ocaso de la ola neoliberal ha estado marcado por los siguientes elementos:

- La crisis de 1994 en México (país que fue considerado modelo de reformas hacia la economía de mercado en Latinoamérica), significó la primera gran crisis del modelo y, en consecuencia, propició una crisis de confianza y de desencanto en el plano internacional con el Programa de Reformas Estructurales (PRE) del Consenso de

---

[115] Soros, George, Presidente del Soros Fund Management y principal consejero del Quantum Group of Funds, "Genera Indiferencia el Capitalismo", entrevista, *El Economista,* 22 de septiembre, 1977, p. 11,

[116] Desde la estrepitosa derrota de Bush en manos de Clinton, hasta la recuperación del poder por los neolaboristas de Blair en el Reino Unido.

Washington. Este acontecimiento generó preocupación en diversos espacios de la élite económica, política e intelectual, por una especie de "vuelta al pasado" que abriera espacios al populismo económico y que cuestionara y anulara las medidas económicas instrumentadas.

- La llegada al poder de nuevos gobiernos de centro-izquierda con visiones más progresistas que sus antecesores en los países industrializados; Anthony Blair en Inglaterra, Lionel Jospin en Francia y W. Clinton en Estados Unidos.

- La profundización de la crisis del capitalismo de mafias en Rusia que indujo al propio Yeltsin, promotor de la economía de mercado, a hacer un llamado a un nuevo rol del Estado para evitar los abusos del mercado dirigido por grupos criminales que han convertido la economía ex-socialista en un enorme mercado negro cuya rudeza, en ausencia de política gubernamentales de bienestar, ha empujado al empobrecimiento a millones de rusos en unos cuantos años de reformas y ha causado el desaliento de amplios sectores de la sociedad rusa.

- Las crisis financieras recurrentes a nivel internacional, desde la crisis de 1994 en México con su *efecto tequila,* hasta las insospechadas crisis financieras y bancarias que han dado origen al *efecto dragón* y que han afectado, con excepción de Taiwán, a todas las economías del Sudeste Asiático. Las crisis evidencian que no existe un orden monetario y financiero que sustituya al viejo sistema de Bretton Woods, que después de la Segunda Guerra Mundial contribuyó a conformar una economía mundial estable con crecimiento económico continuo hasta 1973. Esto significa por lo tanto que, entre otras cosas, el Fondo Monetario Internacional se encuentra en una posición en la que su conceptualización y funcionalidad para regular el sistema financiero internacional y sus programas anticrisis, de ajuste y estabilización, no han consolidado un nuevo modelo de crecimiento económico.

Desde la perspectiva de la teoría económica:

- Los programas anticrisis y de cambio estructural del FMI, las políticas de las Tres D's se fundamentan teóricamente en que una economía privatizada en mercados libres (de toda interferencia del Estado), abiertos (a la competencia internacional) y sin regulación (que no desaliente a la inversión privada) son condiciones necesarias y suficientes para garantizar la *eficiencia asignativa smithiana (allocative eficiency)*; esto es, el mercado permite una asignación más eficiente de los recursos escasos en la economía a través del mecanismo de precios internacionales y del libre juego de la competencia internacional.

Sin embargo, es un modelo teórico que no se sostiene con los supuestos del mundo real, con mercados incompletos e imperfectos, donde hay externalidades, bienes públicos, etc. En este sentido, Joseph Stiglitz, vicepresidente del Banco Mundial ha señalado que: *"los economistas neoclásicos han intentado defender el capitalismo sobre el terreno preciso de la eficiencia económica. Yo he demostrado cómo las exigencias de la eficiencia de Pareto no pueden ser justificadas, en tanto no introduzcamos suposiciones más realistas concernientes a los mercados incompletos y la información imperfecta".*[117]

La teoría económica que fundamenta la "ola neoliberal" es incompleta para explicar las complejidades del mundo actual; sus fundamentos y supuestos no se sostienen cuando se comparan con la realidad; ésta supera la capacidad explicativa y predictiva de la teoría económica; y es la causa de la desilusión de los economistas y de la capacidad de su cuerpo teórico-conceptual e instrumental, se experimenta en diversos segmentos de la ciudadanía y de las ciencias sociales.

Actualmente se discute acerca de la utilidad del estado actual de la teoría económica, debido a que la economía parece enfatizar la elaboración de modelos extremadamente abstractos, alejados de la realidad. "Cierta parte de la economía consiste en ejercicios que se diseñan solamente para técnica avanzada, teórica o econométricamente. Sin embargo, se supone que todo este trabajo está ajustado a la doble tarea de edificar un mejor entendimiento de los fenómenos económicos y, por lo tanto, a determinar cómo pueden lograrse los objetivos económicos en forma óptima. La economía trata, finalmente, sobre el diseño de políticas económicas eficientes. Deseo argumentar que es en este nivel en el que la economía fracasa actualmente".[118]

En este punto se discute la necesidad de abordar la teoría y el análisis de los fenómenos económicos más allá del uso de las herramientas metodológicas del pensamiento neoclásico que, paradójicamente, ante una mayor complejidad, se aleja de la comprensión de la realidad. Se debe señalar que William Vickrey, profesor de la Universidad de Columbia, se sorprendió al recibir el Premio Nobel, porque consideraba que sus disgresiones en la economía abstracta tienen, en el mejor de los casos, una importancia menor en términos del bienestar humano.

---

[117] Stiglitz, Joseph, op. cit., p. 274.
[118] Eatwell, John, op. cit.

La crisis del enfoque neoclásico, incapaz de resolver los más ingentes problemas económicos de las sociedades modernas, ha interpretado, desde otro ángulo y a partir de estas definiciones, los fenómenos económicos. Este enfoque, conocido como "institucionalista" incorpora una perspectiva histórica que considera los aspectos políticos, sociales y culturales en términos del nivel de desarrollo de los países, así como las aportaciones de Douglas North, J. Stiglitz, Coase y Sam son, entre otros, que han podido recuperar las aportaciones de otros científicos sociales c Max Weber y la importancia de la cultura y los valores para el desarrollo económico; T. Veblen en la misma perspectiva y Paul Samuelson sobre el papel del liderazgo emprendedor (los empresarios) para impulsar el crecimiento económico a partir de la innovación y creatividad.

> *"El institucionalismo parte del estudio del comportamiento y las elecciones individuales y el modo en que ambos procesos son moldeados por las instituciones existentes. Los seres humanos crean, demandan, rechazan, operan y finalmente, alteran a las instituciones [...] Los individuos se relacionan social, económica y políticamente a través de instituciones como resultado primigenio de sus elecciones egoístas y racionales.."*[119].

Estamos diciendo que los procesos económicos y el funcionamiento de la economía se ajustan o se determinan en función de diversas reglas del juego, que son las instituciones, las que determinan la funcionalidad del sistema económico. Si las reglas de juego son ineficientes, promueven la corrupción, el derroche, la inequidad; lógicamente, no podemos pedir a la economía otro tipo de resultados.

Bajo el enfoque institucionalista se busca captar "lo que se vive realmente la vida económica busca diseñar una política económica que "es necesariamente un ejercicio de análisis, diseño y comportamiento de instituciones, incluyendo, de forma importante, la conducta del Estado... los mercados reales están compuestos por instituciones, y los orígenes, historias particulares y estructuras de dichas instituciones, definen la forma en que opera el mercado".

El desarrollo del *institucionalismo* llena el gran vacío teórico del paradigma económico neoliberal vigente después de la crisis de la síntesis keynesiana, que omite la existencia de las estructuras políticas y sociales, de la cultura y los valores en las decisiones de los agentes económicos en los contenidos de su cuerpo doctrinario y derivaciones de política económica.

---

[119] Ayala Espino, J., *Instituciones y Economía. Una Introducción al Neoinstitucionalismo Económico,* versión preliminar. Universidad Nacional Autónoma de México, 1998, p. 16.

En otras palabras, la corriente neoliberal, inspirada en los planteamientos de los neoclásicos como Marshall y Walras, marginó a las instituciones de los estudios y análisis de los procesos económicos que se desarrollan en una sociedad. Estos procesos eran consecuencia exclusivamente de la acción racional de los individuos, tomadas en el ámbito estrictamente económico, sin injerencias otros factores, que no fuera la búsqueda de la maximización del beneficio o de la satisfacción.

Por esa razón, la visión dominante en la ciencia económica, que permeó influyentes espacios de las élites políticas y económicas, es la de considerar nociva y contraproducente la presencia de "'agentes externos" en el mercado. Algunos autores consideran que el pecado de los neoclásicos es dejar de lado el papel de las instituciones en los estudios de la vida económica y reducirlo todo a una conducta racional y calculadora; "en el marco analítico neoclásico el intercambio tiene lugar en un vacío sin la especificación de las instituciones. Así existen consumidores sin humanidad, empresas sin organización y aún intercambios sin mercados".[120]

Desde nuestra perspectiva de la eficiencia integral, económico-social y multidimensional que hemos planteado en el presente libro (eficiencia asignativa, innovativa, de crecimiento de pleno empleo, operacional, sustentable y distributiva), el enfoque neoliberal de la mano invisible del libre mercado, está muy limitado para alcanzar dicha orientación (de eficiencia integral), ya que se queda en la eficiencia smithiana (asignativa), de aquí la necesidad de instituciones que orienten en el mercado el logro de los objetivos de la eficiencia integral.

(Greg Mankiw, profesor de economía de Harvard señalaba, de alguna manera desilusionado del rumbo de la ciencia económica: "Pero si me preguntas ¿está la economía haciendo suficientes progresos como para justificar los millones de dólares anuales que pagan los contribuyentes para subsidiar la investigación económica? La respuesta es no. Pienso que los economistas estamos sobrefinanciados, dada la velocidad a la cual progresamos".)[121]

Desde la perspectiva ideológica:

La aceptación o rechazo simplista del enfoque neoliberal implica el ***riesgo de caer en el juego peligroso de la oscilación del péndulo*** entre los sistemas económicos, oscilaciones que no representan progreso alguno para las sociedades, ya que las polariza y las puede llevar al inmovilismo **de** las élites y responsables de la conducción de los asuntos públicos.

---

[120] Coase, R. T, *The Firm, The Market and the Law,* The University of Chicago Press, 1988, p. 3.

[121] Cassidy, John, "La Decadencia de la Economía", *Economía Informa,* Facultad de Economía, UNAM, p. 12.

En el terreno ideológico hemos experimentado un movimiento pendular al pasar de un extremo ***donde el Estado es omnipresente, a una beatificación de las economías de laissez-faire del mercado*** y de Estado mínimo en el otro extremo, y viceversa. Esto es producto de la decepción de la sociedad ante las ofertas y expectativas no cumplidas que los fanáticos del mercado y del Estado sobrevendieron a la ciudadanía. El riesgo político y socioeconómico es que esa desilusión afecte las estructuras democráticas de las sociedades y sea caldo de cultivo para las tentaciones autoritarias que dirijan los movimientos del péndulo hacia una intervención irracional del Estado o a una dominación absoluta del mercado.

En este escenario estaríamos hablando de una sobreideologización del análisis económico, que no toma en cuenta que, independientemente de las ideologías, el nuevo sistema económico mundial está dominado por un impulsor: los *mercados globalizados en un juego de hipercompetencia.* Desconocer esta situación se ha traducido en elevados costos para cimentar las posibilidades de desarrollo de las sociedades, ya que se busca interpretar la realidad a través de espejuelos ideológicos que determinan una visión *perse y* se acotan en función de los intereses de las respectivas ideologías.

El punto de partida en la sobreideologización del análisis económico se ha concentrado en beatificar y/o satanizar al Estado y al mercado. *"Es necesario escapar de la trampa que siempre estableció la primicia conceptual de lo ideológico-estatista versus antiestatistas sobre lo instrumental —estructuras, organización, legislación, administración—. Esta trampa se caracterizó por un error compartido por ambos contendientes. Estatistas y antiestatistas concibieron al Estado como un instrumento de poder".*[122]

Por lo tanto, el primer paso para avanzar en la configuración de la nueva economía es *desideologizar el debate entre el rol del Estado y el mercado* en la economía y dejar de verlos como adversarios, como opciones excluyentes y enfrentadas. Para ello es necesario visualizar el tema en una perspectiva más amplia, quitando los anteojos de la ideología que prejuician el análisis.

Desideologizar el debate del papel del Estado y el mercado implica pasar del enfoque neoliberal del *"Estado mínimo y el mercado máximo"* a otro realista y pragmático del *"Estado necesario y el mercado óptimo",* que esté determinado por la realidad de cada país, respecto a su nivel de desarrollo, historia, política, cultura, y

[122] Earwell, J. y Milgay M., op. cit.

tradiciones, que son las que configuran las reglas del juego, las instituciones, y el perfil de las organizaciones, que son los actores. Esto implica reconocer que:

- Las economías *privatizadas* con mercados libres (de toda intervención estatal) y abiertos (a la competencia internacional) no son condición suficiente (eficiencia asignativa) para garantizar la eficiencia en la asignación de recursos, pues tienen límites para alcanzar la eficiencia integral, la eficiencia de pleno empleo, innovativa, operacional, sustentable, y distributiva.

- Para alcanzar la eficiencia integral, económica y social en este nuevo mundo de la hipercompetencia de mercados globales, hay que dejar que el mercado con instituciones juegue su rol, para que se le pueda echar la mano a la mano invisible con el nuevo enfoque de un Estado reformado y una sociedad civil participativa.

El *problema fundamental de los mercados libres, abiertos y privatizados* no es que tengan fallas para alcanzar la eficiencia de Pareto, como tradicionalmente lo plantea la teoría del bienestar, sino que *tienen límites* para alcanzar otros criterios *de eficiencia integral,* como la eficiencia macroeconómica de pleno empleo, de crecimiento sostenido y sustentable, operacional y distributivo.

Aquí aparece la visión institucionalista sobre el mercado que es concebido como "una institución compleja que es resultado de los arreglos económicos, sociales e institucionales a los cuales llegan los individuos y que opera simultáneamente en la sociedad, la política y la economía".

Para esto se requiere reconocer que las *fallas y excesos del Estado yatrogénico* no eximen al mercado de *sus fallas y limitaciones* para alcanzar otros objetivos de eficiencia integral; sin duda que los ideólogos del neoliberalismo han sobrevendido la eficiencia asignativa *(allocative eficiency)* como si el equilibrio competitivo y la eficiencia de Pareto se diera en el mundo real y garantizara además el crecimiento sustentado y sustentable con pleno empleo y equidad distributiva.

Pero ni el mercado, ni el Estado en abstracto son los mejores mecanismos para la toma de decisiones económicas, sino que las instituciones públicas y privadas, "directamente a través del mercado contribuyen significativamente a cambiar la asignación de recursos, contribuyendo a la mayor o menor eficiencia económica".[123]

---

[123] Ayala Espino. J.. op. cit,, p. 27.

El camino es buscar el *reencuentro de un mercado institucional con un nuevo Estado reformado y revitalizado;* con un nuevo enfoque de complementariedad (no de sustitutos o rivales), de un nuevo Estado promotor con políticas amistosas del mercado, que refuercen las señales de precios cuando sean débiles; las reorienten cuando los precios-costos-beneficios privados difieran de los sociales (aspectos ecológicos y de desarrollo sustentable) y desarrollen los mercados donde no existan (las comunidades indígenas en Chiapas, en América Latina, etc.).

El reencuentro del mercado institucional con un nuevo Estado promotor (no regulador y competitivo con el mercado), que instrumenta políticas amistosas y complementarias con el mercado, tiene el reto del reencuentro con una sociedad civil cada vez más participativa, necesaria para promover la equidad distributiva y finalmente el balance entre el mercado y el Estado.

En este contexto es necesario enmarcar la transición del sistema económico hacia una economía de mercado institucional y participativa en ambos marcos: la transición de la economía mundial y la transición hacia las democracias en América Latina. Esto es, la transición del sistema económico en el marco del sistema mundial internacional y del sistema político nacional.

Hacia un Mercado Institucional: Alcances y Límites del Mercado

La Economía de Mercado Institucional

El institucionalismo económico, donde existen diversas corrientes y se habla de un neoinstitucionalismo (José Ayala), plantea que el mercado no se reduce a relaciones de precios y cantidades' entre *individuos(homos economicus),* en las que la suma de todas las decisiones explica el funcionamiento del mercado sino que hay que incorporar, parafraseando a North, *"al mundo real con sus fricciones ... que la miopía del modelo neoclásico les ha impedido observar"*[124]

Para los institucionalistas el análisis se tiene que extender e incluir aspectos que se marginaban y que hoy se dimensionan como elementos fundamentales para el buen funcionamiento de los mercados como el marco jurídico, las estructuras de poder, el acceso a la información, la formación de los individuos (cultura y valores) y hasta las características del sistema político, alrededor de lo que llamamos instituciones o reglas del juego y las organizaciones o los actores.

---

[124] Ayala Espino, J., idem. p. 32.

Esta visión más integral de los diversos aspectos que interaccionan en el mercado ha significado para el institucionalismo todo un arsenal conceptual y metodológico recuperado e integrado de diversos campos de las ciencias económicas (teoría económica del Estado), ciencias jurídicas (derecho), sociología (teoría de la acción colectiva), entre otros.

Elemento central en este enfoque es que la calidad de las instituciones, de sus leyes, ordenamientos, disposiciones y normas formales e informales se traduce en una determinada calidad del funcionamiento de la economía que se mide por el nivel de los costos de transacción. Es institucional no sólo por reducir los costos de transacción en el mercado, sino por el concepto amplio de eficiencia integral que hemos planteado aquí. Si vemos al mercado como un simple mecanismo de precios que permite la interacción y el ajuste entre la demanda y la oferta, que coordina las decisiones de los agentes económicos en la práctica para que funcione eficientemente, debe estar apoyado en un marco jurídico o de reglas del juego informales, pero basadas en un sistema jurídico y/o en la confianza de los agentes económicos. Si este marco no está presente, no permite operar y realizar las diversas transacciones económicas, (comercial, financiera, productivas, etc.). Por otra parte cuando los reglamentos, trámites, contratos, etc., son muy complejos los costos de transacción son **improductivamente** elevados, no agregan valor real a los productos o servicios, pero sí un costo adicional; ésta es la ineficiencia operacional o ineficiencia de transacción.

Cuadro 6.1
Elementos Conceptuales que Integran el Institucionalismo

1. Teoría de la regulación económica, el papel de las estructuras jurídicas en el intercambio, problemas del principal y la agencia, y la teoría del contrato.
2. Escuela de los derechos de propiedad.
3. Economía de los costos de transacción.
4. Economía de la información, información incompleta y asimétrica, selección adversa, riesgo moral, agencia principal, decisiones bajo incertidumbre, de credibilidad en el intercambio, las transacciones y la información.

5. Teoría de la organización industrial, teoría de la gobernación, economía de la información.

6. Derecho y economía *(Law and economics).*

7. Teoría de la elección pública, teoría económica de la política.

8. Teoría de la acción colectiva, teoría de la elección social y teoría de las decisiones.

9. Teorías económicas del Estado.

La importancia del mercado institucional y el criterio de eficiencia integral son más evidentes en el caso de la Rusia de hoy. No se puede pasar por decreto de una economía con planificación central, con mercados negros que se desarrollaron por debajo del fuerte control estatal, a un capitalismo de libre mercado, confiando en que al desmantelar al estado socialista soviético, el mercado aparecería de manera espontánea con todas sus virtudes y capacidades creadoras, para transformar a la nueva Rusia en una potencia capitalista. No se ha pasado de *mercados negros a mercados blancos,* pues las mafias que controlaban los mercados negros en el socialismo centralizado siguen controlándolos, poniendo las reglas del juego y definiendo a los jugadores por decreto; esto ha dado lugar a un nuevo capitalismo de mafias y no a uno de libre mercado.

Como dice North, refiriéndose a la piratería, *"si las reglas del juego y los jugadores son piratas, los mercados desarrollarán piratas* o *mafias eficientes en su propio contexto, esto es, desarrollarán la piratería."*

Cuadro 6.2
Los Dos Tipos de Instituciones

Tipos de Instituciones	**Formales**	**Informales**
Institución	Leyes y reglamentos	Reglas no escritas y convenciones
Objetivos	Atacar problemas específicos	Códigos y valores
Cumplimiento	Obligatorio y coercitivo	Voluntario y autocumplido
Campo	Dominio público	Dominio privado

En este enfoque el **mercado es una institución** con un **marco jurídico de** reglas, normas, etc., tanto **formales** como **informales** (costumbres, culturas, etc.) que determinan el carácter de las reglas del juego **(instituciones)** y de los jugadores **(organizaciones).**

En México y América Latina los procesos de privatización y las nuevas reglas del juego con diferentes actores en la economía no han sido del todo transparentes y han generado desconfianza, tanto con la población nacional como en los inversionistas extranjeros y han frenado la operación del mercado.

La crisis bancaria es un ejemplo claro de que el mercado financiero y del dinero es y debe ser un mercado institucional, donde las reglas del juego y los jugadores deben ser explícitos y transparentes (reglas claras y transparentes). En la actualidad observamos problemas de crisis bancarias porque la participación de los jugadores y el origen de los recursos no es transparente, pero también porque las reglas del juego no son claras y explícitas; hay operaciones financieras que pueden estar prohibidas o permitidas por el sistema de regulación bancaria. Pero cuando no son claras y consistentes, ante el nuevo esquema de la globalización financiera de los mercados financieros y del dinero electrónico, los limites de las operaciones también son confusos; por esta razón es importante que en un mercado como el financiero-crediticio, los agentes bancarios, los ahorradores y deudores sepan con cuál institución legalmente autorizada pueden realizar sus operaciones, qué tipo y forma de operación están permitidos y cuáles prohibidos.

Por lo tanto se necesitan reglas del juego claras y transparentes que den confianza y credibilidad a los diversos actores nacionales y extranjeros; esto es, que las organizaciones que participen sean transparentes y confiables; por eso hablamos de los mercados institucionales.

A pesar de las fallas y límites del mercado, parece generarse la percepción en diversos ámbitos intelectuales y políticos que la aplicación de la política de las Tres D 's (desestatización, desprotección y desregularización), que promueve el tránsito de una economía estatista y cerrada a una economía de mercado y abierta a la competencia internacional, da origen de manera automática a mercados eficientes y competitivos, por lo que con la simple aplicación de estas medidas se generarían mercados en los cuales la economía se comportaría también automáticamente de manera saludable, generando los niveles y cumpliendo las perspectivas de bienestar de la sociedad.

Los mercados no se vuelven eficientes y competitivos sólo porque se abre la economía a la competencia internacional; no se vuelven eficientes sólo porque se privatizan los activos del Estado y se desregulan las actividades económicas, se eliminan trabas, normas y disposiciones costosas y desincentivadoras de la inversión privada. La eficiencia y el funcionamiento óptimo de los mercados no son términos genéricos y abstractos; el mercado no es un mero lugar donde la oferta y la demanda interactúan para producir sus equilibrios a partir de las decisiones de individuos que, desprovistos de su contexto histórico-cultural, ansiedades y aspiraciones específicas de cada sociedad, buscan maximizar su utilidad o nivel de satisfacción.

El mercado forma parte de un conglomerado de circunstancias que se recrean en un contexto histórico-social y político específico. Esta realidad rebasa con mucho la "exquisitez" y el alto nivel de abstracción (no de rigor científico) de los modelos abstractos matemáticos.

La economía neoclásica plantea que el mercado resuelve de la mejor manera la organización de los factores de la producción, como son los insumos, el capital y el trabajo. En el mercado confluyen los factores de la producción, pero de acuerdo al enfoque institucionalista, pensar que la eficiencia y la productividad del mercado se alcanzan con inversión en capital físico, humano y tecnológico, es una visión parcial. Desde el enfoque de la economía de mercado institucional y participativa, la visión neoclásica no integra el factor más importante para el funcionamiento eficiente de un mercado: **la estructura institucional y organizativa de la economía.** *"La estructura institucional y organizativa del Estado -sistema político- y de la economía es el factor crítico porque el marco institucional es la estructura de incentivos de la economía, del Estado y de la sociedad, por lo tanto, si la estructura de incentivos es una que recompense la actividad productiva, que recompense la creatividad, las economías y las sociedades crecerán y se harán más eficientes, las instituciones afectan el rendimiento económico".*[125]

Para North, las instituciones (a diferencia de la teoría neoclásica para la que las instituciones no existen en el mercado y si se presentan, son nocivas porque distorsionan su funcionamiento) son elementos claves que afectan el rendimiento del mercado dependiendo de su funcionalidad, ya que afectan a *los elementos que constituyen el costo total: los costos de producción y los costos de transacción.*[126] Podemos concluir que si queremos mercados eficientes, necesitamos costos de transacción y de producción bajos y competitivos. En otras palabras, que las

[125] Ayala Espino, J., Idem.

[126] Douglass North, op. cit.

instituciones (reglas del juego) y las organizaciones (actores) sean las adecuadas y funcionales.

Hoy las ventajas competitivas de las naciones no están sustentadas en la relativa abundancia de determinado factor de la producción, tampoco en la existencia de más o menos mercado, sino en aquellos mercados con instituciones que están generando incentivos para la productividad, la creatividad y la eficiencia.

Los mercados económicos eficientes, desde el punto de vista institucional, son aquellos en los que los costos de transacción y transformación son muy bajos y presentan un conjunto de características básicas:

- La existencia de un Estado de derecho.
- Clara especificación de los derechos de propiedad, los cuales ofrecen incentivos para el crecimiento productivo.
- Bajo costo de la obligación de cumplimiento de los contratos.
- La existencia de capital social: la confianza.

En Rusia, la liberalización de los mercados, que significó el fin del régimen comunista centralizado, no significó **pasar por decreto de "mercados negros a mercados blancos"**, ya que hoy, en Rusia, las reglas del juego del mercado y sus jugadores están basadas y marcadas por los intereses de las mafias. Actualmente, no se pueden hacer negocios en Rusia, porque no se respetan los acuerdos comerciales de compra-venta, los pagos de deuda, el derecho a la propiedad, etc., pues no hay instituciones claramente delimitadas para favorecer el mercado. Corno lo señala North: *"Tomemos un ejemplo ridículo, aunque realmente no es tan ridículo: si las instituciones son de las que recompensan a la piratería, el resultado será unos piratas más eficientes y, sin duda alguna, la competencia entre organizaciones de piratas los llevará a aprender cómo ser cada vez mejores piratas, pero no habrá crecimiento económico sino una mejor piratería. Ahora, si sustituyo la palabra pirata' con 'organizaciones de redistríbucion' el resultado será lo que caracteriza a la típica estructura organizativa de casi todos los países pobres del mundo, es decir, países que en su mayoría recompensan la actividad de redistribución. Por otra parte, si tengo instituciones que recompensan la actividad productiva, que dan incentivos para que la gente sea creativa y cada vez produzca más, entonces, esas organizaciones en su proceso de evolución bajo condiciones de competencia, evolucionarán para producir sistemas políticos y económicos que serán cada vez más* *eficientes".*[127]

En el contexto de las transformaciones políticas y de los fenómenos de transición a la democracia, los economistas no pueden visualizar la actividad política como algo ajeno a los mercados, ni que su presencia sea la única causa de perturbaciones para el funcionamiento de las fuerzas libres de la oferta y la demanda.

> *"Una de las cosas en la que los economistas nos hemos desempeñado deficientemente, de hecho hasta hace poco no le prestábamos ninguna atención, es comprender que no se puede separar la política de la economía, y que si intentamos hacerlo, el esquema económico que vayamos a utilizar para la elaboración de políticas siempre obtendrá unos resultados diferentes a los esperados; en lugar de eso, debemos integrar política y economía en una teoría de política económica que nos permita entender que al elaborar una política económica se afectará el bienestar de una diversidad de personas quienes, a su vez, reaccionarán a través del sistema político con el fin de alterar ese sistema, sea para cambiarlo, si las afecta de una manera adversa, sea para constituir un grupo de interés a favor de promover y mantener esa política, si la misma les brinda alguna recompensa".*[128]

Los mercados no funcionan eficientemente por sí solos. Requieren de instituciones, que son las reglas del juego de una sociedad y que están formadas por la *normativa formal* (leyes, reglamentos, ordenanzas) y, con igual rango de importancia, por las *normas informales* de comportamiento (códigos de conducta, convenios) cuya importancia radica en la imposibilidad de que una economía funcione eficientemente si sólo cuenta con una *normativa formal.* Además de las normas y reglamentos que ordenan la economía, se hace necesario complementarla con normas de conducta que rijan el comportamiento de las organizaciones o actores. Las normas de conducta ideales que promueven bajos costos de transacción, son las que establecen a la honestidad, la integridad, el cumplimiento de los acuerdos (que finalmente están basados en la credibilidad y la confianza) y otras virtudes similares, como normas primordiales de funcionamiento.

Las organizaciones son los jugadores y están formadas por grupos de individuos unidos entre sí por un objetivo común. En el caso de organizaciones económicas, como las empresas, el objetivo común puede ser la maximización de las ganancias; si se trata de organizaciones políticas, como los partidos políticos, el objetivo común

[127] Idem
[128] Idem

puede ser mantener el poder o tener buenos resultados políticos; si son organizaciones educativas, como universidades y escuelas, tendrán el objetivo común de transmitir información y conocimiento y contribuir al saber universal. Instituciones y organizaciones son muy diferentes. Las instituciones son las reglas del juego y las organizaciones son los jugadores; eso es importante, ya que los agentes del cambio en el mundo son las organizaciones y sus empresarios, es decir, las organizaciones que compiten constantemente entre sí intentando cambiar -de hecho cambiando- las reglas institucionales.

Finalmente están las reglas no escritas, como la *confianza* entre los agentes o actores en la realización de las transacciones económicas. Hay sociedades sin reglas escritas en las que los compromisos se amplían y operan porque hay confianza, es el **capital social** de una comunidad o país.

El reto es crear una economía institucional de mercados a través de una nueva organización institucional y participativa, con actores que se apeguen al imperio de las instituciones y la ley, las cuales tienen como fin generar los incentivos a favor del *crecimiento económico y tender los puentes entre el mercado, el estado y la sociedad para un desarrollo más equitativo.* En este contexto:

a) La nueva economía de mercado es *participativa* porque:

- En una economía participativa de mercado la *mano invisible del libre mercado* realiza la asignación eficiente de recursos; pero también participa la *mano solidaria* de la sociedad en la equidad distributiva y la *mano promotora* del Estado en la generación de crecimiento sostenido y sustentable con empleos productivos y remunerados.
- En una nueva economía de mercado participativa el sistema económico *incluye a los marginados del mercado* (desernpleados y subempleados, que no votan en el mercado) que se incorporan a la economía a través de la mano solidaria de la sociedad y la mano promotora del Estado. De esta forma, la nueva economía de mercado participativa es un *sistema económico incluyente.*

b) *El nuevo enfoque de la función del Estado* es el de promover políticas amistosas del mercado *(market friendly policies),* que *complementen,* no que *sustituyan* al mercado. Particularmente, que complementen al mercado en tres aspectos:

- *Reforzando* las señales de precios del mercado cuando éstas sean débiles.

- *Reorientando* las señales de precios-costos del mercado cuando no reflejen los precios-costos sociales (contaminación, normas ecológicas, etc.).
- *Creando* los mercados cuando no existan.

En la economía participativa de mercado *la sociedad se involucra a través de un nuevo enfoque de la empresa.* La empresa (no el Estado) se convierte en el motor del crecimiento y el Estado de bienestar se achica. Aquí se requiere de la nueva empresa productiva con visión y responsabilidad social para promover empleos bien remunerados (con inversión y aprendizaje en la empresa), para promover el bienestar del trabajador (que permita cubrir sus necesidades de alimentación, los requerimientos de salud y vivienda), a través de un nuevo enfoque de productividad basado en la inversión en capital humano. En la nueva era del conocimiento y la hipercompetencia global, la ventaja competitiva no se sustenta más en la mano de obra barata, sino en la mano de obra productiva. Esto requiere un nuevo enfoque del *management* en las empresas, de revalorar el recurso humano e invertir en capital humano, que es el trabajador del conocimiento.

Desde otra perspectiva, el empresario también debe de tener la responsabilidad con su comunidad del cuidado del medio ambiente.

Las virtudes y los alcances del mercado

El mercado y la mano invisible, aunque imperfectos, siguen siendo el mejor método *(second best)* para:

- La asignación eficiente de recursos escasos en la economía (eficiencia asignativa).
- Coordinar las acciones descentralizadas de los diferentes agentes de la economía, que adquieren mayor importancia en una economía mundial de mercados globalizados.
- Promover la competencia y entrar en la hipercompetencia en los mercados globalizados.
- No caer más en la crítica ideológica y en la vieja polémica del falso y viejo dilema del Estado *versus* el mercado.

Ahora hay que *echarle la mano a la mano invisible,* con la mano promotora del Estado para el crecimiento y el desarrollo sustentable y, con la mano solidaria de la sociedad, promover la equidad distributiva, reconociendo que el mercado no es sólo un mecanismo de equilibrio de la demanda y la oferta, sino que es una institución que necesita reglas del juego (instituciones) y jugadores creíbles, *confiables,* claros y transparentes; esto es, el mercado es una institución.

Los límites del mercado

En este sentido, podemos enmarcar los alcances y límites del mercado en los siguientes aspectos:

- El mercado carece de visión y proyecto de país y de una concepción integral del desarrollo.
- El mercado carece de una visión estratégica de mediano y largo plazos sobre la economía, la sociedad y el mundo de la globalización e integración.
- El mercado carece de un enfoque social.
- El mercado desconoce la presencia de externalidades, bienes públicos y los obstáculos estructurales del desarrollo.

En este contexto, es necesario *echarle la mano a la mano invisible* del libre mercado, a través de la *mano solidaria* de la sociedad para combatir la pobreza y promover un crecimiento con equidad social; [129] y de una *mano promotora* del desarrollo (no reguladora) con nuevo un Estado que, como se mencionó, *complemente y reoriente* las señales de precios del mercado, a fin de superar diversos problemas como los siguientes:

a) En los países en vías de desarrollo existen sectores económicos y regiones que no están integrados plenamente al mercado y no responden automáticamente a las señales de precios, por las distorsiones de los mercados generadas por obstáculos estructurales, muchos de ellos con raíces históricas (p. ej., el campo y la región de Chiapas en México, etc.).

---

[129] Entre 1987 y 1993, el número de personas cuyo ingreso era inferior a un dólar diario, aumentó de casi 100 millones, a 1,300 millones, PNUD, op. cit., p. 5.

b) Las actividades económicas carecen de infraestructura en transportes y. telecomunicaciones; estas carencias se convierten en verdaderos cuellos de botella para el funcionamiento eficiente del mercado, limitan su productividad y competitividad, reducen su potencial productivo y, lo peor, generan costosas externalidades que se transmiten al resto del aparato productivo y afectan su competitividad.

c) A nivel microeconómico, tenemos empresas que no cuentan con fondos de inversión, capacidad de "administración" *(management)* de recursos humanos ni tecnológicos para garantizar una reacción automática de la oferta productiva a las señales de precios de mercado.

d) La aparición de una economía "dual", de conglomerados nacionales modernos (productivos, tecnológicos, comerciales y financieros) que se integran a la economía globalizada del siglo XXI con eficiencia, competitividad y éxito (por ejemplo, en Monterrey, México, existe Vitro, tercer productor mundial de vidrio), pero simultáneamente conviven con sectores que todavía utilizan el trueque como método de intercambio (los mercados indígenas en Chiapas).

En estas economías se requerirá algo más que las políticas de las Tres D's y la mano invisible, para que el mercado cumpla cabalmente con su función, de tal suerte que *hay que echarle la mano a la mano invisible,* no sólo para corregir **las fallas** del mercado sino para compensar y cubrir sus **limitaciones** y potenciar al máximo su papel en la asignación de recursos, con un enfoque integral de la eficiencia económica y social y de políticas públicas "amistosas del mercado", tanto a nivel macroeconómico (puertos industriales, telecomunicaciones, educación, tecnología, etc.) así como a nivel microeconómico fomentar la oferta productiva (pequeña y mediana empresas).

La Desideologización del debate económico entre el Estado y el mercado

Reconocer las fallas y límites del mercado y del Estado obliga a plantear una cuarta D, *la desideologización del debate económico* sobre las ideas y las políticas económicas que en determinados momentos históricos se han sobreideologizado y han oscurecido el valor explicativo y transformador de la ciencia económica. En este sentido Josué Sáenz comenta: *"ha sido históricamente usual que las teorías económicas se vuelvan religiones. Trátese del libre mercadismo de Adam Smith, del marxismo-leninismo. del estatismo fascista o del antiestatismo de Hayek que se han vuelto en su momento verdaderas religiones que pretenden negar la viabilidad de todas las alternativas o cegarse ante éstas. Llámesele a este proceso Narcisimo político, o simple conveniencia política en el corto plazo, la teoría económica, cualquiera que sea, pretende volverse una especie de religión fundamentalista excluyente de lo demás"*[130]

Esto implica no convertir las teorías económicas en dogmas o recetas infalibles que buscan acomodar la realidad a la teoría y cerrar los ojos por *intereses confesionales* a las dramáticas exigencias de nuestra realidad; hemos pasado de la sobreideologización sobre el papel del Estado a la sobreideologización del papel del mercado y hemos caído en una *beatificación* de las bondades del mercado, que no permite ver sus alcances y limitaciones en un enfoque más integral de la eficiencia y el desarrollo.

Como dice Lester Thurow:*"estas recomendaciones olvidan el problema económico central. El capitalismo es miope y no puede hacer las inversiones sociales a largo plazo en educación, infraestructura e investigación y desarrollo que requiere para su propia sobrevivencia futura. Necesita ayuda gubernamental para hacer esas inversiones, pero su propia ideología no le permitirá siquiera reconocer la necesidad de esas inversiones o solicitar la ayuda del gobierno. Esa es la paradoja de nuestro tiempo".*[131]

El nuevo papel del mercado y del Estado

En el retorno al nuevo papel del mercado, es fundamental considerar al *mercado como mecanismo funcional y como institución.* El enfoque del mercado como mecanismo funcional considera el comportamiento de la demanda y la oferta a través del mecanismo de precios para equilibrar al mercado. Sin embargo, el mercado es más que un simple mecanismo funcional, hay que considerarlo como institución, constituida por leyes, reglamentos y ordenamiento s que regulan las transacciones comerciales financieras e internacionales y por organizaciones, esto es, por los jugadores. Por lo tanto, cuando se pasa de una economía estatista a una economía de mercado, no sólo se reduce el papel de un agente económico como el Estado y se privilegia el del mercado, sino que se definen las reglas del juego (las

---

[130] Saenz, Josué, *Este país,* Mayo 1997, p. 97.

[131] Thurow, Lester C., "El Capitalismo Maniaco", *Revista Nexos,* No. 232, abril 1997.

instituciones) y los jugadores (las organizaciones).

Uno de los grandes problemas de América Latina es que el cambio del modelo de ISI, proteccionista y de crecimiento hacia dentro, ha muerto por la liberalización comercial y la privatización de la economía, pero no ha podido nacer el nuevo modelo eficiente y abierto a la competencia internacional. Esto implica cambios de instituciones y organizaciones que no se han podido consolidar; todavía existen elevados costos de transacción en la operación y funcionamiento de los mercados, escasez de información y mercados imperfectos. En otras palabras, es irreal el supuesto de que los mercados abiertos (desprotección) y libres (liberalización) son factores suficientes para garantizar mercados eficientes. En palabras de Joseph Stiglitz:

> *"Información imperfecta y costosa, mercados de capital imperfectos, competencia imperfecta: son la realidad de las economías de mercado - aspectos que deben ser tomados en cuenta por aquellos países que se vean en la situación de elegir un sistema económico. El que la competencia sea imperfecta o los mercados de capital sean imperfectos, no significa que el sistema de mercado no deba ser adoptado ... lo que significa es que en decidir qué forma de economía de mercado deben adoptar, incluyendo el papel que va a jugar el gobierno, necesitan tener en mente cómo funcionan las economías de mercado en el presente, no el irrelevante paradigma de la competencia perfecta".*[132]

En este contexto se deben considerar tres factores adicionales:

a) *Donde funciona el mercado, dejarlo funcionar libremente.* Que el sistema de precios asigne la producción en el mismo mercado; complementarlo donde existan fallas y externalidades (no sustituirlo o distorsionarlo) con una política activa de promoción del Estado (ésta ha sido parte del éxito de las economías del Sudeste Asiático).

   En términos generales, se reconoce la eficiencia de los precios relativos como el mejor método para asignar los recursos de una economía y producir a menor costo y con la mejor calidad para enfrentar la competencia internacional en un mercado de economía abierta. Esto significa dejar que el funcionamiento del mercado dé las orientaciones para la acumulación de capital y la inversión productiva en un marco de **apertura** y competencia, en el cual la inversión privada

[132] Stiglitz, Joseph E., *Whiter Socialism?*, p. 267.

sea el **motor del crecimiento** económico y la principal generadora de bienes, servicios y empleos productivos y bien remunerados.

b) Hay que *reorientar al mercado donde tiene distorsiones.* Cuando los costos y beneficios del mercado no reflejan los costos y beneficios sociales, hay que reorientar las señales de precios con políticas eficientes y eficaces de un Estado promotor, basado en un nuevo *gobierno reformado y una administración pública modernizada* y con el enfoque de políticas amistosas del mercado, que complementen, no que sustituyan, al mercado.

   Todos los gobiernos intervienen en los mercados a través del *management* macroeconómico de las políticas fiscal, monetaria y comercial para buscar el equilibrio interno (estabilidad de precios), y el equilibrio externo (equilibrio en la balanza de pagos). Tenemos que reconocer los alcances y límites de las políticas macroeconómica neokeynesiana y la macroeconomía monetarista, establecidas en este mundo de globalización y mercados abiertos, del dinero electrónico, con un sistema monetario internacional rebasado por la globalización financiera. El *efecto tequila* y el reciente *efecto dragón* demuestran que también existe interdependencia de los mercados emergentes de los países en desarrollo, con las economías industrializadas.

c) *Donde no existe el mercado, crearlo y fomentarlo.* En nuestros países en desarrollo, donde todavía tenemos estructuras económicas distintas al mercado, como el *tianguis,* en el que funciona el *trueque* más que un mecanismo eficiente de información transparente de mercados, se requiere *fomentar y crear mercados,* desarrollarlos con una *economía de la oferta (supply economics) que promueva la elasticidad de la oferta productiva;* esto es, se necesita ampliar la capacidad de respuesta ante los cambios de las señales del mercado y ante las propias condiciones de hipercompetencia en los mercados abiertos y globales.

Por el lado de la economía de la oferta, es necesario reconocer los obstáculos estructurales o *cuellos de botella,* que reducen la elasticidad o capacidad de respuesta de la oferta productiva ante los cambios de los precios relativos, y de la demanda ante las condiciones de la competencia. En otras palabras, *que frente a movimientos de los precios relativos o de la demanda efectiva, éstos no son suficientes para esperar una reacción favorable de la oferta y por lo tanto se requiere una acción deliberada y promotora del Estado para liberar la oferta productiva y eliminar los cuellos de botella;* por ejemplo, en infraestructura, tecnología y sistemas de innovación, etc.

La teoría de la economía de la oferta de Laffer en los Estados Unidos retorna el concepto de que la oferta no reacciona por la sobrerregulación de los mercados por una ineficiente y excesiva intervención del Estado. La receta es muy simple: desregular el mercado y eliminar la intervención del Estado en la economía, para que la oferta responda y la economía genere un mayor PIB y empleo de forma automática.

En la perspectiva del Consenso de Washington, el FMI y el Banco Mundial han reconocido los problemas estructurales en los países en desarrollo y han incorporado en sus programas de ajuste el concepto de *ajuste estructural,* pero su prescripción de política se queda en la política de las Tres D's: apertura, privatización y liberalización de mercados.

En estos enfoques la conclusión es una política económica pasiva del Estado, aún para resolver los problemas estructurales y de la oferta, mientras que el enfoque **neoestructuralista** implica una política activa y promotora del Estado para eliminar los *cuellos de botella* de la oferta productiva que, por supuesto, necesita gobiernos democráticos y administraciones públicas modernas y eficientes.

Las revisiones críticas sobre el modelo de desarrollo de América Latina, se concentran en enjuiciar el papel del Estado en el proceso histórico de desarrollo y se dedican a derivar conclusiones y recomendaciones en materia económica, replanteando su papel tradicional.

Es necesario eliminar las *tendencias sobreideologizadas* del análisis que derivan en conclusiones simplistas, en las que se ubica al Estado como el origen de todos los males de las sociedades; culpar al Estado de los fracasos y encontrar en su eliminación la solución por antonomasia del desarrollo, son argumentos de *pasmosa ingenuidad,* como diría John Eatwell.[133]

Este tipo de enfoque es definido como de *suma-cero,* entre el mercado y el Estado, en el que uno de los actores acepta únicamente la derrota o la eliminación del otro. El punto de partida sobre el nuevo papel del Estado en América Latina es no caer en trampas ideológicas y pasar del enfoque de *suma cero* al de *suma positiva; "es necesario escapar de la trampa que siempre estableció la primicia conceptual de los ideológico-estatistas versus antiestatistas sobre lo instrumental - estructuras, organización, legislación, administración-. Esta trampa se caracterizó por un error compartido por ambos contendientes. Estatistas y antiestatistas concibieron al*

[133] Eatwell, John y M. Milgay, *The Invisible Hand,* W.W. Norton, Nueva York, 1989

Estado como un instrumento de poder".[134]

El reto actual es avanzar hacia la *reforma del Estado* que, en un enfoque simplificador del retorno a lo básico, significa redimensionar la participación económica del Estado, y abandonar las áreas que no justifican su presencia para modernizar instituciones y mecanismos, para que estas áreas respondan con una gestión eficiente, de acuerdo a las exigencias de la competencia y de la política democrática.

Modernizar al Estado no significa mayor o menor Estado, sino un *mejor Estado,* que aumente su impacto positivo sobre la eficiencia y eficacia del sistema económico en su conjunto, a través de áreas naturales para la acción pública: las orientadas a compensar las fallas y limitaciones del mercado, la creación de externalidades y la oferta de bienes públicos; la política científica y tecnológica; la superación de la pobreza; la garantía de los derechos individuales, como el derecho a la educación básica y a la salud y a la intervención en la revisión social y en la preservación del medio ambiente.[135]

En la vida económica de las sociedades modernas, cabe resaltar dos elementos del nuevo perfil del quehacer estatal para América Latina; por un lado, su presencia como actores activos para promover la competitividad de la economía (la mano promotora) y por otro, su gestión para combatir la pobreza (la mano solidaria).

LAS TRES DIMENSIONES DE LA REFORMA DEL ESTADO

En la reforma del Estado, paradójicamente hay que **privatizar la economía** de los excesos patrimonialistas estatales; al mismo tiempo hay que **desprivatizar al Estado** de los excesos de los intereses privados que lo desvían del interés público, al mismo tiempo que se reforma y revitalizan sus tres funciones: como agente económico, como proveedor de servicios públicos y como garante de la gobernabilidad y la seguridad ciudadana, bases del desarrollo y consolidación de la democracia.

---

[134] Eatwell, John, "Instituciones, Eficiencia y la Teoría de la Política Económica", *Crecimiento económico y empleo,* Colección "Ideas para la Cultura de la Democracia", Luis Angeles, *et. al.,* (coord.), pp. 75-93, noviembre de 1994.

[135] Eatwell, John (1994), op. eit. 136 Felipe González, op.eit.

Como agente económico y la mano promotora del Estado

El enfoque neo liberal de la reforma del Estado se limita a promover un Estado mínimo y dejar al mercado como el agente económico fundamental. Sin embargo, existe consenso para eliminar los excesos del Estado; esto es, una política adecuada. Pero la diferencia es no minimizar al Estado, sino reformarlo para reasignar su papel en la estructura económica; aquí el Estado y el mercado actúan como instituciones complementarias, que fortalecen sus virtudes y minimizan sus deficiencias; el Estado actúa como promotor del crecimiento económico a través de "políticas amigables del mercado" para fortalecer y desarrollar las fuerzas del mercado.

Al preguntar cuál es el papel y la fisonomía que debe tener el Estado moderno, un Estado, ¿para qué'?[136] Podremos decir que su responsabilidad no acaba en la generación de políticas macroeconómicas sanas (que son para evitar la vulnerabilidad de las economías nacionales), sino que en esta función promotora para la creación de capital físico (infraestructura material que facilite el desarrollo) y capital humano (ya que si la materia prima fundamental son la inteligencia, es mejor que haya en el mundo ciudadanos bien educados, con alimentación y en buen estado de salud).

Siguiendo con la trampa ideológica del falso dilema Estado *versus* mercado se compara el caso de México con el éxito económico alcanzado por los Tigres de Asia. A menudo escuchamos que en ese modelo no interviene el Estado, que todo es producto de la *mano invisible* del mercado. La evidencia histórica es clara en esas economías: la intervención del Estado ha sido más intensa que en América Latina, la diferencia es de enfoque, en éstas (América Latina) ha sido de control y en aquéllas (Sudeste Asiático) de promoción.

La intervención estatal en la vida económica de América Latina con respecto al Sudeste Asiático no está en términos cuantitativos de mayor o menor presencia estatal, sino en la calidad y orientación de la intervención. En Latinoamérica la intervención se produjo mediante subsidios y transferencias improductivas; en el Sudeste Asiático se hizo con incentivos y promoción; en Latinoamérica distorsionó, sustituyó y desplazó al mercado; en el Sudeste Asiático, lo promueve, lo complementa y lo hace más eficiente.

Las diferencias entre los países recientemente industrializados del Sudeste Asiático y los latinoamericanos no están basadas en la existencia o ausencia de protección o intervención del Estado. En el Sudeste Asiático se ha promovido la creación de una

---

[136] Felipe González, op. cit.

industria competitiva de capacidades tecnológicas locales; en tanto en Latinoamérica, la protección ha sido discrecional y sin promover la competencia en los mercados.

La intervención estatal en el Sudeste Asiático ha estado orientada a aumentar las fuerzas del mercado para acelerar la industrialización, mientras que en Latinoamérica se ha dado más importancia a la regulación. En palabras del Vicepresidente del Banco Mundial:

> *"El mito final (el mito de los dos caminos) en el que no hay camino entre los dos extremos de los mercados y las empresas estatales ... el hecho de que lo que importa es el gobierno tiene una posición prominente en todas las sociedades. La pregunta no es si habrá implicación del gobierno en la actividad económica, sino cuál debe ser ese rol ... Otro ejemplo de caminos intermedios (entre el mercado y las empresas estatales) es proporcionado por los países del Este de Asia ... los mercados creados como las instituciones, como los bancos en Carea, controlaron la colocación de la mayor parte del capital. Aún ahora el gobierno designa los lineamientos de todos los bancos privados. Motivaron a las firmas privadas de tomar ciertas actividades (y usaron los instrumentos económicos, ambos las zanahorias y la vara, para obtener cooperación del sector privado). Cuando el sector privado no tomó las actividades deseadas, argumentaron: Carea y Taiwán construyeron fábricas de acero altamente eficientes. Escogieron a sus socios para emprender algunos proyectos y les prestaron el capital requerido".*[137] *Países como Carea sí hicieron uso del mercado; estaban muy orientados a las exportaciones. Y debido a que los mercados jugaron un papel tan importante, algunos observadores concluyeron que su éxito era prueba convincente del poder de los mercados por sí solos. Casi en todos los casos (Corea y Taiwán) J el gobierno jugó un papel preponderante en esas economías... en el éxito de Taiwán governing the market* [gobernando al mercado], *no hay duda de que el gobierno intervino en la economía a través del mercado".*[138]

Hoy se acepta en todo el mundo la supremacía del mercado como el instrumento más importante para la asignación eficiente de los recursos. El Estado como propietario y como ente omnipresente, el Estado como el *ogro filantrópico* se encuentran en retirada. Esto no implica caer en un *Estado mínimo,* ajeno a la complejidad de la economía interdependiente, frío e indiferente a las inequidades

---

[137] Stiglitz, Joseph, op. cit., pp. 253-254.
[138] Idem, p. 14.

sociales.

Se han desarrollado diversas tipologías[139] para enmarcar y analizar el papel del Estado en la competitividad internacional entre varias naciones y varios sectores, en especial, la eficiencia de las instituciones de gobierno y su influencia en la reestructuración productiva de industrias específicas, como el acero, máquina-herramientas y automotriz. Se destaca el papel del gobierno japonés para estimular la modernización económico-industrial a largo plazo con la coordinación del Ministerio de Comercio e Industria Internacional (MITI) para externalizar y regular los costos de inversión de los proyectos de largo plazo que pudieran ser frustrados por las expectativas de ganancias en el corto plazo o por un alto margen de incertidumbre, que bajo otras condiciones, detendría la inversión.

En este esquema, el gobierno japonés otorga consistencia y claridad a las estrategias de cambio estructural de mediano y largo plazos con políticas de competitividad, en tanto que las firmas norteamericanas, en ausencia de un sistema comparable, tienen que enfrentar un mercado con más inestabilidad. Esto hace que el principal objetivo de estas empresas sea aumentar al máximo las utilidades a corto plazo y reducir al mínimo las pérdidas debido al ciclo comercial. La modernización tecnológica queda en un plano de importancia secundaria.[140]

En otras palabras, el mercado muestra ineficiencia para favorecer la transformación competitiva de las estructuras económicas. Esto adquiere especial relevancia para América Latina por la presión de mayores exportaciones, pero a la vez, las imperfecciones del mercado, en especial los cuellos de botella son aún más grandes. Se requiere de la mano promotora del Estado para impulsar los cambios que demanda la estructura productiva, y la mano solidaria de la sociedad para atender los problemas sociales.

El punto central no es pasar de una economía estatista a una economía de *laissez-faire* y del Esta do mínimo, sino a una *nueva economía participativa de mercado* en la que se corrijan los excesos del Estado (las Tres S's). Pero en esos nuevos mercados liberados, se necesitan políticas deliberadas del Estado para alcanzar su eficiencia integral, y se re encuentren el Estado y el mercado con la Sociedad.

---

[139] Traxler y Unger, "Gobierno, Reestructuración Económica y Competitividad Internacional", *Crecimiento Económico y Empleo,* Colección "Ideas para la Cultura de la Democracia", Luis Angeles, *et. al.*, (coord.), noviembre de 1994, pp. 75-93.

[140] Traxler y Unger, op. cit. p. 86

Un Estado que deje su función reguladora y controladora, por una esencialmente promotora que pueda crear, junto con los demás actores, un marco institucional jurídico admisible que genere eficiencia y competitividad y promueva un desarrollo participativo.

Hay que pasar a otro modelo que equilibre la función del mundo, el Estado y la sociedad, articulando el papel de las tres manos: la mano invisible del mercado para promover la eficiencia asignativa de los recursos; la mano promotora del Estado para el fomento al crecimiento sostenido y el desarrollo sustentable; y la mano solidaria de la sociedad para promover la equidad distributiva y el balance entre Estado y mercado.

La mano solidaria que tiene que ver con dar una razonable igualdad de oportunidades a los ciudadanos. "Me importa más el debate sobre los derechos de los ciudadanos y las respectivas obligaciones del Estado ante estos derechos, que el debate, a veces más encendido y violento verbalmente, de si debe administrarlos el Estado o gestionarlos la empresa privada".[141]

Como proveedor de servicios públicos

Después de los procesos de racionalización de la participación directa del Estado, éste participa sólo en las áreas consideradas como prioritarias y estratégicas. El paso adicional consistirá en que se logre un proceso de privatización, no de los activos, sino del management de las empresas públicas en las áreas donde el sector público tiene que aparecer -por razones de soberanía y seguridad, o por ausencia de actores privados, etc.-, como proveedor de los servicios públicos. ¿Qué quiere decir esto?, que las decisiones estratégicas y fundamentales de la empresa pública en sus diferentes áreas, desde la producción hasta la comercialización, se decidan con autonomía y en función de los intereses de la empresa y no en instancias centrales reguladoras. Recordemos a Cuomo, cuando afirma que "la obligación del gobierno no reside en prestar servicios, sino en asegurar que éstos se presten...".[142]

Las empresas públicas estratégicas (que permanecen después de las privatizaciones, como Pemex en México) están sobrerreguladas y presionadas por la competencia internacional; esto crea la necesidad de "privatizar su management" (no la propiedad) para que pueda jugar al mercado. La privatización del management implica que las empresas públicas actúen como **organizaciones aprendientes del conocimiento,** por lo que en este campo se abre una gran vertiente para la reforma

[141] Felipe González, op. cit.
[142] Cuomo, Mario, *More Than Words*, St. Martin's Press, Nueva York, 1994, p. 213.

y modernización del sector público en los procesos de reforma del Estado.

Como garante de la gobernabilidad y de la seguridad ciudadana

Ante la complejidad de la vida urbana, de la demanda de servicios y del incremento de las tensiones socioeconómicas entre las diversas regiones y estratos sociales que ha provocado el crecimiento anárquico y desordenado, poca o nula atención se ha prestado al desarrollo integral del ser humano; por lo tanto, se requiere de una reingeniería estatal que garantice la gobernabilidad y la seguridad ciudadana.

Esta exigencia rechaza la falsa salida de un Estado que garantice la gobernabilidad y la seguridad ciudadana basadas exclusivamente en acciones de fuerza o endurecimiento de sus instancias represoras; por lo tanto en la reforma estatal se debe reconstruir el tejido social que la ola neoliberal ha dañado y que se manifiesta en las inequidades económicas y en los problemas sociales, en la delincuencia, el crimen organizado, la drogadicción, la prostitución, etc., que deteriora al núcleo fundamental de la sociedad: la familia.

LA SOCIEDAD CIVIL. EL TERCER SECTOR DE LA ECONOMÍA

Sus Motivaciones Histórico-Culturales

Ante las virtudes y fallas del Estado y el mercado, en diversos países ha surgido la necesidad de que la sociedad civil asuma diversas responsabilidades. El grado de participación depende del nivel de desarrollo político y democrático de los sistemas políticos; es evidente que en sistemas políticos autoritarios, independientemente del signo ideológico de izquierda o derecha, la presencia de este sector es prácticamente inexistente.

Por esta razón el tercer sector ha podido florecer en las sociedades democráticas de occidente, con una tradición liberal que reivindica y consagra el derecho de los individuos frente al Estado.

Es evidente que la organización de la sociedad civil para asumir y resolver diversos problemas públicos, obedece a la desilusión sobre la funcionalidad del Estado como proveedor de servicios públicos, pero también a una tradición histórica y política, que ha arraigado costumbres, prácticas y actitudes en las que el individuo mantiene una relación de independencia y distancia con el poder del Estado.

En este caso estaríamos hablando del modelo anglosajón, en el que Max Weber claramente define las particularidades políticas y culturales de las sociedades protestantes que en Europa Occidental y Estados Unidos permitieron alcanzar un mayor nivel de desarrollo económico y social, en relación a las sociedades con una tradición hispano-portuguesa, en la que todo el medio social gira alrededor del rey, que personifica al Estado absolutista.

En nuestras sociedades latinoamericanas, la herencia hispano-portuguesa ha sido determinante en las tendencias y características de nuestros modelos de crecimiento y de desarrollo, en especial sobre el papel preponderante asignado al Estado y el carácter subordinado de los individuos al Estado. Esta subordinación se manifiesta no sólo en los terrenos políticos, con ausencia de mecanismos de participación democrática, sino en el terreno económico donde la libre iniciativa de los individuos es ahogada por la omnipresencia del Estado en todos los asuntos económicos Estado. Esta subordinación se manifiesta no sólo en los terrenos políticos, con ausencia de mecanismos de participación democrática, sino en el terreno económico donde la libre iniciativa de los individuos es ahogada por la omnipresencia del Estado en todos los asuntos económicos.

<table>
<tr><th colspan="2">Problemas de la mano invisible del mercado</th><th>Políticas que sustituyen al mercado (market enemy policies)</th><th>Políticas que favorecen el desarrollo eficiente del mercado (market fiendly policies)</th></tr>
<tr><td rowspan="5">LAS FALLAS DEL MERCADO EN LA PERSPECTIVA NEOCLÁSICA</td><td>Monopolios nacionales</td><td>Establecimiento de diversos monopolios estatales con barreras de entrada a particulares.</td><td>Leyes antimonopólicas flexibles y redelimitación de las áreas para la regulación de monopolios privados.</td></tr>
<tr><td>Externalidades</td><td>Regulación excesiva de actividades donde los costos privados fueran distintos a los sociales.</td><td>Establecimiento de mecanismos de mercado para la asignación de derechos de propiedad.</td></tr>
<tr><td></td><td>Política de impuestos ecológicos.</td><td>Política de incentivos (fiscales y financieros) para la reconversión industrial con base ecológica (reciclaje de agua, manejo de desechos tóxicos, etc.)</td></tr>
<tr><td>Bienes públicos</td><td>Intervención del Estado en la producción de bienes públicos, excluyendo a particulares.</td><td>Redefinición de los bienes públicos. Acceso a particulares en áreas no fundamentales para el gobierno: construcción de carreteras, servicios de agua, etc.</td></tr>
<tr><td>Estructura internacional oligopólica</td><td>Proteccionisno excesivo, permanente y discriminatorio a las industrias con economía semicerrada al exterior.</td><td>Promoción de acuerdos regionales de libre comercio, con políticas de defensa contra la competencia desleal (legislación "antidumping").</td></tr>
<tr><td rowspan="5">LOS LÍMITES DEL MERCADO</td><td colspan="3">No tiene visión de futuro ni proyecto de país.</td></tr>
<tr><td colspan="3">No tiene visión de largo plazo.</td></tr>
<tr><td colspan="3">No es democrático: en el mercado sólo vota quien tiene ingreso; el resto aunque tenga necesidades reales</td></tr>
<tr><td colspan="3">El mercado no sustenta por sí mismo el desarrollo; en otras palabras, para crecer, promueve el crecimiento en la producción de bienes y servicios, pero no cuida la disponibilidad de recursos naturales y del medio ambniente para las futuras generaciones, el mercado por sí solo no establece los precios de costo de oportunidad de largo plazo.</td></tr>
<tr><td colspan="3">No distribuye equitativamente el ingreso ni combate la pobreza. El mercado financiero global con el dinero electrónico no tiene un equilibrio estable a través del mecanismo de precios, tasas de interés altas pueden significar mayor rentabilidad de la inversión y por lo tanto debe generar mayor oferta de recursos financieros, pero también puede significar mayor riesgo y por lo tanto menor oferta de recursos, sin embargo, el mecanismo de precios por sí solo no lo distingue.</td></tr>
</table>

Cuadro 6.3

El Reencuentro del Estado Promotor en el Mercado Institucional

En nuestras sociedades, la riqueza, la propiedad y el bienestar se obtienen a partir de la cercanía con el Estado, de la benevolencia del gobernante, de las retribuciones del soberano hacia sus súbditos. En la tradición anglosajona, la obtención de la riqueza es producto del esfuerzo individual, de la dedicación, de la disciplina en el trabajo, no de la indulgencia o la merced real.

Por estas consideraciones, la presencia del tercer sector, la sociedad civil, en la economía tiene diferentes dinámicas en las sociedades del capitalismo avanzado, con respecto a las sociedades latinoamericanas. En las primeras, la presencia de organizaciones de la sociedad civil para enfrentar las ausencias, limites y omisiones del Estado y del mercado se han generalizado mediante las fundaciones y organizaciones filantrópicas que buscan contribuir con recursos a resolver problemas cercanos a sus comunidades.

Actualmente, en los Estados Unidos existen muchas organizaciones civiles para la defensa del consumidor, de los inválidos, para el apoyo de personas con enfermedades, para la protección de los recursos naturales, para la promoción de la educación, la salud, protección de las minorías, de las mujeres, de las especies animales, para la nutrición, etc.

En América Latina, las organizaciones civiles, a pesar de no haber tenido el desarrollo que se han experimentado en otras latitudes, su origen y crecimiento han estado ligados a la búsqueda de mayores espacios democráticos; también, como respuesta a desastres naturales que han afectado la vida de colonias o comunidades enteras y las labores de reconstrucción han requerido del esfuerzo auto-organizado de las comunidades afectadas.

En la conformación de la nueva economía, nuestros países están requiriendo de **organizaciones de la sociedad civil** que ocupen espacios en la generación de proyectos productivos con capacidad para crear sus fuentes de empleo y construir el piso social mínimo para combatir la pobreza extrema, como en el caso de la región de Chiapas en México.

En este sentido, el Estado debe reconocer y promover institucionalmente a organizaciones que manifiesten sus preocupaciones sobre servicios públicos, como la seguridad, la recolección de basura, etc. Además, es necesario impulsar proyectos generadores de riqueza que superen las inercias burocráticas y las indiferencias del mercado, como es el desarrollo de los conglomerados *(clusters)* económicos.

La Sociedad Civil

La Desilusión Ante el Estado y el Desencanto Ante el Mercado

La crisis del Estado benefactor ha sido consecuencia de la sobrecarga de demandas que ha recibido de los más diversos grupos sociales y de su propia ineficiencia de gestión pública que lo convirtió en un **Estado de malestar** (F. Cardoso). La configuración del Estado de bienestar lo convirtió en la instancia institucional obligada a la que recurría la sociedad en la búsqueda de respuestas a sus necesidades desde empleo, hasta vivienda, educación, transporte, etc. Sin embargo, es importante reconocer que tampoco hay un **mercado del bienestar,** pues aquí sólo vota quien tiene demanda efectiva, esto es, ingreso real con capacidad de compra en el mercado.

En los sistemas democráticos el Estado, como representante legítimo de la sociedad, tiene obligaciones constitucionales para proteger los derechos de su población y proporcionar las condiciones para mejorar su estándar de vida.:

Durante la *edad de oro* del capitalismo de los años de la posguerra se impulsó el mejoramiento de los niveles de vida de la población. El Estado adquirió un papel fundamental como proveedor de los más diversos servicios como salud, educación, vivienda, agua potable, transporte, etc.

Dependiendo de las características de cada país, en cuanto a su sistema político, historia, ideología, la sobrecarga adquirió características peculiares. Por ejemplo, en sociedades con una fuerte presencia sindical, las demandas de los trabajadores hacia el Estado, las relaciones de "mutuo beneficio", las controversias entre trabajadores y Estado, derivaron en una oferta de servicios estatales mucho más intensa que en aquellas sociedades donde el movimiento sindical era débil. Asimismo, los gobernantes con tendencia populista favorecieron el desarrollo de un Estado altamente predispuesto a satisfacer los reclamos de aquellos grupos con los cuales se establecían compromisos de apoyo político-electoral.

Cuando la respuesta del Estado se fundamentó en criterios clientelares, la acción pública se distorsionó, se perdió el criterio de eficiencia y rentabilidad; en la mayoría de los casos la respuesta del Estado tenía un carácter meramente coyuntural, sin evaluar las implicaciones futuras de tales decisiones.

Así se generó un crecimiento desproporcionado del Estado que derivó en la llamada "crisis fiscal del Estado", por la imposibilidad de cubrir los crecientes y enormes gastos del Estado de bienestar y por una hipertrofia de la burocracia pública que no permitió desarrollar el servicio civil de carrera y profesionalizar el servicio público.

A la vez, la cobertura de las obras y servicios públicos decayó en calidad y eficiencia. Los reclamos sociales rebasaron la capacidad de respuesta del Estado, pero esos vacíos y deficiencias estatales empiezan en algunos casos a ser cubiertos por medio de la participación organizada de la sociedad civil. Esta participación se ha desarrollado con mayor intensidad en los países más democráticos y ha estado orientada a asuntos concretos, como la protección ambiental, la seguridad de los vecindarios, la atención a personas discapacitadas, entre otros.

Las vertientes de la sociedad civil

Haciendo una tipología de las organizaciones de la sociedad civil, las podemos integrar en cuatro grandes grupos:

1. Las organizaciones de participación cívica y promoción de intereses sociales.

2. Las de prestación de servicios sociales.

3. Las de promoción socioeconómica.

4. Las de promoción de la filantropía.

El Banco Interamericano de Desarrollo[143] presenta una definición precisa de cada una de estas organizaciones de la sociedad civil. Estas organizaciones (Cuadro 6.4) tienen como principales características ser proactivas y participativas. Esto significa ocupar los espacios que no son de interés para el mercado, ni para el Estado, pero sí son de grupos específicos de la sociedad. Esto también significa que su participación se realiza sin ninguna presión de las fuerzas políticas del Estado o de instituciones.

[143] Banco Interamericano de Desarrollo, "Modernización del Estado y Fortalecimiento de la Sociedad Civil", *El Economista Mexicano.* Revista del Colegio Nacional de Economistas, Nueva época, vol. 1, núm. 3, abril-junio 1997, México, p. 239.

Cuadro 6.4

Organizaciones de la Sociedad Civil (OSC):sus Virtudes

1. OSC de participación cívica y promoción de intereses sociales: participan en el manejo de los asuntos públicos y en el control de su desempeño, movilizando sectores sociales y de opinión pública. Entre estas asociaciones de interés cabe mencionar, entre otras, las que se preocupan de los temas de género ecológico, cultural, político, de protección de los derechos humanos, los consumidores, las minorías étnicas y los discapacitados.

2. OSC de prestación de servicios sociales: participan en la prestación de servicios complementarios en educación, salud, cultura, nutrición, infraestructura, promoción, salubridad, atención a niños en situación de riesgo, a mujeres y otros sectores especialmente vulnerables.

3. OSC de promoción socioeconómica: promueven y asisten a aquellas unidades de producción que han sido establecidas bajo un criterio social de integración y solidaridad, y no sólo de rentabilidad financiera. Pueden complementarse con el Estado y los sectores empresariales para llevar servicios financieros y técnicos a sectores excluidos de los circuitos formales del mercado y de la acción estatal.

4. OSC para la promoción de la filantropía de desarrollo: promueven la captación de recursos y la participación del sector privado en la aportación de recursos financieros y técnicos para alcanzar objetivos de promoción socioeconómica y cultural.

Las OSC de promoción socio económica pueden tener gran eficacia potencial en América Latina, porque pueden promover y apoyar unidades productivas o comerciales que inicialmente están fuera de los circuitos formales del mercado o del ámbito estatal. Pueden presentar un elevado potencial de desarrollo bajo criterios sociales de integración y solidaridad. Y de estabilidad política (el caso de Chiapas en México).

En los últimos años hemos asistido también a un *boom* de las organizaciones de la sociedad civil. En ese *boom* se ha sobredimensionado el papel y la capacidad de este tipo de organizaciones para enfrentar los problemas que el Estado no ha podido resolver. Algunos llegan al extremo de plantear la supresión de los partidos políticos para dar espacio a ese tipo de organizaciones; otros cuestionan los organismos de intermediación del Estado y quieren concentrar recursos y facultades en las organizaciones civiles. Sin embargo, un análisis más frío sobre esas organizaciones demuestra que también tienen virtudes y limitaciones, y que por lo tanto, resultaría una falacia concentrar un proyecto nacional única y exclusivamente en las organizaciones civiles.

Podemos enmarcar las fallas de la sociedad civil en cinco grandes áreas, donde se muestran sus límites, de la misma manera que las del Estado y del mercado. Las fallas de la sociedad civil podrían ser:

- Pérdida de mística. Al paso del tiempo estas organizaciones pierden el ímpetu inicial.
- Dependen de liderazgos particulares y según el destino de este liderazgo, es el destino de las organizaciones no gubernamentales.
- Ausencia de evaluación comprometida de resultados, por lo que no pueden contabilizar el rendimiento o fruto de su labor en relación al trabajo y a los recursos invertidos.
- Proclividad a la manipulación por intereses de lucro o políticos.
- Dificultad para adaptarse a problemas de mayor escala, por lo que dados los problemas son sustituidas o rebasadas por los organismos públicos.

La Sociedad Participativa y Proactiva

El Ser Humano Como el Centro del Desarrollo y la Necesidad de la Mano Solidaria

El cambio del sistema que se requiere en México y Latinoamérica, no es el cambio del viejo sistema de economía estatista o proteccionista semicerrado y sobrerregulado, por un sistema de economía orientado al mercado, vía el *laissez faire laissez passé,* sino que lo *fundamental* es hacer interactuar a *la mano invisible del libre mercado con la mano solidaria de la sociedad y la mano promotora del Estado. Por eso hablamos del reencuentro del mercado con el Estado y de éstos con la sociedad* a través de un nuevo sistema económico entre el estatismo y el *laissez-faire: la nueva economía de mercado institucional y participativa* (Figura 6.1).

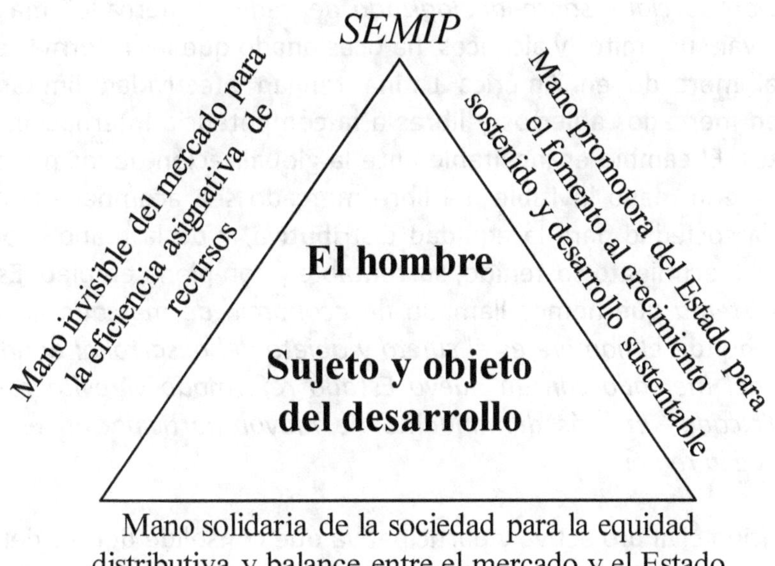

Figura 6.1

Hacia un Nuevo Sistema de Economía de Mercado: Institucional y Participativa

En la economía de mercado institucional y participativa, el *objeto y sujeto del desarrollo es el hombre.* Así, el desarrollo integral del hombre desplaza al Estado omnipresente y al mercado *beatificado* como los centros y objetivos únicos de la economía. La experiencia demuestra que en sistemas económicos donde el Estado es el centro y rector, el hombre se deshumaniza, se convierte en sujeto pasivo, subordinado al interés del Estado o a las decisiones de la burocracia, que determinan por él lo que debe de realizar, cómo y dónde. Pero también la economía del mercado beatificado deshumaniza al hombre, todo lo convierte en una mercancía, todo tiene un precio y la máxima satisfacción sólo se puede obtener única y exclusivamente a través del consumo de objetos, mercancías y servicios. El mercado ni es democrático (sólo votan quienes tienen demanda efectiva) ni existe el **mercado de bienestar**.

Esta lógica del mercado beatificado está llevando a muchas sociedades, especialmente en los Estados Unidos a la pérdida de valores, como la familia, el sentimiento vecinal y la proliferación de los llamados delitos de "cuello blanco".

Esta *concepción parcial y sobre-ideologizada de pedir al* mercado" más de lo que da", sin observar sus límites y alcances, ha ocasionado que las reformas económicas orientadas al mercado en América Latina tengan efectividad limitada. Lo que buscamos son mercados abiertos y libres a la competencia internacional para que sean eficientes. El cambio es inevitable ante la globalización de los mercados, pero se requiere que la mano invisible del libre mercado sea acompañada de la mano solidaria de la sociedad para la equidad distributiva, y de la mano promotora del Estado para el crecimiento sostenido, sustentable y con pleno empleo. Esto da lugar a *un nuevo sistema* que hemos llamado de *economía de mercado: institucional y participativa,* donde *el hombre es el sujeto y objeto del desarrollo;* donde existe un *reencuentro del mercado con un nuevo Estado reformado y revitalizado,* en una *sociedad civil cada vez más demandante de mayor participación en las nuevas democracias de la región.*

Una organización civil pro activa y participativa que consolide dentro del sistema de economía de mercado institucional y participativo, los siguientes elementos:

- Legitimidad

    Las decisiones económicas no provienen exclusivamente de un mercado abstracto, o de un Estado burocrático, sino que toma en cuenta los intereses legítimos de la sociedad.

- Rentabilidad

    Toma en cuenta los criterios de racionalidad y de eficiencia del mercado, elimina los rasgos de la rentabilidad burocrática que atentan contra la innovación y el cambio, incorporando criterios de rentabilidad social que no interesan al mercado y de los que el Estado no puede hacerse cargo.

- Supresión de la corrupción

    Utilizar la responsabilidad ciudadana como dique frente a la corrupción, promovida por la búsqueda insaciable de la riqueza en el mercado, como el uso discrecional y arbitrario de los recursos en economías estatizadas.

En la complejidad del mundo actual, hoy día se presentan problemas críticos ante los cuales, *la mano invisible,* parafraseando a James Tobin, *está necesitada de que le echen una mano.* Dicho de otro modo, el *enfoque de libre mercado, apertura y privatizacián son elementos necesarios, no suficientes, para el funcionamiento de una economía sana, porque no garantizan la construcción de un modelo de desarrollo integral que genere crecimiento sostenido y sustentable con empleo y equidad social que incluya a los marginados del mercado.* Hoy más que nunca se requiere de un esfuerzo de reflexión e imaginación para construir el nuevo modelo del desarrollo de México y América Latina, para enfrentar con éxito el capitalismo globalizado y del dinero electrónico del siglo XXI. Un camino, el aquí propuesto es la construcción de un *sistema de economía de mercado: institucional y participativa.*

Cuadro 6.5

El Reencuentro del Estado Promotor con el Mercado Institucional: Ampliando los Límites del Mercado

	Límites de la Mano Invisible del Mercado	Políticas enemigas del mercado	Políticas amigas del mercado
	Desigualdad en la Distribución del Ingreso	Establecimiento de impuestos que favorecían "curvas de oferta laboral con pendiente negativa" de estratos bajos de la población	- Diseño de esquemas impositivos que favorezcan la actividad económica de los estratos con menores ingresos
	Pobreza Extrema	Reparto burocratizado e indiscriminado de subsidios y exclusión de particulares en la atención a la población marginada	- Atención especial con programas básicos a los sectores claramente identificados de la población y apoyo a organizaciones no gubernamentales con mayor facilidad de acceso a la población marginada
Los Límites	*Inestabilidad Macro-Económica. Inflación, desempleo y bajo crecimiento*	Expansión del gasto inflacionario del gobierno y política de subsidios con precios y tarifas de bienes y servicios políticos	- Política de gasto público más selectiva y de presupuesto equilibrado sin déficit financieros - Política fiscal de incentivos horizontales en la actividad económica en base a la inversión, tecnología, etc.
del Mercado	*Obstáculos estructurales. Mercados Inexistentes, bajos niveles de ahorro, retraso tecnológico infraestructura rezagada*	Intervención del gobierno a través de organismos y comisiones *ad hoc* en áreas poco desarrolladas, con exclusión baja participación de los particulares	Participación de particulares en el desarrollo de infraestructura y administración de sistemas de pensiones Establecimiento de programas gubernamentales sobre: • Aumentos en productividad y competitividad; • Fomento horizontal a la

			pequeña y mediana empresa; • Desarrollo científico y tecnológico
	Crecimiento e innovación, crisis recurrentes, ciclos de pare y siga	Gasto público corriente	Desarrollo de un sistema nacional de innovación Incentivar la reinversión de las utilidades de las empresas Política de fomento al ahorro de las empresas y las personas
	Desarrollo sustentable	Sobrerregulación e impactos ecológicos	Bajo crecimiento en la productividad, Sistema de regulación en incentivos al cuidado de la ecología
	Mercados institucionales (eficiencia operacional, altos costos de transacción)	Sobrerregulación de mercados	Simplificación Administrativa Reglas del juego claras y jugadores transparentes en las actividades económicas

CAPÍTULO 7

LA TRANSICIÓN HACIA UNA DEMOCRACIA PARTICIPATIVA

Los Cinco Pilares del Modelo de Transición Económica

"Los economistas nos hemos desempeñado deficientemente, de hecho, hasta hace poco no le prestábamos ninguna atención a comprender que no se puede separar la política de la economía y que si intentamos hacerlo, el esquema económico que vayamos a utilizar para la elaboración de políticas siempre obtendrá unos resultados diferentes a los esperados, en lugar de eso, debemos integrar política y economía en una teoría de economía política que nos permita entender que al elaborar una política económica se afectará el bienestar de una diversidad de personas quienes, a su vez, reaccionarán a través del sistema político con el fin de alterar ese sistema sea para cambiarlo, si las afecta de una manera adversa, sea para constituir un grupo de interés a favor de promover y mantener esa política, si la misma les brinda alguna recompensa ".

Douglass North'

"Cuando se pregunta uno' ¿por qué algunas naciones son ricas mientras otras son pobres? la idea clave es que las naciones producen dentro de sus fronteras no aquello que la dotación de recursos permite, sino aquello que las instituciones y las políticas públicas
permiten ".

M. Olson"

* Conferencia del profesor Douglass North, primer historiador económico que recibió el premio Nobel de Economía en 1993. Banco Central de Venezuela, 3 de agosto, 1995

** Olson, M., citado por José Ayala Espino, *Instituciones y Economía. Una introducción al Neoinstitucionalismo* Económico, Facultad de Economía, UNAM, 1998,

Los procesos de reforma económica puestos en marcha en América Latina han resultado en la formación de mercados más abiertos a la competencia, en un redimensionamiento de las estructuras burocráticas y de las instancias de intervención gubernamental que han generado espacios y eliminado trabas para la participación más amplia de los individuos y de las organizaciones civiles en las decisiones de carácter económico. Estas fuerzas, que están redefiniendo el papel del mercado con un nuevo rol del Estado reformado y de la sociedad civil han dado lugar a cambios en el sistema económico y, por lo tanto, en las reglas de juego y en las relaciones entre los jugadores (gobierno, empresas, consumidores), acompañadas también de transformaciones en el campo político, con cambios en los regímenes de partidos competitivos, elecciones cada vez más libres, alternancia en el poder y normalidad democrática. Se afirma, por lo tanto, que **no** hay **democracia sin mercado, aunque haya mercado sin democracia.**

Uno de los retos de las ciencias sociales es encontrar los puntos de interrelación entre ambos espacios, el económico y el político; conocer la manera en que la liberalización económica impacta, ya sea acelerando, consolidando o retardando, a la liberalización política; o, si por el contrario, es un fenómeno de sentido inverso (que lo político impacte a lo económico) en el que la presencia de grupos políticos de interés promotores del *status quo,* o del cambio, resulte en una relación particular entre el mercado y el Estado. Lo más probable es que estemos frente a un proceso de retroalimentación o *feedback* entre las esferas económicas y políticas, en el que ambos están en permanente interrelación, manteniendo su propia naturaleza y que en un mundo abierto y globalizado convergen a un campo común: **la economía política internacional e institucional.**

Se ha trabajado al respecto a partir de los procesos de modernización y apertura económica en regímenes políticos autoritarios o semiautoritarios. Sin embargo, las conclusiones no son generales ni permeables para todos los países. En particular se discute si los tiempos de auge y expansión económica son los idóneos para iniciar modificaciones políticas encaminados a una mayor liberalización y democratización. Aquí también la respuesta es ambivalente. Unos consideran innecesario liberalizar el sistema político debido a las buenas condiciones económicas, pero otros verían esta situación como la más oportuna para llevarla a cabo.

A fines de la década de los 90's, la evidencia en América Latina muestra que los procesos de transición hacia economías de mercado han venido acompañadas de procesos políticos que han permitido un desarrollo político más democrático, con gobiernos electos por la vía del sufragio y, por lo tanto, sujetos a la evaluación aprobatoria o de castigo, del ciudadano.

La tendencia no ha sido lineal, ya que las transformaciones económicas de mercado han afectado los intereses de grupos ligados a las viejas estructuras económicas, muchas de ellas monopólicas o patrimonialistas que, al vivir muchas veces en la cercanía del poder, están en una situación preferencial, no de libre competencia o de igualdad de circunstancias, por lo que se beneficiaban a expensas de otros grupos sociales. Ésta una de las razones por la cual algunos sectores opusieron resistencia a las reformas y utilizaron los instrumentos de la política para detenerlas, mientras que otros fueron decididos militantes del cambio económico.

Las reformas de mercado efectuadas a principios de la década de los 70's, estuvieron acompañadas de regímenes autoritarios, por ejemplo, los gobiernos militares en América del Sur.

Sin embargo, no debemos soslayar que existieron condicionantes externos que permitieron la instauración de estos regímenes y que rebasaron el ámbito estricto de la implementación de las reformas de mercado, como es la doctrina de la seguridad nacional, la perspectiva de la Guerra Fría y la pérdida de legitimidad y gobernabilidad de los regímenes populistas precedentes. Pero aún estos países (Argentina, Chile, Brasil y Uruguay) actualmente son catalogados como países con regímenes democráticos que han avanzado en la consolidación de sus economías de mercado. Por supuesto, la modificación de las condiciones externas facilitaron la transición de esos regímenes hacia formas más democráticas.

En la perspectiva de lo que hemos definido como *la larga marcha inconclusa,* se analizan la orientación y dirección del cambio de economías estatistas a economías de mercado, del significado de las crisis económicas recurrentes y el gran desencanto por los resultados obtenidos en términos de inestabilidad económica e inequidad social del modelo del Consenso de Washington. En este sentido, el Banco Interamericano de Desarrollo (BID) se pregunta en el *Informe Anual* 1997, ¿valieron la pena las reformas?

Dice el BID que *"durante la última década, los países de América Latina se han consolidado como sociedades democráticas y como economías de mercado. Ambas transformaciones han sido profundas y complejas; una y otra se han reforzado mutuamente. En lo económico, se ha reordenado la estabilidad de precios perdida en los años ochenta y se han adoptado profundas reformas estructurales, para abrir las economías, reducir las distorsiones tributarias, mejorar el funcionamiento de los mercados y privatizar los mercados. En lo político, han quedado atrás los gobiernos militares y las dictaduras que conjuntamente habían llegado a ser la forma predominante de gobierno de la región a finales de los setenta".*[144]

La discusión vigente se centra en la posibilidad y el riesgo de que, debido a las expectativas no cumplidas por las reformas económicas, se esté afectando la viabilidad de los procesos políticos democráticos, y los avances de las democracias, lo mismo que la continuación y viabilidad de las reformas económicas.

Quizás estamos pidiendo demasiado a la democracia y que ésta sólo sea un método para la toma de decisiones sobre los asuntos públicos. Pero **a la democracia no se le puede pedir que por** sí **sola genere crecimiento económico y desarrollo social.** En este sentido, está abierta la discusión sobre si el crecimiento de las necesidades sociales insatisfechas y el deficiente desempeño económico *(performance)* aumentan el grado de conflicto político-social, que puede deteriorar y rebasar la capacidad institucional mediadora y amortiguadora de los gobiernos de la región (Figura 7.1).

Desde esta perspectiva, un mejor desempeño económico conduce a un menor conflicto socio-político en el conjunto de todo el sistema; en otras palabras, cuando los resultados económicos son buenos, existe un importante nivel de satisfacción de la población con respecto a los rendimientos del sistema, en especial, en la ciudadanía se generan mayores márgenes de aceptación con respecto a la idoneidad de un determinado grupo que ostenta el poder.

El problema que nos planteamos es cómo interrelacionar el modelo de transición económica para alcanzar una economía de mercado abierta y participativa con los cambios del sistema político en transición que favorecen la competencia electoral, el régimen de partidos y, por lo tanto, que avancemos hacia la consolidación de la democracia.

El alto *performance* económico implica para el espacio político, sea el Estado, los sindicatos, los partidos, etc., una descarga o aligeramiento de las demandas sociales no satisfechas; o sea, el rendimiento económico permite la generación de condiciones favorables para la estabilidad del sistema político, la promoción del consenso y la descalificación de las posiciones extremistas, y aísla a los grupos que favorecen la confrontación y el conflicto, ya que por un lado, no existirían las condiciones de descontento o frustración y por otro, la población no estaría dispuesta a arriesgar las buenas perspectivas económicas para apostar a un conflicto político que genere incertidumbre e inestabilidad que afecten la marcha

[144] "América Latina Tras una Década de Reformas. Programa Económico y Social en América Latina". *Informe* 1997. BID

de la economía.

Sin embargo, cuando el desempeño económico disminuye, se experimenta un aumento del conflicto socio-político que puede resolverse por dos vías: un endurecimiento del régimen ante las presiones de grupos ciudadanos inconformes que presionan y obstaculizan los procesos de cambio que generan problemas de gobernabilidad o, en sentido contrario, que el conflicto provoque, por necesidad de sobrevivencia del régimen, una mayor liberalización del sistema político.

En este contexto, los trabajos pioneros de Linz y Stepan, O'Donell y Acuña han explorado la causalidad del conflicto, la quiebra de los sistemas democráticos y los factores que acompañan los procesos de transición política o cambio de regímenes políticos.

Lo que debemos tener claro es que en un proceso de crisis recurrente, donde el *performance* económico se representa de manera circular, al aumentar la efectividad económica, baja el conflicto, o viceversa. Sin embargo a la larga es un proceso desgastante para las instituciones que paulatinamente deterioran su funcionalidad en detrimento de la consolidación democrática.

El desencanto por los resultados de las políticas del PRECE, sintetizadas en el Decálogo del Consenso de Washington después esta larga marcha inconclusa de casi 20 años de aplicación de su programa, así como por los vaivenes de la globalización, finalmente están generando una crisis de transición debido a los signos claros de agotamiento y fatiga de la sociedad, lo cual implica el riesgo de que también **lleve a un desencanto de las democracias**. En otras palabras, si los procesos de liberalización política y apertura democrática y democracia participativa no se manifiestan -o traducen en una sociedad con mejor bienestar, en la que las demandas económicas básicas de empleos, salarios, vivienda alimentos y demás requerimientos sociales no sean satisfechas, entonces.se corre el riesgo de que los avances políticos sean revertidos o minimizados por la ciudadanía, entrando en un proceso de apatía e indiferencia por la democracia, donde el desencanto en los resultados de la reforma económica de mercado viene acompañado del desencanto en la democracia..

La urgencia, por lo tanto, de reencontrar la senda del crecimiento económico es evidente. No sólo porque hemos hablado de una década perdida en el desarrollo económico y social, sino por el riesgo de llegar al siglo XXI con un desencanto y retroceso en el proceso democrático y el desarrollo político.

Las necesidades económicas y sociales no satisfechas, la disminución de las expectativas sociales o de mejoramiento económico, y la generalización del pesimismo, se condensan en el sistema político. Los gobernantes ven en la pérdida de eficacia y eficiencia de sus políticas, la disminución de sus márgenes de legitimidad; los partidos políticos asumen una posición distante con el gobierno, los sindicatos se ven obligados a extremar sus posiciones, los consensos se diluyen y se generan tendencias centrífugas en el mapa político. La incapacidad institucional, tanto en el ámbito económico, como en el espacio político, para dar cauce a esta creciente polarización, favorece la aparición del conflicto socio-político entre los diversos grupos frenando la consolidación democrática.

La relación entre desarrollo económico y democracia ha sido abordada por autores que encuentran una relación directa entre ambos conceptos. "La mayoría de los países ricos son democráticos y la mayoría de los países democráticos son ricos",[145] desde este punto de vista, la "tercera ola democratizadora (1974-1990) fue impulsada por las exitosas tasas de crecimiento económico del mundo de la posguerra. Esta relación tiene que ver con la necesidad de desempeños económicos exitosos de los gobiernos para legitimarse en el ejercicio del gobierno y por otro lado, a que el mejoramiento de las condiciones de vida de la población permitía aumentar el nivel educativo de la población y la expansión de la clase media urbana, lo que aumenta los niveles de participación política de esas sociedades.

El fenómeno de las crisis recurrentes en México permite visualizar la interrelación del desempeño económico con el conflicto socio-político; como se puede observar en la Figura 7.1, se parte de una situación crítica como la de 1982, año de crisis (CR_i), con un mejoramiento del desempeño económico hasta 1985, cuando empieza a disminuir el conflicto social, pero en lugar de dar el gran salto hacia un crecimiento sostenido y desarrollo participativo (punto A), las crisis recurrentes hacen regresar el proceso como se observa en CR_o (la crisis petrolera externa de 1986), donde se muestra el punto de inflexión (y la entrada nuevamente a la etapa de ajuste y estabilización en 1988), que otra vez baja el desempeño económico y presiona el conflicto social para después terminar en la crisis de 1994.

---

[145] Huntington, Samuel P., "La Tercera Ola de la Democracia", *El Resurgimiento Global de la Democracia*, Instituto de Investigaciones Sociales, UNAM, 1996.

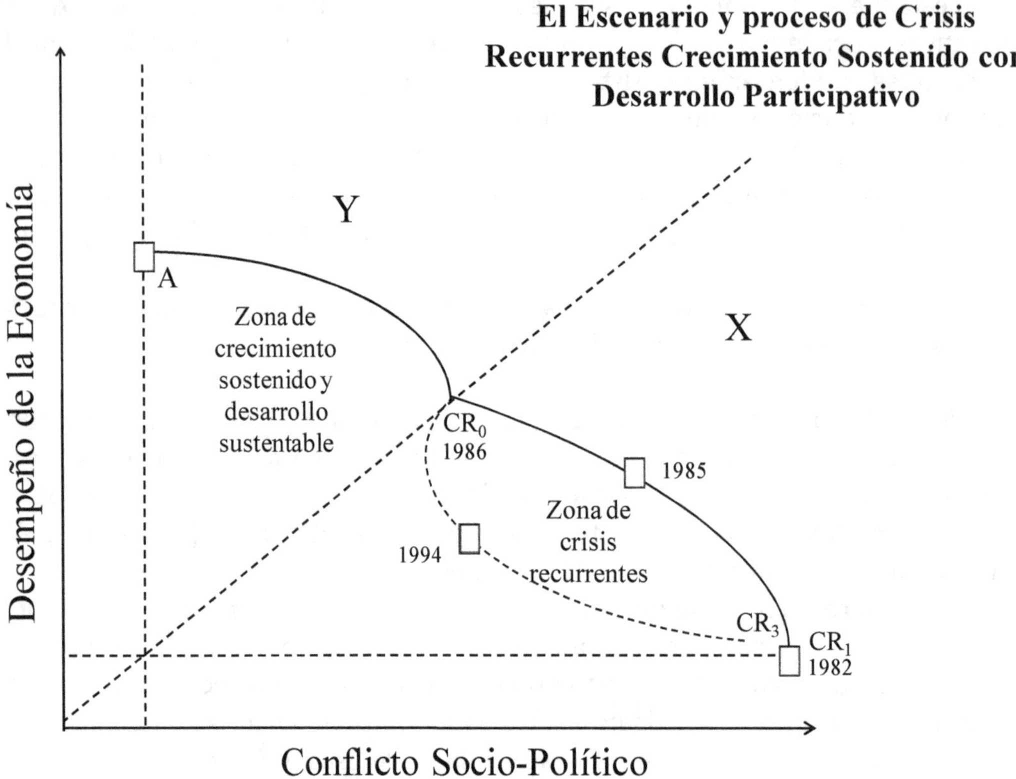

Desarrollado con base en el modelo de: Acuña Carlos, William Smith y Eduardo Gamarra, Democracy, Markets and Structural Reform in Latin America, North-South Center Press, 1996, p.3

Figura 7.1

El escenario de crisis recurrentes implica un deterioro del desempeño económico y aumento del conflicto socio-político (zona X). Por otro lado, con un escenario de crecimiento sostenido con empleos remunerativos aumenta el desempeño económico, mejora el bienestar social y, como consecuencia, se reduce el conflicto socio-político (zona Y). En contraste, **la falta de mejora en el desempeño económico frena el consenso sobre las siguientes etapas en la reforma económica, social y política y se genera nuevamente un período de inestabilidad social y política.**

Hemos observado cómo gobiernos electos por el voto libre y popular y con alto grado de legitimidad para desarrollar nuevas políticas, son afectados por el bajo desempeño económico que obtienen al fallar en eficacia y eficiencia. Entonces, es claro que un menor desempeño económico que deteriora el ingreso per cápita y amplía la brecha de la pobreza, genera mayor conflicto social y político, inestabilidad en el sistema y pérdida o deterioro de los consensos, lo que puede frenar la consolidación democrática. De aquí que sea necesario y urgente, desde el punto de vista social y político, recuperar el crecimiento económico sostenido con desarrollo participativo.

Por esta razón es necesario incorporar un enfoque de **economía política internacional e institucional,** en el que ambos elementos, el político y el económico se interrelacionen a nivel global para alcanzar un mejor desarrollo de las sociedades.

El análisis de las transiciones globales que experimentan las sociedades actuales debe hacerse en tres niveles o interrelacionados, que afectan las estructuras socioeconómicas y políticas debido al cambio generalizado que impacta a todos los espacios del quehacer humano (ver Figura 1 en la Visión Global). En este sentido podemos hablar de:

- La transición del sistema económico mundial.
- La transición de los sistemas económicos.
- La transición de los sistemas políticos.

La Transición del Sistema Económico Mundial

El primer espacio es la transición del orden económico mundial vigente a partir de la posguerra (1945) y que se extendió hasta 1971, con la declaración de Richard Nixon sobre la inconvertibilidad del dólar en oro, con la cual rompió con el sistema de Bretton Woods. A partir de entonces, se configuró un sistema económico mundial con nuevas reglas del juego y lógica de funcionamiento. Se trata de un sistema en el cual las relaciones productivas, financieras y comerciales se han globalizado por encima de los mercados nacionales y cuya característica principal es la hipercompetencia global y la alta movilidad del dinero electrónico en la era del conocimiento.

El fin del sistema de Bretton Woods, que con la conducción y supervisión de organismos internacionales como el Fondo Monetario Internacional (FMI) y el Acuerdo General sobre Preferencias y Aranceles (GA TT), generó reglas para normar los mercados financieros y de intercambio de bienes y servicios. Las economías nacionales se apegaron a las disposiciones de este organismo, principalmente en lo que se refería a los manejos de tipo de cambio (sistema cuasi-fijo) y la corrección de los desequilibrios de las balanzas de pagos. Estos acuerdos generaron condiciones para brindar certidumbre y estabilidad al funcionamiento del sistema, como precondición para la larga etapa de crecimiento económico que experimentó el mundo hasta la llegada de los *shocks* petroleros de 1973, que desquiciaron al sistema económico mundial y originaron la estanflación, poniendo en crisis al pensamiento keynesiano y cambiando la orientación de los gobiernos.

La época de la posguerra fue definida en la literatura especializada como la *edad de oro* del capitalismo internacional, dado el ciclo de crecimiento y estabilidad económica en el que la inflación era prácticamente desconocida y el ciclo económico se encontraba en la fase expansiva después de la recesión de 1929. Al mismo tiempo, existía un amplio consenso sobre el papel del Estado en la economía, de su capacidad y responsabilidad para distribuir los beneficios del crecimiento económico a la sociedad, acelerando la movilidad social.

En la actualidad, es evidente el anacronismo del viejo sistema: sus reglas y consensos básicos han quedado rebasados; el Estado de bienestar se ha resquebrajado; la competencia internacional es incesante y los desajustes de las bolsas asiáticas, con su secuela de inestabilidad hacia todo el sistema monetario y financiero internacional, se ciernen como una amenaza a la estabilidad de las economías con mercados financieros emergentes, dando lugar a una crisis sistémica del mercado financiero globalizado.

Hablamos de la existencia de un *"non system"* en el terreno monetario y financiero internacionales. Surge entonces la prioridad de transitar hacia la construcción de un nuevo sistema, cuya primera tarea tiene que ser el reordenamiento del flujo de los movimientos especulativos de capital y la consolidación de instituciones supranacionales con un **enfoque preventivo** con respecto a las crisis financieras internacionales, que evite las crisis recurrentes de la economía de mercados emergentes con sus consecuentes efectos (efecto tequila, dragón, etc.).

Al mismo tiempo, el sistema internacional ha cambiado porque se han modificado las formas de producción y la organización del mismo. Asistimos a lo que hemos definido como la "fábrica mundial", en la que los procesos de producción se diseminan y localizan en diferentes lugares del mundo. La fabricación de un bien se produce por el concurso de diversas economías y empresas que, dependiendo de sus ventajas competitivas, aportan determinados insumos, partes y componentes. Estos procesos de integración productiva fortalecen los esquemas para la eliminación de los aranceles, el establecimiento de acuerdos de complementación, el establecimiento de alianzas estratégicas, y la formación de mercados ampliados. La integración de los procesos productivos y de los circuitos financieros da origen a los fenómenos de globalización mundial que han cambiado radicalmente la forma de funcionamiento del sistema capitalista globalizado.

Se trata de un sistema económico donde la rentabilidad de los mercados financieros es superior a la rentabilidad de la economía real. Esto ha sido impulsado por la generalización del dinero electrónico y la amplia movilidad de los capitales que distorsionan y afectan la estabilidad de las principales variables macroeconómicas, principalmente de los países de los mercados emergentes, que requieren que la comunidad internacional llegue a un nuevo consenso sobre el diagnóstico y propuesta de un *nuevo sistema financiero internacional y un nuevo FMI.*

Estas características del sistema financiero internacional se han traducido en la aparición, cada vez más intensa, de voces que llaman a regular eficientemente la libre movilidad de capitales de corto plazo, como lo ha sugerido Paul Krugman que, en el contexto de las crisis asiáticas, ha declarado que los gobiernos tienen el poder de regular los mercados y de limitar los movimientos de capital: *"Pienso que poner algunos limites en el flujo de capital a corto plazo en países en vías de desarrollo seria una buena idea".*[146] Joseph Stigliz, Economista en Jefe y Vicepresidente del Banco Mundial, ha reconocido la vulnerabilidad de las economías emergentes frente a los movimientos financieros por lo que de manera adicional a una mayor información y transparencia de los mercados y de las reformas macroeconómicas pertinentes se requiere de regulaciones a los flujos de capitales internacionales. *"Todos, inversores, mercados emergentes y comunidad internacional financiera en general, necesitamos considerar una tercera respuesta: regular los flujos de capitales internacionales... el capital a corto, aunque es esencial especialmente para el crédito comercial, conlleva mucha volatilidad, para evitar este peligro hay que eliminar las distorsiones fiscales y regulatorias que han estimulado estos flujos. También hay que imponer regulaciones bancarias prudenciales".*[147]

La Transición de los Sistemas Económicos

El segundo nivel es el de la transición de los sistemas económicos estatistas caracterizados por las Tres S's, las cuales se convirtieron en un obstáculo estructural para la estabilidad y el crecimiento económico lo que dio paso a las políticas de las Tres D's, como condición para transitar a un nuevo sistema económico, caracterizado por la preponderancia del mercado abierto, la revolución tecnológica,

[146] Krugman Paul, "Ahora la Incertidumbre es Política", *El País*, 15 de enero de 1998,

[147] Stiglitz, J., "Regular Flujos de Capital Evitaría Crisis", *El Economista*, 26 de marzo de 1998.

la apertura a la hipercompetencia global de los mercados y el Estado mínimo.

A mediados de los 70' s se presentó el rompimiento del Estado de bienestar en las naciones más desarrolladas con la llamada crisis fiscal, cuando las haciendas públicas fueron insuficientes para financiar las crecientes demandas por servicios públicos. En los países socialistas, la ineficiencia de los Estados burocratizado s marcó el principio del fin del bloque soviético y de la idea de la planificación central como eje conductor de la actividad económica. Así, a través de sus burocracias, los Estados se convirtieron en los actores únicos que todo lo planificaban, establecían los objetivos y asignaban los recursos sobreponiéndose a la libre iniciativa de los individuos. Simultáneamente se resquebrajaron los Estados populistas en las naciones en vías de desarrollo porque experimentaron una gran irracionalidad en la toma de decisiones administrativas, la ineficiencia y corrupción de los aparatos burocráticos de sangraron los presupuestos de varios de esos Estados y fueron sus sociedades las que finalmente pagaron los efectos de los derroches y abultados déficit fiscales.

Como consecuencia de los anteriores fenómenos, se iniciaron en esos años los procesos de achicamiento de los Estados, se privatizó el grueso de las empresas públicas con la finalidad de sanear las finanzas publicas y corregir tanto las presiones inflacionarias, como la caída de la productividad, abriendo paso a la libre iniciativa del sector privado.

En la actualidad, los procesos de privatización en sus diferentes modalidades, tiempos, y circunstancias, han avanzado de manera substancial en todas las naciones. Es poco lo que queda por hacer en este campo. Por esta razón, el nuevo reto no es achicar al Estado, sino hacerlo más eficiente, ágil y responsable a través de los llamados procesos de Reforma del Estado que, a través de la revitalización de sus funciones, pretende complementarse con el mercado.

Varias son las vertientes sobre las que se realizan los procesos de reforma estatal; destacan las experiencias de algunos países latinoamericanos. Se señalan las reformas legales para promover la modernización de los aparatos judiciales, mejorar la prestación de los servicios públicos a través de la implementación del servicio civil de carrera, establecer mecanismos para el funcionamiento más democrático de las diversas instancias de gobierno como el plebiscito, el referéndum y la iniciativa popular, así como también promover la participación de la sociedad civil, descentralizando y transfiriendo funciones a los gobiernos y a las organizaciones locales.

Pero la transición de los sistemas económicos también es de economías cerradas y sobreprotegidas hacia economías abiertas e integradas a la globalización, lo que ha significado una recomposición de los actores económicos debido a la movilidad de los factores de producción, cambios en los costos relativos y economías de escala que produce la conformación de los mercados regionales. Hoy en día, este proceso de transición vuelve difusos, y en muchos casos anacrónicos, los conceptos tradicionales de las fronteras nacionales y las barreras físicas.

La Transición de los Sistemas Políticos

El tercer nivel es el tránsito de los sistemas políticos autoritarios y excluyente s a sistemas políticos democráticos y participativos que se aceleraron como una *ola democratizadora,* que llevó a la caída de regímenes de la ex-cortina de hierro a partir del *glasnot* soviético y la retirada de los militares tanto en los gobiernos de América Latina, como en otras regiones del mundo en desarrollo. *"Cuando los historiadores miren hacia atrás, el siglo xx, tal vez juzguen al último cuarto de siglo como el período más grandioso de fermento democrático en toda la historia de la civilización moderna. Está claro, para usar el término de Huntington, que la democracia ha crecido como bola de nieve y la poderosa prueba y los efectos de divulgación, generados por el impulso mismo de su expansión explican en parte su crecimiento".*[148]

Las reformas hacia economías de mercado, en las que el Estado se ha retirado de diversos espacios en los que desplazaba y reducía las áreas de actividad de la sociedad, han contribuido a impulsar una mayor organización de diversos grupos sociales que buscan sus propias respuestas ante la ausencia o ineficiencia del Estado, que se ha traducido en una creciente participación política y ampliación de los espacios de representación popular.

En la literatura política se han discutido las diversas experiencias y vías existentes en la transición de los regímenes autoritarios y semiautoritarios a regímenes democráticos. Llama mucho la atención a los estudiosos de la transición (por ejemplo, Linz y O'Donell) **las vías y caminos de la transición española y chilena,** donde el cambio de régimen fue profundo, que se realizó en un contexto de acuerdos básicos incluyentes entre las más diversas fuerzas políticas de esas sociedades. **Estas transiciones fueron pacíficas,** y contaron con **contextos internacionales favorables,** además de la **colaboración de corrientes y figuras políticas** que, a pesar de provenir del viejo régimen autoritario, fueron factores

[148] Diamond, Larry y Marc F. Plattner, *El Resurgimiento Global de la Democracia,* Instituto de Investigaciones Sociales, UNAM, 1996.

importantes del cambio político hacia un régimen democrático.

Los dos primeros niveles o espacios de la transición, el de economías nacionales a economías globalizadas y el de sistemas estatistas a los de mercado, son tratados con amplitud en los capítulos anteriores. La transición política hacia regímenes democráticos y participativos es, por lo tanto, el tema de este capítulo, el cual se abordará a partir del enfoque de los más lúcidos de los teóricos de las transiciones políticas, Juan Linz, Alfred Stepan y Guillermo O'Donell, entre otros, quienes han estudiado casos de varios países, tanto en Europa como en América Latina y han podido concluir lo que podríamos denominar un modelo general sobre los fenómenos de transición hacia la democracia. Este modelo, del cual presentamos un marco global, es un punto de referencia para abordar la presente transición mexicana.

Atendiendo a la definición de Linz y Stepan:

"Una transición democrática se completa:

- *cuando se ha alcanzado el suficiente acuerdo sobre los procedimientos políticos para generar un gobierno electo,"*
- *cuando el gobierno que llegue al poder sea el resultado directo del voto libre y popular,"*
- *cuando este gobierno de Jacto tenga la autoridad para generar nuevas políticas, y*
- *cuando los poderes ejecutivo, legislativo y judicial generados por la nueva democracia no compartan el poder con otro órgano de jure".*[149]

La discusión sobre las características que debe tener y definir a un sistema político democrático ha sido amplia e intensa. Desde siempre, este debate ha estado nutrido del pensamiento de los autores clásicos como Platón en *La República,* Aristóteles y Cicerón, Locke, Montesquieu y, por supuesto, Alexis de Tocqueville, que se inspiró en la democracia norteamericana para escribir su célebre *"La Democracia en América".*

En el contexto de la guerra fría y del enfrentamiento mundial que se definió entre dos formas distintas de organización socioeconómica y política, el tema de las sociedades democráticas se transformó en un intenso debate. La polémica se

[149] Linz y Stepan, op. cit.

sobreideologizó como consecuencia de las posiciones encontradas en lo económico y político-militar, entre el capitalismo y el socialismo, donde los últimos fueron señalados por la doctrina Truman como sistemas autoritarios o dictatoriales.

Los factores que contribuyeron a la caída del socialismo, la globalización de los mercados, la apertura para el libre flujo de bienes, servicios y personas, y fundamentalmente el libre tránsito de la información y de las comunicaciones, han traído aparejadas fuertes tendencias hacia la constitución de regímenes democráticos y la caída de las dictaduras de todas las posturas.

En un esfuerzo de síntesis, podemos considerar que los regímenes democráticos presentan las siguientes características fundamentales:

- Gobiernos electos mediante sufragio libre y universal.
- Elecciones libres, periódicas y creíbles.
- Gobiernos con autoridad para implementar nuevas políticas públicas.
- Amplia competencia por el poder.
- Existencia real de división de poderes que garantice un vasto catálogo de derechos que se extienden hacia la sociedad entera.
- Pluralismo y libertades civiles y políticas.

En otras palabras, *"la democracia política moderna es un sistema de gobierno en el que los gobernantes son responsables de sus acciones en el terreno público ante los ciudadanos, actuando indirectamente a través de la competencia y la cooperación de sus representantes electos".*[150]

---

[150] Larry Diamond y Marc F. Plattner, op. cit.

Figura 7.2

Los Cinco pilares del modelo de transición política

La profunda transformación de la economía mundial no ha pasado inadvertida para los sistemas políticos nacionales, ya que los procesos de apertura económica, libre competencia e integración a los flujos comerciales y financieros, han traído de manera paralela la apertura de los sistemas políticos cerrados y monopólicos hacia sistemas de partidos con libre competencia política.

El mundo de los 70's y los 80's presenció la caída de los regímenes autoritarios de las naciones del socialismo real, o de la llamada "cortina de hierro" y, en los países más avanzados del capitalismo, se llevó a cabo una oscilación en el péndulo político, producto de elecciones democráticas, que condujo a muchos países a adoptar gobiernos que se inclinaban hacia la llamada derecha del espectro político, resultado del desaliento electoral por la crisis del Estado de bienestar. Los gobiernos que ejemplifican mejor este fenómeno fueron los de Ronald Reagan y Margaret Thatcher en Estados Unidos y Gran Bretaña, respectivamente. Estas administraciones fueron determinantes para la expansión de la ola. neo liberal en todo el mundo y aceleraron la caída de los regímenes socialistas de Europa Oriental.

Es paradójico, pero es resultado de la complejidad y contradicciones del mundo real, que gobiernos comprometidos con la lucha contra el socialismo autoritario, la difusión de políticas económicas de mercado a ultranza, la condena a cualquier intento por aplicar políticas estatistas y nacionalistas, derivaran en algunos casos en gobiernos dictatoriales, que anulan, en nombre del mercado, las garantías individuales más elementales consagradas en las constituciones políticas liberales y ponen en escena la dicotomía entre libertad *versus* igualdad que no han resuelto las sociedades.

Este fenómeno fue especialmente evidente en el contexto latinoamericano, donde se presentaron bajo el amparo de políticas económicas de mercado, desde gobiernos dictatoriales que pretendieron legitimarse por la eficacia y eficiencia, hasta administraciones electas democráticamente que asumieron importantes rasgos autoritarios.

La ya mencionada experiencia chilena es ejemplo del primer caso. El gobierno militar de Augusto Pinochet realizó una alianza con los sectores más conservadores de la sociedad chilena para estabilizar la economía y consolidar el modelo económico. Cuando la economía llegó a su etapa de crecimiento, se convocó a un plebiscito para auscultar la posibilidad de continuar el gobierno dictatorial, intento que finalmente fracasó.

En contrapartida, tenemos la experiencia peruana, donde el gobierno democráticamente electo de Alberto Fujimori cambió radicalmente la agenda propuesta en la etapa electoral para asumir posturas neoliberales a ultranza y, apoyándose en los instrumentos autoritarios de gobierno, llegó a los extremos de disolver el poder legislativo.

Pero la ola neoliberal, que arrasó con el bloque soviético y desapareció el llamado "socialismo real" como una opción viable de desarrollo, intentó homologar en un mismo modelo económico con recetas similares, a todas las economías, independientemente de sus estructuras y características propias. El resultado no ha sido el **fin de la historia** que proclamó con apresuramiento Francis Fukuyama, sino la configuración de un mapa geopolítico donde la hegemonía mundial política y militar de Estados Unidos resulta indiscutible, pero que en el terreno económico ha generado una disputa entre diversos bloques y estilos que asume el sistema capitalista, como lo aborda **Michael Albert en su libro "Capitalismo contra Capitalismo".**

La década de los 90's también ha estado marcada por una nueva oscilación en el péndulo político. Por una parte, la ola neo liberal no resolvió y en casos generó graves problemas sociales, en especial por su incapacidad para generar los suficientes empleos para la incorporación productiva de los jóvenes. Por otra, los recortes a las políticas y apoyos provenientes del Estado de bienestar que, junto con políticas económicas concentradoras del ingreso, ampliaron la brecha entre ricos y pobres. Los electores perciben con desilusión que no llegan los frutos prometidos por las políticas neoliberales y electoralmente, en el legitimo uso de sus derechos democráticos, eligen nuevos gobiernos que se mueven del extremo ideológico de la derecha anacrónica para rejuvenecer sus propuestas, sin etiquetas ideológicas, pero adecuadas a las realidades de un mundo globalizado.

Este es el caso de los gobiernos del demócrata William Clinton y del neolaborista Anthony Blair, quienes llegaron al poder después de un contundente triunfo electoral sobre sus contendientes republicanos y conservadores. Francia muestra un caso singular de cohabitación política donde un presidente de derecha, Jacques Chirac, cohabita con un primer ministro de izquierda: Lionel Jospin.

Sin embargo, las **recurrentes oscilaciones del péndulo político no han mostrado ser la solución real a la problemática social y económica de esos países.** Los constantes virajes en las preferencias electorales de los ciudadanos quizá evidencien la ausencia de soluciones de fondo en los proyectos políticos provenientes de cualquier espectro del tablero ideológico y político.

A partir de la anterior consideración, entra en el debate el tema sobre democracia y desarrollo económico, en especial sobre si la existencia de regímenes democráticos es una garantía para asegurar mayores tasas de crecimiento económico y una mejor distribución del ingreso. El debate es intenso y profundo, como lo es el de sociedades más libres *versus* sociedades más igualitarias.

Para el caso específico de América Latina y Europa Oriental la transición exitosa de sus sistemas políticos autoritarios hacia regímenes democráticos, ha dado origen a interesantes enfoques como el de **Juan Linz y Alfred Stepan** quienes, a partir del estudio de diversas experiencias nacionales, han encontrado que son **cinco los pilares imprescindibles para concluir exitosamente una transición democrática.** Estos pilares son: Sociedad civil, Sociedad política, Estado de derecho, Burocracia profesional y servicio civil de carrera y Economía institucional.

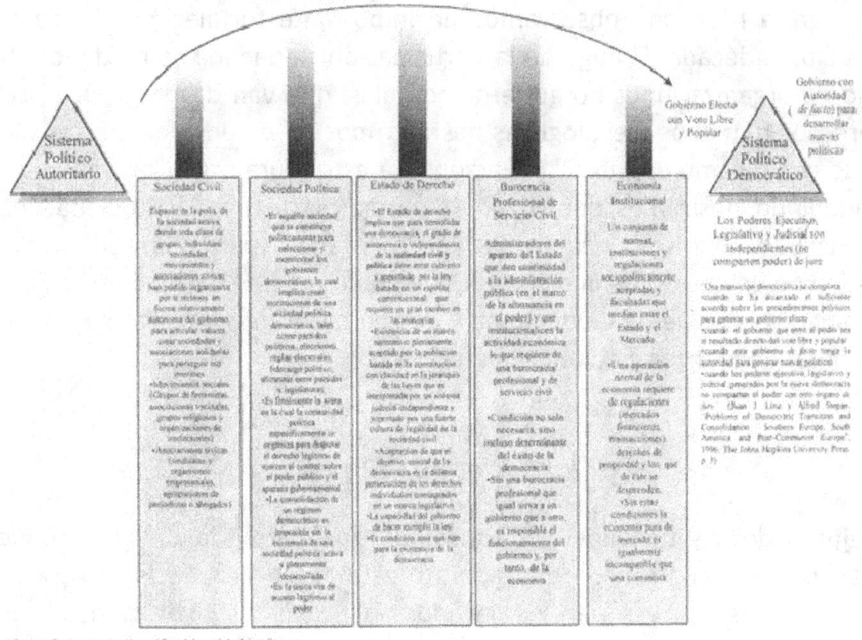

Figura 7.3
Modelo de Transición a la Democracia

La Sociedad Civil

Sin buscar hacer un análisis exhaustivo de los conceptos implícitos en los cinco pilares, entendemos por *sociedad civil,* en el sentido de Linz y Stepan, **el espacio de interacción entre individuos con intereses coincidentes, y cuya forma de expresión se manifiesta en la creación de agrupaciones,** desde asociaciones vecinales hasta complejos conglomerados sindicales, que buscan promover la defensa de sus intereses de carácter gremial o la inclusión de éstos en la agenda gubernamental a través de la movilización de la opinión pública.

Los **organismos de la sociedad civil se caracterizan por su alto grado de autonomía con respecto a las autoridades gubernamentales,** su distancia y desconfianza con los partidos políticos (relación que es recíproca) y su enfoque por defender cuestiones gremiales o particulares, lo que lo diferencia de los partidos políticos. La irrupción de la sociedad civil en la vida política viene ligado a una desilusión hacia el régimen de partidos, el funcionamiento del parlamento y la burocratización o corrupción de las élites políticas.

En la experiencia mexicana observamos un importante fortalecimiento de este pilar durante la última década. El auge de la participación ciudadana se ha dado a través de un cúmulo de organizaciones no gubernamentales, que van desde grupos protectores de los derechos humanos y ecologistas hasta grupos de defensa de ciertos derechos y posturas de clase, como el grupo "El Barzón". La estructura organizativa de la sociedad civil ha adquirido posiciones dentro de la propia estructura institucional, donde los intereses ciudadanos se encuentran representados permanentemente ante la autoridad, como en el caso de la estructura de gobierno del Distrito Federal, a través de los denominados Consejeros Ciudadanos y de representantes electos según un criterio territorial: jefes de manzana, colonia y delegación.

La Sociedad Política

Es el conjunto de instituciones y mecanismos que permiten el ejercicio del poder político, así como el control sobre el aparato estatal y de las decisiones públicas. Los componentes de este pilar serían los partidos políticos y las instituciones ligadas a los procesos electorales.

Es en la sociedad política donde se lleva a cabo la lucha y disputa por el poder político del Estado a través de los partidos políticos que llegan a acuerdos para disputar en condiciones equitativas del poder.

En este pilar encontramos también un importante avance en el contexto mexicano. Los partidos políticos se han fortalecido a través de su propia movilización, pero también mediante un marco legal, sucesivamente reformado, que ha facilitado su consolidación y presencia nacional. Se han establecido "reglas del juego" aceptadas por todos los participantes, que les otorga certidumbre sobre la equidad en la distribución de recursos para contender por la conquista del poder público. Reglas del juego democrático que le permiten a los partidos políticos garantías y certidumbre de que la competencia política es limpia, que no existen ventajas para alguno de los contendientes. De esta manera, el Congreso ha enriquecido su funcionamiento con la presencia de cinco fuerzas políticas que han tenido acceso al poder legislativo gracias a su presencia electoral en todo el territorio nacional.

Sin embargo, hay que destacar que estos dos conceptos, el de sociedad civil y el de sociedad política, *aunque distintos, son complementarios: existen organizaciones civiles que se agrupan y participan en la arena política.* Esto es importante porque en las últimas luchas para promover los cambios hacia gobiernos democráticos, tanto de Europa Oriental como de América Latina, se habló de una efervescencia de la "sociedad civil *versus* el Estado".[151] En este contexto, se crea una interpretación maniqueísta, en la que "los buenos" están representados en la sociedad civil y "los malos" están alrededor del Estado y sus instituciones. En general, esto es un falso dilema, similar al ya referido de "mercado *versus* Estado". Lo importante es cómo buscar la complementariedad, y no enfrentar ni generar falsos dilemas.

Más aún, en el extremo de este maniqueísmo, se llega a considerar a las organizaciones civiles o nombradas organizaciones no gubernamentales (ONG), por encima de los partidos políticos. Esta postura afirma que las ONG son organizaciones puras, alejadas de los vicios y defectos de las organizaciones políticas, que en la búsqueda y conservación del poder son capaces de recurrir a cualquier medio o instrumento.

Como hemos visto con anterioridad, las **propias organizaciones civiles presentan, al igual que el mercado y el Estado, virtudes y fallas.** En otras palabras, no **podemos pedir a las ONG** que **asuman roles o responsabilidades que por definición no pueden cumplir** (ver Capítulo 6).

Estamos ante la presencia de los falsos dilemas del mercado *versus* el Estado y de la sociedad civil *versus* el Estado, que se han usado para llegar a un Estado mínimo en lo económico, controlado y subordinado en lo político. En realidad, debemos hablar de un nuevo Estado reformado, revitalizado, y desprivatizado de los grupos privados para atender el interés público que acote y defina sus funciones económicas y políticas en el contexto de las nuevas exigencias de la sociedad. Así, como en la economía se dio paso al nuevo sistema de economía participativa de mercado, lo mismo tiene que darse en lo político, es decir, no es enfrentando a la sociedad civil contra el Estado, sino que *en el nuevo sistema tienen que complementarse y funcionar de manera integral, con responsabilidades compartidas que nos guíen al desarrollo,* sin olvidar que el sujeto y objeto de este desarrollo es el hombre mismo.

La complementariedad de ambos pilares se ha dado en México a través de la nueva conformación del Instituto Federal Electoral que desde 1996 es dirigido por ciudadanos, representantes de la sociedad civil y sin vínculos partidistas, al tiempo que los partidos políticos se encuentran representados en el seno del instituto, con voz pero sin voto. El resultado ha sido la conformación de un órgano confiable y respetado de organización y regulación electoral, capaz de dar legitimidad a los comicios federales de 1997, los más competidos de la historia contemporánea.

---

[151] J. J. Linz y Alfred Stepan, *Problems 01 Democratic Transition and Consolidation: Southern Europe, South America and Post-Communist Europe,* The Johns Hopkins University Press, 1996.

En síntesis, "*...una sociedad civil independiente y activa, una sociedad política con suficiente autonomía y un consenso operativo de trabajo acerca de los procedimientos de gobierno y constitucionalismo basados en las leyes, son virtualmente prerrequisitos para una democracia consolidada".*[152]

Estado de Derecho

Se habla ahora de que, además de una sociedad civil con una sociedad política, se requiere un marco institucional basado en el imperio de la ley, esto es: *Estado de Derecho.* El Estado de Derecho conforma el tercer pilar de la transición democrática y debe procurar la instauración de los programas que resguarden los intereses de la sociedad civil, las garantías individuales de la ciudadanía, y la capacidad de hacer cumplir la ley.

El régimen jurídico de una nación debe ser lo suficientemente vigoroso, claro y aceptado socialmente para garantizar el equilibrio indispensable entre los poderes, normar la relación entre el poder y la sociedad y asegurar un funcionamiento autónomo de las instituciones, ajeno a presiones de índole político, económico o social.

Simultáneamente, la prontitud, eficacia y eficiencia en la impartición de justicia otorga confianza indispensable para el funcionamiento democrático: brinda confiabilidad a la sociedad y garantiza el buen funcionamiento económico. Asegurar mediante el Estado de Derecho las garantías individuales al mismo tiempo que las seguridades jurídicas —debido proceso, audiencia, imparcialidad, etc.— y de propiedad -respeto a los derechos reales, expropiación fundada en causa de utilidad pública e indemnización equitativa y previa-, permiten crear un clima de legalidad y certidumbre para la inversión y la actividad económica. Por último, el control de los tribunales ante los actos de autoridad garantizan que el marco normativo, y no el del poder, será el que rija el accionar de las instituciones.

En el enfoque sobre la segunda generación de reformas estructurales que plantean los organismos financieros, como el Banco Mundial, se reclama una transformación decidida de los sistemas judiciales y de impartición de justicia. En especial para enfrentar el problema de la corrupción que, en palabras de Douglas North, incrementa los costos de transacción de las economías. Así, tendríamos el problema de las privatizaciones ineficientes, burocratización por exigencias de dádivas,

---

[152] Linz y Stepan, op. cit.

apropiación de los recursos públicos y su uso para otros fines, inequidad en la asignación de las limitaciones para compras públicas, principalmente.

El ejemplo más notable de desarrollo de este pilar en las sociedades latinoamericanas es el de Costa Rica, donde la independencia del poder judicial ha logrado mantener la estabilidad social por más de medio siglo y ha permitido la adecuación de las políticas públicas mediante fórmulas democráticas. Entre otros aspectos fundamentales de su legislación, el sistema costarricense ha creado un cuarto poder dentro del Estado, el Tribunal Electoral, que por su profesionalismo e imparcialidad ha logrado, junto con la Suprema Corte de Justicia, dar certidumbre y estabilidad a la arena política.

Burocracia Profesional y Servicio Civil de Carrera

La transición hacia un régimen democrático en la perspectiva de Linz y Stepan, requiere de otro pilar: una *burocracia profesional de servicio civil,* que en los países desarrollados es básica para las tareas de los nuevos gobiernos democráticos y el nuevo Estado promotor del desarrollo económico. Para esto se requiere un Estado funcional y eficiente, conformado por una burocracia con las mismas características. En México se han dado los primeros pasos para desarrollar, en ámbitos bien delimitados, el servicio civil de carrera. El último esfuerzo fue la creación del Sistema de Administración Tributaria, que pretende crear un cuerpo gubernamental profesional y sólido para eficientar la recaudación fiscal.

Más que prerrequisitos, estos pilares, si no existen o se quiebran en el camino, pueden provocar un proceso de transición política trunca, con consecuencias costosas para la sociedad y provocar profundos retrocesos en la convivencia de la sociedad, afectando el régimen de garantías y libertades previamente alcanzadas.

Para construir una verdadera burocracia eficiente es necesario que ésta tenga cierta autonomía relativa de la sociedad política y civil y que la vinculación hacia éstas sea por medio de un servicio profesional y eficiente hacia la sociedad civil y por medio del cumplimiento de reglas y estatutos establecidos por la sociedad política, bajo un régimen democrático. Si la sociedad civil y la sociedad política basadas en leyes y en la Constitución, no tienen una burocracia profesional de servicio civil, independiente y autónomo, cada cambio de gobierno estaría cayendo en un gobierno de *stop and go* en su gestión pública. Esto es: Reinventando cada período de gobierno toda una nueva clase administrativa.

Hemos hablado en términos de una **nueva burocracia de servicio civil,** que enfoca a la revitalización de la gestión de gobierno y que facilita el seguimiento de políticas y programas bajo escenarios de alternancia en el poder.

Hay que revitalizar los gobiernos, profesionalizarlos, sin limitarse simplemente a minimizar al Estado y al gobierno. En realidad, el gran reto es reorientar, revitalizar y profesionalizar sus funciones, para que el sistema político y económico realmente funcionen. Así como las empresas requieren enfrentar un nuevo mercado reestructurado y globalizado, los gobiernos deben atender las demandas de una sociedad participativa e influenciada por la tercera ola de democratización.[153]

El servicio civil de carrera implica, por lo tanto, ver la actividad en el sector público como una carrera orientada al desarrollo de capacidades y habilidades, y no solamente como el cumplimiento de requisitos burocráticos para pasar de un puesto a otro. Así, el concepto de carrera es clave en el desarrollo de los recursos humanos, ya que se planifica su crecimiento y evolución, incorporando nuevas habilidades y capacidades para el desarrollo de los individuos y de la organización, en un nuevo marco de gestión pública.

Economía Institucional

El quinto pilar fundamental que plantean Linz y Stepan es la sociedad económica **que coincide con nuestro planteamiento de economía institucional.** El punto de partida es rechazar el falso dilema existente entre mercado y Estado, de concebirlos como espacios antagónicos y no como instituciones complementarias. El mercado es la mejor institución para la asignación de recursos que, sin embargo, presenta límites para la distribución equitativa de los beneficios y para promover un modelo de crecimiento sostenido y sustentable en un capitalismo globalizado. No podemos pedir al mercado funciones que por definición no puede ejecutar. La **economía institucional** debe resolver la **dicotomía** entre el hecho de que **nunca ha habido ni habrá una democracia consolidada en una economía de comando y control, pero tampoco ha habido ni habrá una democracia moderna consolidada en una**

[153] Huntington, Samuel, op. cit.

economía pura de mercado *laissez faire-laissez passe*. [154]

Concebir una economía institucional significa reconocer que el mercado, no es un ente abstracto y vacío, sino que está integrado por instituciones que marcan y definen su funcionamiento con **reglas del juego** claras que son las **instituciones y jugadores** transparentes que son las **organizaciones.** Es a través de las instituciones donde la economía puede dar respuesta para una mejor asignación de recursos, un funcionamiento más eficiente del sistema económico y en especial para corregir las fallas del mercado y los excesos del Estado.

La economía institucional incorpora el papel de elementos que el análisis económico convencional derivado de la teoría económica neoclásica había dejado de lado. Así, hablamos del impacto de los valores, la cultura y tradición (Max Weber), como también de las influencias para el crecimiento económico de una determinada estructura jurídico-formal (leyes, derechos de propiedad) y organización económica que son determinantes en el funcionamiento del sistema económico. *"Cuando se pregunta uno: ¿por qué algunas naciones son ricas mientras otras son pobres? la idea clave es que las naciones producen dentro de sus fronteras no aquello que la dotación de recursos permite, sino aquello que las instituciones y las políticas públicas permiten".* [155]

Las democracias modernas consolidadas no solamente tienen los cinco pilares que las sustentan, sino que interactúan entre ellas, esto lleva a **un** nuevo concepto interactivo, **"democracia es más que un régimen, es un sistema i**nteractivo". [156]

---

[154] Linz y Stepan, op. cit.

[155] M. Olson citado por José Ayala Espino, *Instituciones y Economía. Una introducción al Neoinstitucionalismo Económico*, Facultad de Economía, UNAM, 1998.

[156] Linz y Stepan, op. cit.

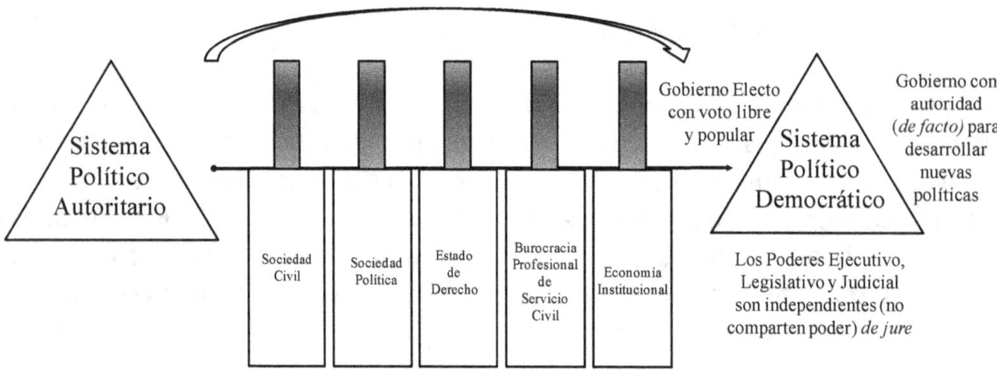

*Desarrollo y presentación gráfica del Modelo Lanz-Stepan

Modelo de Transición a la Democracia
Figura 7.4

Cada una de las esferas o campos que constituyen el sistema democrático interactúan entre sí, no pueden concebirse de manera aislada en su funcionamiento y lógica. Por ejemplo, *"la sociedad civil en una democracia necesita el apoyo de la leyes, que garantizan el derecho a la asociación y necesita el apoyo del aparato del Estado para imponer efectivamente sanciones legales contra todos aquellos que intenten usar medios ilegales para detener a los grupos de ciudadanos que en una sociedad democrática se organizan para defender sus derechos democráticos".*[157]

Pero no es únicamente la relación de necesidad entre cada una de las esferas del sistema democrático, sino que el producto de su interrelación se traduce en una superación y mejoramiento de su funcionamiento, que por ejemplo, en el caso de una sociedad política organizada, profesional y responsable, su actuación repercutiría en la promulgación de mejores leyes para la sociedad civil, un mejor manejo del aparato estatal para el desarrollo político, y facilitar el desempeño de la economía institucional.

El reto que enfrenta en esta perspectiva política México, América Latina y los países de Europa Oriental es construir los pilares o columnas de la transición democrática con una velocidad y eficacia tal, que permita consolidar los sistemas democráticos **al mismo tiempo** que se transita en la construcción de las nuevas economías de mercado abiertas y competitivas simultáneamente a la creación de modelos de crecimiento sostenido y sustentable. Todo ello, en el marco de una economía

[157] Linz y Stepan, idem.

mundial que también se encuentra en transición: De aquí que **la sincronía en el manejo** de **modelo de transición política** con el **económico** en los sistemas nacionales es **finalmente tarea de estadistas.**

México

Transición y Normalidad Democrática

Durante más de sesenta años, México fue considerado un caso *sui generis* en los estudios de política comparada. Las características de su régimen político presidencialista y de partido casi único, le permitió al país vivir bajo condiciones de estabilidad política por décadas, alteradas por episodios esporádicos, en los que el sistema político contaba con amplísimos márgenes de legitimidad como consecuencia tanto del significado simbólico del triunfo de la Revolución Mexicana como del largo periodo de crecimiento económico (de 1935 a 1980), distribución de la riqueza y movilidad social que las propias instituciones públicas promovieron.

En la región latinoamericana la sucesión de golpes de Estado, propiciados por la carencia de consolidación de los pilares mencionados, fueron una constante amenaza que truncaba los procesos democráticos como en Chile, Argentina y Uruguay; la región centroamericana se perfilaba como escenario cruento de enfrentamiento entre dictaduras militares y guerrillas. México mantenía, ante la sorpresa de analistas y estudiosos, una estabilidad política a toda prueba con un manejo pragmático de los márgenes de las libertades políticas.

La crisis y agotamiento de la fase de crecimiento económico, que se mantuvo en el país durante la etapa del desarrollo estabilizador, empezó a menguar los bastiones de legitimidad del régimen político mexicano. La ampliación de los niveles educativos de la población, una crisis económica recurrente que ha estado presente durante veinte años, el papel de los medios de comunicación y la influencia internacional de la ola democratizadora en la que incluimos la caída de los regímenes autoritarios de Europa del Este, generaron elementos y factores a favor de un cambio en el régimen político mexicano, situaciones que el gobierno del Presidente Ernesto Zedillo articuló para favorecer cambios profundos en la esencia del sistema presidencialista y de partidos a través de una profunda reforma democrática.

Después de dudas e incertidumbres sobre los procesos electorales en México, la reforma democrática de 1996 dio lugar a que el 6 de julio de 1997 se celebraran las elecciones más democráticas y transparentes en la historia de México, incluyendo la elección del Jefe de Gobierno de la capital *del* país y el reconocimiento al triunfo de un partido de oposición en estos comicios. Los resultados de la elección federal al Congreso de la Unión no fueron cuestionados por ninguna de las fuerzas políticas, medios de comunicación u observadores internacionales.

Desde la perspectiva analítica de Linz y Stepan, el proceso de transición y normalidad democrática que vive México presenta un panorama de claroscuros, donde conviven los avances en la constitución de un régimen democrático con asignaturas aún pendientes por realizar y que forman parte indiscutible de la agenda democrática del país de cara al siglo XXI y serán fundamentos básicos de los propios pilares de la transición democrática ..

Sociedad Civil

A partir de los movimientos sociales registrados en la capital del país después del terremoto de 1985, la ciudadanía ha vivido acelerados procesos de organización en los que ha estado presente el desencanto en las formas tradicionales de participación política que representan los partidos políticos. La propia crisis económica dio lugar a la aparición de grupos de reivindicación, principalmente el de los deudores de la banca, a los que se suman los movimientos ciudadanos para la protección del ambiente, los de defensa de los derechos humanos, los movimientos vecinales, etc.

Aún la propia legislación electoral vigente permite la presencia y financiamiento de organizaciones ciudadanas en los procesos electorales, lo que promueve la participación ciudadana en la vida política de la nación. Hacia adelante, los retos de las organizaciones partidistas en la búsqueda del poder político serán conquistar la simpatía de estos movimientos ciudadanos, concretar sus demandas y vincularse para la solución de sus problemas.

Sociedad Política

La década de los 90's ha significado para el escenario político mexicano un cambio radical con la presencia de hechos y circunstancias que hasta hace poco fueron considerados poco menos que imposibles. Vivimos un paso acelerado al cambiar de un régimen de partido casi único a un régimen plural y competitivo de partidos en el que en varias entidades del país se vive ya un proceso de alternancia política, incluyendo la capital de la república.

Considerando que los actores fundamentales de la sociedad política son los partidos, podemos afirmar que estamos en el proceso de consolidación de un régimen pluripartidista en el que los principales partidos políticos del país compiten electoralmente en condiciones equitativas con reglas claras y transparencia en los resultados.

El sistema político mexicano ha registrado indudables avances:

- Las elecciones son incuestionables y transparentes.
- Existe competencia real entre los partidos y se presenta la alternancia en el poder.
- La cámara de diputados tiene una fuerte presencia de las fuerzas de oposición y se presenta una real independencia del poder legislativo con el ejecutivo.

Para los partidos políticos mexicanos la responsabilidad como instituciones públicas es enorme. La masiva participación ciudadana en los procesos electorales demuestra que el pueblo de México cree y confía en las reglas democráticas para resolver sus problemas y dirimir sus diferencias. Ante esta circunstancia, donde se presentan escenarios inéditos para las viejas prácticas del presidencialismo autoritario, la madurez de los partidos políticos para buscar los acuerdos por encima del interés de grupo será fundamental para responder a la confianza ciudadana. El riesgo, por el contrario, sería que se llevara a cabo un acelerado proceso de desconfianza de la población hacia estas instituciones políticas y se produjera el **desencanto social** y freno al proceso de transición democrático.

Fortalecimiento del Régimen de Derecho

En los últimos años, México ha fortalecido paulatinamente sus instituciones jurídicas y su eficacia en el sistema de impartición de justicia aunque sin duda y todavía un largo camino por recorrer. Podemos afirmar que dicha reforma tuvo dos impulsores fundamentales; una aspiración de la sociedad mexicana por desarrollar su convivencia dentro de un marco institucional mejor regulado, más transparente y eficaz, y un impulso externo; la necesaria adecuación del régimen jurídico a las nuevas condiciones del mundo y, muy especialmente, a la inserción del país dentro de la hipercompetencia en mercados globales.

El primer punto que debemos destacar de la **reforma legal del Estado mexicano** ha sido un profundo **perfeccionamiento de sus leyes electorales.** Dicha evolución ha llevado a construir el sistema electoral más justo y eficiente, a la vez que más respetado y confiable, en la historia del país. Se trata de un **esfuerzo de la sociedad política, de la sociedad civil y el Estado** en su conjunto por brindar certidumbre y legitimidad a los funcionarios electos periódicamente en comicios libres y competidos.

Con todo, la reforma jurídica del Estado mexicano no se ha quedado ahí: las modificaciones constitucionales emprendidas en 1995 dieron lugar a un indudable fortalecimiento del poder judicial y, por tanto, al pilar del estado de derecho, aunque se ha tenido que hacer frente a los aspectos de las crisis recurrentes en el gran deterioro del **capital social: la confianza.**

La reforma dotó al Estado mexicano y a los ciudadanos de importantes instrumentos legales para la defensa de sus derechos, a la vez que amplió las posibilidades de resolver las controversias jurídicas entre poderes de la federación por la vía constitucional. Se otorgaron facultades de Tribunal Constitucional a la Suprema Corte de Justicia de la Nación. Esto ha representado un catalizador para la vida democrática del país y ha dado lugar a hechos que antes era difícil imaginar dentro de la escena política de la nación. Por ejemplo, el gobierno constitucional del Estado de Tabasco implementó una controversia constitucional contra el Poder Ejecutivo de la Federación, representado en este caso por el entonces Procurador General Antonio Lozano Gracia, del Partido de Acción Nacional. La Suprema Corte de Justicia de la Nación dirimió una controversia constitucional entre los Estados de Nuevo León y Tamaulipas por la repartición de los recursos acuíferos de la presa El Cuchillo; al mismo tiempo, los tribunales resolvieron un recurso de inconstitucionalidad presentado por la Asamblea de Representantes del Distrito Federal contra la Ley que regulaba las elecciones de los denominados Consejeros Ciudadanos, al tiempo que el propio Tribunal Supremo investigaba y fincaba responsabilidades en contra de los presuntos responsables por la matanza de campesinos en Aguas Blancas, Guerrero.

Los anteriores no son hechos menores: la realidad que perfila en el acontecer nacional invita a pensar que el **poder judicial** comenzará a jugar un papel cada vez más preponderante **no sólo como mediador, sino como árbitro último y definitivo de los conflictos** que se deriven entre la autoridad y los ciudadanos, de los ciudadanos entre sí, entre poderes de la Unión y entre Estados soberanos.

Como se mencionó, un segundo impulso vino de la esfera internacional. La inserción de la economía nacional y la hipercompetencia en mercados globales exigió modificaciones profundas de las estructuras jurídicas del país. El Tratado de Libre Comercio de América del Norte fue sólo el primer paso de una serie de acuerdos internacionales que el país suscribió a partir de 1993. El TLCAN no sólo es un acuerdo comercial, es un marco institucional y normativo, sólo subordinado a la Constitución Política de la Nación, que da nuevo cauce a las estrategias políticas y jurídicas de nuestro país. El tratado dinamiza las relaciones internacionales de México, y esta aceleración conduce al replanteamiento de la política exterior mexicana y a la necesaria adecuación del orden jurídico a la nueva realidad: tratados de extradición, mejores y más justos acuerdos migratorios, normas más claras en materia ambiental y métodos más expeditos y menos controvertidos de solución de problemas internacionales.

La Necesidad de Profesionalizar la Burocracia

Con los procesos de privatización de las empresas públicas y el redimensionamiento de las estructuras administrativas, la burocracia profesional se ha achicado. En muchos casos, esto ha sido resultado de medidas contingentes de emergencia para evitar desequilibrios presupuestales por la caída de los ingresos gubernamentales.

En la actualidad, la consolidación de una burocracia profesional a través del servicio civil de carrera es un hecho en el que el país se ha quedado rezagado, lo que ha significado tener que pagar un alto costo en términos de eficiencia de los servidores públicos, debido a la alta movilidad horizontal de los cuadros medios y superiores de la administración pública mexicana.

Este hecho genera un alto grado de improvisación del personal burocrático, que salta de diversas áreas de la administración pública, ocupando puestos directivos y gerenciales, sin los suficientes y adecuados conocimientos y habilidades para cumplir el perfil del cargo. Tal situación afecta la continuidad de los programas de gobierno, da origen a duplicidad de funciones, recursos mal utilizados y falta de una perspectiva de mediano y largo plazo.

Hoy, en el marco de la reforma del Estado, la profesionalización de la burocracia aparece como una imperiosa necesidad, ya que no solamente los recursos son escasos, sino que la ciudadanía, a través de sus diversas organizaciones, se está involucrando en la definición y seguimiento de las tareas públicas y con un alto grado de fiscalización y participación. Especialmente, en regímenes políticos competitivos, con alternancia permanente de poder, se requiere consolidar un cuerpo de administradores de carrera donde su experiencia, habilidades y conocimiento no sean desperdicias por los avatares de la política electoral y de la lucha de grupos.

Hacia la Reforma del Estado

Después de la crisis del Estado de bienestar, la receta más simple, pero la más socorrida, fue reducir al mínimo la presencia del Estado, pensando que de esta manera se solucionarían los graves problemas de estancamiento e inflación que pusieron en jaque a la economía mundial desde fines de los años 70's.

Este planteamiento permeó el proyecto político e ideológico del Consenso de Washington, que centraba gran parte de sus esfuerzos en lograr avanzar en el proceso de privatización del sector público. En consecuencia, los proyectos de ajuste y cambio estructural del Fondo Monetario Internacional y el Banco Mundial enfatizaban la privatización de empresas públicas entre las condiciones de sus programas.

América Latina, en especial México, avanzó de manera substancial en ese proceso. Nuestro país, no sólo promovió el retiro total del Estado de las áreas no consideradas estratégicas y prioritarias, sino que se abrieron espacios anteriormente vedados a la· participación del sector privado como fue el caso de las carreteras, el suministro de agua potable y del servicio telefónico entre otras áreas.

De esta manera, se avalaba de alguna manera el enfoque del Estado mínimo, ya que en esta ola de reformas, el Estado aparecía como obstáculo para la generación de un nuevo modelo de crecimiento y desarrollo, al que había que reducir a su mínima expresión.

El agotamiento de este enfoque es evidente, aun los propios organismos internacionales reconocen la necesidad de pasar a una nueva etapa, que se viene conociendo en la literatura especializada como la **"segunda generación de reformas"**, en la que **aparece el tema de la reforma de Estado como prioridad de las agendas gubernamentales.**

Asimismo, en el caso mexicano, se ha abierto la discusión plural de una agenda de Reforma del Estado. A nuestro juicio, dicha Reforma debe partir de una visión tridimensional, que conceptualice al Estado ha partir de tres vertientes:

- Como garante del desarrollo democrático y de la innovación institucional
- Como agente económico
- Como proveedor de servicios públicos

Figura 7.5

Vertientes Política y Económica de la Reforma Integral del Estado para la Equidad Social

La vertiente política como garante del desarrollo democrático y de la renovación institucional

Esta vertiente se refiere a la ingeniería institucional a través de arreglos constitucionales para concentrar el dominio legítimo y efectivo del gobierno central. Debe permitir el desarrollo de una vida democrática plural para consensar los grandes proyectos nacionales a través de una renovada capacidad para relacionarse con las organizaciones intermedias de la sociedad civil y política.

La instrumentación de esta vertiente significaría, entre otras acciones: nueva distribución de responsabilidades interinstitucionales, interpoderes (ejecutivo, legislativo y judicial) y con los organismos intermedios de la sociedad civil; transferencia de facultades federales a los Estados vía la descentralización de atribuciones y funciones, proceso que debe estar acompañado con la entrega de los instrumentos y recursos; mejoramiento de la eficiencia y rentabilidad del desempeño de las instituciones encargadas de velar por el interés ciudadano a través de adecuaciones en sus mecanismos de regulación y monitoreo de sus acciones, en especial de las instituciones encargadas de la administración de justicia.

La vertiente económica para promover el crecimiento, la competitividad y el desarrollo

En lo económico, la Reforma Integral del Estado se traduce en una **Política Económica de Estado** que promueve la creación de instituciones y de reglas del juego que fundamentan y con validan la orientación de una economía a favor de la competencia, el desarrollo del mercado participativo, la creación de unidades generadoras de riqueza, la innovación productiva y tecnológica así como una cultura laboral comprometida con la productividad y el ahorro y una cultura empresarial con visión y responsabilidad social. Se requiere concluir la transición económica y construir el nuevo modelo de crecimiento sustentable lo que requiere de promover y acelerar el reencuentro del mercado institucional con el Estado reformado y la sociedad.

La vertiente social como proveedor de servicios públicos para la equidad distributiva

Avanzar en la equidad distributiva demanda de programas que generen bases productivas para superar la pobreza y la inequidad a través de programas sociales focalizados y de la descentralización de responsabilidades y atribuciones que permitan la mejora en la prestación de los servicios públicos. Asimismo, se requiere de nuevas formas de gestión de los recursos públicos a través de asociaciones con el sector privado y/o el tercer sector y de la privatización del *management* en las entidades públicas proveedoras de servicios; la modificación del régimen de concesiones para la explotación privada de bienes públicos; la implementación de incentivos que favorezcan la autosuperación y la catálisis de los esfuerzos realizados por instituciones no gubernamentales.

Los enfoques de corto plazo que a menudo han vertido diversas fuerzas políticas con respecto a la Reforma del Estado sólo han generado intentos espasmódico s por resolver problemas de coyuntura. Un enfoque integral de reforma, que conciba la justa dimensión del Estado en los tres roles anteriormente mencionados, resulta de vital importancia para brindar certidumbre al proceso de cambio que requiere la nación y para que, finalmente, se dé el reencuentro del mercado con el Estado y la sociedad.

LA REFORMA DEL ESTADO EN AMÉRICA LATINA

Los Avances de Brasil y Argentina

Los avances en Brasil

Brasil trabaja sobre un Plan Director de la Reforma del Estado bajo la batuta del Ministerio de la Administración Federal y de la Reforma del Estado del Brasil, creada ex-profeso por el presidente Fernando H. Cardoso al inicio de su gestión el I" de enero de 1995, siendo su titular Luis Carlos Brasser. Tres son los proyectos fundamentales en la agenda para la reforma del Estado brasileño.

a) La descentralización de los servicios sociales hacia los Estados y municipios y hacia el sector público no estatal.

b) La transformación de organismos descentralizados que ejerzan actividades exclusivas del Estado en agencias con amplia libertad para gerenciar sus recursos humanos y financieros, proyecto que se conoce como "Agencias Ejecutivas".

c) Fortalecimiento del núcleo estratégico del Estado que buscará complementar el proceso de profesionalización del administrador público.

Los avances en Argentina

En Argentina, la reforma del Estado es dirigida desde el ejecutivo a través de la Unidad de Reformas y Modernización del Estado. El proyecto argentino se conoce como "la segunda fase de generación de reformas del Estado" y partió de un acuerdo político entre el Ejecutivo, el Poder Legislativo y los partidos de oposición.

Esta reforma se centra en:

a) La reorganización institucional con la creación de tres gabinetes.

- Gabinete social.
- Gabinete para ciencia y tecnología.
- Gabinete de coordinación de los recursos financieros internacionales.

b) Reformas al sistema de salud.

c) Transformación de los organismos descentralizados.
d) Reformas sobre el empleo público. Servicio civil de carrera y cambios en los criterios de remuneraciones a empleados públicos.

e) Obligatoriedad de los planes estratégicos.

f) Transparencia de la gestión y audiencia pública.

Perú, Venezuela y Bolivia avanzan en procesos de reforma de sus sistemas judiciales con la finalidad de garantizar certidumbre y seguridad (transparencia en las reglas del juego) para los procesos económicos y la inversión.

CAPÍTULO 8

VISIÓN DE FUTURO Y PROYECTO DE NACIÓN

Hacia una Política Económica de Estado

Y, dígame, ¿para qué sirve la nave del Estado, si no están todos a bordo?

Tijan M Sallah, The State (1996) *

"Si hemos logrado acuerdos para avanzar a una plena democracia, podemos y debemos llegar a un acuerdo sobre los fundamentos de una política económica para el crecimiento. . .. Hoy convoco a todas las fuerzas políticas ... a que trabajemos juntos para que México cuente no sólo con una política de gobierno sino con una política de Estado para el crecimiento económico como medio para alcanzar la justicia social. Una política de Estado para lograr que el crecimiento económico no sólo sea la perspectiva de un sexenio, sino que sea el instrumento para un crecimiento de largo plazo que beneficie a todos los mexicanos ... trabajemos juntos para lograr una estrategia económica para el crecimiento que sea una firme política de Estado en cuyos fundamentos esenciales todos estemos de acuerdo. "

Ernesto Zedillo Ponce de León
Presidente de los Estados Unidos Mexicanos
1^{0} de septiembre de 1997.

"Al hablar de lucro, hay que hablar de aquello que lo hace posible: el mercado libre. No niego su eficacia. Ha mostrado su superioridad sobre la economía estatizada y el Estado-patrón. También ha contribuido a elevar el nivel de vida en las sociedades desarrolladas. Pero el ***mercado es un mecanismo ciego*** *que gira sin cesar; se mueve con celeridad pero no sabe a dónde va. Un círculo endemoniado: producir para consumir, consumir para producir ...* ***La reforma de nuestro sistema político requiere****, no sólo realismo, sino* ***imaginación política****. Necesitamos encontrar* ***formas de participación*** *política y económica que den a los ciudadanos,* ***especialmente a los jóvenes****, ya sean estudiantes u obreros, la posibilidad de discutir los asuntos públicos y de colaborar efectivamente en su resolución".*

Octavio Paz'
Premio Nobel de Literatura

"El esquema económico ideal para México sería la aplicación de una economía de mercado, pero con un gran sentido social ... tomando en cuenta problemas de ética que son absolutamente olvidados por un liberalismo sin credo, como fue en el siglo XIX y que redundó en el llamado capitalismo salvaje ".

*Juan Sánchez Navarro **

Revista *Vuelta,* documento en internet.com.mx/vuelta/t_ 256pjr.htm y t_ 256op.htm
Sánchez Navarro, Juan, "No es solución a todos los males el capitalismo; tiene problemas", entrevista, *El Universal,* México, D.F., 29 de septiembre de 1997, p. 16.

De la Crisis de Visión al Proyecto de Nación 2020

La crisis tridimensional, de transición, sistémica y de visión por la que han transitado México y América Latina en los últimos 20 años, ha significado una larga marcha inconclusa para reencontrar el camino del crecimiento económico sostenido y abrir horizontes a un desarrollo de largo plazo. En el umbral del siglo XXI, la región latinoamericana enfrenta dos grandes retos estrechamente relacionados y de cuya solución dependerá su vigencia en el concierto mundial y que son genéricamente: a) concluir la transición trunca del modelo económico de crecimiento sostenido en una economía de mercado abierta y competitiva y b) consolidar la transición hacia la democracia.

El agotamiento del modelo del PRECE, con las consecutivas y encadenadas crisis en las economías de los mercados emergentes que hacen evaluar los límites y alcances del modelo de transición inspirado en el Consenso de Washington, ha venido acompañado de la fatiga de la sociedad por los altos costos que ha tenido que pagar durante mucho tiempo en un proceso económico de transición trunca. De tal forma que en los últimos 20 años nos hemos estancado en ciclos recurrentes y coyunturales de estabilización macroeconómica y reforma estructural, sin una perspectiva de desarrollo de largo plazo; situación que no puede alargarse indefinidamente. Esto nos lleva a afirmar que también nos encontramos en una crisis de visión del futuro, que estamos entrampado s en una incapacidad intelectual y política para generar un proyecto de nación y de región con visión de futuro, de largo plazo.

Lo que la historia nos ha mostrado en estas últimas dos décadas es que el viejo modelo económico estatista y populista no tiene punto de retorno, que es un modelo política y económicamente inviable, pero también nos manifiesta que el modelo económico de transición hacia una economía de mercado, a pesar de sus avances -de corregir los excesos del populismo, dadas las exigencias de la economía globalizada-, no ofrece salida factible a la larga marcha inconclusa (hacia una economía del mundo abierta y competitiva), debido a que no ha podido construir un nuevo modelo de crecimiento económico sostenido y de largo plazo. Lo grave de esta situación no es sólo reconocer el significado de la década perdida de los años 80's sino que en la prospectiva del umbral del siglo XXI, nos encontramos ante el peligro real de presenciar una generación perdida.

El esfuerzo no redituado de una larga marcha inconclusa nos lleva a escenarios claroscuros donde junto con el avance en las reformas, persiste un gran deterioro de las formas de convivencia social que se manifiesta en la creciente delincuencia e inseguridad, con expresiones palpables de rompimiento del tejido social que hacen impostergable reencontrar el camino del crecimiento económico sostenido. La línea tendencial que marca la inercia no es nada halagüeña.

La experiencia mexicana de la crisis de 1994, como un fenómeno de crisis recurrentes (1976, 1982, 1986 Y 1994, ver Figura 8.1) tomó a todo el mundo desprevenido, -política e intelectualmente- y ha sido, junto con las crisis asiáticas, reveladora de las fallas, límites y alcances del PRECE o DCW como el paradigma de reformas de mercado. Estas crisis recurrentes rompieron con **el encanto de los resultados del ajuste estructural** y con el **hechizo de la globalización de los mercados** que, se suponía, funcionaban adecuadamente y se auto-ajustaban ante eventuales desequilibrios. En teoría, las turbulencias económicas eran etapas de un pasado ya superado provocadas por distorsiones del viejo populismo y que fueron eliminadas por las reformas de mercado.

Por razones de un substancial mejoramiento de las condiciones de gobernabilidad y para sostener el avance del quehacer democrático en nuestras sociedades es urgente **construir un modelo económico de transición viable y efectivo,** que nos lleve hacia una nueva economía de mercado en el capitalismo de hipercompetencia; este *sistema económico de mercado,* no es el de "dejar hacer, dejar pasar", sino que es uno con adjetivos; una *economía de mercado institucional y participativa,* una economía capaz de satisfacer las expectativas materiales y de bienestar que despierta la democracia.

Así, el reto de la consolidación de la transición democrática se presenta en un momento histórico particularmente complejo, en donde no hemos podido concluir el proceso de la transición económica en un mundo de hipercompetencia y mercados globales, aparejado con inestabilidades del sistema monetario financiero internacional que aumenten la vulnerabilidad de las economías nacionales o emergentes. Paradójicamente, en la región latinoamericana y obviamente en México se ha registrado un avance democrático (a pesar de las crisis económicas recurrentes), que ha cambiado de fondo y forma el perfil de los sistemas políticos del pasado, en especial sobre la manera en que se ejerció el poder ejecutivo que comprimía a los otros poderes legalmente reconocidos y avasallaba a la sociedad civil. Sin embargo, esto nos alerta sobre los riesgos potenciales que los desajustes económicos permanentes y su secuela de desequilibrios sociales significan para la vida democrática de los países.

De aquí la urgencia de avanzar hacia un modelo de crecimiento económico sostenido y sustentable, que favorezca el desarrollo político y democrático evitando los desencantos por la democracia y la nostalgia por el autoritarismo y el populismo. El re encuentro con el camino del crecimiento económico sostenido se entrecruza con el tránsito hacia la democracia y la consolidación de instituciones plurales y democráticas en la región, que garanticen la participación ciudadana en la vida política de sus naciones y coadyuven a la modernización y reforma de las estructuras estatales para lograr un funcionamiento más eficiente y transparente de los mercados.

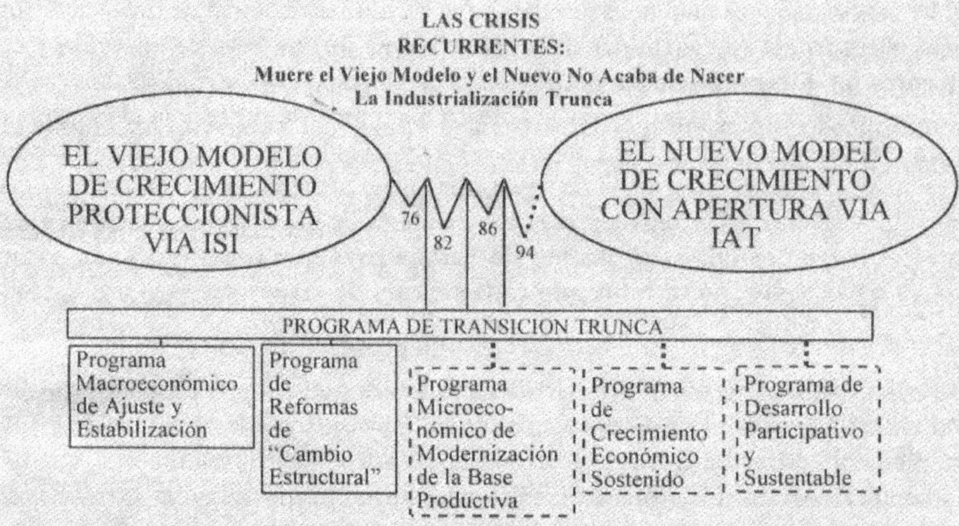

ISI: Industrialización Sustitutiva de Importaciones
IAT: Industrialización Abierta Tridimensional:

Las crisis recurrentes se dan cuando "Lo viejo muere y lo nuevo no acaba de nacer". El viejo modelo de industrialización sustitutiva de importaciones (*ISI*) se agotó en 1976, y murio *de facto* en 1985, pero no ha podido nacer el nuevo modelo de industrialización abierta tridimensional *(IAT)* con apertura a la competencia internacional, y se ha quedado en un proceso de industrialización trunca. He aquí la causa estructural de las crisis recurrentes en México.

Las cuatro crisis recurrentes de la economía mexicana en los últimos 20 años, (1976, 1982, 1986 y 1994) se han presentado por problemas insostenibles de desequilibrio externo en la balanza de pagos que terminan con maxidevaluaciones y los consecuentes programas de ajuste y estabilización macroeconómicos recesivos. Así, cuando se realiza el ajuste macroeconómico (devaluación y contracción de la absorción, política fiscal y monetaria contraccionistas), resulta efectivo el ajuste a dicho desequilíbrio. Sin embargo, dada la naturaleza macroindustrial del desequilibrio y la ausencia del ajuste industrial estructural, no se ha transitado del viejo modelo de industrialización sustitutiva de importaciones (proteccionista, ineficiente y semicerrado) al nuevo modelo de industrialización abierta a la competencia internacional, resultando en un proceso de industrialización trunca y reaparición del desequilibrio externo y las crisis recurrentes, con los consecuentes procesos de "pare y siga".

Durante el período 1982-1989 se vio agravada la industrialización trunca por el problema de la deuda externa que obligó a México a ser exportador neto de capitales, y en el período 1988-1994, la utilización del tipo de cambio como ancla antiinflacionaria originó una sobrevaluación del tipo de cambio real, y dada la ausencia de una política industrial activa y de fomento horizontal, se frenó el nacimiento de la industrialización tridimensional, lo que ocasionó pasar de un sesgo antiexporador del modelo de ISI a un sesgo proimportador, cuyo resultado fue la crisis de 1994 y un proceso de industrialización trunca. Fenómeno que también se agudizó por la crisis sistémica de la globalización financiera via el dinero electrónico con virus especulativo.

Así, el programa económico de transición quedó incompleto y fue ineficaz para transitar del viejo modelo (ISI) que ha muerto, hacia el nuevo modelo (IAT) que no ha podido nacer, generándose así una fase de industrialización trunca y desarticulada, pues se apoyó en dos de los cinco pilares fundamentales del cambio.

Villarreal, René. "Industrialización...*op. cit.* p.613

Figura 8.1

Como hemos planteado en el presente libro, es fundamental no sólo contar con un diagnóstico integral de las condiciones que han acompañado al proceso económico de transición trunca, sino **visualizar el futuro, el escenario del siglo XXI a partir de una ruta de acuerdos y consensos básicos entre los diversos actores económicos,** en correspondencia con las nuevas realidades democráticas, de pluralidad y competencia política. Esto implica que ante la alternancia en el poder —característica de la modernidad política— está latente la posibilidad del arribo a las estructurales estatales de partidos o grupos de signo ideológico antagónico que en un caso extremo se vean tentados a revertir las reformas y políticas de mercado. En tal circunstancia se requiere evitar caer **en el juego pendular del cambio sin rumbo para que como resultado natural de la alternancia en el poder, no se reinvente cada sexenio de manera recurrente el modelo económico.**

La **conclusión de los procesos de transición en la esfera política y la económica** requiere definir una **Política Económica de Estado,** que supere las visiones estrechas y de corto plazo promovidas por los intereses de grupo o las urgencias de las coyunturas. En especial, que su concepción y articulación venza el mayor síntoma del subdesarrollo, la importación de modelos, que sea un vinculo para abrir espacio a la visión del futuro y de un proyecto de país de largo plazo a partir de las realidades del sistema capitalista mundial: *"Probablemente una de las principales características de los países dependientes subdesarrollados es que ellos 'importan' sus modelos, tanto los que son apologéticos, como los que son subversivos del status qua".*[158]

En esta perspectiva, el Presidente de México, Ernesto Zedillo ha: planteado, como punto de partida de una visión común, la necesidad de alcanzar un consenso básico entre los actores económicos sobre la Agenda Económica del país en lo que ha llamado "... *Una política de Estado para lograr que el crecimiento económico no sólo sea la perspectiva de un sexenio, sino que sea el instrumento para un crecimiento de largo plazo que beneficie a todos los mexicanos [...] trabajemos juntos para lograr una estrategia económica para el crecimiento que sea una firme política de Estado en cuyos fundamentos esenciales todos estemos de acuerdo".*[159]

Política Económica de Estado consensada para lograr un determinado comportamiento de los indicadores macroeconómicos claves que faciliten una macroeconomía estable, que los actores estén de acuerdo sobre las áreas de

---

[158] Hirshman. Albert. *A bias for hope.* Essays on Development and Latin America: New Haven y Londres, Yale University Press: 1971.Citado en *La Contrarrevolución monetarista. Teoría, política económica e ideología del neo/ibera/ismo* de René Villarreal. FCE, 1986. p. 123

[159] Ernesto Zedillo Ponce de León. Presidente de los Estados Unidos Mexicanos. 10 de septiembre de 1997

participación para el sector público y el privado, bajo un criterio de complementariedad y no de enfrentamiento y que estemos conscientes de una necesidad, de una política social con amplia participación ciudadana.

El mercado libre y abierto no es suficiente para definir el país que queremos ser, debido a que el **mercado es miope y no tiene visión de país y de largo plazo.** El mercado, debemos insistir, es un mecanismo de precios para asignar los recursos a la producción, por lo que, para construir una visión conjunta del Estado y, de la sociedad que queremos, se necesita desarrollar, no sólo un mercado institucional y participativo con **reglas del juego claras y jugadores transparentes**, sino también definir **qué juego queremos jugar y para quién** a través de una Política Económica de Estado. De aquí la urgencia de tener una visión de futuro consensada con acuerdos en lo primordial de la agenda económica.

Superar la miopía del mercado y dar paso a una visión del desarrollo de largo plazo implica dar respuesta a cuatro preguntas fundamentales a partir de un acuerdo nacional que sea condición necesaria de una Política Económica de Estado. Para ello debemos responder cuatro preguntas fundamentales (ver Figura 8.2).

1. ¿Qué país queremos?
2. ¿Cómo lo queremos alcanzar?
3. ¿Con quién?, y
4. ¿Para quién?

¿Qué país queremos? De la crisis de visión al proyecto de Nación ¿Cuál es la visión de México, Latinoamérica y América para el 2020?

Tanto para una sociedad, como para una empresa, es fundamental contar con una visión de futuro que planteé hacia dónde queremos llegar para poder conjuntar las voluntades y coordinar las acciones de todos los actores hacia el objetivo común; la visión de futuro es imaginar lo que queremos de nuestro país. En este sentido, nuestra visión en lo económico es la de un país y una región cuyo crecimiento económico sostenido y de pleno empleo; que recupere las tasas históricas de crecimiento entre 5 y 6% promedio anual que tuvo México y América Latina en los años 50's y 60's; que se generen los empleos productivos y remunerativos necesarios **para construir un modelo de economía de mercado participativo e incluyente,** que permita a su vez, un desarrollo sustentable, es decir, un crecimiento que no deteriore la base de nuestros recursos naturales y medio ambiente para las generaciones futuras y, finalmente, donde no coexista la pobreza con un mundo de opulencia.

Pero nuestro proyecto vislumbra también una **sociedad democrática pluripartidista**, abierta a la competencia de partidos, a la alternancia en el poder, a la institucionalidad del cambio, donde verdaderamente se desarrolle un sistema político democrático con tres características: que el gobierno sea electo por voto libre y popular; que los poderes Ejecutivo, Legislativo y Judicial sean independientes (que no compartan poder) *de jure;* y gobierno con autoridad *(defacto)* para desarrollar nuevas políticas. Queremos esencialmente **un país libre, con una democracia participativa**, pero también una comunidad **internacional que respete**, dentro de la globalización, la identidad nacional para que ésta se fortalezca y se desarrolle.

La globalización no debe significar para los países la pérdida de su identidad nacional, de su visión de futuro ni su proyecto de nación. El ejemplo más claro es el de la Unión Europea a través de la Casa Común, donde cada uno de los países tienen su propia identidad, a pesar de que comparten una Casa Común, un Parlamento Común, y ahora una moneda única, etc.; esto se debe a que la Unión Europea está basada en un principio fundamental que es el de las **alianzas estratégicas** (donde todos ceden parte, pero todos ganan) no subordinadas e implícitamente un enfoque de suma positiva y no de suma cero.

En este capitalismo de hipercompetencia global a través de **alianzas estratégicas no subordinadas** entre países y empresas, se requiere pasar de la visión estrecha de los acuerdos del libre comercio como es la iniciativa del ALCA (Acuerdo de Libre Comercio para las Américas) a una visión más amplia donde la fábrica regional sea el motor de la integración, refiriéndonos a una fábrica regional —que no contempla únicamente a la fábrica norteamericana—, que favorezca la integración y complementariedad a nivel interempresas, intraindustrial y de *clusters.* Esto implica por parte de Estados Unidos un cambio de visión: Ver a Latinoamérica no solo como mercado sino como ampliación de la base productiva.[160]

De estas experiencias se deriva que es urgente replantearnos los conceptos y fronteras del clásico *Estado-nación que* han dejado de ser funcionales, de que la soberanía y los márgenes de maniobra para las políticas nacionales han variado.

Esto requiere de esquemas inéditos de *ingeniería institucional* que llaman a la innovación en los ámbitos de la gestión política con la finalidad de facilitar la construcción de una visión integral de nación retornada a partir de consensos básicos con todos los grupos sociales, para aclarar el rumbo y poder definir el

[160] Ver Villarreal, René, "Nueva Visión Estratégica para el TLC. De la Integración Comercial a la Integración Productiva" en *El Universal*, 15 y 16 de abril de 1998

camino, las tareas y responsabilidades compartidas.

La globalización de los mercados y la hipercompetencia en la *nueva era del conocimiento y la información* es un elemento imprescindible que obliga a las economías a una inserción activa y deliberada, no inercial, sino como una opción más valida que optar por la resistencia o negación de los procesos de integración a la economía global.

Un problema trascendental para avanzar en este sentido es determinar el hecho de que Estados Unidos no ha podido ——o no ha querido— reconocer su papel estratégico como locomotora de la región, y se ha limitado solamente a considerar a la región latinoamericana como un mero mercado donde puede colocar sus excedentes de producción. O peor aún, como un espacio geográfico generador de problemas sean de narcotráfico o de inmigración, cuando lo que se requiere es encontrar la manera de integrar a toda la región con el **objetivo de ampliar la base productiva utilizando la dinámica de la propia corporación para la integración americana, bajo alianzas estratégicas no subordinadas.**

Estados Unidos, por lo tanto, ha carecido de una visión estratégica para América en su conjunto, de tal manera que, mientras en Europa se habla de la existencia de una **Casa Común**, y en Japón predomina la **visión de Vuelo de Ganso**, los americanos nos encontramos con una **América fragmentada**. Es de reconocerse que mientras en América Latina ha quedado atrás el ambiente de *yankee fobia* que caracterizó a la región durante los años 60's, Estados Unidos no ha avanzado en su visión con respecto a América Latina y de alguna manera ha quedado anclada en la concepción de "patio trasero". Recordemos como dice Sidney Weintraub que **"Estados Unidos también es nacionalista, probablemente tanto como México, pero la importancia de su soberanía es normalmente tomada como un hecho**'.[161] Es ingenuo pensar que la Unión Europea va a abrir sus mercados a Estados Unidos o que la economía de este país va a poder penetrar en los países del Pacífico Asiático; Estados Unidos por lo tanto debe comprender que la región natural para fortalecer su competitividad es el Continente Americano, y para que ello suceda es imperante dejar de considerar a América Latina como un "patio trasero" y contemplarla como parte de la futura "Casa Común".

En este contexto, la realidad actual es muy clara; mientras que en Estados Unidos existen grupos que minimizan el potencial de la región latinoamericana, tanto en el bloque de la Unión Europea como en el asiático promueven más su comercio interior y economías intrarregionales, que entre los diferentes bloques. Mientras

[161] Weintraub, Sidney, "Costumbres del pensamiento", *El Economista,* martes 21 de abril de 1998. p. 12.

que el comercio intrarregional en América para 1996 fue de 582 mil md, el de Asia y Oceanía fue de 662 mil md, y el de Europa casi triplica el comercio intrarregional americano con 1,745 mil md. Por otra parte, si analizamos el comercio entre las 4 diferentes regiones, América solamente exportó a Europa 205 mil md contra los 245 mil md que importó de esa región, es decir, tuvo un déficit de 40 mil md. Por su parte, el balance del comercio de América contra la región asiática fue deficitario en 111 mil md, alcanzando (América) un déficit global de 161 mil md, incluyendo los países de África y el Oriente medio. Esto indica que mientras en **América el comercio intrarregión es menor que en Europa y Asia, las exportaciones de ambos continentes para América también son mayores**. Partimos de aquí que el **camino de la integración hacia la globalización** o el reto de la **integración global** es, pasar por la integración regional y utilizar a la **gran empresa como el motor de la articulación productiva** no sólo a través de **filiales**, sino a través de la **subcontratación** y de las asociaciones entre empresas que permitan integrar la base productiva de la región y al mismo tiempo avanzar a un comercio intrafírma e intrarregión significativamente mayor del que hemos observado hasta el momento.[162]

Esto implica un **cambio de visión estratégica continental**: del **ALCA del 2005 al AIP 2020**; esto es del Acuerdo de Libre Comercio de las Américas al Acuerdo de Integración Productiva lo que implica pasar de la integración comercial a la productiva. Esto significa que no hay que resistirse o temerle la integración al capitalismo global, ni integrarse por inercia sin rumbo por ingenuidad, sino aprovechando las oportunidades de la globalización y enfrentando con estrategia los desafíos, visualizando una integración inteligente que permita a nuestras naciones desarrollar un proyecto viable de largo plazo.

Asimismo, es evidente que, independientemente del auge y ocaso de la ideología neo liberal, la importancia y trascendencia del mercado en el capitalismo global es una realidad histórica inherente al siglo XXI que se debe enfrentar, y no negar a través del discurso o falso debate ideológico. En este sentido debemos de preguntarnos, partiendo de esta realidad que rebasa los marcos conceptuales de las ideologías, cómo se deben aprovechar las oportunidades de la globalización de los mercados en la producción, en el comercio, la información y las finanzas y hacer frente a los desafíos de la globalización financiera con el dinero electrónico especulativo.

En conclusión ¿cuál es la imagen de México o visión de país que podemos imaginar para el año 2020? Sin lugar a dudas es prioritario reducir los dramáticos desequilibrios entre opulencia y miseria, ya que los márgenes de la gobernabilidad y

[162] Villarreal, R., "Nueva Visión Estratégica... ", op. cit.

la convivencia de las sociedades en toda América Latina se reducen peligrosamente al crecer sostenidamente el número de pobres que casi abarca ya a la mitad de toda la población, en un mismo lugar donde la concentración de recursos de la élite es similar a las que tienen las del primer mundo.

Aminorar las desigualdades económicas, generar incentivos para la superación y la igualdad de oportunidades para todos, son rezago s que se requiere resolver en la esfera económica, tanto estructurales como macroeconómicos, perfeccionar las instituciones de la vida democrática con el fin de que ambos elementos fortalezcan el tejido y la integración social y no la exclusión de millones de ciudadanos que legítimamente reclaman un sitio justo en la vida comunitaria, en un mundo complejo e interdependiente bajo la lógica del mercado, pero caracterizado por ser institucional y participativo.

¿Cómo lo Queremos Alcanzar? Con una Política Económica de Estado para la Democracia: sus Cinco Pilares de la Transición

Algo que distingue a este siglo es la velocidad inédita de los cambios y la intensa búsqueda del camino por el cual las sociedades buscan transitar hacia el progreso y la equidad. Dolorosos y costosos han sido los caminos falsos como el fascismo y fracasados como el comunismo. En este sentido, ¿cuál es el sistema económico viable en este capitalismo de mercados globalizados?

Ante las utopías o las falsas salidas, la realidad señala como viable a la economía de mercado, pero como lo hemos planteado aquí, una economía de mercado institucional y participativa, con **la empresa privada como motor de la economía**, acorde a las exigencias de la globalización y **la competencia**, pero **con un sentido humano y responsabilidad social**; con un **Estado promotor** que impulsa políticas amistosas del mercado, y **una sociedad civil participativa que evite los excesos del Estado** y corrija las fallas y **avance en los límites del mercado**.

Es claro que el sistema económico se mueve hacia un **capitalismo de mercado**, esencialmente basado en la **propiedad y empresa privadas como el motor** de la inversión y el crecimiento, y con el **mecanismo de precios como el método** más eficiente de asignación de recursos. Sin embargo, la experiencia histórica ha mostrado que una economía de mercado de "dejar hacer y dejar pasar", no funciona como dice la teoría pura y que, aun los mismos partidarios del libre mercado aceptan sus fallas a través de las externalidades. Sin embargo lo importante, más que **sus fallas, son los límites y alcances del mercado** (que hace y que no es capaz de hacer): **no existe en nuestra realidad un mercado de bienestar**. El mercado no lleva automáticamente al pleno empleo y a un proceso de acumulación de capital y de innovación productiva con empleos crecientes. Por lo tanto se requiere caminar hacia el reencuentro del mercado con el Estado, que no se minimiza, sino que se reforma, y la sociedad antes marginada, se convierte en el actor clave de decisión sobre el rumbo de la economía y el balance entre los excesos del Estado y los límites del mercado, teniendo como objeto y sujeto del desarrollo al hombre, tal y como lo hemos planteado en la tesis central de este libro.

La precisión de los roles de cada uno de estos actores es un primer elemento sobre el que tenemos que ponemos de acuerdo, tanto en México como en América Latina. **El mercado** es el mejor mecanismo para la asignación de recursos, pero es también **una institución** que debe tener reglas del juego claras y equitativas para todos, con jugadores transparentes y un sistema de supervisión y cumplimento de los ordenamientos legales. Esto nos lleva a la configuración de un consenso básico en torno al camino idóneo, que en términos económicos, acuerden todos los actores sociales. Acuerdo sobre el que gira una política económica de Estado en la que, con claridad y responsabilidad, establezcamos **hacia dónde queremos ir y de qué manera lo queremos alcanzar, con quién y para quién,** válido para todos sin excepciones y con prospectiva de largo plazo.

La Política Económica de Estado se debe sustentar en nuestro punto de vista, en **cinco grandes pilares de la transición**, a saber (ver Figura 8.3):

- **Sistema Económico Nacional: economía de mercado institucional y participativa.**
- **Modelo de Crecimiento e Industrialización Tridimensional: exportador, de sustitución competitiva de importaciones y endógeno.**
- **Modelo Macroeconómico Tridimensional: de crecimiento de pleno empleo con equilibrio externo e interno.**
- **Modelo Micro y Mesoeconómico: de fomento a la oferta productiva.**
- **Desarrollo Sustentable y Equidad Distributiva: combate a la pobreza y regeneración de la base de recursos naturales.**

I. Sistema Económico Nacional. Hacia una Economía de Mercado Institucional y Participativa

La construcción del nuevo sistema económico nacional se ha basado en las políticas del cambio estructural o de las tres D's (desprotección, desestatización, desregulación); sin embargo, éstas son condiciones necesarias, más no suficientes ya que hoy en día no existe una tercera vía entre economías estatistas y economías de mercado de *laissez faire* y *laissez passe,* pues la única vía es la del mercado, determinados por el capitalismo global, pero la de una economía de mercado institucional y participativa.

Sin embargo, se debe reconocer que la mano invisible del libre mercado, aunque es el mejor método para la asignación de recursos, no es perfecto, ya que no resuelve el problema de los bienes públicos y por lo tanto de la inequidad social porque en el mercado vota quien tiene demanda efectiva y el que tiene ingreso y empleo, es decir, que con altos niveles de desempleo, la inequidad es una constante. Por esta razón requerimos de la mano solidaria de la sociedad en un concepto más amplio de participación de las empresas y organizaciones civiles, empresariales y del Gobierno para definir una nueva política social alejada de los populismos e ineficiencias del pasado del Estado benefactor, pero que reconoce que no existe un "mercado de bienestar" sino una sociedad de bienestar.

Figura 8.3

En el nuevo sistema económico requerimos de una reforma del Estado que nos conduzca a un Estado más abierto y eficiente, ajeno a los intereses privados y que atienda los intereses públicos, dejando atrás el viejo concepto de políticas enemigas del mercado y promoviendo políticas amistosas del mercado. Por eso, el primer consenso que debemos buscar es que en efecto caminemos hacia una economía de mercado, pero con nuevos adjetivos coherentes con las realidades del siglo XXI. La economía de mercado del siglo XIX, la de dejar hacer y dejar pasar, es anacrónica y no es viable para enfrentar los mercados del siglo XXI, ya que hoy se requiere de una economía de mercado institucional y participativa. Debe ser institucional porque requiere reglas del' juego claras y jugadores transparentes, con incentivos a la productividad y no a la especulación, participativa porque implica que en la sociedad no puede haber marginados por el mercado, porque requerimos que todos colaboren en el proceso económico-social y que el nuevo Estado, informado y desprivatizado (de los intereses de grupos privados para atender el interés público), pueda reorientar su papel con políticas amistosas del mercado, es decir, que complementen, no que sustituyan al mercado. Por lo que cabe decir, que a la mano invisible del mercado hay que 'echarle la mano' con la mano solidaria de la sociedad y la mano promotora del Estado.

Frente a la crisis del Estado de Bienestar y las omisiones del mercado perduran vacíos e inequidades que reclaman la responsabilidad de una sociedad activa. En el terreno democrático, fortalecer instituciones que garanticen los derechos ciudadanos, abrir espacios e incentivar a la participación económica del sector privado a través de la empresa privada y de las ONG's para cubrir renglones en el terreno del bienestar —la salud, la educación, el cuidado del ambiente—, donde el Estado ha descuidado o deteriorado su función. En las actuales circunstancias no queda claro quien sustituya al Estado de bienestar, ya que tampoco hay un mercado de bienestar debido a que la "mano invisible" del mercado no puede hacer toda esta tarea, para ello se requieren de instituciones y de la participación de la sociedad.

Hemos planteado a lo largo de este libro que en el sistema económico no existe una tercera vía, sólo la vía del mercado y del nuevo capitalismo de la globalización y de la hipercompetencia, pero nos referimos a una nueva economía de mercado con dos claros adjetivos, institucional y participativo, en donde la mano invisible del libre mercado esté acompañada por la mano solidaria de la sociedad para lograr la equidad distributiva y la mano promotora del Estado, con políticas amistosas y complementarias al mercado. No queremos un país bajo la rectoría del Estado donde éste sea omnipresente, o uno bajo la rectoría del mercado donde éste sea beatificado. Se requiere una verdadera democracia que permita una participación activa de la sociedad civil para que ésta sea el balance entre los excesos del Estado y los límites del mercado.

2. *¿Cuál es la estrategia de crecimiento e industrialización? Un Modelo de Industrialización Tridimensional. Patrón de acumulación de capital y ahorro. Sistema nacional de innovación. Política de competitividad. Reforma del sistema bancario y financiero*

En la era del conocimiento hablamos del conocimiento postindustrial basado en la aplicación del conocimiento a la industria, y que no se agota en el desarrollo exclusivo del sector terciario o de los servicios, por lo que el modelo de industrialización es el motor dinámico de la economía, del crecimiento y del cambio tecnológico.

Dado que en América Latina la crisis de 1982 significó el agotamiento del modelo de industrialización sustitutiva de importaciones orientada al mercado interno, la Política Económica de Estado requiere pasar de la vieja política industrial de los 60's (proteccionista, reguladora, y de promoción discriminatoria) a la **nueva política de competitividad** a nivel microeconómico y mesoeconómico, que implica un rol activo de Estado, pero bajo un enfoque de políticas amistosas del mercado y no del falso dilema de la liberación a ultranza del mercado.

En virtud de que el modelo de crecimiento económico está directamente determinado por la estrategia de industrialización hemos planteado una estrategia de **industrialización y crecimiento tridimensional**, donde el pivote externo junto con el pivote interno de sustitución competitiva de importaciones y endógena sean fundamentales para reencontrar la nueva estrategia de industrialización y crecimiento sostenido, bajo una política de competitividad.

El problema es que **basar el modelo de industrialización únicamente en el pivote exportador** y orientado hacia el exterior bajo un proceso de desarticulación industrial, sin encadenamientos con el resto del aparato productivo como el que hemos vivido en la última década, **no permite a la industria retomar su papel de motor de crecimiento de largo plazo.**

Por eso el **modelo de industrialización** requiere de una política de fomento a la oferta productiva a nivel microeconómico de la empresa y a nivel mesoeconómico, esto es, sectorial y de infraestructura.

Desde el punto de vista del crecimiento, es necesario reconocer que finalmente hay solo **dos fuentes de crecimiento: la acumulación de capital y el crecimiento en la productividad.**

a) La acumulación de capital requiere aumentar la tasa de inversión al 30% del PIB (dada la apertura de la economía) lo que requiere a su vez aumentar la tasa de ahorro con políticas de fomento al ahorro público al privado y de los trabajadores. Si aceptamos la necesidad de capital externo de solo 3%, la inversión puede llegar al 30% del PIB basada en un ahorro doméstico al 27%, con un déficit externo financiable del 3%.

El incremento de las tasas de inversión a niveles de 30% del PIB, basado en las *dos palancas de crecimiento: el ahorro interno, y las exportaciones* para que podamos reencontrar un crecimiento económico sostenido que evite los procesos de *pare y siga.*

Si observamos la experiencia del Sudeste Asiático estos países actualmente tienen tasas de ahorro 20 puntos porcentuales superiores a las de América Latina y sustentan sus altas tasas de inversión en el esfuerzo dedicado a la educación, capacitación, entrenamiento de los recursos humanos, a lo que se suma un sistema más eficiente en la administración pública. Mover favorablemente la palanca del ahorro interno y elevaría por arriba de 20 por ciento del PIB, implica establecer, en la región, una nueva *política de financiamiento al desarrollo* en tres ámbitos:

- El *ahorro forzado* de las familias a través de los fondos de pensiones y vivienda, como también de modificaciones impositivas, que favorezcan el ahorro por encima del consumo superfluo y suntuario. Aquí hay que desarrollar sistemas integrales de seguridad social basados en los fondo de vivienda y pensiones.

- El ahorro de las empresas a través de incentivos fiscales a la reinversión de utilidades.

- El ahorro público que permita una política fiscal sana y eficaz de ingreso-gasto, de equilibrio macroeconómico con atención a las áreas prioritarias.

b) Necesitamos un Sistema Nacional de Innovación, a **nivel nacional ya nivel de la empresa** más allá del viejo concepto de ciencia y tecnología,. La infraestructura moderna en la era de la información y el conocimiento requiere grandes inversiones para tener acceso al nuevo juego de la hipercompetencia global. Este es un aspecto fundamental del modelo de acumulación para formar capital, crecer e innovar mediante el capital intelectual.

c) Pero hoy día, en la nueva era del conocimiento, hay que incorporar **el capital intelectual** basado no solamente en mayor educación, sino en una educación orientada bajo un enfoque de continuo aprendizaje; de enseñar a la gente a **aprender a aprender** utilizando la gran cantidad de información que es accesible mediante la tecnología, con empresas bajo **organizaciones aprendientes** que permitan crear conocimiento e innovación productiva (organizaciones aprendientes).Estamos hablando de una nueva concepción para la acumulación de capital, que es la del **capital intelectual como la nueva fuente de la ventaja competitiva sustentable.**

Elevar la productividad del capital implica innovación tecnológica que debe estar sustentada en *programas de investigación, desarrollo* y nuevos enfoques de vinculación entre empresa y universidad. Para elevar la productividad del trabajo se requiere más y mejor *educación, capacitación y entrenamiento de la mano de obra.* La heterogeneidad de la planta productiva, su rezago en muchos sectores y la propia lógica de la competencia, implican la necesidad de mayores divisas para poder importar la maquinaria, equipo y tecnología suficientes. Se requiere incrementar la presencia de la región en los mercados mundiales. En este punto juega un papel fundamental la estabilidad en el equilibrio externo que evite las sobrevaluaciones de los tipos de cambio, integrada con políticas de promoción a la competitividad, similares a las que existen en los países competidores integrantes del entorno del comercio internacional.

Se requiere de un **apropiado financiamiento** a través de una **nueva banca de desarrollo** y una nueva **banca de inversión privada.** El gran problema de México y América Latina es la necesidad de una reestructuración a fondo y transformación estructural del sistema bancario y financiero que permita captar el ahorro y canalizarlo a la inversión productiva, sin elevar los costos de intermediación; esto es, canalizar el ahorro eficazmente a la inversión productiva con mínimos costos. Se puede decir que la experiencia mexicana de la estatización a la privatización y trasnacionalización, por sí misma no va a resolver el problema de la modernización del sector financiero, en este proceso se requiere algo más que nuevos actores. Lo fundamental del sector financiero no está en quién es el propietario de los activos, sino en cómo captar mayores tasas de ahorro y .canalizarlos competitivamente a la inversión productiva.

Política Industrial de los 60´s	***Política Industrial Neoliberal***	***Política de Competitividad Industrial y Articulación Productiva del siglo XXI***
•Política de protección	*Liberalización a ultranza*	•Política de apertura comercial con defensa a la competencia desleal •Tipo de cambio real competitivo
•Política de regulación	***Desregulación:*** *"Dejar hacer, dejar pasar"*	•Desregulación con marco institucional y regulación selectiva, supervisión bancaria y ecológica
•Política de fomento selectiva y discriminatoria	*Política industrial pasiva* *"la mejor Política Industrial es la que no existe"*	•Promoción general: •Políticas de competitividad a nivel meso y microeconómico

Figura 8.4
De la Vieja Política Industrial a la Nueva Política de Competitividad

3. *¿Cuál es el modelo macroeconómico básico? Y ¿Cuál es el reto del modelo macroeconómico? Ley Macroeconómica Básica. Político fiscal. Político cambiaria. Política comercial. Política monetaria. Política salarial.*

Para determinar **el modelo macroeconómico básico** se tiene que llegar primero a un consenso sobre los **objetivos y sus prioridades**; segundo se tiene que **determinar los instrumentos a utilizar y su asignación eficiente, competitiva y óptima a los diversos objetivos**, observando el **principio de asignación efectiva de Tinbergen-Mundel**; y tercero, aplicar una administración o gestión *(management)* de los instrumentos y su coordinación efectiva y consistente. En este contexto, los tres elementos señalados son fundamentales:

- **Cambiar del enfoque unidimensional de la política macroeconómica de estabilización**, que ha concentrado como práctica el objetivo prioritario, permanente y único de la estabilidad de precios, **a un enfoque macroeconómico tridimensional.** Los objetivos del modelo macroeconómico deben ser tres: **consolidar el crecimiento económico sostenido con pleno empleo** (tasa histórica del país de 6% anual del PIB), con equilibrio interno (estabilidad de precios) y externo (equilibrio en balanza de pagos). El reto y el arte en el manejo del modelo macroeconómico, es por lo tanto crecer a la tasa histórica de pleno empleo del 6% anual del PIB, sin desperdiciar ni dejar ociosa la capacidad productiva y de trabajo; al tiempo que se evitan los desequilibrios externos insostenibles, que llevan a programas de ajuste y maxidevaluación (de pare y siga), o presiones inflacionarias (desequilibrio interno) de ajuste recesivo. Esto es, cómo usar los instrumentos de política monetaria (crédito y tasas de interés), de política fiscal (gasto público, fomento a la inversión y al gasto privado), de política cambiaria, de política salarial y de política de competitividad a nivel de la oferta productiva para el, logro delos objetivos establecidos.

- Observar la **"ley macroeconómica básica"** establecida por el **principio de clasificación efectiva del mercado de Tinbergen-Mundel**; para asignar los instrumentos efectiva y eficientemente, y ésto solamente lo podemos alcanzar si tenemos el mismo número de instrumentos eficaces e independientes en correspondencia al mismo número de objetivos. El problema que enfrentamos es que generalmente, ante la propia apertura de mercado, se cuenta con un menor número de instrumentos los cuales además son interdependientes en la práctica. El arte **es cómo hacerlos consistentes**, más que independientes. Esto es, si queremos crecer al 6% tenemos que reconocer que el gran desequilibrio externo es de origen macroindustrial y que el **tipo de cambio real competitivo** es una condición *sine qua non,* no solamente para el equilibrio en el mercado de divisas, sino para el propio crecimiento y proceso de industrialización y finalmente para logar una tasa de inflación estable y decreciente, al evitar los ajustes maxidevaluatorios.

- El *management* del manejo macroeconómico se ha discutido mucho en México sobre la autonomía del Banco Central y ahora también ha surgido la polémica de si éste debe tener a su cargo no solamente la política monetaria (tasas de interés y crédito), sino también la política cambiaria. **La autonomía del Banco Central es indiscutible, pero eso no quiere decir que sea independiente de la política económica**. La autonomía del Banco Central debe ser absoluta y completa respecto al financiamiento del gasto y déficit del gobierno, cuando este exista, y nunca lo debe financiar con emisión primaria de dinero y el gobierno debe actuar a través del Estado en la operación de mercados abiertos para captar sus propios financiamientos, buscando no desplazar al privado. Pero no podemos hablar de la independencia del Banco Central de la política económica. Ilustremos el asunto con un ejemplo: el cuerpo humano es un cuerpo sistémico, es un sistema integral, no podemos pensar que el cardiólogo puede equilibrar el sistema circulatorio independientemente de los otros sistemas (sistema nervioso central, sistema respiratorio, etc.). Obviamente hay una gran interdependencia, así que no puede haber una total autonomía en esos términos. Hablamos entonces de **Autonomía del financiamiento del gasto y déficit público, pero no independencia de la política económica** ya que la política macroeconómica requiere de un enfoque sistémico o integral.

El arte del *management* macroeconómico es cómo caminar en el puente del crecimiento que se construye al andar y al mismo tiempo evitar caer hacia el lado del desequilibrio externo en la balanza de pagos, en un déficit externo que obligue a un ajuste maxidevaluatorio, o hacia el otro, a una situación inflacionaria que lleve a una contracción recesiva de la economía. Ese es el arte del *management,* que hemos confundido a lo largo de los últimos 15 años en América Latina. Los casos más evidentes son el de Argentina y México en el período 1988-94. En el modelo de estabilización se identifica: modelo macroeconómico = estabilización de precios = inflación a un dígito = inflación internacional.

Este camino es equívoco. **El reto del modelo macroeconómico no es unidimensional, es tridimensional**; la prioridad en el mediano y largo plazo es cómo crecer con pleno empleo, evitando los desequilibrios externo e interno; ése es el gran reto macroeconómico en el que requerimos utilizar las políticas fiscal, monetaria, cambiaria y de salarios, además de las de crecimiento y competitividad. En este contexto tenemos que llegar a un consenso básico sobre la política macroeconómica, que permita reencontrar la ruta del crecimiento sostenido (ver Figura. 8.5)

Coincidir sobre la necesidad de alcanzar equilibrios macroeconómicos básicos que generen condiciones de estabilidad económica, favorezcan la inversión privada y promuevan la innovación y el cambio con un Estado eficiente que consolide los soportes de la estabilidad sociopolítica, y promover junto con la sociedad el capital social (la confianza) son los factores que nos permiten confluir en lo que llamaremos *la Política Económica de Estado,* la cual mantendría sus principios independientemente del signo o afinidad política de los gobiernos en turno. Como dice Francis Fukuyama: "la gente que no confía en su prójimo' termina cooperando con éste sólo bajo un sistema de normas y regulaciones que tienen que ser negociadas, acordadas, litigadas e implementadas, a veces en forma coercitiva. Este aparato legal, que sirve como sustituto de la confianza, contiene lo que los economistas denominan "costos de transacción". En otras palabras, la desconfianza ampliamente difundida en una sociedad impone una especie de impuesto a todas las formas de actividad económica, un impuesto que no tienen que pagar las sociedades con un alto nivel de confianza interna."[163]

---

[163] Fukuyama, Francis, "Confianza", ed. Atlantida, 1996, p.p. 47.

La historia económica reciente nos enseña también lecciones básicas.[164] Así como el gobierno no puede mantener su gasto con un elevado déficit fiscal financiado de manera inflacionaria (16% del PIB en 1981, que elevó la devaluación de 1982), tampoco el país puede vivir con un déficit externo de 8% del PIB, financiado con capital del externo y mucho menos con capital de corto plazo volátil y excesivamente caro (el promedio de rendimiento en los mercados de valores, bonos y acciones de los fondos de inversión extranjeros en los mercados emergentes ha sido de 50% en dólares durante 1997).

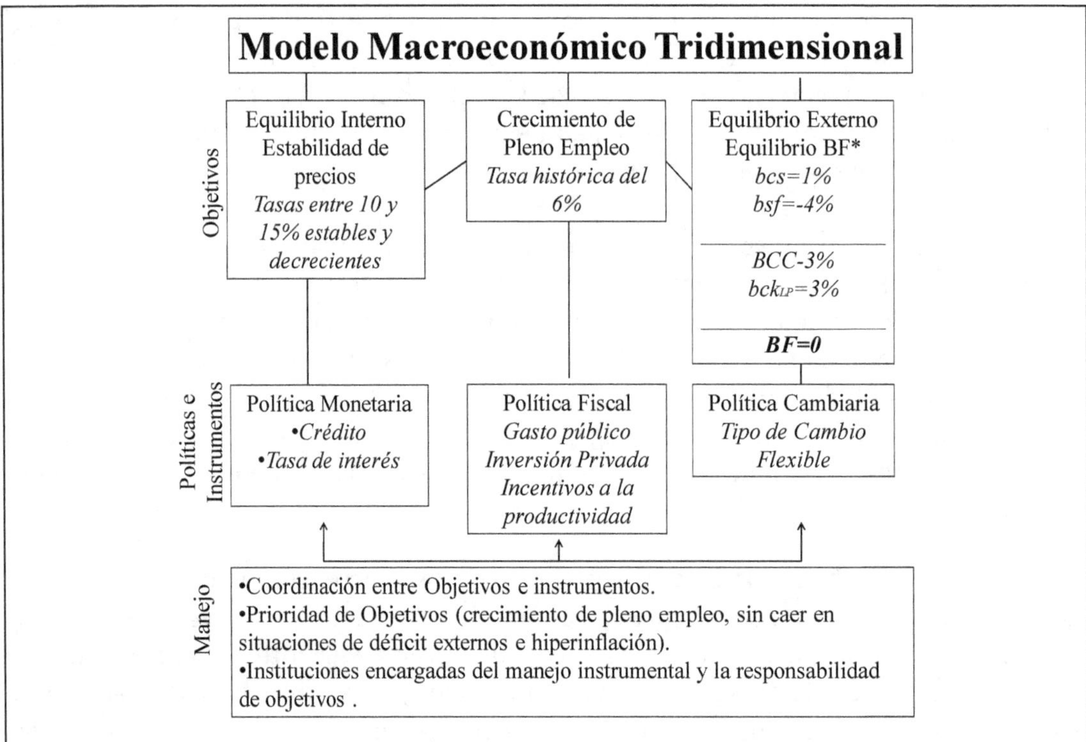

*BF: Balanza Fundamental (BF=BCC+bck); bcs: balanza comercial y de servicios no financieros; BCC: balanza en cuenta corriente (BCC=bcs+bsf) y bck: balanza de cuenta de capital.

El modelo macroeconómico tridimensional significa que existen tres objetivos de política macro (crecimiento, inflación y equilibrio en balanza de pagos), y el arte del "*management*" macroeconómico es asignar eficientemente cada instrumento a cada objetivo. Esto implica una coordinación de políticas e instrumentos efectiva entre las diversas instituciones que participan en la gestión de políticas. En síntesis, el arte del *management* implica: a) la definición de prioridades entre los objetivos; b)la asignación instrumental eficiente y c) el manejo coordinado de las políticas por las

[164] Ver Villarreal, René, "Industrialización...", op. cit.

diversas instituciones responsables.

Los Objetivos y su Prioridad

Cuando hablamos de **equilibrio externo** nos referimos a la balanza fundamental (BF=0), la cual se compone de la suma de la balamza en cuenta corriente (bcc) y de la balanza de cuenta de capitales de largo plazo (bck_{LP}, inversión extranjera directa y de cartera de largo plazo). Así, si el déficit en cuenta corriente es de -10,000 mmd y se genera un superávit de +10,000 mmd en la bck_{LP}, tendremos un equilibrio en la balanza fundamental. Si el programa financiero del gobierno (Pronafide) establece que el ahorro externo no puede ser mayor al 3% del PIB, implica que el déficit externo en bcc no pueda ser mayor al 3% del PIB (manteniendo constante el nivel de reservas). Y por otro lado, si la balanza de servicios financieros (bsf, pago neto de intereses y dividendos al capital extranjero) se encuentra en un nivel relativamente constante de 4% del PIB (bsf=-4%), entonces la balanza comercial y de servicios no financieros debe ser superavitaria en 1%, para que la balanza fundamental presente equilibrio.

Cuando hablamos de equilibrio interno o estabilidad de precios, hay varias concepciones a)inflación igual a cero, b) inflación igual a la internacional, y c) inflación estable y decreciente. A mi juicio, el objetivo sobre la meta de inflación debe ser buscar una **inflación estable y decreciente** para que permita a los agentes económicos predecir y proyectar sus actividades. Esto es, lo importante no es que ka inflación sea de un dígito, sino que sea estable pudiendo ser entre 12 y 15%. Lo importante es que sea estable y en su momento decreciente.

Figura 8.5 A

El **crecimiento de pleno empleo**, significa la tasa de crecimiento del PIB sostenida con el pleno empleo de los recursos existentes (capital y trabajo), dado el **nivel** de tecnología. En la práctica la tasa de crecimiento histórica que en México y América Latina ha sido del 6% en el periodo 1940-1980.

La Asignación de Instrumentos a Objetivos

El Principio de clasificación efectiva del mercado de Tinbergen-Mundel o "ley macroeconómica básica" establece que para asignar los instrumentos efectiva y eficientemente, debemos tener el mismo número de instrumentos eficaces e independientes en correspondencia al mismo número de objetivos. El problema que enfrentamos es que generalmente, ante la propia apertura de mercado, se cuenta con un menor número de instrumentos los cuales además son interdependientes en la práctica.

En la práctica macroeconómica **no existe la autonomía o independencia** entre los instrumentos (tasa de interés, crédito, impuestos, gasto público, tipo de cambio, etc.) y **los objetivos** (crecimiento con pleno empleo, estabilidad de precios, y equilibrio externo). Prácticamente todos ellos son interdependientes por lo que la asignación instrumental a las instituciones de gobierno (Banco Central, Secretaría de Hacienda, etc.) debe implicar un manejo integral de la política macroeconómica. Aumentar la tasa de interés frena la inflación, atrae capitales del exterior, aumenta la oferta de divisas, baja el precio de la divisa (en un régimen de flotación libre), aumenta las importaciones, disminuyen las exportaciones y el déficit externo, y finalmente frena la inversión, el producto interno bruto, y el crecimiento de la economía. Esto es, el manejo de instrumentos monetarios como la tasa de interés afecta los tres objetivos macroeconómicos.

En términos generales, podríamos pensar que la **política cambiaria** es el instrumento más eficiente para el objetivo del **equilibrio externo**, la **política monetaria** para la **estabilidad de precios**, y la **política fiscal** para el **crecimiento de pleno empleo**. El problema en la práctica, es la interdependencia entre instrumentos y objetivos. Por ejemplo,

•un desliz del TC, promoverá mayores exportaciones y sustitución de importaciones y por lo tanto, un superávit en la bcc y un incremento en el crecimiento, pero ejercerá presiones inflacionarias.

•Si se elevan las tasas de interés, se frena el gasto en consumo e inversión privada y por tanto, la inflación; pero también atraerá capital financiero del exterior, incrementará la oferta de divisas, presionando a la baja el precio de estas (sobrevaluación del TC), lo que producirá un desequilibrio en la BF (si partimos de una situación de equilibrio), y todo ello afectará el crecimiento del PIB.

El Manejo Institucional de los Instrumentos de Política Económica

En este contexto, la discusión en México en torno a sí el Banco Central debe manejar además de la política monetaria, la política cambiaria implica que este organismo debe incorporar a su objetivo prioritario de abatir la inflación, el logro del equilibrio externo, y consecuentemente, dado que el TCR es indispensable para la industrialización y competitividad de los bienes no comerciables, el objetivo del crecimiento. Por ello hablamos de que el modelo macro es tridimensional y requiere por lo tanto, un enfoque y coordinación integrales de las políticas económicas.

De aquí, que deberíamos hablar de la **estricta autonomía del Banco Central** para el manejo de sus instrumentos monetarios (tasa de interés interna y crédito) respecto al financiamiento del déficit y gasto público, **pero no de la independencia del Banco Central en el manejo de la política macroeconómica**, porque el objetivo de la macroeconomía no es solamente la inflación, sino el crecimiento de pleno empleo y el equilibrio externo, en donde los instrumentos son en la práctica interdependientes en su manejo y su efecto sobre los objetivos, lo que obliga a una coordinación integral de política económica.

Aquí debemos distinguir entre la forma generalmente aceptada de la autonomía del Organismo Central y la idea de independencia de la política económica.[1]

[1] .- Para un análisis más amplio y completo sobre el tema de la asignación eficiente de instrumentos a objetivos, ver. Ramos, Norma Rocío. "Objetivos e Instrumentos de Política Económica. El Tipo de Cambio como Instrumento de Ajuste en México, 1982-1994", tesis doctoral, Universidad Autónoma Metropolitana, México, 1997.

Figura 8.5 B

Por otra parte, la experiencia de 1988-1994, respecto a la prioridad de los objetivos macroeconómicos, es muy ilustrativa. El modelo macroeconómico fue unidimensional, ya que su objetivo era alcanzar una inflación igual a la internacional a toda costa, inclusive sacrificando el desequilibrio externo, lo cual significó llegar a un déficit en cuenta corriente en 1994 del 8% del PIB y un déficit acumulado de 100 rnrnd en el período. Esto, finalmente generó un pobre crecimiento alrededor del 3%, la mitad de la tasa histórica, y desembocó en 1995 en una inflación similar a la del inició del período de estabilización (52% igual a la de 1985) y una profunda recesión del -7%, presentándose el fenómeno de la U invertida (ver Figura 8.6). Esto es, finalmente se perdieron los tres objetivos por no cambiar a tiempo la prioridad entre ellos. Era necesario dejar el objetivo de la inflación por el del equilibrio externo en 1992, puesto que ya era evidente el elevado déficit en cuenta corriente (7.5% del PIB, 24 rnrnd) y el triunfo en el combate a la inflación (12% en 1992). Paradójicamente por no hacerlo se terminó en 1994 con la crisis externa más profunda y en 1995 con la pérdida de los otros dos objetivos, el estancamiento de la economía (-7%) y el retorno a la inflación (52%).[165]

La experiencia nos indica que debemos buscar un crecimiento sano que evite los procesos de pare y siga. Para recuperar las tasas de crecimiento del 6% se requiere de equilibrio fiscal y externo. Podemos establecer como regla empírica que los déficit gemelos, esto es, los déficit fiscal y de cuenta corriente en balanza de pagos deben ser menores o, al menos, iguales a 3% del PIB. Dos criterios en este campo son: (a) el déficit externo que ha sido planteado por el propio PRONAFIDE que debe ser menor o igual al 3% del PIS, que se acepta como la capacidad para absorber ahorro externo y capital del exterior, principalmente capital de largo plazo, o sea, inversión extranjera directa y de cartera de largo plazo. Esto implicaría que si el déficit de cuenta corriente fuera de 3% y hubiera un superávit en la balanza de capitales de largo plazo de 3%, permitiría un equilibrio en la balanza, que llamaríamos fundamental, de cero (ver Figura 8.5); (b) el déficit fiscal menor al 3% es producto del criterio de Maastrich. Esto significa no solamente un déficit aceptable financiado de manera sana con un sistema que no desplaza al financiamiento privado ni eleve las tasas de interés.

En América Latina, la reforma fiscal que parte de las políticas del cambio estructural ha resultado en una reforma "a medias", ya que la acción de ajuste se ha desarrollado de un sólo lado de la tijera, por el lado de la reducción del gasto público y el tamaño del Estado, pero no de aumento de los ingresos públicos, lo que

---

[165] Para una explicación más amplia, ver Villarreal, René, "La Crisis de 1994 y el paradójico error de 1992: no haber cantado victoria al combate a la inflación y el falso retorno al desarrollo estabilizador" en revista Examen, diciembre 1997.

ha debilitado la posición fiscal de los Estados. De tal manera que en América Latina la participación del sector público en la economía se ha reducido del 40% aproximadamente a niveles del 22-23% del PIB, pero sus niveles de ingresos tributarios no han aumentado, por lo que existen fuertes vacíos para que el Estado se pueda concentrar en el financiamiento sano de prioridades como la educación y la infraestructura, comparada con los países desarrollados.

Desde el punto de vista de la política económica, para alcanzar el equilibrio en la balanza fundamental, la pregunta es: ¿cómo crecer a un ritmo de 6% del PIB con equilibrio fiscal y equilibrio en la cuenta fundamental de la balanza de pagos? La respuesta implica tener un **tipo de cambio real competitivo.** En este aspecto todavía no existe un consenso claro, la gente se confunde con el tipo de cambio fijo, nominal o real. En un sistema abierto y globalizado un tipo de cambio real competitivo constante implica un tipo de cambio flexible que debe tomar como criterio la oferta y la demanda del mercado de divisas, pero aislando el capital especulativo y volátil, considerando también la diferencia de precios internos y externos y el equilibrio en la balanza fundamental.

El tipo de cambio no debe ser ancla antiinflacionaria (orientada al equilibrio interno), sino el instrumento clave para el equilibrio externo. El tipo de cambio real es fundamental para consolidar el modelo de industrialización tridimensional lo que mide la relación de precios de bienes comerciables respecto a los no comerciables, esto es, establece la relación de precios relativos y rentabilidad de los pivotes exportador y de sustitución competitiva de importaciones respecto al endógeno.

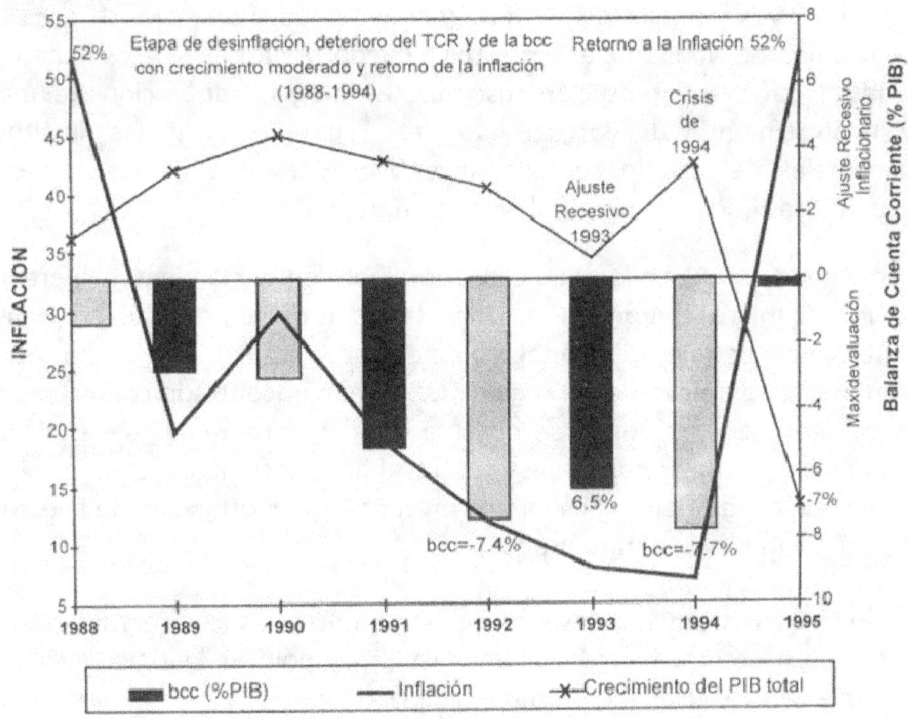

Figura 8.6
Evolución de los Desequilibrios Macroeconómicos y el Fenómenos de la U Invertida (1988-1995)
Crecimiento, Inflación y Balanza de Cuenta Corriente

En la política salarial se necesita establecer una política de productividad que incremente el salario real y recupere el crecimiento del mismo mediante sistemas de innovación nacional, como convertir las empresas en aulas, organizaciones aprendientes de innovación productiva con un enfoque neoschumpeteriano.

4. *¿Cuál es el modelo micro y mesoeconómico de fomento a la oferta productiva? Política de competitividad. Modelo gerencial y laboral.*

La estabilización económica y el cambio estructural en conjunto promueven un proceso de "selección natural" donde sobreviven las empresas que logran adaptarse con éxito a las nuevas condiciones reinantes en el mercado. Pero en realidad subyace el triunfo de determinadas fuerzas e intereses de una economía globalizada, de grandes corporaciones que muchas de las veces cuentan con el aval de políticas directas y abiertas de fomento por parte de sus respectivos gobiernos para alcanzar posicionamiento s en el mercado, más allá de lo que puedan determinar las leyes formales de la oferta y la demanda. Tal es el caso por ejemplo de los conglomerados industriales coreanos *(chaebols)* que reciben los beneficios de los incentivos para la exportación, uso de tecnología, adquisición de materias primas, financiamiento de largo plazo, etc., que otorgan las instituciones gubernamentales del estado coreano, incentivos y apoyos de los que carecen aquellas empresas que juegan a "las leyes del mercado".

Recientemente la CEP AL ha logrado conceptualizar comportamientos diferenciados de las unidades microeconómicas, a partir de los impactos que los programas de ajuste y de cambio estructural han tenido en el marco regulatorio y de incentivos en que las empresas se mueven en la región. Así, se han encontrado comportamientos dispares o heterogéneo s donde se observa que "los programas de estabilización macroeconómica y de reforma estructural han funcionado como poderosos mecanismos selectivos, dando paso a una profunda transformación de la estructura y el comportamiento del aparato productivo".[166]

De acuerdo al análisis citado la respuesta de las empresas a los programas de ajuste y de cambio estructural han dado por resultado, por un lado, la aparición de empresas que han reaccionado de manera **"proactiva"**, que de alguna manera son aquellas que han respondido exitosamente a los cambios, no sólo del entorno interno sino también a las exigencias que impone la globalización. Estas empresas han "transformado significativamente sus procedimientos operativos, expandido sus inversiones y su capacidad física de producción, a partir de nuevas plantas fabriles y modelos de organización".[167] En segundo lugar tenemos aquellas empresas que han asumido una actitud **"defensiva"**, lo que significa que han procurado adaptarse al nuevo escenario mediante cambios menores, referidos a organización, subcontratación o abastecimiento externo *(outsourcing)* y desarticulación vertical, pero sin incurrir en grandes inversiones ni expandir muy significativamente su capacidad instalada.[168] Por último, se puede citar aquel grupo de empresas catalogadas como **perdedoras,** las que ante la profundidad del ajuste y los impactos de la globalización han experimentado profundos reveses, que en algunos casos las han llevado hasta desaparecer del escenario económico.

Las economías latinoamericanas y en desarrollo siguen enfrentando fuertes limitaciones por el lado de la oferta productiva en las áreas de infraestructura (puertos, telecomunicaciones, transportes, etc.), del desarrollo tecnológico y el capital humano, que no responden sólo a las señales **"de demanda y precios**

---

[166] CEPAL, 1980-1995, 15 *años de Desempeño Económico.*
[167] Ibid
[168] Ibid

relativos en el mercado" y que requieren de **"políticas de fomento por el lado de la oferta productiva"** (política industrial, tecnológica, regional). Esto se logra a través de una política de fomento y de incentivo a la inversión y a la producción (diferenciando el incentivo del subsidio) con la finalidad de hacer más elástica, bajo el liderazgo del sector privado y política amistosa del mercado, la oferta productiva para que responda a los requerimientos cambiantes de la demanda de los precios relativos y de la competencia internacional.

El **modelo microeconómico** requiere de un nuevo modelo de empresa que está ligado con la organización industrial del siglo XXI. En esta última tendría que considerarse el tipo de liderazgo industrial que queremos, ya sea un liderazgo de empresas transnacionales, o de empresas nacionales grandes, medianas o pequeñas. Desde el punto de vista histórico hay tres tipos de modelos: el caso coreano, lidereado por los grandes conglomerados nacionales, de tipo industrial, comercial y financiero o *chaebols;* en Taiwán, la pequeña y mediana industria y con apoyo de la empresa pública; y en Singapur las empresas transnacionales. México requeriría, ante las oportunidades del TLC y de la fábrica regional, un esquema "combinado" en el que la gran empresa multinacional y la nacional serían líderes, pero integrando el desarrollo de la pequeña y mediana industria, a través de esquemas de subcontratación y asociaciones, lo que permitirá flexibilidad productiva, mejores empleos y mayor competitividad a la industria. Es decir la pequeña y mediana industria debe incluirse en el proceso fundamental de articulación por su flexibilidad y competitividad. Pero eso requiere de una política nacional de competitividad que considere al desarrollo de los empresarios pequeños y medianos una prioridad nacional con la infraestructura tecnológica, financiera y humana necesaria.

En este contexto, se requiere de un nuevo **modelo microeconómico, de una política de competitividad y un nuevo modelo de gestión empresarial** que integre un sistema flexible de producción y de organizaciones aprendientes. Hoy, en **la nueva era del conocimiento y la información,** el reto es integrar organizaciones que aprenden y crean conocimiento productivo de manera continua. Necesitamos pasar de los **Círculos de calidad a Círculos de aprendizaje en las empre**sas, y más que de flexibilidad laboral tenemos que hablar de **flexibilidad productiva** para con- formar el desarrollo del modelo microeconómico.[169]

[169] Empresas que Crean y Desarrollan Capital Intelectual en México", *Proyección Humana,* año 10, núm. 112, VI época. Marzo de 1998.

Es necesario por lo tanto, en el modelo microeconómico a nivel de empresa, desechar la vieja relación de adversarios entre empresa y trabajador por otra cooperativa y desarrollar un nuevo enfoque gerencial acorde a la nueva era post-industrial del conocimiento, en donde la inversión en el capital humano y la formación de capital intelectual. Esto es, generar trabajadores del conocimiento productivo como base de la competitividad, un modelo microeconómico que deseche el viejo paradigma de la ventaja competitiva basado en la dotación de factores y la mano de obra barata en los países en desarrollo, por otro de la mano de obra productiva.

Este modelo debe fomentar la oferta productiva con una política mesoeconómica de competitividad que garantice la elasticidad de la oferta a nivel microeconómico y la competitividad de las empresas, recordando que los procesos de apertura económica y de liberalización de los mercados tienen como fin crear empresas competitivas. Sin embargo, aceptamos que éstas no pueden crearse de manera automática si las dejamos al libre juego del mercado y de la competencia internacional, ya que para ello se requiere, además de esas condiciones, infraestructura a nivel mesoeconómica y una nueva gestión empresarial-laboral (ver Figura 8.7).

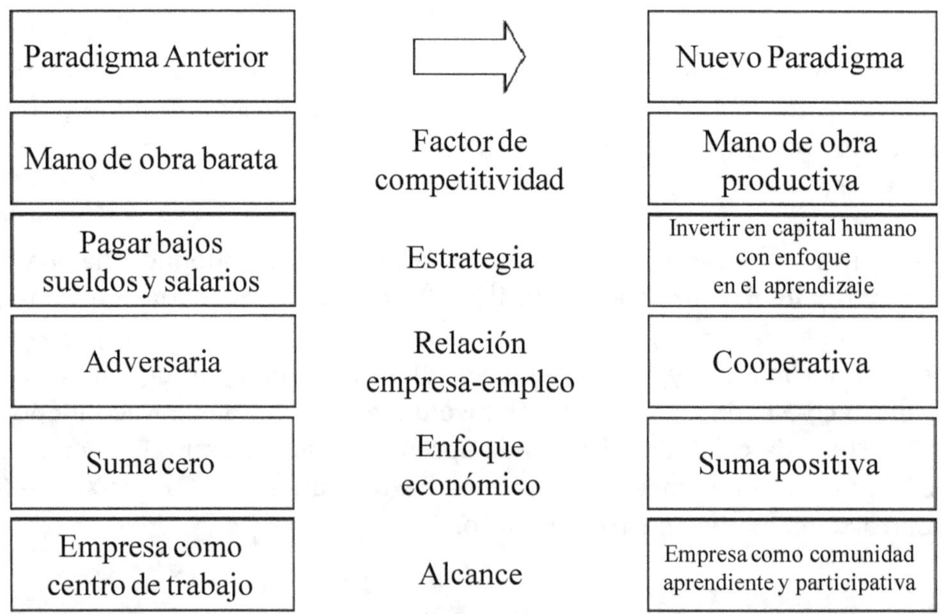

Figura 8.7
Nueva cultura de productividad en la era del conocimiento

La nueva empresa, privada o pública, del siglo XXI debe ser de otro tipo. La empresa requiere una nueva cultura productiva de gestión empresarial, de desarrollo del aprendizaje y el conocimiento en la parte laboral y de un gobierno promotor con políticas amistosas para promover la acumulación de capital y la innovación productiva a nivel de empresa. Esto requiere un nuevo **modelo de cultura productiva**, con un nuevo enfoque de suma-positiva (aumenta el pastel y lo comparten ambas partes), y no de suma-cero, (lo que uno lo gana el otro lo pierde) y de una nueva visión empresarial. Las empresas públicas requieren para enfrentar economías abiertas y globalizadas, de privatizar el managernent, esto es, eliminar la burocracia sobrerregulatoria para dejarlas jugar y competir en el mercado.[170]

5. Desarrollo Sustentable y Equidad Distributiva. Políticas y regulaciones ambientales.

El desarrollo sustentable consiste en crecer de manera sostenida sin deteriorar la base productiva de recursos naturales para las generaciones futuras. Tenemos una responsabilidad social y política con las nuevas generaciones. ¿Cómo **producir y crecer a16% del PIB sin deteriorar la base de recursos naturales y el medio ambiente para las generaciones futuras**? Necesitamos una cultura de sustentabilidad eco lógica, de cuidado del medio ambiente y de nuestros recursos. Esto implica, políticas de fomento en el área productiva y de cuidado ecológico y ambiental; políticas de regulación ambiental; que este modelo de crecimiento sea incluyente del empleo productivo y remunerativo con énfasis en la educación, no solamente en las aulas, sino en la planta, en donde la empresa tenga ahora una responsabilidad social en la formación del capital humano y del capital intelectual y de su entorno comunitario.

Las regulaciones ambientales deben estar orientadas a lograr un uso eficiente y racional de los recursos naturales cada vez más escasos, a pesar del optimismo sobre las soluciones que ofrece la tecnología para recuperar el deterioro de los recursos e incrementar su disponibilidad. Las regulaciones por lo tanto, no deben generar obstáculos insalvables para atentar contra la inversión productiva o en su caso contrario, despreciar y negar la mínima regulación con el fin de atraer a cualquier costo la inversión.

Para los países en desarrollo, en donde las empresas carecen del capital humano necesario las políticas de regulación no son suficientes, se requieren políticas de fomento fiscales y financieras para incorporar las inversiones ecológicas en equipo y procesos productivos, sin elevar los costos ni eliminar la competitividad de las

[170] "You Can Teach this Old Company New Tricks", *Fast Company*, octubre-noviembre 1997, p.p. 44-46.

empresas.

¿Con quién queremos alcanzar el desarrollo? Liderazgo de los sectores nacionales y alianzas estratégicas no subordinadas

En una economía de mercado, los actores y líderes de los procesos económicos son los empresarios. Diversas experiencias nacionales muestran diferentes maneras de organización del liderazgo de las empresas en sus entornos de competencia. En Corea, por ejemplo, este liderazgo es conducido por los grandes grupos o conglomerados nacionales *(chaebols)*, que unidos con su gobierno, salen a 'competir en todo el mundo; un país pequeño con jugadores de talla internacional. En Taiwán, el liderazgo corresponde a las empresas pequeñas y medianas organizadas en red con apoyo de políticas de competitividad y de las empresas públicas. Por otra parte, en Singapur, el modelo es conducido por las fuerzas del empresariado transnacional.

México pasó de la estatización de la banca en 1982, a su privatización en los 90's, y ahora transita a su transnacionalización con el objetivo de capitalizarla, ordenarla y modernizarla, lo que implica cambiar implícitamente el liderazgo del desarrollo del sistema financiero, del Estado a la empresa privada nacional, y ahora a la extranjera. Es fundamental determinar (y no dejar a la inercia circunstancial) quién llevará el liderazgo dentro de la economía nacional en el marco de la propia globalización en esta nueva etapa. Por ejemplo, Alemania, ferviente creyente y practicante de la economía de mercado, cuando quebró la empresa Mercedez Benz y la iban a extranjerizar mediante la venta a empresarios árabes, el "orgullo nacional" predominó y la rescataron de la quiebra con apoyos del gobierno y proveedores, en tanto que el símbolo de Mercedez Benz se considera un símbolo nacional de la Alemania industrial moderna.[171]

La corporación extranjera tiene un papel muy importante en el juego, y la gran corporación nacional no se ha podido consolidar y ya es necesario desarrollarla, pero ésta tiene que estar finamente apoyada en la pequeña y mediana industria como el gran elemento articulador del proceso de crecimiento, solamente así podremos hacer compatible el crecimiento con el empleo y la flexibilidad productiva que queremos desarrollar en las empresas en el mundo de hoy.

El tema fundamental de quién lleva el liderazgo en la economía como actores protagonistas es estratégico y tendrá que discutirse más a fondo y ampliamente. El **gobierno pasa a un papel ya no de actor y protagonista, sino de promotor y de apoyo al proceso de desarrollo de la innovación y de la empresa privada,** y

[171] Fukuyama, Francis, *Confianza*, op. cit., pp. 26-27

principalmente bajo una política de competitividad y articulación de las propias empresas; pero aquí hay que definir qué tipo de organizaciones, marco institucional y **liderazgo empresarial** se requiere que sea compatible con los objetivos del desarrollo. Se requiere de una nueva cultura y liderazgo empresarial con tres características: **visionario, participativo y con responsabilidad social.**

El modelo de nuestro país, ofrece la posibilidad de una combinación de múltiples actores, como el de la gran empresa nacional con posibles alianzas estratégicas no subordinadas con la gran empresa multinacional; la mediana y pequeña empresa articulada con los procesos de subcontratación y la empresa pública en los sectores estratégicos de la economía. El arte es lograr la articulación de posiciones y consensos para que cada actor empresarial, grande, mediano o pequeño cumpla satisfactoriamente con su papel en un entorno donde exista claridad y transparencia en las diversas reglas del juego, que generen certidumbre para la toma de decisiones de los agentes económicos, y permita finalmente consolidar los dos pilares del crecimiento sostenido: un nuevo modelo de acumulación de capital y de innovación productiva.

¿Para quién queremos el nuevo país, la nueva región en el 2020? ¿Para quién queremos construir el nuevo proyecto? Equidad de oportunidades, participación y distribución de los beneficios.

El proyecto de país que queremos, para todos los mexicanos y los latinoamericanos, nada tiene que ver con la concepción de un Estado y una sociedad que como un barco que navega hacia el futuro, no todos se pueden subir, como señala el epígrafe con el que iniciamos este capítulo **"Para qué sirve la nave del Estado, si no están todo abordo"**. ¿Cómo podemos proyectar un camino hacia el futuro, con un proyecto común y un consenso en lo fundamental para construir y **llegar a esa visión 2020 en la nueva nave de la economía de mercado institucional, participativa y democrática, si en esa nave no van todos a bordo**? Una condición fundamental es que todos tienen que estar abordo de la nave, lo que implica en primer lugar, erradicar la pobreza y aunque en el corto y mediano plazos sabemos que requeriremos de programas asistenciales, a largo plazo se requiere que **el modelo de crecimiento sostenido sea incluyente** con actividades productivas, con empleos bien remunerados, para que la sociedad pueda obtener el bienestar económico básico que requiere para su desarrollo.

Queremos un modelo donde el **hombre sea el sujeto y objeto del desarrollo**, una sociedad civil participativa y proactiva. Ese es el **modelo que queremos y es para quién lo queremos**.

El gran problema de México y América Latina no es sólo la pobreza, sino también la opulencia que violenta la integridad humana. Necesitamos apostar a un crecimiento económico que garantice no sólo la satisfacción de las necesidades básicas de la población, sino que replantee los términos de la equidad en función de una generación **equitativa de oportunidades** para la superación y desarrollo integral del hombre en una sociedad abierta.

Esto implica reconocer que la viabilidad y sustentabilidad de un proyecto de nación se encuentra en el **grado de consenso** que se alcance entre los actores sociales, lo cual **viene determinado por el grado de participación y los costos que están dispuestos a pagar como los beneficios que esperan recibir por participar en dicho proyecto.**

La experiencia mexicana señala que el proyecto de nación definido por el Porfiriato fracasó y desembocó en una revolución por su carácter altamente excluyente, donde los beneficios se concentraron en unas pocas manos, inclusive de carácter extranacional. En este sentido las lecciones de la historia son básicas para determinar la estrategia del futuro para el siglo XXI.

En síntesis, para salir de la crisis tridimensional (de transición, sistémica y de visión) y enfrentar el **gran reto en México y América Latina, de avanzar y consolidar las economías de mercado institucionales y participativas con crecimiento sostenido, y sistemas políticos democráticos pluripartidistas**, con cambios institucionalizados, es necesaria una visión de futuro y proyecto de nación y de región de nuestros países. Eso es algo que requiere de consenso y una amplia discusión política en todos los ámbitos y por todos los actores. Sin embargo, hay un punto fundamental: recordar que el verdadero enemigo de la verdad no es la mentira, sino el mito o el dogma. Debemos rechazar todo mito y dogma, dejar de satanizar al Estado y no beatificar al mercado. Pensar que el hombre es el sujeto y objeto del desarrollo y desideologizar (la cuarta D) el debate entre el Estado y el mercado, *"el problema que enfrentamos no es una simple cuestión de 'el mercado' versus 'el Estado', sino de mecanismos institucionales específicos que pueden proporcionar los agentes económicos particulares, incluyendo al Estado, con incentivos e información que los conducirán a comportarse de una manera racional colectivamente"*.[172]

---

[172] Przeworski, Adam, "The Neoliberal Fallacy", en Diamond, Larry and Marc Plattner (editores), *Capitalism,Socialism, and Democracy Revisited*, The John Hopkins University Press, 1993, p. 45

Hoy la discusión y el debate ya no es entre el capitalismo y el socialismo sino entre los diferentes tipos y modalidades de capitalismo, los cuales dependen, entre otros factores, del tamaño e intervención del Estado, el sistema de negociación laboral, el modo de organización del sistema bancario-financiero, la organización industrial y su relación entre empresas, el sistema de asistencia social, el tipo de organizaciones empresariales y laborales, así como la propia cultura productiva en el país; donde existen también diferentes modalidades de cómo lograr los consensos básicos entre gobierno, empresas, trabajadores y ciudadanos.

En este contexto, el requisito fundamental para construir nuestro propio modelo de capitalismo es generar un *Acuerdo y Consenso Nacionales en el Proyecto de País y en la Política Económica de Estado para alcanzarlo con Visión de Futuro*.

Bibliografía

1. Albert, Michael. *Capitalismo* vs *capitalismo,* Paidós, México, 1993.

2. Anjaria, Shalendra, "Las Razones del FMI", *El Economista,* 27 de Abril de 1998.

3. Ayala Espino, J. "¿Existe una Crisis de 'Visión' en el Pensamiento Económico Moderno?", *Economía Informa,* núm. 263, diciembre 1997-enero 1998, Facultad de Economía, UNAM.

4. Ayala Espino, J., *Instituciones y Economía. Una Introducción al Neoinstitucionalismo Económico,* versión preliminar, Universidad Nacional Autónoma de México, 1998.

5. Banco Interamericano de Desarrollo, "América Latina Tras una Década de Reformas. Progreso Económico y Social en América Latina". *Informe* 1997, Washington D.C., septiembre 1997.

6. Banco Interamericano de Desarrollo, "Modernización del Estado y Fortalecimiento de la Sociedad Civil", *El Economista Mexicano.* Revista del Colegio Nacional de Economistas, Nueva época, vol. 1, núm. 3, abril-junio 1997, México.

7. Barnet, Richard y John Cavanagh, "Electronic Money and the Casino Economy", en *The Case Against the Global Economy"* editado por Jerry Mander y Edward Goldsmith, 1996.

8. Camdessus, Michael, "Reforma del Estado, Clave para el Desarrollo de AL", Propuesta del Director Gerente del FMI, *El Financiero,* martes 21 de octubre de 1997. p. 28.

9. Cardoso, Fernando Henrique. "Estado, Comunidad y Sociedad en el Desarrollo Social", *Revista de la CEP AL,* agosto, 1997.

10. Cassidy, John, "La Decadencia de la Economía", *Economía Informa,* núm. 263, diciembre 1997-enero 1998, Facultad de Economía, UNAM.

11. CEPAL, 1980-1995,15 *años de Desempeño Económico.*

12. Coase, R. T., *The Firm, the Market and the Law,* The University of Chicago Press, 1988.

13. Cuomo, Mario, *More Than Words,* St. Martin's Press, Nueva York, 1994.

14. Diamond, Larry y Marc F. Plattner, *Tres Paradojas de la Democracia. El Resurgimiento Global de la Democracia,* Instituto de Investigaciones Sociales, UNAM.

15. Drucker, Peter F., "La Economía Global y el Estado-nación", *Foreign Affairs,* septiembre- octubre, 1997.

16. Eatwell, John y M. Milgay, *The Invisible Hand,* W.W. Norton, Nueva York, 1989.

17. Eatwell, John, "Instituciones, Eficiencia y la Teoría de la Política Económica", *Crecimiento Económico y Empleo,* Colección "Ideas para la Cultura de la Democracia", Luis Angeles, *et. al.,* (coordinadores), noviembre de 1994.

18. *El Economista,* "El FMI Bajo el Fuego de las Críticas", jueves 18 de febrero de 1998.

19. *El Economista,* "Saldrán reforzados de la crisis los países de Asia: Camdessus". 23 de Enero de 1998.

20. *Fast Company,* "You Can Teach this Old Company New Tricks", octubre-noviembre, 1997.

21. Feldstein, Martin y Kathleen, "Lo que Debería Hacer el FMI", *El Economista,* 27 de Abril de 1998.

22. Ffrench Davis, Ricardo y Helmut Reisen *(compiladores),"Flujos de Capital e Inversión Productiva". Lecciones para América Latina,* Me Graw Hill, Cepal y OCDE, 1998.

23. Ffrench-Davis, Ricardo. y Manuel R. Agosin, "La Liberalización Comercial en América Latina", *Revista de la CEPAL,* núm. 50, agosto de 1993, Santiago de Chile.

24. FMI, *Global Economic Outlock* 1998, Abril de 1998.

25. *Foreign Affairs,* "La Economía Global y el Estado-nación", septiembre-octubre, 1997.

26. Fuentes, Carlos, *Feliz Año Nuevo,* la ed., Editorial Nuevo Siglo, Aguilar, 1995.

27. Fuentes, Carlos, *Por un Progreso Incluyente,* Instituto de Estudios Educativos y Sindicales de América, México, 1997.

28. Fukuyama, Francis, *Confianza,* Atlántida, México, 1996

29. Fukuyama, Francis, *El Fin de la Historia y el Ultimo Hombre,* Planeta, México, 1992.

30. González, Felipe, "Siete Asedios al Mundo Actual", Cátedra Julio Cortázar, Universidad de Guadalajara, *Nexos,* marzo, 1998.

31. Gutiérrez Garza, Estela y J. M. Infante (coordinadores), "México en el Siglo XXI", vol. 1, *El Debate Nacional,* Diana, México, 1997.

32. Halstead, Ted. y Clifford Cobb, "The Need for New Measurements of Progress", *The Case Against the Global Economy,* Mander J. y Edward Goldsmith (editores), 1996.

33. Hampden-Turner, Charles, Alfons Trompenaars, *Las Siete Culturas del Capitalismo,* Vergara, Argentina, 1995.

34. Hirshman, Albert, *A bias for hope,* Essays on Development and Latin Arnerica; New Haven y Londres, Yale University Press: 1971.Citado en *La Contrarrevolución monetarista. Teoría, política económica e ideología del neoliberalismo* de René Villarreal, FCE, 1986, p. 123

35. Huntington, Samuel P., "La Tercera Ola de la Democracia", *El Resurgimiento Global de la Democracia,* Instituto de Investigaciones Sociales, UNAM, 1996.

36. Huntington, Samuel, *The Clash 01 Civilizations and the Remaking of World Order,* Simon and Schuster, 1996.

37. Iglesias, Enrique, "*Candados* a la Inversión Externa, recomienda el BID", *El Financiero, 7* de febrero de 1998.

38. Javed Burki, Shahid y Guillermo Perry, "The Long March. A Reform Agenda for

Latin Arnerica and the Caribbean in the Next Decade". *Latin American and Caribbean Studies,* World Bank, 1997.

39. Kantor, M., *El Financiero,* viernes 6 de febrero de 1998.

40. Kapuscinski, Ryszard, "Cómo Veo el Mundo" en *Nexos, abril de 1998.*

41. Kelly, Kevin, "The Economics of Ideas", *Wired,* Issue 4.06 - junio, 1996

42. Krugman Paul y Obstfeld Maurice, *International Economics, Theory and Policy,* Addison Wesley,1997.

43. Krugman, Paul, "Ahora la Incertidumbre es Política", *El País,* 15 de enero de 1998.

44. *La Jornada,* "Conversación con el Alma de México", 12 de mayo de 1995.

45. *La Jornada,* "Entrevista con Octavio Paz", 12 de mayo de 1995.

46. *La Jornada,* "Singapur: la Crisis de Asia, por Sobregasto Privado", 3 de marzo de 1998.

47. Linz, Juan. y Alfred Stepan, *Problems of Democratic Transition and Consolidation: Southern Europe, South America and Post-Communist Europe,* The Johns Hopkins University Press, 1996.

48. Mander, Jerry y Edward Goldsmith. (ed.), *The Case Against the Global Economy. The Need for New Measurements 01 Progress,* por Ted Halstead y Clifford Cobb, 1996.

49. Matthews, Jessica, "Power Shift", *Foreign Affairs,* Winter Books.

50. *Nexos,* "Hacia una Sociedad Global Abierta", Universidad de Guadalajara, Marzo de 1998.

51. North, Douglass, *Instituciones, Cambio Institucional y Desempeño Económico.* Fondo de Cultura Económica. México, 1995.

52. OECD, *Employment and Growth in the Knowledge-Based Economy, 1996.*

53. OECD, *The Transition to a Market Economy, 1997*

54. Olson, M. citado por José Ayala Espino, *Instituciones y Economía. Una introducción al Neoinstitucionalismo Económico,* Facultad de Economía, UNAM, 1998.

55. *Proyección Humana,* "Empresas que Crean y Desarrollan Capital Intelectual en México", año 10, núm. 112, VI época, Marzo de 1998.

56. Przeworski, Adam, "The Neoliberal Fallacy", en Diamond, Larry and Marc Plattner (editores), *Capitalism, Socialism, and Democracy Revisited,* The John Hopkins University Press, 1993.

57. Ramos, Joseph, "Política Industrial y Competitividad en Economías Abiertas", *Desarrollo Productivo,* núm. 34, CEP AL, Santiago de Chile, 1996.

58. Ramos, Joseph, "Un balance de las Reformas Estructurales Neoliberales en América Latina", *Revista de la CEPAL,* núm. 62, agosto 1997.

59. Ramos, Norma Rocío, *Objetivos e Instrumentos de Política Económica. El Tipo de Cambio Como Instrumento de Ajuste en México,* 1982-1994, tesis doctoral, Universidad Autónoma Metropolitana, México, 1997.

60. Saenz, Josué, "¿Por Qué no somos Primermundistas", *Este País,* Mayo 1996.

61. Sánchez Navarro, Juan, "No es solución a todos los males el capitalismo; tiene problemas", entrevista, *El Universal,* 29 de septiembre de 1997.

62. Self, Peter, *Government by the Market? The Politics of Public Choice,* MacMillan, 1998.

63. Shapere, Dudley, "El Concepto de Paradigma", en *Análisis y Aplicación de los Paradigmas en Economía,* de Antonio Schneider e Ignacio Llamas, Trillas, México, 1981.

64. Shelton, Judy, "No Hay Duda, el FMI Juega Rudo", *El Economista,* 9 de marzo de 1998.

65. Silva Michelena, H., "Políticas Sociales y Económicas Integradas. Esbozo para una Socioeconomía Política", *Desarrollo con Equidad. Hacia una Nueva Articulación de Políticas Económicas y Sociales en América Latina y el Caribe,* Helena González (editora), CEPAL/CLAD/SELA, Venezuela, 1996.

66. Soros, George., "Hacia una sociedad abierta global", *El País,* martes 23 de diciembre de 1997.

67. Soros, George "Genera Indiferencia el Capitalismo", entrevista, *El Economista,* 22 de septiembre, 1977.

68. Stiglitz, Joseph. "Boats, Planes and Capital Flows" *The Financial Times Limited,* miércoles 25 de marzo de 1998

69. Stiglitz, Joseph, "Consenso Político para Mantener el Modelo Económico, Sugiere el BM", entrevista de Dolia Estévez, *El Financiero,* martes 23 de septiembre de 1997.

70. Stiglitz, Joseph., "Regular Flujos de Capital Evitaría Crisis", *El Economista,* 26 de marzo de 1998.

71. Stiglitz, Joseph, *Whiter Socialism?,* MIT Press, Cambridge Mass., 1995.

72. *The Economist,* "Kill or Cure?", enero 10, 1998.

73. *The Economist,* "The Invisible Fist", febrero 13 de 1997.

74. *The Economist,* "The Visible Hand", septiembre 20, 1997.

75. *The New York Times,* "La óptica de no Intervención en los Mercados, no Aplicable a la Crisis de Asia", enero 1, 1998.

76. The World Bank, *Global Economic Prospects and the Developing Countries,* Washington, D.C.1997.

77. Thurow, Lester C., "El Capitalismo Maniaco", *Revista Nexos,* No. 232, abril 1997.

78. Tobin, James, "Uno o dos brindis a la salud de la Mano Invisible", *Nueva Economía. Revista de Economía y Política,* año 1, noviembre 1992-enero 1993, Cambio XXI Fundación Mexicana, A.C., Cowles Foundation for Economic Research, mimeografiado, junio, 1992.

79. Traxler y Unger, "Gobierno, Reestructuración Económica y Competitividad Internacional", *Crecimiento Económico y Empleo,* Colección "Ideas para la Cultura de la Democracia", Luis Angeles, *et. al.,* (coord.), noviembre de 1994.

80. Urquidi, Víctor L., (coordinador) *México en la Globalización. Condiciones y Requisitos de un Desarrollo Sustentable y Equitativo. Informe de la Sección Mexicana del Club de Roma,* Fondo de Cultura Económica, México, 1996.

81. Villarreal, René, "The Dynamics of Regional Integration: NAFTA", Conference Board, Senior Executive Weekend Forum on Challenges to Economic Integration in the Americas: Business and Investment Strategies, 21 de marzo de 1998.

82. Villarreal, René, *Liberalismo Social y Reforma del Estado. México en la Era del Capitalismo Posmoderno,* Fondo de Cultura Económica, 1993.

83. Villarreal, René, "El Error de 1992" en *Revista Examen,* diciembre de 1997.

84. Villarreal, René, "Nueva Visión Estratégica para el TLC. De la Integración Comercial a la Integración Productiva" en *El Universal,* 15 y 16 de abril de 1998.

85. Villarreal, René, *México 2010: de la Industrialización Tardía a la Reestructuración Industrial,* Diana, México, 1988.

86. Villarreal, René. (compilador) *Economía Internacional. I. Teorías Clásica, Neoclásicas y su Evidencia Histórica,* Fondo de Cultura Económica, 1989.

87. Villarreal, René. *"Hacia una Empresa Competitiva Sustentable en la Era del Conocimiento"* (en prensa).

88. Villarreal, René., *Industrialización, Deuda y Desequilibrio Externo en México. Un Enfoque Neoestructuralista* (1929-1997), Libro Tercero: "El Desequilibrio Externo y las Crisis Recurrentes en México (1988-1994)", FCE, México, 1997.

89. *Vuelta,* revista en internet.com.mx/vuelta/t_256pjr.htm y t_2560p.htm

90. Weintraub, Sidney, "Costumbres del pensamiento", *El Economista,* martes 21 de abril de 1998.

91. Williamson, John, *The Progress of Policy Reform in Latin America, 1990.*

92. Wilson, Edward O. "Back from chaos" *The Atlantic Monthly.* March 1998.

93. World Bank, *Global Economic Prospect and the Developing Countries* 1997, Washington, D.C.

94. Zedillo Ponce de León, Ernesto, Tercer Informe de Gobierno, 10 de septiembre de 1997.

CURRICULUM VITAE

RENÉ VILLARREAL obtuvo en 1976 el Grado de Doctor por la Universidad de Yale y se hizo acreedor al Premio Nacional de Economía con su tesis "Industrialización, Competitividad y Desequilibrio Externo en México: Un Enfoque Macroindustrial y Financiero 1929-2010", FCE, Quinta Edición Ampliada. Recientemente recibió el reconocimiento a la Excelencia en el Desarrollo Profesional 2009 de la Universidad Autónoma de Nuevo León.

En la administración pública de México, se desempeñó como Subsecretario de Industria y Comercio en SECOFI (1982-1985), Subsecretario de Reconversión Industrial de la Secretaría de Energía, Minas e Industria Paraestatal SEMIP (1987-1988); Director de Finanzas Internacionales y de Planeación Hacendaria de la Secretaría de Hacienda y Crédito Público (SHCP); Director General del Grupo Industrial y Comercial Productora e Importadora de Papel PIPSA, y Presidente del Consejo de Administración de sus tres plantas productoras, durante 10 años (1988-1999).

Actualmente, es Presidente del Centro de Capital Intelectual y Competitividad (CECIC), Institución Asociada (Partner Institute) del Foro Económico Mundial de Davos para la elaboración del Reporte Global de Competitividad en el capítulo de México. Como presidente del CECIC, ha coordinado diversos programas de competitividad a nivel país, estado, sector y empresa entre los cuales destacan: El Plan Nacional de Competitividad Sistémica de la República Dominicana; El Programa Regional de Competitividad e Innovación: Nuevo León Competitivo base para el desarrollo de Monterrey como Ciudad del Conocimiento; El Programa de Competitividad del Clúster Farmacéutico de México; Los Programas de Competitividad de los Clusters de Salud y Servicios Médicos, de Telecomunicaciones por Cable y de Calzado; La Estrategia de Competitividad Internacional de PEMEX-Refinación, entre otros.

Es consultor y conferencista internacional de empresas y gobiernos en temas de competitividad, globalización, capital intelectual, innovación, desarrollo regional, clúster, PyMEs, y competitividad gubernamental, así como en la evaluación de los tratados de libre comercio (TLCAN y DR. CAFTA).

Es miembro del Nuevo Club de París -comunidad internacional del conocimiento-, la Fundación Internacional Triffin de la Universidad Católica de Lovaina, miembro del Consejo de Administración del Grupo Financiero Afirme. Ha sido miembro del Consejo Directivo del "Peter Drucker Center of Management" de la Universidad Claremont, California.

Es autor de más de 13 libros y más de 100 artículos sobre la economía latinoamericana y mexicana, así como de industrialización, comercio internacional, competitividad, macroeconomía y finanzas internacionales. Sus más recientes libros son: “El Secreto de China:

Estrategia de Competitividad", Ediciones Ruz; "TLCAN 10 años Después: Lecciones para México y América Latina", Editorial Norma; "IFA La Empresa Competitiva Sustentable en la Era del Capital Intelectual", editado por Mc Graw-Hill, y "México Competitivo 2020: Un Modelo de Competitividad Sistémica para el Desarrollo", Editorial Océano; "El Modelo de Apertura Macroestabilizador. La Trampa al Crecimiento y a la Competitividad"; "El TLCAN II y La Competitividad Regional de la Integración Comercial a la Integración Productiva"; "Clúster. Un Modelo de Asociatividad y Competitividad Sistémica en la Cadena Global de Valor". Estos tres últimos libros editados por Amazon.com

México, septiembre 2010

www.ingramcontent.com/pod-product-compliance
Lightning Source LLC
Chambersburg PA
CBHW081104170526
45165CB00008B/2318

* 9 7 8 1 4 5 3 8 5 6 4 2 0 *